LIBRAIRIE J. VRIN, 6, PLACE DE LA SORBONNE, PARIS

ÉTUDES DE PHILOSOPHIE MÉDIÉVALE

Directeur : ÉTIENNE GILSON

Chargé de cours à la Sorbonne
Directeur d'études à l'école pratique des Hautes Études Religieuses

VOLUMES PARUS :

I. Étienne GILSON. *Le Thomisme*. Introduction au système de saint Thomas d'Aquin. Un volume in-8º de 240 p.   12 fr.

II. Raoul CARTON. *L'Expérience physique chez Roger Bacon (contribution à l'étude de la méthode et de la science expérimentales au XIIIᵉ siècle)*. Un volume in-8º de 189 p.   12 fr.

III. Raoul CARTON. *L'expérience mystique de l'illumination intérieure chez Roger Bacon*. Un volume in-8º de 376 p.   20 fr.

IV. Étienne GILSON. *La philosophie de saint Bonaventure*. Un fort volume in-8º de 482 p. . . . .   25 fr.

V. Raoul CARTON. *La Synthèse doctrinale de Roger Bacon*. Un volume in-8º de 150 p. . . . .   10 fr.

VI. Henri GOUHIER. *La pensée religieuse de Descartes*. Un volume in-8º de 328 pages (couronné par l'Académie Française) . . . .   16 fr.

VII. Daniel BERTRAND-BARRAUD. *Les idées philosophiques de Bernardin Ochin, de Sienne*. Un volume in-8º de 136 p.   10 fr.

VIII. Émile BRÉHIER. *Les idées philosophiques et religieuses de Philon d'Alexandrie*. Un volume in-8º de 350. p.   25 fr.

EXTRAIT DU CATALOGUE :

DESCARTES (*OEuvres de*), publiées par Ch. ADAM et Paul TANNERY, les auspices du Ministère de l'Instruction publique.

> Cette édition a été publiée sous le patronage d'une Commission internationale en l'honneur du troisième centenaire de Descartes. Le format est le grand in-4º carré d'environ 700 pages par volume.

> La collection complète de treize volumes. . . . 600 fr.

BOUTROUX. *De l'idée de loi naturelle dans la science et la philosophie contemporaines*. In-8º br. . . . .   10 fr.

BROCHARD. *Les Sceptiques grecs*. Un volume in-8º. . .   32 fr.

CARTERON. *La Notion de Force dans le système d'Aristote*. Un vol. in-8º (couronné par l'Assoc. des Études grecques).   18 fr.

Lionel DAURIAC. *Contingence et rationalisme*. Un volume in-8º de 365 pages . . . .   18 fr.

DENIS. *De la philosophie d'Origène*. Un fort volume in-8º.   60 fr.

LAFONTAINE. *La Philosophie de Bergson*. Un volume in-12º.   3 fr.50

LAFONTAINE. *La Philosophie d'Êm. Boutroux*. Un vol. in-12º.   3 fr.50

Félix RAVAISSON. *Essai sur la métaphysique d'Aristote*. Deux forts volumes in-8º . . . .   50 fr.

LA PHILOSOPHIE DE KANT

BIBLIOTHÈQUE NATIONALE
B.N.
IMPRIMÉS

1672

3 DEC 1929
DÉPOT LÉGAL
B.N.
110876

R
3506

BIBLIOTHÈQUE D'HISTOIRE DE LA PHILOSOPHIE

LA PHILOSOPHIE DE KANT

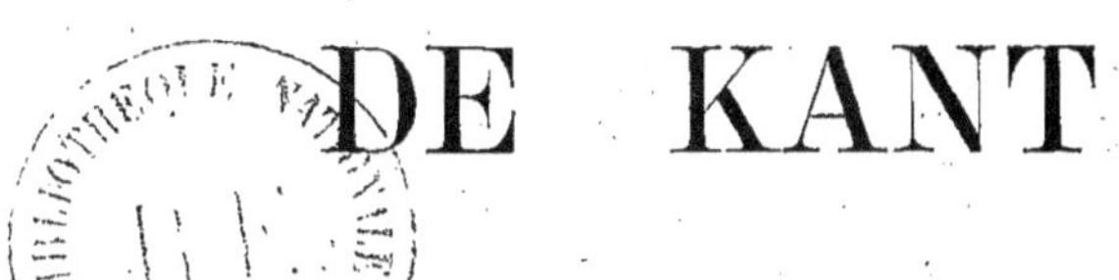

Cours de M. ÉMILE BOUTROUX

PROFESSÉ A LA SORBONNE EN 1896-1897

HOMMAGE DE L'ÉDITEUR

PARIS

LIBRAIRIE PHILOSOPHIQUE J. VRIN

6, PLACE DE LA SORBONNE (V^e)

1926

PRÉFACE

Les leçons réunies dans ce volume ont été professées par Émile Boutroux à la Sorbonne, recueillies par un de ses auditeurs, et reproduites dans la Revue des Cours et Conférences des années 1894-1896 et 1900-1901. C'est ce texte que nous reproduisons à notre tour, après avoir corrigé les quelques erreurs manifestes qui s'y étaient glissées. Les pages qui suivent ne sont donc pas de la main d'Émile Boutroux lui-même ; toutefois, la fidélité des notes dont-elles se composent, et la révision à laquelle il les a soumises, leur confèrent une garantie d'authenticité suffisante pour que l'on soit assuré d'y entendre un écho fidèle de sa pensée. Son style même s'y retrouve, et ceux qui goûtent les sentences élégantes où s'enfermait volontiers une pensée elliptique et profonde ne liront guère de ces pages sans en rencontrer.

L'intérêt actuel d'une telle publication nous a paru double. D'abord, même dans l'état où nous le trouvons, un tel ensemble de leçons mérite de prendre place parmi les classiques français de l'histoire de la philosophie. Émile Boutroux s'y est expliqué lui-même sur sa méthode assez clairement pour nous dispenser d'y revenir ; mais il convient d'observer en outre qu'il ne constitue pas un document moins important pour l'interprétation de la pensée de Boutroux que pour celle de Kant et que, par là-même, ces leçons marquent une date dans l'histoire de la philosophie française moderne. C'était l'idéal avoué de ce grand historien des idées d'épouser complètement et sans réserves la pensée des philosophes qu'il interprétait, tout en demeurant à leur égard complètement libre. Ambition que d'aucuns jugeront chimérique, et qui, cependant, se satisfait ici sous nos yeux. A ceux qui doutent qu'un si complet renoncement à soi-même puisse s'allier à une telle liberté, on peut légitimement objecter désormais qu'il en est peut-être la condition nécessaire, et qu'une pensée n'est jamais dominée tant qu'elle dissimule son secret à qui ne l'a pas complètement assimilée. Ces pages, où l'on voit Émile Boutroux ne suivre Kant jusqu'au bout, et ne défendre son œuvre contre toutes les interprétations déformantes qui l'ont sollicitée en des sens divers, que pour mieux se poser lui-même en dehors d'une doctrine qui ne fut jamais la sienne, restent dignes d'un esprit dont l'extrême souplesse s'unit toujours à une inflexible fermeté.

Étienne GILSON.

PREMIÈRE PARTIE

L'ESTHÉTIQUE ET L'ANALYTIQUE TRANSCENDENTALES

CHAPITRE PREMIER

Le Problème Kantien

I

FORMATION DES IDÉES DE KANT JUSQU'EN 1770

La vie intellectuelle du philosophe fut d'abord assez décousue, comme il le dit lui-même. Jetons un regard sur l'ensemble de la période anté-critique. Kant reçut d'abord une éducation *piétiste*, morale, rigide, qui fit sur son esprit une très forte impression : l'éducation que lui donna sa mère, Anna Reuter, puis celle du collège Frédéric, dirigé par Schultze, son premier maître. Le piétisme était, dans le protestantisme, une réaction du cœur, de la vie intérieure, de la foi individuelle, contre le dogmatisme sec et la pratique formaliste. Kant fut imprégné de cet enseignement et fut très docile à ces leçons. Il en goûta aussi un autre qui, à ses yeux, s'en rapprochait, celui du latin, parce qu'il vit dans la langue et la littérature latines une expression admirable de l'esprit de discipline, d'ordre, de devoir. En 1747, il commence à écrire, et alors il promène son intérêt sur les objets les plus divers, au hasard des circonstances. Tantôt il concilie Descartes et Leïbnitz à propos des forces vives. Tantôt, à la suite de Newton, il étudie la théorie du système du monde et il essaye de compléter l'œuvre du grand mathé-maticien par une tentative plus hardie, celle de construire la genèse du monde par la méthode et les principes généraux de Newton. Pour une question mise au concours par l'Académie de Berlin, il recherche les rapports de la philosophie et des mathématiques. Charmé par les recherches morales des Anglais tels que Shaftesbury, Hutcheson, Hume, rempli d'admiration pour Rousseau, il s'éprend des questions morales et recherche les principes du goût, du sens moral, de l'idée du devoir, de l'honneur et des bonnes qualités. Il s'intéressa même aux visions d'un Swedenborg, et composa un traité, léger dans la forme, sérieux dans l'intention, où il compare les rêves de l'illuminisme et ceux de la métaphysique. Puis, sous l'influence peut-être des *Nouveaux Essais* de Leibniz, parus en 1763, il étudia la question leibnitienne des rapports de l'espace et des corps. Enfin, sous l'influence de Hume, qui l'éveille de son assoupissement dogmatique, il étudie le problème de la causalité et de l'objectivité de la connaissance humaine.

Bien des critiques ont essayé de mettre de l'ordre dans ce désordre. Il ne faut le faire qu'avec discrétion, puisque Kant nous dit que, jusque vers 1777, il n'a travaillé que *stückweise*, c'est-à-dire d'une manière fragmentaire. Je vais essayer de dégager les traits essentiels de cette évolution, et cela, autant qu'il me sera possible, sans esprit de système.

II

GENÈSE, DANS L'ESPRIT DE KANT, DU PROBLÈME DE LA CRITIQUE

Une chose est certaine, c'est que deux disciplines s'établissent de bonne heure dans son esprit comme des réalités *absolument incontestables :* la Morale et la Science.

La morale, qu'il ne séparait pas de la religion, lui apparut comme un fait contre lequel ne pouvait prévaloir aucune espèce de raisonnement. Toute sa vie il aima à répéter ces vers de Juvénal :

> Summum crede nefas animam præferre pudori
> Et, propter vitam, vivendi perdere causas.

Dans une épitaphe, composée par lui en 1782, il écrivait : « Il n'y a qu'une chose dont nous soyons certains, c'est notre devoir. »

L'idée de la science parfaite lui est apparue comme réalisée par Newton. Il crut d'ailleurs, dans son *Histoire naturelle du ciel*, avoir étendu encore le cercle des connaissances newtoniennes, et être parvenu à expliquer avec la même certitude la genèse même du système du monde. La science donc, considérée comme démontrant les lois du monde réel, comme ayant une certitude apodictique en même temps que concrète, fut à ses yeux un fait, une réalité.

Cette idée n'a rien de surprenant pour nous ; mais historiquement elle a une grande portée, une grande importance. Pour les anciens, d'une manière générale, l'être, non la science, est la donnée, la matière de la philosophie : si la science ne s'accorde pas avec la métaphysique, c'est la science qui doit s'incliner. La métaphysique, par exemple, décide *a priori* qu'il ne peut y avoir de science de ce qui passe.

Pour Kant, ce n'est pas l'être qui, directement, immédiatement, est l'objet des recherches de la philosophie, c'est la science et la morale. Ce sont des choses ayant une *réalité*, ce sont les données du problème. La conséquence, c'est que la philosophie ne pourra pas discuter leur légitimité ; le kantisme, tel qu'il est dans Kant, ne pose jamais la question de leur possibilité : leur existence donnée est son point de départ. Il ne se demande pas *si* la science et la morale sont *possibles* : elles le sont, *puisqu'elles sont* ; il se demande *comment il se fait* que la science et la morale existent, quels en sont les principes, comment il faut s'expliquer leur existence. C'est l'analogue du problème qui s'était posé à Newton : le monde existe, il s'agit de le réduire en système. Kant eut l'ambition d'être le Newton de la métaphysique.

Ainsi la science et la morale sont des données que la philosophie peut analyser, mais dont elle ne peut révoquer en doute l'existence et la légitimité.

Bientôt Kant réfléchit sur ces données, sur la nature de la science et de la morale. Or le résultat de cette réflexion, c'est que l'existence de ces deux disciplines soulève de grandes difficultés. Le philosophe s'étonne, en face de la science et de la morale, de cet étonnement qui, selon Platon, est le commencement de la connaissance. D'abord comment la science et la morale se concilient-elles ? Dans les *Rêves d'un visionnaire expliqués par les rêves de la métaphysique*, Kant montre la difficulté qu'il y a à concilier le monde du savant avec celui du moraliste. La morale, en effet, exige tout un monde d'entités suprasensibles, dont la science n'a nul besoin ; celle-ci est même tentée de ramener à de pures hallucinations intellectuelles ces existences par lesquelles la métaphysique prétend expliquer la vie morale et religieuse. La science, elle, repose uniquement sur les mathématiques et l'expérience, qui n'ont rien à voir avec le monde des métaphysiciens. Ce sont donc deux choses tout à fait hétérogènes ; leur lien échappe tout à fait à l'esprit. Ce n'est pas tout : si maintenant nous considérons en elles-mêmes la science et la morale, nous allons voir les parties s'en désagréger.

La science se compose de géométrie et d'expérience. Est-ce là la même chose ? En aucune façon. La géométrie suppose le continu, la divisibilité à l'infini ; la science fondée sur elle est mécanique, exclut toute espèce de force, tandis que la physique suppose des forces, des éléments discontinus, le vide et l'infini. De même pour la méthode. La géométrie construit des synthèses, la physique considère des synthèses toutes faites et les analyse.

La morale aussi se compose de parties hétérogènes ; nous y trouvons la doctrine de la vertu ; or, ce qui la caractérise, c'est l'action accomplie uniquement en vertu de principes : une action morale, c'est une action accomplie en vertu du sentiment de la beauté et de la dignité de la nature humaine.

Mais on fait aussi, en morale, une part aux penchants, à la sensibilité ; donc il y a deux sortes de vertus : la vertu proprement dite, et des vertus en quelque sorte adoptives : le sentiment de l'honneur, la bienveillance, la sympathie, sentiments qui secondent, parfois même suppléent utilement les principes.

L'attitude de Kant, à la découverte de cette hétérogénéité inhérente à la science et à la morale, est d'abord celle que définit Bossuet, quand il dit, dans son *Traité du libre arbitre*, qu'il faut tenir les deux bouts de la chaîne, bien qu'on ne voie pas la suite par où l'enchaînement se continue.

Il constate, sans y voir un objet de scandale, cette hétérogénéité, il l'admet en éclectique, sans rechercher le lien de ces parties disparates. Mais il ne s'en tient pas là. Son effort d'analyse se poursuit, et voilà que ces notions, qui tout d'abord coexistaient simplement dans son esprit, qui bientôt lui étaient apparues comme hétérogènes, lui offrent maintenant de véritables contradictions.

Il analyse l'idée de géométrie, de science mathématique, et, au fond de cette idée, il découvre celle d'une intuition *a priori*, c'est-à-dire d'un acte par lequel l'esprit, avant toute expérience, voit un objet un et déterminé. Or il semble que ce soit là une contradiction dans les termes. Une intuition, fût-elle supra-sensible, est, semble-t-il, une communication de l'esprit avec autre chose que lui, une expérience.

Contradiction de même dans la physique. La physique, en effet, telle que la comprend Kant, c'est-à-dire la physique newtonienne, permet de dicter *a priori* des lois à la nature. Mais comment l'esprit peut-il savoir *a priori* ce qui se passera dans ce qui n'est pas lui ?

Soit maintenant les rapports des deux parties de la science, mathématiques et physique. Si vous concevez le monde comme régi par les mathématiques, vous le voyez infini dans le temps et dans l'espace, et divisé à l'infini. Si vous le concevez comme régi par la physique, il est fini dans le temps et dans l'espace, et composé d'éléments simples. Ce sont là deux mondes incompatibles, les deux mondes des antinomies. La science est donc un tissu de contradictions, et dans ses éléments et dans le rapport de ces éléments entre eux.

La morale suppose de même deux éléments qui s'excluent : devoir et nature, ou encore vertu et bonheur. La liberté doit être à l'abri de toute espèce de poussée naturelle, autrement c'est une force mécanique. Liberté et nature s'impliquent et se repoussent, de même vertu et bonheur.

Enfin, en mettant en regard la science et la morale, on voit que la science repose sur l'idée de nécessité ; la morale, sur l'idée de liberté.

La science et la morale, dans cette troisième phase de la pensée de Kant, sont ainsi contradictoires. Que va-t-il sortir de cette constatation ?

Hume, ayant aperçu l'une de ces contradictions, celle de la loi de la pensée et de la loi de la causalité, conclut au scepticisme. La causalité pour Hume est hétérogène à la pensée, mais elle est impliquée dans toute connaissance des choses : donc il est impossible que l'esprit connaisse les choses avec certitude.

Cette conclusion du septicisme ne peut être admise par Kant, parce qu'il ne s'agit pas, pour lui, de savoir s'il faut maintenir ou abolir la certitude de la science et de la morale. Selon lui, il faut les concilier, car elles sont *données*, et leur *conciliation* est également *donnée*. On lit dans une note du début des *Prolégomènes :* « Nous savons d'avance que le doute de Hume n'est pas recevable, car il détruit la science et la morale. »

C'est ainsi que se pose le problème critique : **Comment est possible la science ? Comment est possible la morale ? Comment est possible l'accord de la science et de la morale ?** Comment, c'est à dire sur quels principes reposent-elles donc pour être ainsi formées d'éléments en apparence contradictoires ? Il s'agit, pour Kant, de découvrir, par une analyse plus profonde que celle à laquelle on s'est livré jusqu'ici, le point caché où tout se concilie. Quel est le principe qui va mettre de l'ordre et de la mesure dans ce désordre, qui sera, pour le monde métaphysique, ce que fut, entre les mains de Newton, la gravitation pour le monde physique ?

Ce principe ne doit pas être une pure hypothèse. Il doit être une réalité plus générale, comme était, pour la mécanique céleste, la gravitation. Or la source unique de toute connaissance, pour Kant, c'est *l'expérience*. De son sein donc doivent sortir et la science, avec son caractère de certitude, et la morale, avec son caractère d'autorité. Découvrir, dans les conditions de l'expérience, les principes qui rendent possibles la science et la morale, c'est et les fonder et en déterminer la signification et la portée.

III

INTÉRÊT HISTORIQUE DU PROBLÈME

L'historien allemand de la philosophie moderne, Kuno Fischer, veut que Kant, avant de concevoir la *Critique de la raison pure*, ait passé par deux phases, l'une dogmatique, l'autre empirique. L'examen des ouvrages de Kant ne permet pas d'admettre qu'il ait été, personnellement, ballotté entre le dogmatisme et l'empirisme. Mais, ce qui est vrai, c'est que le dogmatisme et l'empirisme sont venus se heurter dans sa pensée, et que son système représente l'effort de l'esprit humain pour concilier ces deux directions de la philosophie.

Descartes avait conçu ce problème: penser le réel, c'est-à-dire obtenir une science qui ait le caractère d'universalité et de nécessité que les anciens rêvaient pour la science parfaite, et qui, tout en satisfaisant ainsi complètement la raison, portât sur la réalité visible, phénoménale, sensible. Cette tâche a été entreprise dans deux directions différentes par l'école de Descartes et par l'école de Bacon. Les uns vont de la pensée aux choses : *cogito, ergo sum ;* et de son existence, en tant qu'être pensant, Descartes, de proche en proche, déduit l'existence de Dieu et des choses extérieures. Spinoza, Leibnitz s'évertuent à rejoindre de mieux en mieux le réel avec la pensée, Locke, Hume, trouvent des éléments simples, où ils voient les traces de l'action des choses sur l'esprit : ce sont les choses, qu'ils s'efforcent d'amener à la pensée.

Ces deux systèmes se sont embarrassés dans des difficultés de plus en plus graves ; ils ont été amenés à se faire des concessions mutuelles, au détriment de leur clarté et de leur unité. Et leur antagonisme n'a pu être surmonté.

Kant se demanda si la question n'était pas mal posée, si ce n'était pas s'abuser que d'imaginer un rapport de connaissance entre l'esprit et des choses qui seraient extérieures à lui, qui seraient des choses en soi. Son système nous apparaît ainsi comme une conclusion de ce grand drame philosophique qui se joue entre les rationalistes et les empiristes des xviie et xviiie siècles.

L'intérêt historique de l'œuvre de Kant consiste, en second lieu, à avoir fourni un point de départ aux spéculations de la philosophie allemande. Le problème qui domine celle-ci est l'explication et l'établissement de la possibilité d'une science *a priori* de la nature. Bien que Kant ait d'avance protesté contre l'idéalisme dogmatique qui des lois de la pensée déduit les lois de l'être, cet idéalisme, historiquement, procède de lui.

Enfin l'œuvre de Kant, d'une manière générale, a cette valeur historique d'être le point de départ et le type de la philosophie critique, philosophie qui a joué un grand rôle dans l'histoire de la pensée moderne, et qui, sous des formes diverses, est vivante aujourd'hui encore.

IV

INTÉRÊT ACTUEL DU PROBLÈME

L'idée qui préside aux recherches de Kant est la suivante : admettre que l'expérience est la seule source de notre connaissance, qu'il n'y a de connaissance effective que quand on s'appuie sur les faits, et, en même temps, maintenir le caractère absolu de la morale. Cette conception ne laisse pas que d'être étrange ; elle est contraire aux traditions de la philosophie. L'expérience, depuis Aristote, était considérée comme incapable de fournir aucune connaissance du nécessaire ; elle n'autorisait que l'induction ; et l'induction n'atteignait que le général, conçu comme comportant toujours des exceptions. L'expérience ne fournit que des notions contingentes et relatives : c'est la doctrine antique, et aujourd'hui, pour beaucoup encore, la doctrine classique. Or Kant se propose de tirer de l'expérience l'absolu dans la science et dans la morale. Cette doctrine, si l'on y prend garde, répond exactement à notre état d'esprit. Nous aussi, nous ne voulons croire qu'à l'expérience, nous traitons de simples vues de l'esprit toutes les conceptions, si fécondes qu'elles soient, qui ne nous paraissent pas fondées sur elle. Et, en même temps, qui pourrait dire que nous avons renoncé à l'idée d'une science absolue, d'une morale capable d'autorité ? Nous voulons que ce monde changeant, mouvant, relatif, se réduise en lois nécessaires. C'est la science de ce qui passe que nous voulons atteindre. Voilà pourquoi la science se travaille, assouplissant ses instruments, ses conceptions de la mesure et de la loi, pour suivre la nature dans tous ses détours. Et nous voulons que l'induction, bien conduite, arrive au nécessaire.

De même, pour la morale : peut-on dire que nous ayons réussi à nous contenter de la morale empirique ? Toutes les sciences ont fait effort pour engendrer une morale. Mais ni la mathématique, ni la physique, ni l'histoire naturelle, ni l'histoire morale même n'y sont parvenues. Nous persistons à vouloir que la morale nous propose des fins, et des fins obligatoires ; et de tels objets ne se peuvent tirer de la simple constatation et explication des faits. Pourtant, en morale aussi, nous n'admettions pas qu'on s'égare dans le domaine du rêve. Nous voulons nous en tenir à l'expérience, et nous croyons que le monde sensible est le seul qui nous soit donné et que nous puissions connaître. Donc le problème kantien est le nôtre. Dans ses écrits, c'est de nous qu'il est question : *nostra res agitur*.

De plus, nous Français, nous nous trouvons avoir en ce moment, avec la philosophie de Kant, un rapport plus étroit qu'il y a une cinquantaine d'années. La philosophie de Kant a été étudiée pour elle-même, à la Sorbonne, par M. Janet, à partir de 1867 ; à l'Ecole Normale par M. Lachelier ; dans la *Critique philosophique*, par MM. Renouvier et Pillon. Ces études ont contribué pour une part au réveil du sens métaphysique dans notre pays. En même temps que la métaphysique, a reparu le besoin de confronter les sciences de l'esprit avec les sciences de la nature, de telle sorte qu'aujourd'hui la philosophie apparaît comme la science des sciences, et non plus comme une science séparée. Dès lors, revenir à l'étude de Kant, ce n'est pas seulement faire œuvre d'érudit, d'historien, de dilettante, c'est puiser des connaissances et des forces utiles pour aborder les problèmes qui s'imposent à nous.

CHAPITRE II

La Méthode de Kant

M. Boutroux commence par exposer dans quel esprit il conduira son étude historique de la philosophie de Kant. Je ne veux, dit-il, ni la construire, ni l'interpréter d'après ce qu'elle est devenue, d'après les systèmes auxquels elle a donné naissance. Non, j'entends me placer au point de vue même de Kant, tâcher d'expliquer sa philosophie comme il l'expliquerait lui-même, et pourtant, après avoir fait en ce sens un très sincère et très persévérant effort, je tâcherai ensuite de tirer quelque profit de cette étude historique en vue de la solution des questions qui s'imposent à nous aujourd'hui. Je sépare absolument les deux tâches, n'introduisant pas de préoccupation théorique dans l'étude historique ; mais je ne perds pas de vue que l'histoire ne doit pas seulement contenter notre curiosité d'érudits et de dilettantes, mais nous être utile pour la vie.

Nous devons tout d'abord nous occuper d'une question controversée : la pensée de Kant n'a-t-elle pas varié, et l'expression de cette variation ne se trouve-t-elle pas notamment dans la différence des deux éditions de la *Critique de la Raison pure* ? Certains interprètes font à Kant ce reproche d'avoir altéré sa pensée dans la seconde édition, et Schopenhauer va jusqu'à prononcer le gros mot d'hypocrisie. Ce reproche, selon nous, n'est pas fondé. Dans la préface de la seconde édition, Kant dit : « En ce qui concerne les propositions et les démonstrations de mon système, aussi bien que les formes et l'ensemble du plan, je n'ai rien eu à changer. Et ceci s'explique, ajoute-t-il, non seulement par le lent et patient travail auquel je m'étais livré avant d'écrire, mais surtout par la nature du sujet. La raison forme comme un organisme où tout se tient et où tout désaccord interne se révèle nécessairement. Tel qu'il est, mon système demeurera, j'espère, sans aucun changement. » Et cette déclaration est parfaitement confirmée par l'examen minutieux des textes, ainsi que l'a montré notamment Ueberweg.

La pensée de Kant ne s'est pas formée par développement : ce sont au contraire des idées venues d'origines diverses qui se sont ordonnées, systématisées dans son esprit. Il en résulte que cette pensée eut des faces multiples, et il se conçoit qu'après une première expression de ses idées, il y ait eu lieu, pour le philosophe, d'en mettre en lumière certains côtés qui avaient pu passer inaperçus.

I

La question de la méthode est solidaire de celle de l'objet. C'est en nous demandant ce que cherche Kant que nous nous rendrons compte de la voie qu'il a suivie.

Ecartons d'abord certaines conceptions fausses de cet objet et de cette méthode. Certains interprètes supposent, surtout d'après la fortune des idées de Kant dans l'histoire générale de la métaphysique, que son objet essentiel était de chercher si la réalité, que nous saisissons au moyen de nos facultés de connaître, existe en soi ou seulement pour nous, s'il faut donner gain de cause au réalisme ou à l'idéalisme. Kuno Fischer, par exemple, est constamment préoccupé de prouver que Kant ne maintient pas sérieusement la chose en soi.

Cette interprétation n'est pas tout à fait exacte. La matière de l'étude de Kant, c'est tout d'abord la connaissance et non l'être ; Kant sera ou ne sera pas idéaliste, mais ce sera là une conséquence de son système sur la connaissance, et non la solution du problème central ; conséquence d'ailleurs qui peut être plus ou moins lointaine, et qui, selon plusieurs, pourrait même être séparée du système. Il suit de là que la méthode de Kant ne saurait être une méthode essentiellement *ontologique*, analogue à celle de Fichte, de Schelling ou de Hegel. Quand on discute sur l'être, on procède comme Platon dans le *Sophiste* et le *Parménide*, c'est-à-dire dialectiquement ; on pose une thèse dont on suit et dont on discute les conséquences, puis une antithèse que l'on examine de la même manière. Et l'on adopte, selon les résultats de la discussion, soit la thèse, soit l'antithèse, soit une solution négative ou intermédiaire. Kant ne procède pas ainsi dans l'établissement de son système. Mais sa méthode ne serait-elle pas une méthode *psychologique*? Ne se serait-il pas borné à reprendre, en la compliquant, la méthode de Locke ; et sa critique ne serait-elle pas fondée sur une observation des facultés de l'âme humaine ?

Non, car le dessein de Kant n'est pas d'observer l'âme humaine, de partir de l'expérience et d'en constituer le système des connaissances expérimentales, mais de critiquer l'expérience. — Mais, dira-t-on, il y a deux expériences : l'une interne, l'autre externe. Kant critique celle-ci à l'aide de données fournies par celle-là. — Il n'en est rien : Kant met les deux sortes d'expériences sur la même ligne ; il les critique l'une comme l'autre. Il faut donc qu'il remonte au delà de l'expérience interne comme de l'expérience externe. C'est ce qu'a très bien montré notamment le professeur Riehl dans son *Philosophischer Kriticismus*. C'est pourquoi il déclare que la méthode de Locke ne répond nullement à l'objet qu'il a en vue. Locke a fait la géographie de l'esprit humain ; il a décrit la manière dont l'esprit forme et compose ses idées ; c'est là une œuvre descriptive, cela ne résout pas le problème de la valeur de la connaissance.

On objectera que la méthode de Locke permet de remonter à l'origine de nos connaissances. Mais ce ne sera jamais là que l'origine *chronologique* ; or, pas plus qu'un fait présent, un fait passé ne peut être le fondement (Grund).

Certains critiques déclarent que Kant a eu tort, qu'il aurait dû procéder psychologiquement, que seule l'observation pouvait lui offrir une base solide. Kant réfute d'avance ce reproche. Alors même, dit-il, que, par l'observation intérieure, je découvrirais en moi une tendance à lier les phénomènes suivant une idée de nécessité, cette tendance n'aurait qu'une valeur subjective et ne fonderait nullement notre croyance à l'existence des lois de la nature. « Le concept de causalité, dit-il expressément, serait faux s'il ne reposait que sur une nécessité innée en nous. » Nul fait ne peut fonder un droit.

D'autres critiques soutiennent que Kant procède psychologiquement, et ils constatent qu'il fait reposer son système sur une distinction psychologique, celle de l'intelligence, du sentiment et de la volonté ou faculté de désirer (*Crit. du jugement*). Dans l'intelligence, la distinction de la sensibilité, de l'entendement et de la raison est de même, semble-t-il, fondée sur l'observation psychologique. Ainsi Kant aurait eu l'intention de s'élever au-dessus de la psychologie, mais y serait resté enfermé.

Cette interprétation est illusoire. Le mot « observation » signifie un mode de connaissance qui saisit des faits, et, si l'on peut bien sûr eux établir des lois par induction, ce n'est plus observer que de décomposer ces faits en des éléments qui ne sont pas susceptibles d'être constatés. Sans doute, Kant part de la distinction de la sensibilité et de l'entendement ; mais ce sont là des concepts qu'il subtilise et transforme en concepts métaphysiques. Tel le mathématicien qui, parti du concept psychologique de force, en fait une formule algébrique qui ne représente plus rien.

Ainsi, la méthode de Kant n'est pas plus une méthode psychologique qu'une dialectique ontologique. Qu'est donc cette méthode ? Tâchons de nous faire une idée précise de l'objet qu'il a en vue.

Il a observé que les mathématiques se composent de ce qu'il appelle des jugements synthétiques *a priori*, c'est-à-dire de propositions qui ne sont pas données par l'expérience, car elles affirment des liaisons nécessaires, et qui néanmoins unissent entre eux des termes irréductibles à l'analyse, comme sont les données de l'expérience. Ces jugements contiennent une sorte de matière intelligible qui ne se trouve pas dans les principes purement formels d'identité ou de contradiction. Pareillement les principes de la physique moderne, telle que l'a constituée Newton, ne se déduisent pas tels quels de l'expérience, et pourtant ne peuvent non plus se tirer de la logique pure.

On admettait communément, au temps de Kant, qu'il n'y a que deux sources de connaissance : l'expérience et l'entendement logique, celui-ci ayant pour expression le principe d'identité ou de contradiction. Pourtant Descartes avait déjà intercalé entre la logique pure et l'expérience, ce qu'il appelait l'intuition de l'entendement.

A un autre point de vue, Leibnitz, en déclarant le principe d'identité insuffisant pour fonder la connaissance des choses, et en y ajoutant le principe de raison suffisante, avait ouvert un champ de recherches entre celui de la logique pure et celui de l'expérience.

C'est dans cette voie que s'avance Kant. Il intercale la raison, c'est-à-dire la faculté de connaître *a priori* les conditions essentielles de la réalité, entre l'entendement formel analysé par Aristote, et l'expérience mise en avant par la philosophie anglaise.

Mais qu'est-ce que c'est que cette raison qui n'est ni la faculté logique, ni l'expérience ? Qu'est-ce que cette faculté nouvelle ? Quels sont ses titres, sa valeur ? Voilà ce que Kant va étudier dans sa *Critique de la raison pure*.

La méthode sera essentiellement une méthode d'*analyse métaphysique*. Nous avons vu que les interprètes de Kant ont voulu, les uns qu'elle fût purement métaphysique, les autres qu'elle fût purement expérimentale. Les deux thèses ont du vrai, à condition qu'on les réunisse. L'expérience fournit le point de départ ; l'analyse métaphysique décompose ces données en éléments inaccessibles à la simple observation. Sans serrer la comparaison, c'est là une opération que l'on peut rapprocher de l'analyse des chimistes qui découvre dans l'eau, par exemple, deux gaz impalpables, simple symbole d'ailleurs de ce qu'est en réalité l'analyse métaphysique.

Kant prend pour matière l'expérience en général, synonyme pour nous de connaissance, et son analyse y distingue deux éléments : une matière et une forme. C'est la distinction aristotélicienne reproduite *mutatis mutandis*. Puis, étudiant cette forme, c'est-à-dire notre faculté de connaître, il y distingue l'entendement et la sensibilité ; enfin, dans l'entendement, il distingue l'application de cette faculté d'une part à des objets d'expérience phénoménaux, d'autre part à des objets dépassant l'expérience (c'est ici la raison proprement dite). Et il aboutit à la célèbre distinction des phénomènes et des choses en soi.

Si l'on se pénètre bien de la valeur de ce terme : analyse métaphysique, on comprendra que Kant n'a pas considéré comme existant séparément la sensibilité et l'entendement, les phénomènes et les choses en soi. Son analyse n'est pas concrète, et de là vient la réserve que nous avons faite en la comparant, avec lui d'ailleurs, à l'analyse du chimiste.

Voyons maintenant avec plus de précision ce qu'il cherche et quels procédés il emploie. Kant veut étudier cette raison, qu'il conçoit comme intermédiaire entre l'entendement logique et le phénomène sensible. Ce serait une faculté de connaître *a priori*. Mais quel est ici le sens des mots : *a priori* ? Kant ne les entend pas dans le sens d'Aristote, pour qui *a priori* voulait dire : cause, au sens ontologique. Kant admet certes qu'il existe des choses, et c'est là comme le postulat initial de son système ; mais il ne porte son attention que sur la nature de la connaissance que nous en avons. S'agit-il donc d'innéité, l'esprit humain portant en lui essentiellement certaines connaissances toutes faites qui sont le point de départ de ses investigations ? Nullement, comme le montre notamment un texte de dissertation de 1770. Kant y parle de l'espace et du temps, se demande si ces concepts sont innés ou acquis, et déclare que chacun d'eux est *procul dubio acquisitus*. Il est donc l'adversaire de l'innéisme.

Mais il y a deux manières d'acquérir : on peut acquérir par l'effet des influences extérieures ou par un travail interne. Quelle est celle qui est ici en jeu ? La formation de nos concepts fondamentaux a-t-elle son principe dans la nature des choses, ou dans une loi interne de notre esprit ?

Cette question est double. — 1° Existe-t-il en nous des connaissances *a priori*, au sens qui vient d'être défini ? 2° S'il en existe, que valent-elles ? La première question est la question de fait *(quæstio facti)* ; la seconde, la question de droit *(quæstio juris)*. Comment Kant résout-il cette double question ?

D'abord, il fait appel à la méthode hypothétique. Non qu'on y puisse trouver les éléments d'une démonstration ; mais elle peut mettre sur la voie de la solution, y préparer les esprits. Partant donc du fait de la connaissance *a priori* des conditions mathématiques et physiques de la nature, il se demande comment ce fait est explicable. Considérant la manière dont la mathématique et la physique se sont constituées comme sciences avec Thalès (ou tel autre inventeur des démonstrations mathématiques) et avec Galilée et Torricelli, il conclut, par analogie, que l'accord de la pensée et des choses, qui ne s'explique pas tant que l'on considère la pensée comme se réglant sur les choses, se concevrait au contraire très bien, si l'on considérait les choses comme se réglant par la pensée. Mais ce n'est là jusqu'ici qu'une hypothèse, c'est-à-dire une explication simplement possible. Seule, l'étude directe de notre faculté de connaître pourra la convertir en doctrine établie.

Reprenons donc les deux questions. 1° Existe-t-il dans notre esprit des notions *a priori*, au sens défini plus haut ? Quel est le critérium de l'*a priori* ? Est *a priori*, dit Kant, toute affirmation portant que quelque chose existe universellement et nécessairement. Mais il ne suffit pas que je constate en moi de telles affirmations, pour que je considère comme certaine l'existence d'éléments *a priori* dans mon esprit. Cette existence veut être démontrée. Elle le sera, si je prouve que ces affirmations sont liées nécessairement à la nature même de l'esprit. Fournir une telle preuve, c'est opérer ce que Kant appelle la *déduction méta-physique* des formes et des concepts. Ces éléments seront l'espace et le temps, d'une part ; la substance, la causalité, l'action réciproque, etc., d'autre part. 2° Mais ce n'est là que la première partie de la théorie. Nos concepts prétendent à une vérité objective. Nos mathématiques s'imposent aux phénomènes sensibles ; notre physique suppose qu'il y a dans la nature des lois et certaines lois. Que valent ces anticipations ? De quel droit nous prononçons-nous sur ce qui n'est pas nous ? C'est là le fameux problème de la *déduction transcendentale*. C'est surtout à propos de la déduction transcendentale des concepts purs de l'entendement en catégories, que Kant accumule les moyens d'investigation et de confrontation. Il présente avec beaucoup de force l'argument par voie d'hypothèse dont nous avons parlé plus haut. Puis il procède à la démonstration directe, à l'emploi de la méthode apodictique. Il prend pour point de départ la nature des représentations élémentaires de la sensibilité, et des concepts élémentaires de l'entendement. Il montre comment ces principes engendrent nécessairement l'objectivation des phénomènes. Pour sentir, en effet, il me faut un multiple ordonné suivant les lois de ma sensibilité ; pour penser, il me faut une matière ordonnée suivant les lois de mon entendement. D'une manière générale, point de sujet sans objet.

A cette démonstration directe, Kant ajoute une démonstration indirecte. Il suppose la thèse contradictoire à la sienne et montre qu'elle même a des conséquences contradictoires. C'est ce qu'il appelle les antinomies. Elles sont une réduction à l'absurde du réalisme transcendental. Donc elles confirment l'idéalisme transcendental.

Enfin Kant confronte les conséquences de sa doctrine avec les résultats les plus généraux et assurés des sciences positives. Sa métaphysique tend de plus en plus, dans la série de ses ouvrages, à rejoindre la physique.

Tels sont les moments de la méthode de Kant. Nous les retrouvons, *mutatis mutandis*, dans la *Critique de la Raison pratique* et dans la *Critique du Jugement*. Il y a, dans la *Critique de la Raison pratique*, ce changement très important que, comme la Raison pratique n'est pas source de connaissances, il n'y a pas à en faire la critique, mais simplement à en établir l'existence par la critique de la raison en général.

II

Que dirons-nous de cette méthode ? — Ne nous arrêtons pas à l'objection classique, suivant laquelle il est impossible que la raison critique la raison, que la même puissance soit juge et partie. Kant a distingué deux sens du mot raison : la raison *logique*, telle que l'a définie Aristote, et la raison *transcendentale*, qu'il pensait avoir définie le premier, et qui est le centre des principes constitutifs. Or, c'est la première qui fait comparaître la seconde à son tribunal. Le principe de la contradiction, fond de la raison logique, reste au-dessus de toute critique.

L'originalité de la méthode consiste notamment dans l'idée d'analyser *le fait*, le donné, à un point de vue métaphysique. Il semble que LE FAIT soit l'élément ultime devant lequel il n'y ait qu'à s'arrêter. Or Kant cherche s'il n'est pas lui-même un composé, dont l'esprit peut retrouver les éléments, et, par là même, mesurer la valeur. Cette analyse ouvre très légitimement la voie métaphysique. Les sciences partent des faits et en forment des lois par induction : la métaphysique remonte en deçà du fait et en recherche les conditions.

Mais peut-être la critique de Kant présente-t-elle une lacune. Kant a analysé le fait, l'expérience, au point de vue de l'objectivité ; il s'est demandé pourquoi, de quel droit, nous pensons qu'il y a des lois dans la nature, comment nous arrivons à concevoir ces lois comme indépendantes de nous qui pensons. Dans cette voie, il a été amené à trouver au fond de la nature quelque chose qui est parent de l'intelligence. Mais toute sa philosophie repose sur un *postulat ;* il étudie la connaissance, non l'être, et cet être, il le suppose. Cet être lui fournit le divers primitif sans lequel il ne peut concevoir l'intuition ni la pensée. D'où vient-il ? Son point de vue lui interdit de poser une telle question. Le divers primitif, c'est pour lui la matière chaotique avec laquelle l'intelligence fait une œuvre d'art. Or c'est là peut-être un point de vue factice qui nous prouve qu'il en est de la nature comme de notre art, et que les matériaux y précèdent la forme ? Que si l'on se pose, à propos de ces matériaux de la connaissance, de ce donné primordial, la question d'origine, c'est maintenant de production, de création qu'il s'agit et non plus seulement de connaissance. Et l'on est amené à admettre dans l'être quelque chose d'analogue à notre volonté, comme Kant, qui cherchait les conditions de la connaissance, y a dû trouver une parenté avec notre entendement.

Mais ce n'est pas tout. On ne peut concevoir comme réalisée dans les choses cette séparation des matériaux et de la forme que nous imaginons à part pour les concevoir clairement. Faits et lois, dans la nature, sont sans doute une unité indissoluble. Il s'ensuit que l'activité, principe des uns, et l'intelligence, principe des autres, doivent, dans l'être, ne faire qu'un et qu'au lieu d'opposer l'une à l'autre, comme le fait Kant, la liberté et la nécessité, il faut sans doute les concevoir comme réunies dans les choses et tempérées l'une par l'autre. Ce qui conduit à une conception du monde sensiblement différente de celle de Kant.

Il faut commencer, je l'avoue, par le dualisme et la philosophie des idées claires. Peut-être même y faut-il revenir toutes les fois que l'on veut vraiment connaître. Mais à la vie elle ne suffit pas. La pensée qui cherche l'absolu et la volonté qui veut agir, vont au delà. Elles vont à l'unité cachée de la production et de l'intelligence.

Le Faust de Gœthe, traduisant l'Evangile, commence par écrire : « Au commencement était la parole, ou plutôt la pensée. » Mal satisfait, il en vient à mettre : « Au commencement était l'action. » Il faut réunir ces deux principes, et dire : Au commencement est l'unité de la pensée et de l'action.

CHAPITRE III

Les Jugements synthétiques *a priori*

Kant procède d'abord, nous l'avons vu, par hypothèse, avant d'établir directement ses principes. Il part de faits donnés, de choses constatées, et cherche par quelle hypothèse ces faits pourraient être rendus intelligibles.

Ce travail est une sorte d'introduction à la construction du système ; il pourra nous mettre sur la voie, mais il ne saurait remplacer la démonstration directe. Nous allons voir comment Kant a employé cette méthode hypothétique pour découvrir ses principes généraux.

La métaphysique apparaît à Kant comme un champ de bataille perpétuel. Il semble qu'elle ne puisse se constituer ; les systèmes s'y remplacent sans jamais pouvoir s'établir définitivement...

Pourquoi cela ? La métaphysique ne présente-t-elle donc pas les conditions d'une science possible ? — Elle se compose de jugements d'un caractère étrange. Elle se propose d'étendre notre connaissance au delà de ce que nous pouvons connaître par expérience ; pourtant elle doit démontrer d'une façon nécessaire, et pour cela prendre sa source dans le fond même de l'esprit. Elle ne peut consister que dans des jugements *synthétiques a priori*. Jugements *synthétiques*, c'est-à-dire unissant des termes extérieurs l'un à l'autre. Jugements *a priori*, c'est-à-dire portés avant toute expérience. Ne serait-ce pas parce que de tels jugements sont impossibles que la métaphysique n'a pu se constituer comme science ?

Mais s'il existe des sciences données, et certaines, comportant des jugements à la fois synthétiques et *a priori*, alors on ne peut ainsi opposer à la métaphysique la question préalable ; il devient légitime et nécessaire d'examiner en elle-même sa possibilité.

Or, selon Kant, il existe effectivement des sciences dans lesquelles sont admis des jugements synthétiques *a priori* : les mathématiques pures et la physique pure sont dans ce cas. Cette observation, si elle est vraie, change la face du problème ; c'est à en établir la vérité que

Kant s'applique en premier lieu. Donc comment Kant prouve-t-il que la mathématique et la physique pures se composent essentiellement de jugements synthétiques *a priori*, et quelle est la valeur de ses arguments?

I

A quel signe reconnaître qu'un jugement est *a priori* ? — A ce qu'il est universel et nécessaire. Mais cela ne veut pas dire que nous concevons nécessairement ces jugements et que tous les hommes les conçoivent. Ceci n'assurerait qu'une nécessité subjective. Des jugements sont *a priori*, si par eux nous affirmons que telle ou telle chose existe universellement et nécessairement. Ces caractères portent donc sur la manière dont nous concevons que les choses existent en dehors de nous.

Et quand un jugement est-il synthétique ? — Il y a deux termes dans un jugement : un sujet et un prédicat ; entre eux peuvent exister diverses relations. Le jugement analytique est celui où le prédicat est d'avance contenu dans le sujet, et peut s'en tirer par une simple analyse. Exemple : tous les *corps* sont *étendus*. Je n'ai qu'à *expliquer* le concept de corps, c'est-à-dire le développer, pour y trouver le concept d'étendue. Mais si je dis : tous les *corps* sont *pesants*, il n'en va plus de même : la pesanteur était bien dans l'école une propriété inhérente au corps comme tel, mais, pour un newtonien, elle n'est qu'une relation d'un corps avec un autre, elle est extérieure à l'essence du corps.

Mais se pourra-t-il que *simultanément* l'a priorisme et la liaison synthétique ainsi définis soient présents dans un jugement ? Hume avait très nettement distingué ces deux sortes de liaison, mais il les avait jugées incompatibles : ce qui est *a priori*, disait-il, ne peut être tel que parce qu'il est analytique ; inversement, une liaison synthétique ne peut être connue qu'a posteriori ; exemple : la causalité.

Kant se demanda si cette incompatibilité existait réellement : c'est là le point de départ de ses recherches critiques.

1º *Mathématiques*. — Considérons d'abord la mathématique pure. Toutes les propositions mathématiques sont synthétiques, dit Kant, quoiqu'on ait cru démontrer le contraire. Il faut distinguer entre le raisonnement proprement dit et les principes. Ceux-ci peuvent être synthétiques, alors que celui-là, grâce à ces synthèses mêmes, demeure analytique. Considérons cette opération : $7 + 5 = 12$. Elle ne peut se former par simple analyse. Si je prends le concept d'addition, j'y trouve que cette opération consiste à réunir en un seul nombre toutes les unités contenues dans plusieurs nombres donnés. L'addition, ici, aura donc pour objet de réunir en un seul nombre les unités dont se compose 7 et les unités dont se compose 5. Mais quel sera ce nombre ? Selon Kant. je ne puis le savoir par simple analyse. L'analyse me dit ce que je dois faire, elle ne le fait pas. En réalité, pour arriver au nombre de 12, je dois remonter du concept de 5 à la manière dont il a été formé, et, dès lors, ajouter 5 fois l'unité en partant de 7. Il y a là une action de mon esprit conforme à la définition, mais réalisant ce qui, en elle, reste abstrait ou simplement possible. En un mot, j'appelle l'intuition au secours du concept. C'est ainsi qu'en arithmétique tout raisonnement analytique est doublé d'une opération synthétique, qui applique ce raisonnement à des objets déterminés, et cela conformément à la nature propre de ces objets.

Synthétiques, les jugements mathématiques sont-ils en même temps *a priori* ? Kant ne croit pas avoir besoin de le démontrer. C'était, de son temps, chose communément admise.

Mêmes observations pour les propositions de la géométrie. En même temps qu'elles sont *a priori*, elles sont, plus visiblement encore que les propositions de l'arithmétique, synthétiques. Soit la proposition : « Entre deux points la ligne droite est la plus courte qui puisse être tracée. » Cette proposition paraît analytique parce qu'elle est très évidente ; en réalité, elle est synthétique. En effet, elle unit une notion de qualité à une notion de quantité : *droit* est une qualité ; *court*, une quantité. Or ce sont là deux concepts hétérogènes ; en les unissant, on fait donc une synthèse.

2° *Physique*. — La physique, depuis Newton, peut, selon Kant, être considérée comme une science qui, dans ses parties les plus hautes, est *a priori*, rationnelle. Mais, de plus, il est évident que ses principes sont synthétiques. Ainsi, dans cette proposition : à travers tous les changements que subit la matière, sa quantité reste invariable, — l'invariabilité n'est pas contenue dans le concept de la matière. C'est chose reconnue : Descartes, on le sait, a cru devoir recourir à la perfection divine pour établir ce théorème. Autre exemple : dans toute communication de mouvement, l'action et la réaction sont toujours égales : — là encore il y a addition de concepts et non simple analyse.

Leur importance pour la métaphysique. — Donc on ne pourra plus opposer à la métaphysique la question préalable : le jugement synthétique *a priori* est possible, puisqu'il est. La question sera de savoir si ceux que présente la métaphysique peuvent être légitimés, *mutatis mutandis*, par ceux que présentent la mathématique et la physique pure.

II

Que vaut cette doctrine ?

Plusieurs critiques, la considérant dans son rapport avec l'ensemble du système de Kant, disent que se poser cette question, c'est se demander ce que vaut le kantisme lui-même, lequel est suspendu à la thèse des jugements synthétiques *a priori*. Mais cette appréciation est illégitime. Dans sa marche régressive des jugements synthétiques *a priori* aux conditions de leur possibilité, Kant ne prétendra arriver qu'à une hypothèse. C'est par l'analyse directe de la raison qu'il établira son système d'une manière apodictique. Le système ne serait donc pas ruiné d'avance par cela seul qu'on aurait démontré qu'il n'y a pas de jugements synthétiques *a priori*. Tout ce qu'on aurait ruiné, c'est la présomption que tire Kant de ces jugements en faveur de son système. Il n'en est pas moins vrai qu'il tient grandement à cette découverte et la croit de grave conséquence. Que vaut-elle ?

Que vaut d'abord le critérium de l'*a priori* et celui de la synthèse indiqués par Kant ? Il faut bien avouer que l'a priorisme ne ressortirait clairement de l'universalité et de la nécessité que s'il était certain que la nature des choses est, en effet, conforme à ce que nous affirmons d'elles.

Ne nous hâtons pas toutefois de conclure que l'universalité et la nécessité que nous mettons dans nos jugements ne prouvent rien en ce qui concerne une origine *a priori*. En effet, ces idées mêmes d'universalité et de nécessité dépassent l'expérience : l'idée que quelque chose existe nécessairement ne peut venir de l'expérience, qui ne nous présente rien que de variable. Il y a là une forme, à tout le moins, qui doit venir de l'esprit. Et si cette forme constitue une erreur, c'est une erreur qui vient de moi.

Et pour ce qui est du critérium de la synthèse, que devons-nous penser ? Il faut avouer que ce critérium, pris à la lettre, est d'une application difficile. Comment prononcer qu'une analyse complète, telle que celle que Dieu peut accomplir, ne ferait pas sortir le prédicat du sujet là où nous-mêmes n'y réussissons pas ? Il semble qu'à considérer les choses objectivement, il soit impossible de démontrer la légitimité du critérium de Kant. Mais, au lieu de considérer les choses que représentent les concepts, considérons l'esprit qui énonce un jugement synthétique : cet esprit lie entre eux, en posant cette liaison comme nécessaire, deux termes entre lesquels il ne voit pas la possibilité d'une liaison analytique. Il y a là une véritable action de l'esprit, une action originale qui n'est pas l'analyse.

Le critérium kantien a donc une valeur incontestable. S'il ne prouve pas que le réel contenu de nos jugements soit inexplicable par l'expérience et l'analyse, il prouve du moins que nous ne pouvons nous expliquer que par un apport de notre esprit la forme sous laquelle ils se présentent à notre conscience.

Que vaut le caractère de synthèse *a priori* attribué aux propositions mathématiques ? On sait que Leibnitz, au IV° livre des *Nouveaux Essais*, § 10, a démontré analytiquement que 2 et 2 font 4. Je prends pour accordées, dit-il, les définitions de 2, 3 et 4, et cet axiome, que, si l'on met des choses égales à la place l'une de l'autre, l'égalité demeure. On peut alors écrire : $2 + 2 = 2 + 1 + 1$. Or, dans le second membre. on peut, à $2 + 1$, substituer 3, et ensuite, à $3 + 1$, substituer 4. Donc, par l'axiome, deux et deux sont quatre, C.Q.F.D.

Cependant, il subsiste quelques difficultés. Ainsi, quand j'écris : $2 + 2 = 2 + 1 + 1$, je dois mettre $(1 + 1)$ entre parenthèses. Mais alors il s'agit de faire tomber la parenthèse. Leibnitz ne nous dit pas de quel droit nous pouvons le faire. La démonstration est donc incomplète. On peut procéder autrement. Posons $7 + 5 = 12$. Une égalité ne change pas si l'on retranche aux deux membres une quantité égale. Je retranche donc 1 des deux membres : j'obtiens $7 + 4 = 11$, et je renouvelle l'opération jusqu'à ce que j'arrive à cette égalité : $1 + 1 = 2$, laquelle est vraie par définition. En un sens donc, Kant s'est trompé : l'intuition n'est pas nécessaire pour cette démonstration.

Sa théorie est-elle donc fausse ? Une telle conclusion serait prématurée. Dans une démonstration arithmétique, il ne s'agit jamais de la quantité déterminée qu'on a sous les yeux, mais de toute quantité analogue. Une démonstration ne mérite ce nom que si elle est universelle. Or, jusqu'ici, nous avons fourni un exemple, non une véritable démonstration. Kant a tort quant à la lettre, mais rien ne prouve qu'il ait tort dans le fond. Comment, en effet, s'opère la généralisation requise ?

On dit souvent : j'ai pris $7 + 5$, parce qu'il est commode d'opérer sur des nombres déterminés ; mais j'ai pris ces nombres au hasard, donc il n'y a pas de raison pour que ce qui est vrai de 7 + 5 ne soit pas vrai de tous les autres nombres. Cette expression : « il n'y a pas de raison » dénote une impuissance de démontrer et n'est pas une démonstration. Aussi ne s'est-on pas contenté de cette raison, et a-t-on abordé une démonstration ayant en elle-même un caractère de généralité. On arrive à fournir cette démonstration à l'aide de symboles algébriques. Mais, si l'on y prend garde, on trouve que la démonstration que l'on donne, enveloppe, en réalité, un nombre infini de démonstrations singulières, analogues à celles de tout à l'heure. Ce n'est pas là un procédé purement analytique.

Le plus grand effort pour éliminer la synthèse des mathématiques pures, est peut-être celui qu'a fait Helmholz. Il ne croit pas avoir besoin, pour construire l'analyse tout entière, d'autre chose que de la notion de l'antériorité d'un fait par rapport à un autre. Mais cette donnée elle-même est essentiellement synthétique ; elle suppose qu'à la suite d'un nombre il y a toujours un autre nombre. Or c'est presque là le propre schème de la synthèse, car, dans l'idée d'une chose, ne peut être contenue l'idée d'une autre chose, encore moins l'idée d'une succession sans fin. Ainsi le progrès consiste, non à supprimer la synthèse, mais à poser à la base même de la science tout ce qui est nécessaire en fait de synthèse, pour n'avoir plus besoin ensuite que d'analyser. D'une manière générale, les postulats sont transformés en définitions, ils n'en subsistent pas moins, sous cette enveloppe, et l'analyse ne fera que propager la synthèse qu'ils impliquent. En définitive, il faut partir de quelque chose, et le principe de contradiction ne fournit pas ce quelque chose.

Il en est de même, à plus forte raison, pour la géométrie. On démontre aujourd'hui que la ligne droite est le plus court chemin d'un point à un autre. Et cette démonstration peut se faire presque sans postulats. Mais les postulats ne sont que déplacés : on les a mis aussi le plus possible au début, dans les axiomes primordiaux. D'abord, quand on invoque cette raison : « il n'y a pas de raison pour qu'il en soit autrement, » il est clair qu'on sort du domaine de l'analyse pure. Quand, en outre, on fait de la coïncidence le substitut de l'équivalence, on lie, comme le remarquait Kant à propos de l'axiome de la ligne droite, une notion de quantité à une notion de qualité. Quand, de plus, on postule l'uniformité de l'espace, on admet la répétition infinie de quelque chose de donné : ce qui est encore une notion synthétique. Enfin, surgit toujours le postulatum d'Euclide, sur lequel on a tant discuté. Si l'on sort de la géométrie euclidienne, pour concevoir la géométrie à *n* dimensions, dont celle d'Euclide ne serait qu'un cas particulier, alors on est dans le domaine du possible pur, et le passage de cette géométrie à la géométrie euclidienne ne pourra s'expliquer que par la seule analyse. Bien plus ici qu'en arithmétique, des postulats sont indispensables, et l'on renonce à les dissimuler tous dans les définitions.

Il semble donc que la présence d'éléments synthétiques au fond des mathématiques soit incontestable. Ces éléments sont-ils également *a priori* ? Certains mathématiciens, ayant constaté le caractère synthétique de leurs principes, et ne pouvant se les expliquer que par l'expérience, admettent qu'ils sont *a priori*, en ce sens qu'ils seraient formés par l'esprit d'une manière arbitraire. C'est là un *a priori* tout autre que celui de Kant.

Mais « arbitraire », n'est-ce pas là un mot trop fort ? Je crois que les mathématiciens veulent seulement dire que leurs principes ne sont pas imposés par les choses. On dira, par exemple : « L'esprit choisit la combinaison la plus simple ». Mais cela même est un appel à une raison, et n'est pas l'arbitraire. Ces constructions, l'esprit les fera, guidé par son sens de l'intelligibilité, par sa nature. Nous nous rapprochons ainsi du sens kantien. Les principes mathématiques supposent des actions de l'esprit déterminées par sa nature même, des *actions*, et non pas seulement des impressions émanantes des choses *données*.

En ce qui concerne la physique, la science moderne s'écarte, croyons-nous, davantage de la pensée de Kant. Kant veut qu'il y ait des principes physiques spéciaux, qui soient, comme les principes mathématiques, quoique d'une autre manière, synthétiques et *a priori*. Le principe physique par excellence satisfaisant à ces conditions serait le principe de causalité. Mais la science contemporaine marche bien plutôt dans la voie qu'avait ouverte Descartes. Pour Descartes, l'universalité et la nécessité, en matière scientifique, ne pouvaient venir que de la détermination mathématique. Ainsi, pour parvenir à la forme scientifique parfaite, la physique devait se résoudre en mathématique. C'est dans cette direction que la physique marche aujourd'hui. Si elle renferme des parties qui se traitent *a priori*, ce sont celles qui sont devenues mathématiques ; quant aux autres, ce sont bien des propositions synthétiques en même temps que proprement physiques ; mais les synthèses qu'elles présentent sont considérées comme purement expérimentales. Je ne sais si, pour la science, le principe de causalité lui-même fait exception.

Bien des philosophes veulent, il est vrai, lui conserver le double carac-tère de principe à la fois *a priori* et synthétique. Mais, pour la science, il n'y a pas d'autre causalité nécessaire que la liaison mathématique. La causalité proprement dite se décompose en liaison mathématique et contiguité contingente. Ce n'est plus là la thèse de Kant. Car, selon lui, il existe des lois physiques présentant, comme telles, les deux caractères de liaison synthétique et d'*a priorisme*, et irréductibles aux propositions mathématiques. Il se peut donc que la thèse de Kant soit contestable en ce qui concerne la physique. Elle paraît subsister quant aux mathé-matiques.

Dans l'état actuel de la science, nous ne pouvons considérer les principes sur lesquels elles se fondent comme nous étant donnés par les choses : celles-ci ne peuvent nous fournir l'idée de l'addition, ni l'idée d'une droite. Nos figures sont des limites, des conceptions, que les choses ne peuvent réaliser. D'autre part, les principes des sciences ne nous sont pas non plus donnés *a priori*, au sens où le voulait Platon, comme des connaissances effectives, présentes au fond de notre esprit. Que sont-ils donc ? Des *productions* de notre esprit. Ce qu'il y a d'*a priori*, c'est un *travail* accompli d'une façon *originale* par l'esprit lui-même. Les choses ne fournissent que l'occasion, non l'exemple et le modèle de ce travail. Voilà ce que nous retenons de la doctrine kantienne. Ce qui, pour nous, reste obscur, c'est la question de savoir ce qu'est au juste ce travail de l'esprit. A-t-il le caractère de nécessité que lui attribue Kant ? D'abord affirmons-nous, en fait, une liaison des choses absolument nécessaire ? Puis, cette affirmation, sommes-nous absolument nécessités à la faire ? La science ne se contente-t-elle pas d'une nécessité relative ? Mais une chose reste établie, c'est que, dans l'établissement des principes de la science, l'initiative, le travail de l'esprit ont un rôle indispensable. Résultat considérable, puisqu'il met en relief, avec l'originalité et la spontanéité de l'esprit, sa réalité en face des choses.

CHAPITRE IV

La possibilité des Jugements synthétiques *a priori*

Pour étudier une pensée vivante et créatrice comme celle de Kant, il faut d'abord, sans doute, l'éclaircir, la transposer dans une certaine mesure, de manière à s'assurer qu'on ne s'en tient pas aux formules. Mais il faut surtout y entrer le plus franchement possible, repasser par les chemins mêmes qu'a parcourus l'auteur, reconstituer le mouvement de son esprit. En apparence, Kant est rempli de répétitions : ce sont les retours qu'il a cru devoir faire pour mieux habituer le lecteur à un système qu'il considère comme nouveau. Lorsque Kant a jugé utile d'étudier la question sous divers aspects, il serait imprudent de ne pas le suivre. On ne peut étudier un système métaphysique du dehors, par un simple rapprochement de textes : ce serait en laisser échapper l'âme. Il faut, avant tout, une grande docilité d'esprit ; il faut arriver à se mettre soi-même au point de vue de l'auteur. Voilà pourquoi longtemps nous n'avons pas bien compris Kant : nous cherchions à le critiquer, ou encore à l'utiliser, c'était juger avant d'avoir compris. Et, quand il s'agit de Kant, la tâche de comprendre est tellement difficile qu'il faut, pour un temps, s'y donner tout entier.

Or, dans les *Prolégomènes*, Kant exprime le souhait que tout lecteur commence par l'étude de ce livre ; il y a exposé son système d'une façon *analytique*, en remontant des faits qu'il considère comme acquis aux principes qui, selon lui, les expliquent ; c'est une marche *régressive*, tandis que la *Critique de la Raison pure*, suit une marche *progressive* et *synthétique*. Nous nous conformerons au désir de Kant en étudiant aujourd'hui, d'après les *Prolégomènes* la théorie kantienne présentée sous la forme hypothétique et provisoire.

I

Nous avons vu quel est le point de départ de l'invention du système : c'est l'existence, selon Kant, de jugements synthétiques *a priori*. Il existe, dit-il, de tels jugements à la base des mathématiques et de la physique pure, telle que l'a constituée Newton. C'est là, pour Kant, un fait établi. Le problème qui se pose alors, c'est de savoir comment ces jugements sont possibles, c'est-à-dire sur quoi il peut les faire reposer pour les concevoir comme intelligibles, ou exempts de contradiction. Cette question paraîtra sans doute étrange à un mathématicien, à un physicien. A quoi bon rechercher un tel fondement ? Ces jugements ne portent-ils pas leur certitude en eux-mêmes ? Kant leur donne expressément raison : ni la mathématique, ni la physique n'ont besoin de la déduction à laquelle nous allons nous livrer : elles apportent, comme garantie de leur vérité, l'une l'évidence qui lui est propre, l'autre l'expérience ; et, tant qu'on reste dans le domaine mathématique ou physique, cette double évidence est une garantie suffisante.

A quelle fin donc allons-nous aborder cette discussion ardue ? Uniquement en vue de la métaphysique. Elle aussi présente des jugements synthétiques *a priori*, par exemple : *il existe un monde.* C'est là un jugement synthétique, car, de ce que nous avons un concept, cela n'implique pas que quelque chose y réponde. Il y a là quelque chose de surajouté, de synthésé. Mais la métaphysique, elle, n'apporte nulle garantie de la validité de ses jugements, comme la mathématique et la physique. Que faire ? Les rejeter purement et simplement ? C'est ce que fit Hume, estimant que la métaphysique était seule dans son cas, que nulle part ailleurs ne se trouvaient des jugements à la fois synthétiques et *a priori*. Mais Hume se trompait. Il existe des jugements synthétiques et *a priori* en mathématiques et en physique. De tels jugements sont donc possibles, puisqu'ils sont. Nous pouvons, en examinant les jugements synthétiques *a priori* des mathématiques et de la physique, déterminer les conditions nécessaires et suffisantes pour la validité de tels jugements, nous verrons ensuite si ces conditions sont réalisées en métaphysique.

Il me semble que Descartes a fait, à son point de vue, quelque chose d'analogue. Après avoir posé sa proposition : *Cogito, ergo sum,* et en avoir déduit l'essence de l'âme, Descartes dit : Je manquais de marque de la vérité, mais voici que je suis en possession d'un jugement qui est inébranlable : il me suffira de chercher quels sont les caractères de ce jugement qui m'assurent qu'il est vrai pour être en possession d'une règle générale permettant de distinguer le vrai du faux. Et c'est armé de cette règle qu'il procède à la démonstration de l'existence de Dieu et de l'existence des choses matérielles,

Quelle sera maintenant, selon Kant, la valeur des principes auxquels va le conduire son examen de la possibilité des mathématiques et de la physique pure ? Cette valeur sera tout d'abord purement hypothétique. Qui remonte du fait au fondement ne peut prétendre qu'à une explication possible. Seule la critique de la raison pure elle-même transformera l'hypothèse en théorie. Nous ne dirons donc pas, avec certains critiques, que les *Prolégomènes* ont moins de valeur probante que la *Critique*, et que dans celle-ci Kant avait mieux vu comment il faut procéder pour aboutir à une véritable démonstration. Le dessein des deux ouvrages n'est pas le même : les *Prolégomènes* sont une introduction à la *Critique* : l'hypothèse y doit frayer la voie à la doctrine.

Comment des jugements synthétiques *a priori* sont-ils possibles ?

Que signifie cette question ? Il s'agit de jugements, c'est-à-dire d'opérations prétendant à la vérité ; il s'agit de savoir comment il est possible que, *a priori*, nous nous prononcions avec certitude sur quelque chose qui n'est pas nous.

Que veut dire le mot possibilité ? Il ne s'agit pas de savoir si de tels jugements peuvent se réaliser, puisqu'ils sont. Le mot « possible » a ici son sens logique d'intelligibilité, absence de contradiction. Est-ce donc que ces jugements sont difficilement concevables sans contradiction ? Sans doute, car il est étrange que l'on puisse *a priori* affirmer d'un fait ce qui n'est pas contenu dans son concept. Il semble qu'il y ait là une contradiction interne. L'histoire le prouve : tous les philosophes qui ont admis des principes *a priori* les ont admis comme analytiques, témoin Aristote, Leibnitz. Inversement, Hume, qui concevait les principes de la connaissance concrète comme synthétiques, les considérait en même temps comme empiriques. Comment lier *a priori* A et B, étant donné qu'ils n'ont rien de commun ! « N'importe quoi peut produire n'importe quoi » : *any thing may produce any thing*, avait dit Hume.

La marche que suit Kant se décompose ainsi : 1° une méthode d'élimination : considérer analytiquement les différentes explications possibles et rejeter celles qui ne lèveront pas d'une façon satisfaisante les contradictions. 2° Dégager l'explication qui reste debout. Mais, bien que Kant suive ici une méthode hypothétique, n'allons pas croire qu'il va inventer une hypothèse de toutes pièces. Ce n'est pas par l'invention d'une force inconnue et mystérieuse que Newton a systématisé le mouvement des planètes : c'est en ramenant les forces qui les meuvent à une force connue, la gravitation. Kant cherche, d'une manière analogue, parmi les facultés réelles de notre nature, celles qui pourraient répondre aux conditions posées.

II

Comment sont possibles les jugements synthétiques *a priori* que comprend la mathématique ? Comment se fait-il que nous posons ces principes comme certains et nécessaires, comme réalisés en dehors de nous ? Qu'est-ce qui les caractérise ? C'est d'être des synthèses *a priori* d'un caractère spécial, exprimé par le mot d'intuition. Ce sont des intuitions *a priori*. Kant s'est efforcé de montrer que les mathématiques ne peuvent pas s'exprimer par des concepts généraux universels. Dans les démonstrations, on fait toujours appel à quelque chose de déterminé : on n'opère jamais sur des quantités quelconques. Ainsi, on opère sur des nombres donnés, sur telle ligne, sur telle surface. Le problème est donc de savoir comment sont possibles des intuitions *a priori*.

La philosophie dogmatique a sur ce point une théorie précise. Selon elle, les jugements mathématiques ne sont autre chose que des applications particulières de la logique générale, Leibnitz disait : « Les mathématiques ne sont qu'une promotion particulière de la logique ». En d'autres termes, les mathématiques ne font que déduire le particulier du général. Elles ne requièrent donc aucun principe spécial. L'existence de l'entendement logique suffit à en expliquer la possibilité.

D'après ce que nous avons dit dans la dernière leçon, Kant ne peut accepter une pareille explication. Les dogmatistes expliquent bien le caractère *a priori*, mais non le caractère intuitif des mathématiques. Enfermés dans le pur possible, dans l'universel absolu, ils ne peuvent de la logique passer à l'arithmétique, de l'arithmétique à la géométrie. C'est, pour Kant, une observation décisive : la logique admettrait un nombre infini de mathématiques, la mathématique est une. La logique admettrait une infinité d'espaces, les mathématiques n'admettent que l'espace à trois dimensions. Ainsi les dogmatistes nous présentent bien nos mathématiques comme possibles, mais non comme les seules possibles, et c'est ce dernier point dont Kant veut se rendre compte.

D'autre part, on ne peut adopter la solution *sensualiste*. Selon cette doctrine, les quantités mathématiques, comme l'étendue, le nombre, seraient ou des propriétés des objets, ou des choses en soi que nous saisissons directement et en elles-mêmes. Mais nous ne pouvons admettre ni que les propriétés mathématiques soient connues par les propriétés qualitatives, qui les supposent, ni que l'espace soit saisi directement, puisqu'il est infini.

Mais ne pourrait-on pas adopter une solution *mixte*, une solution éclectique, d'après laquelle le caractère d'intuition des jugements mathématiques s'expliquerait par l'expérience, le caractère de nécessité par le rôle de l'entendement ? Une telle explication dénaturerait le jugement mathématique, qui n'est pas fait de deux pièces isolables, intuition et apriorisme, mais qui consiste en une intuition qui, comme telle, est *a priori.*

Il y a une autre conception *éclectique* que souvent on oppose à Kant, aujourd'hui encore. Pourquoi, dit-on, ne pas admettre que nous constituons *a priori* les principes des mathématiques, mais que cette intuition *a priori* s'accorde avec une loi qui est également dans les choses ? C'est grâce à une harmonie primordiale entre les choses et nous que nous formons des mathématiques applicables à la réalité. Une telle harmonie est le postulat nécessaire de toute théorie de la connaissance. Kant ne peut s'en tenir à cette explication, qui repose sur un malentendu. Sans doute, estime Kant, c'est parce que nous croyons à un accord des choses avec les lois internes de notre esprit que nous affirmons la vérité des mathématiques ; mais comment savons-nous que cet accord existe ? de quel droit l'affirmons-nous ? là est la question. Ainsi, à cette explication Kant oppose la question préalable.

Comment donc expliquer qu'*a priori* nous affirmions qu'il y a dans les choses des lois correspondant à nos intuitions mathématiques ? La seule explication possible est la suivante : il y a en nous une faculté d'intuition s'exerçant par les sens. Si nous admettons que cette faculté a un fonds propre, une certaine nature, une loi spéciale en vertu de laquelle elle s'exerce, alors nous pourrons admettre que l'intuition *a priori* dont il s'agit n'est autre chose que l'intuition de la forme même de notre sensibilité. Une telle intuition peut être *a priori*, puisque la nature même de notre sensibilité est en nous antérieurement à l'impression des choses. Et cette intuition aura une valeur objective, si l'on admet que tout ce que nous devons percevoir ne peut être perçu qu'en s'adaptant aux formes que nous portons en nous.

Il est vrai que, dans cette explication, il ne peut être question d'un espace et d'un temps existant en soi en dehors de nous ; mais de telles entités nous n'avons que faire. Notre théorie explique l'objectivité des mathématiques au seul sens où, en fait, elle soit admise.

Kant confirme ensuite sa théorie par une confrontation avec des exemples tirés des mathématiques. Il expose, par exemple, que la démonstration par superposition, que l'axiome : « Etant donné un point, on peut par ce point faire passer trois droites se coupant à angles droits, et trois seulement », ne s'explique bien que dans sa théorie. Il mentionne le cas de figures symétriques. Pour Leibnitz, elles sont indiscernables, parce qu'elles ne diffèrent par aucun caractère intrinsèque. Tels, par exemple, deux triangles sphériques égaux, opposés, ayant pour base commune un arc de l'équateur. Ce n'est qu'en les considérant dans leur rapport avec l'espace qu'on peut y voir deux triangles. Donc l'espace est antérieur aux déterminations géométriques. Mais, de plus, l'espace n'est pas le contenant des figures géométriques, car alors il serait l'ensemble des figures géométriques, et ainsi il supposerait cette distinction même des figures symétriques qu'il s'agit d'expliquer.

L'espace, tout à la fois, est présupposé par les figures géométriques, et est impossible comme chose en soi : l'idéalité transcendentale rend compte de ce double caractère.

L'objectivité que lui attribue la science s'explique de même dans la théorie proposée. Elle consiste en ceci, que l'espace mathématique doit se retrouver dans l'espace physique. Or il suit de la théorie que l'espace physique suppose comme condition l'espace mathématique : donc les mathématiques s'appliqueront à la physique.

III

Comment sont possibles les jugements *a priori* de la physique pure ? Qu'est-ce qui caractérise ces nouveaux jugements ? La différence qui les distingue des jugements mathématiques est la suivante : la vérité que nous attribuons aux jugements mathématiques ne porte que sur les conditions de la représentation, mais nous n'affirmons pas qu'il existe des objets mathématiques. Or, la physique porte sur les réalités concrètes elles-mêmes. Il s'agit ici des choses, et non plus seulement des grandeurs et des quantités. Comment se fait-il qu'*a priori* nous portions des jugements relatifs à la nature des choses distinctes de nous ?

Selon le dogmatisme conséquent, conscient de son principe et de sa méthode, les idées, les idées absolues portent en elles-mêmes les éléments de la réalité ; un simple développement de ces puissances engendre l'existence ; le dogmatiste est nécessairement idéaliste. Les idées sont dans l'entendement, qui en est le lien ; il nous suffit donc de les analyser pour en faire sortir la réalité. Mais, dit Kant, supposer que notre entendement confère l'être, c'est nous attribuer une perfection que nous n'avons pas, c'est nous égaler à Dieu. Notre entendement n'est pas *archétype* créateur, il est *extérieur* aux choses, n'influe nullement sur elles. On peut dire de Dieu, comme disait Leibnitz : « *Dum Deus calculat, fit mundus* » ; il n'en est pas de même de la pensée humaine.

Comment, d'autre part, en s'appuyant sur la seule expérience, affirmer que les choses seront toujours telles que nous les avons vues ? L'empirisme ne nous attribue qu'un entendement *ectype*. Mais notre entendement est plus que cela. Il dépasse l'expérience dans ses affirmations, Il a une nature propre.

Selon la conception éclectique, l'entendement et la sensibilité concourraient pour former les jugements de la physique. Mais ici encore nous ferons remarquer qu'il ne sert de rien d'alléguer une harmonie préétablie entre le dedans et le dehors. Kant ne nie pas, il pose comme point de départ l'existence d'une telle harmonie. Il demande d'où nous la connaissons. Ainsi ni la solution intellectualiste, ni la solution empirique, ni la solution éclectique ne sont possibles. A quelle solution s'arrêter ?

Il faut de proche en proche ramener le problème à des termes plus simples, d'après une méthode d'analyse analogue à celle que recommande Descartes. Or, quand nous disons savoir *a priori* que certaines lois sont réalisées par la *nature*, voulons-nous dire que nous pouvons connaître *a priori* tout le détail des choses, tout ce qu'embrasse l'être existant en dehors de nous ? Nullement, nous ne voulons pas dire que nous puissions connaître *a priori* la *matière* des choses : tout ce que nous pouvons vouloir dire, c'est que nous savons que la marche des choses doit être réglée ; c'est de la *forme* uniquement qu'il s'agit pour nous.

Mais dire ainsi qu'il y a des lois dans la nature, est-ce lui attribuer *a priori* toutes les lois de détail que l'expérience y pourrait découvrir ? Nullement : tout ce que nous pouvons savoir *a priori* c'est que la nature est régie par des lois sans lesquelles elle ne pourrait être pour nous un objet de connaissance. Il s'agit donc de la forme des choses considérée par rapport à nous. Il s'agit de savoir comment j'arrive à l'idée d'*objectivité*. Or, ainsi réduit, le problème devient soluble. Je considère qu'il y a en moi, une faculté, la conscience, qui peut me donner l'explication du mystère : c'est *la faculté de dire* : je pense. Le « je pense » doit pouvoir accompagner toutes mes représentations. Mais comment dire *je*, sans s'opposer à quelque chose qui n'est pas soi ? Je ne me pose qu'en m'opposant à autre chose. Sujet suppose objet. Or, quel est d'un tel objet la condition nécessaire et suffisante ? Il suffit que j'aie en face de moi des intuitions liées entre elles par des relations universelles et nécessaires : ainsi élaborées, ces intuitions prennent corps et me permettent de m'appuyer sur elles pour prendre conscience de moi-même. Or des intuitions, ma sensibilité m'en fournit. Mon entendement, qui est la faculté de lier, pourra lier ces intuitions.

Cette théorie me donne juste ce que je demande : l'objectivité de la nature *en tant que liée* au moi qui me constitue. Il est vrai que je dois renoncer à la connaissance des choses telles qu'elles sont *en soi;* mais aucun système ne peut me la garantir. Et d'ailleurs, en fait, nul ne prétend à une telle connaissance. Tout ce que nous affirmons, c'est qu'il existe dans les choses que nous connaissons, dans les choses en tant qu'objet de notre reconnaissance, des lois correspondantes aux lois de notre intelligence. Ainsi c'est nous-mêmes qui, dans la sphère de l'aperception transcendentale, constituons l'objet qui apparaît comme chose à la conscience empirique.

Kant, par cette théorie, prépare-t'il la théorie de l'inconscient ? Telle n'est pas son intention. Mais il est bien vrai que c'est la conscience transcendentale, non la conscience individuelle, qui est l'auteur de la législation de la nature. Kant a trouvé dans la conscience même ce principe de l'accord entre la sensibilité et l'entendement, que Descartes avait cru devoir chercher en Dieu.

Kant vérifie cette théorie en considérant qu'elle rend très bien compte des lois les plus générales de la physique, telles que la loi de causalité, la loi de la permanence de la matière. La loi de Newton en particulier ne saurait se déduire des seules mathématiques. Elle implique, pour être conçue comme possible, un principe qui rend les choses solidaires les unes des autres.

IV

Telle est la solution des problèmes relatifs à la mathématique et à la physique pures. Elle est de grave conséquence métaphysique. Car, si elle est admise, elle engendre la conséquence suivante : la raison pure, dans la métaphysique, n'a pas affaire en réalité à des objets particuliers dépassant le champ de l'expérience. Mais ce qu'elle poursuit, comme un objet d'ailleurs irréalisable, c'est la totalité de la série des intuitions. L'objet apparent de la raison, l'âme, le monde, Dieu, n'est en réalité qu'une idée destinée à rapprocher autant que possible la connaissance intellectuelle de l'objet complet que cette idée représente.

V

Quelle est la signification historique de la théorie de la sensibilité et de l'entendement à laquelle Kant est conduit par son analyse ?

En réalité, elle n'est pas si absolument nouvelle que son auteur le suppose. Dès l'antiquité, Aristote avait distingué les κοιναὶ ἀρχαὶ ou ἀρχαὶ ἐξ ὧν et les ἴδιαι ἀρχαὶ ou ἀρχαὶ περὶ ὅ, et considéré les seconds principes comme irréductibles aux premiers. Mais les uns et les autres nous étaient, selon lui, donnés dans la raison même comme des objets, et l'action de l'esprit dans la production de la science ne consistait qu'à les analyser. Descartes a introduit, sous le nom d'*intuition*, une conception nouvelle de l'opération primitive de la pensée : entre les deux termes de son intuition première, par exemple : « Je pense, donc je suis », il y a un rapport de liaison nécessaire qui ne peut être établi que par l'esprit agissant. Aussi Descartes se refuse-t-il à admettre l'identité de son intuition, qui est féconde, et des syllogismes de la dialectique, qui ne servent qu'à faire comprendre aux autres ce que l'on sait. Remarquons toutefois que les termes précèdent l'intuition du rapport et doivent encore être donnés ; et de la nature de ces termes Descartes tient compte pour les lier : ce qui prouve qu'il ne s'agit pas ici d'une liaison entièrement synthétique, c'est-à-dire entièrement surajoutée aux concepts.

C'est Leibnitz qui approche le plus de Kant, par sa *dualité* de principes ; principe d'identité et principe de raison suffisante. Ce dernier principe est visiblement l'ancêtre des formes et catégories kantiennes : la logique générale ne suffit pas à Leibnitz pour expliquer le réel. Celui-ci présente une contingence qui ne trouve son explication complète que dans la volonté divine. Mais, après avoir distingué, Leibnitz s'efforce de réunir ; la logique et le réel sont pour lui deux asymptotes dont nous pouvons suivre le rapprochement croissant et affirmer la jonction dans l'être infini.

Or, c'est là ce que repousse Kant. Selon lui, nous ignorons radicalement le lien du logique et du réel. Celui-ci n'est pour nous qu'un fait qu'il nous est interdit d'ériger en absolu. Le réalisme, pour nous, suppose l'idéalisme transcendental.

CHAPITRE V

Sensibilité et Entendement

Nous avons vu, dans l'exposition hypothétique qui prélude à l'exposition apodictique, que la science, comme fait, est le point de départ de Kant et la chose à expliquer. Tandis que, pour les anciens, c'était l'être ou encore le rapport de l'être et de la pensée qui était le point de départ, la chose à expliquer ; la philosophie moderne se trouve en présence d'un objet qui s'intercale entre l'esprit et les choses : la science comme réalité ; et c'est cet objet qui va être la matière de sa réflexion.

Jusqu'ici nous n'avons eu affaire qu'à une hypothèse, à une explication suffisante, non nécessaire. Quand on procède en remontant de la conséquence au principe, on ne peut arriver qu'à une explication possible. Kant estime que, par l'analyse critique de la raison elle-même, il pourra dépasser cette science provisoire.

Quelle est la première question qui va se poser pour qui veut constituer apodictiquement, en descendant des principes aux conséquences, la théorie de la connaissance ? Celle-ci, selon Kant : notre faculté de connaître les choses est-elle simple ou multiple ? N'avons-nous qu'une vue sur les choses ou plusieurs ? La réalité nous apparaît-elle de façons diverses ? Cette question peut être de grave conséquence. Considérez, par exemple, la question de la connaissance sensible : qu'est-ce qui nous met en défiance sur leurs données ? C'est leur multiplicité et leur diversité. En toutes choses, la diversité des témoignages éveille la suspicion. Si donc nous avions deux manières de connaître la réalité, et si ces deux points de vue ne s'accordaient pas, il y aurait lieu de se demander quelle est de ces deux facultés celle qui mérite le plus de créance, ou si ni l'une ni l'autre n'est capable d'atteindre à la vérité. Il faudrait alors se demander si le sacrifice d'un point de vue à l'autre est nécessaire, ou s'il convient de les écarter l'un et l'autre, ou s'il est possible et légitime de les concilier, et à quel prix ?

I

Mais ne trouvons-nous pas, dans les doctrines existantes, une solution satisfaisante du problème de l'origine de la connaissance ? De tout temps, on s'est aperçu qu'il y a une certaine dualité dans l'esprit humain, sens et raison, connaissance sensible et connaissance intellectuelle, intuition et entendement. Mais, de tout temps aussi, l'esprit humain, ne pouvant croire tout d'abord à une dualité radicale, s'est efforcé de ramener à l'unité ces deux principes. Cette réduction a été faite en deux sens. Les uns se sont efforcés de ramener les sens à l'entendement : on les appelle intellectualistes ; les autres, l'entendement aux sens : ce sont les sensualistes.

Les premiers, tels que Platon, Descartes, Leibnitz, estiment qu'entre la connaissance intellectuelle et la connaissance sensible il n'y a qu'une différence de degré. Platon montre dans les objets des sens des images imparfaites ou bien encore des assemblages confus d'essences intelligibles. Descartes ramène la distinction du sensible et de l'intelligible à celle des idées confuses et des idées claires : un travail en quelque sorte mécanique suffira à discerner l'intelligible au sein du sensible donné. Leibnitz applique son principe de continuité au rapport du sensible et de l'intelligible.

Inversement, les sensualistes ramènent l'intelligible au sensible en faisant de l'idée une dégradation de la sensation ou de l'impression. Ainsi, pour Locke, la connaissance intellectuelle n'est qu'un travail plus ou moins vain de l'esprit tendant à reproduire les rapports des choses qui nous ont fourni nos idées sensibles. Pour Hume, l'impression sensible est l'état fort de la conscience, et c'est par un affaiblissement de cet état que naît l'idée, simple trace de la sensation. Il n'y a là encore qu'une différence de degré.

Pouvait-on s'en tenir à l'une ou à l'autre de ces deux doctrines ?

Considérons l'état précis de la question au moment où se place la réflexion de Kant. Le spectacle qui s'offre à lui est le suivant : chacune des deux philosophies est obligée de convenir qu'elle ne peut se passer de l'autre, et, en même temps, ni l'une ni l'autre ne peut s'enrichir d'éléments empruntés à sa rivale, sans se renier elle-même. Ainsi Wolff, qui représente la doctrine intellectualiste, s'aperçoit de la nécessité de distinguer très nettement dans chaque science une partie rationnelle et une partie empirique ; il lui est impossible de ramener l'empirique au rationnel, d'admettre une simple différence de degré entre la connaissance du contingent et celle du nécessaire. Théoriquement, il y a, selon lui, une différence de nature entre l'un et l'autre. Dans le nécessaire, l'existence suit immédiatement de l'essence ; dans le contingent, l'existence n'est, par rapport à l'essence, qu'un mode accidentel, et ne s'en peut tirer. Pareillement, il y a deux sortes de facultés dans notre âme, soit dans l'ordre de la connaissance, soit dans celui de l'action : ici la sensibilité et l'entendement, là le sentiment et la volonté. Pratiquement, chaque science comprend deux parties, l'une rationnelle, l'autre empirique, dont l'une peut être ramenée à l'autre.

Ainsi la philosophie leibnizienne est dénaturée par ses emprunts à la philosophie sensualiste, et elle aboutit à la contradiction, car Wolff prétend maintenir, en l'accentuant même davantage, l'intellectualisme de Leibnitz. Au sein même de l'école, cette contradiction se manifeste : Herder s'efforce contre Wolff de maintenir l'unité fondamentale de l'esprit et de la nature, du rationnel et du sensible, et de n'admettre qu'une simple différence de degré entre le physique et le moral.

Considérons maintenant l'état de la philosophie sensualiste. Elle a compris qu'elle devait se compléter par des éléments empruntés à la philosophie rationaliste. C'est ainsi que Locke, sentant qu'il ne pourrait démontrer l'existence de Dieu en se réduisant à la sensation, attribue une valeur suprasensible au principe de causalité, et, dès lors, grâce à ce principe, conclut de l'existence du monde à celle de Dieu comme sa cause. Ainsi encore Hume, tout en admettant que notre connaissance dérive uniquement de la connaissance sensible, maintient pourtant la vérité absolue des mathématiques, pièce essentielle de la science humaine.

Mais qui ne voit que, par ses emprunts, la philosophie sensualiste se renie elle-même ? Le principe de causalité, conçu comme reliant le monde à Dieu, ne peut nous être donné par l'expérience. De même, comment maintenir une connaissance d'une valeur absolue, quand on fait de l'impression sensible la base de toute connaissance ? Hume lui-même sent la difficulté et fait effort pour concilier sa foi dans les mathématiques avec son principe tout empirique. Tantôt il dit que les mathématiques ne valent que pour l'abstrait pur, mais cet abstrait pur, s'il est conçu comme l'absolu, ne peut s'expliquer par les sens ; tantôt il conteste l'exactitude des mathématiques, pour pouvoir les ramener à l'expérience.

II

Dans ces conditions, comment convient-il d'aborder le problème de la connaissance ? Il faut nécessairement, si nous voulons sortir de l'impasse où est confinée la philosophie, procéder selon une autre méthode, lui donner une direction nouvelle. C'est ce que Kant pensa faire. On n'avait encore considéré l'esprit que dans son rapport supposé avec les choses. Ne pourrait-on pas laisser de côté complètement la considération des choses, et étudier la connaissance humaine en elle-même ? Newton avait fourni une théorie du système planétaire, en le considérant seul, en l'isolant du reste du monde, tandis que le monde, chez Aristote, était considéré comme une unité. Ne pouvait-on envisager d'une manière analogue le système de la connaissance humaine, l'analyser, en chercher les lois et y découvrir un principe immanent ? Mais comment procéder pour étudier ainsi la connaissance ? En fait, c'est une étude qui a déjà été tentée par les anciens et les modernes. Mais Kant veut l'entendre autrement que ses devanciers. Lorsque les intellectualistes se sont occupés d'expliquer la connaissance, ils ont cherché à en saisir directement, par une intuition intellectuelle, les principes fondamentaux. Tel est le rôle de la νόησις, chez Platon et Aristote. Chez Descartes, l'intuition, entendue dans un sens spécial, découvre les principes de la science. Mais, pour Kant, quand nous rentrons en nous et y cherchons directement les principes, nous ne trouvons que le vide. Les principes ne nous sont pas donnés en eux-mêmes. Locke, de son côté, considère, lui, les idées données, les définit, les classe, les combine. A l'inverse des intellectualistes, qui essayent de remonter à la source de la connaissance, Locke en étudie les produits. Les idées d'expérience sont, pour lui, des données immédiates, simples, irréductibles. Cette méthode non plus ne peut convenir : la considération d'un résultat ne peut suffire à faire connaître la manière dont ce résultat a été obtenu.

Mais, entre la source première et les produits, il y a quelque chose d'intermédiaire : c'est le travail par lequel l'ouvrier, en vertu de ses facultés, accomplit son œuvre. C'est ce que Kant s'efforcera de saisir. Il y a là l'idée d'une méthode originale : se donner comme objet d'étude l'esprit en action, en train de faire la science, analyser son travail pendant qu'il travaille. Voyons donc l'esprit à l'œuvre, et peut-être, en analysant son action, pourrons-nous saisir les lois qu'il porte en lui.

III

Comment Kant a-t-il appliqué cette méthode ? — Dès la période anté-
critique, Kant, tout en traitant les sujets divers qui se présentaient a
lui, de plus en plus s'attache à montrer l'insuffisance, soit du sensualisme,
soit de l'intellectualisme.

En ce qui concerne la critique du premier, Kant, dans le *Traité de
la fausse subtilité des quatre figures syllogiques* (1762), établit l'irréductible dualité de l'entendement et des sens. Il considère les opérations
de l'esprit, lesquelles sont essentiellement : le raisonnement, le jugement
et la perception. Le raisonnement diffère-t-il radicalement du jugement ?
Non. Kant expose ici sommairement une doctrine qui sera pour lui de
grave conséquence : le raisonnement n'est qu'un jugement médiat, où
la copule est remplacée par un ou plusieurs autres jugements. Peu
importe que le résultat soit différent, l'action de l'esprit est la même.
Mais le jugement peut-il se ramener à la perception ? Kant compare
entre elles ces deux opérations : *distinguer des choses les unes des autres*
et se rendre compte de la différence des choses. Distinguer des choses
les unes des autres, c'est distinguer *physiquement ;* se rendre compte de
la différence des choses, c'est distinguer *logiquement.* Or il est impossible de ramener l'une de ces opérations à l'autre. Quand on se borne
à distinguer physiquement, on est simplement poussé à des actions
diverses sous l'influence de représentations différentes. Quand on distingue logiquement, on a une connaissance de la nature des choses elles-
mêmes. Et Kant conclut en disant que, dans la distinction logique,
l'homme jouit de la faculté de prendre ses propres représentations pour
objet de ses pensées, tandis que, dans la distinction physique, ce sont les
choses, ou ce que nous prenons pour elles, qui nous meuvent sans intermédiaire. Ainsi, dans la distinction logique, il y a quelque chose de
plus que dans la distinction simplement physique où est enfermée la
perception. Chez l'animal, il n'existe que la faculté de distinction phy-
que, mais non la faculté de distinguer des représentations prises pour
objets. Il a la perception ; il n'a pas le jugement.

En ce qui concerne l'examen de la théorie intellectualiste, signalons
d'abord la Préface de la *Monadologie physique*, écrite en latin (1756).
Kant y expose que, pour arriver à la connaissance la plus parfaite à
laquelle nous puissions prétendre, il nous faut associer la géométrie et
la métaphysique, la première fournissant des lois, la deuxième recherchant les causes. Concours étrange d'ailleurs, car « on pourrait plus

facilement unir des griffons à des chevaux que la métaphysique à la géométrie ». Celle-ci, en effet, suppose l'infini et le continu ; or, pour la métaphysique, le continu, l'infini, sont des pierres de scandale; l'entendement ne peut concevoir un tout que comme fini et formé de parties simples. Les mathématiques, en beaucoup de leurs parties, apparaissent étranges au philosophe. Dans un traité d'algèbre d'aujourd'hui même, on lit qu'un nombre négatif est une chose qui, par elle-même, n'a aucun sens, — qu'un radical imaginaire est en soi quelque chose d'absurde, mais qu'on est nécessairement conduit à admettre ces non-sens. L'effort des mathématiciens philosophes tend à résoudre ces apparences d'absurdité que présentent les mathématiques des mathématiciens.

Dans *l'Essai sur l'évidence des principes de la théologie naturelle et de la morale* (1764), Kant ne se borne plus à considérer en elles-mêmes les mathématiques et la physique, mais, plus expressément, il observe le travail de l'esprit pendant qu'il constitue les mathématiques ou la métaphysique. Or, en mathématiques, selon lui, l'esprit ne se borne pas à analyser des concepts, il construit des objets déterminés en se guidant sur une intuition. Et ces symboles deviennent pour lui les substituts des choses, ce qui lui permet de procéder par pure démonstration. En philosophie, au contraire, l'objet étant la connaissance des choses elles-mêmes, nous ne pouvons procéder ainsi, nous en sommes réduits à recueillir par abstraction les qualités des choses, à les assembler en définitions par voie de rapprochement, et à vérifier ensuite indéfiniment si ces définitions peuvent, en effet, remplacer le défini dans tous les cas. En réalité, nos définitions ne sont jamais complètes et ne sont jamais que des propositions ou des assemblages de propositions, incapables de fonder une démonstration.

La conclusion, c'est que les mathématiques, tout en supposant des principes *a priori*, comme la philosophie, ont cependant avec la connaissance sensible une affinité que repousse la philosophie. L'intellectualisme, qui nie cette affinité, n'est donc pas moins erroné que le sensualisme.

IV

En quoi consiste maintenant la doctrine même de Kant ? — Il faut, tel est le principe qu'il avance, admettre une double source *a priori* de la connaissance : la sensibilité et l'entendement purs.

La sensibilité et l'entendement sont bien distincts, car chacun a sa perfection, qui n'est pas celle de l'autre. Il est faux que les données de l'entendement soient toujours claires ; celles de la sensibilité toujours obscures. Les mathématiques ressortissent à la sensibilité, et elles sont claires ; la métaphysique dépend de l'entendement, et elle est obscure. En revanche, l'entendement fournit une connaissance claire des choses morales, telles que les concepts de droit, de devoir ; et la sensibilité a son obscurité, par exemple dans la connaissance des qualités secondes. Donc chacune a ses données claires ; il y a une clarté des sens et une clarté de l'entendement ; il y a deux évidences. La sensibilité est claire quand elle construit *a priori* ; l'entendement, quand il dégage l'universel. Telles sont ces deux facultés considérées au point de vue de leur nature.

Considérées au point de vue de leur rôle, elles ne diffèrent pas moins. Par la sensibilité, des choses sont présentées à notre esprit comme une matière ; par l'entendement, ces choses sont posées, c'est-à-dire posées en dehors de nous comme déterminées. Il est impossible de ramener la sensibilité à l'entendement, car on ne peut penser que si quelque chose est donné. Le *Gegeben werden* précède nécessairement le *Denken*, comme sa condition. Les sensualistes ont raison de dire qu'il n'y a rien dans l'entendement qui n'ait d'abord été dans les sens. Mais, en revanche, il est impossible d'admettre que le seul fait d'être donné puisse, pour une opération purement mécanique, engendrer le fait d'être pensé : l'idée d'objectivité, de réalité indépendante de la conscience empirique est quelque chose de nouveau, qui requiert un principe distinct. La marche générale du système kantien est ici indiquée. Le passage de l'idéalisme absolu au réalisme est le premier moment de la critique. Le passage du réalisme à l'idéalisme transcendental est le second. L'entendement suppose la sensibilité, mais fonde la possibilité de l'expérience.

Le résultat de cette recherche, c'est la distinction dans l'esprit de deux facultés de connaître, ce mot de faculté étant pris en un sens déterminé et original. La faculté Kantienne (*Vermögen*), ce n'est pas, comme dans la philosophie intellectualiste, une source première d'existence comme de connaissance ; ce n'est pas non plus une simple possibilité nue, comme dans le sensualisme. C'est une loi d'action, d'organisation : les deux facultés de la raison théorique sont les deux règles suivant lesquelles elle connaît, retrouvées par l'analyse et la réflexion. C'est la raison humaine proprement dite, conçue comme ayant une nature et une réalité propres entre la raison universelle et la réceptivité pure. Les facultés kantiennes sont cela, et pas autre chose. C'est pourquoi, tout en déclarant la sensibilité et l'entendement irréductibles *pour nous,*

Kant ne se prononce pas sur leur source première. Et même, à la fin de l'*Introduction* de la *Critique de la Raison pure*, Kant donne comme possible que ces deux facultés sortent en réalité d'une source commune ; mais, *pour nous*, elles sont irréductibles, et la connaissance de cette irréductibilité est le point de départ de toute métaphysique qui veut expliquer les faits avec les éléments dont nous disposons. Et ainsi ces recherches, qui semblent purement préliminaires, sont, pour Kant, de grave conséquence. La distinction de la sensibilité et de l'entendement *a priori* va dominer toute la critique. De cette distinction même sortiront les deux points essentiels de l'idéalisme transcendental : nous ne connaissons pas les choses en soi ; dans notre monde, notre connaissance a une portée objective. C'est parce que nous avons deux facultés de connaître et que nous devons chercher comment elles peuvent se concilier, que nous ne pouvons nous en tenir au dogmatisme traditionnel, qui nous attribue la possibilité de connaître l'absolu. En effet, sur ce terrain, la conciliation est impossible, tandis qu'elle se fait très bien si l'on admet que nous ne connaissons que des phénomènes. Ainsi les antinomies sortiront de cette théorie préliminaire.

De cette même distinction dérivera la doctrine morale que Kant superposera à sa critique. Si les deux facultés en question n'étaient pas réellement distinctes, si nous n'avions à notre disposition que la sensibilité des empiristes ou l'entendement logique des intellectualistes, il faudrait renoncer à fonder la morale comme science. Nous serions bornés, soit à l'analyse des données des sens, soit aux imaginations du mysticisme. Mais, si l'entendement est, à côté de la sensibilité, quelque chose de distinct et d'original, s'il possède des principes propres, alors le relativisme qui frappe les données de la sensibilité ne l'atteint que dans son usage empirique. Le fonds de sa nature reste intact et peut servir de support à une science nouvelle, qui, sans doute, ne portera pas sur des objets, comme la science théorique, mais qui pourra poser des lois impératives conformes à la nature de la volonté. Dans une note de la préface des *Prolégomènes*, Kant montre que Hume avait rendu la morale impossible, mais que l'établissement de la catégorie de causalité, comme propre à l'entendement pur, en rétablit l'intelligibilité. Ne nous étonnons donc pas si Kant écrivait, dès la *Dissertation inaugurale* de 1770 : « *Scientia vero Metaphysicae propaedeutica est, quae discrimen docet sensitivae cognitionis ab intellectuali.* »

CHAPITRE VI

Esthétique transcendentale

Nous avons vu que, selon Kant, la science des différences qui séparent la sensibilité et l'entendement est la *propédeutique* de toute philosophie métaphysique.

Il faut maintenant aborder l'analyse de chacune de ces deux facultés. Cette étude porte, dans la *Critique de la Raison pure*, le nom d'*Esthétique transcendentale* ; c'est un chapitre de quelques pages seulement, mais d'une extrême importance, très mûri, et dont tous les mots portent. Kuno Fischer l'appelle le *Meisterstück*, le chef-d'œuvre de Kant. C'est peut-être la partie décisive de l'œuvre de Kant, celle qui, tant par la méthode que par les résultats, détermine tout le reste. Pour Kant, toute connaissance théorique, toute connaissance pleine, doit comprendre deux éléments : un concept et une intuition. Or, supposez que nous ne disposions que des intuitions de cette sensibilité : de leur nature dépendra la nature de toute notre connaissance. Si ces intuitions portent sur quelque chose, qui existe en soi, notre connaissance atteindra les choses en soi ; sinon elle sera enfermée dans les phénomènes.

Que s'agit-il d'analyser ? Etant donné une représentation, on y peut discerner plusieurs éléments : 1° ce qui vient, par exemple, des sens, les notions d'impénétrabilité, de couleur. 2° Il y a aussi des notions qui viennent de l'entendement : telles sont les notions de substantialité, de force, de divisibilité. Or, faisons abstraction de ces deux sortes d'éléments : reste-t-il quelque chose, ou la représentation est-elle épuisée, quand on en a retranché ce qui vient des sens et de l'entendement ? Selon Kant, il reste quelque chose, à savoir des éléments *a priori* de la sensibilité, lesquels sont l'espace et le temps. Ce sont donc eux qu'il s'agit d'étudier. Sont-ils vraiment des éléments *a priori*, distincts et de la sensation et des données de l'entendement ?

Kant se posera, à ce propos des concepts d'espace et de temps, deux questions, et l'*Esthétique transcendentale* se trouvera ainsi divisée en deux parties : la question de fait et la question de droit.

En ce qui concerne la première, il s'agit de démontrer l'existence d'éléments sensibles *a priori*. On dit souvent que, lorsqu'il s'agit de notions *a priori*, l'on n'a qu'à les montrer, qu'il n'est ni utile ni même possible d'en démontrer l'existence. Kant pense le contraire ; cette démonstration s'appelle *exposition métaphysique*. La deuxième question, c'est la *quæstio juris*. Etant donné l'existence d'éléments *a priori*, que valent-ils ? C'est-à-dire : peuvent-ils servir à établir la possibilité d'autres connaissances, données comme certaines et certainement *a priori*, et que prouve, quant à leur nature, la justification dont ils sont ainsi susceptibles ? Cette seconde étude s'appellera *l'exposition transcendentale*, « transcendental » signifiant : ce qui rend possible, c'est-à-dire intelligible, une connaissance *a priori*.

Kant étudie séparément les notions d'espace et de temps ; et, bien que les deux études se fassent pendant, il convient de se conformer à sa manière de faire.

I

Considérons l'espace d'abord au point de vue métaphysique. Il s'agit, en partant des caractères que présente la notion d'espace, de conclure à l'origine de cette notion, de voir s'il faut la rapporter à la raison, et en quel sens.

Quels sont les caractères de la notion d'espace, quelle en est á *Beschaffenheit* ? On peut les ramener à deux catégories : 1° la notio d'espace est présupposée par toute expérience sensible. Que faut-il, en effet, pour que nous percevions un objet comme matériel ? Tout d'abord, que nous le considérions comme extérieur à nous. La notion d'extériorité est un élément intégrant de la notion d'objet sensible. Or, l'extériorité suppose l'espace ; l'espace est ainsi nécessaire comme condition de la connaissance des corps.

Il est ainsi *a priori* relativement. Il l'est aussi, en un sens, absolu : en effet, je puis, par la pensée, faire abstraction de toutes les déterminations particulières de l'espace ; mais, quand j'ai ainsi enlevé idéalement tout ce qui remplit l'espace, il reste l'espace. Je ne puis me débarrasser de cette représentation, pas plus que Descartes ne pourrait éliminer le *Cogito*. Non que je considère cet espace, privé des corps, comme une chose qui peut exister en soi : mais, comme représentation, l'espace subsiste. Il s'impose à ma pensée, telle qu'elle est faite. Ainsi cette notion est *a priori*, non seulement d'une manière relative, mais encore d'une manière absolue.

2° L'espace, disons-nous, est *a priori* ; dès lors, il doit être, semble-t il, l'objet d'un concept, d'une idée générale analogue à l'idée de cause ou de substance. Mais certains caractères qu'il présente ne nous permettent pas de le considérer comme objet d'un concept. En effet, l'espace est un : il n'y a qu'un espace ; tous les espaces qu'on peut concevoir se fondent dans un espace unique. Sans doute, l'espace a des parties ; mais comment obtient-on ces parties ? En le divisant, en le limitant. Ces parties sont homogènes, postérieures au tout dont elles sont tirées. Or la nature du concept est opposée à celle que nous venons d'indiquer. Un concept n'a pas une véritable unité. Prenez le concept homme. Les unités, ce sont les individus. Ce sont eux qui existent : l'unité du concept d'homme est purement abstraite. Je ne puis diviser ce concept en parties homogènes : les individus humains sont dissemblables entre eux.

Ainsi l'espace est un ; de plus, il est infini ; nous nous le représentons comme n'ayant pas de limite, et cela encore le différencie du concept. Sans doute, on peut dire qu'un concept s'applique à une infinité d'individus ; mais il n'est pas, pour cela, infini lui-même. On peut subsumer sous lui une infinité de sujets ; mais il ne les contient pas. Il est abstrait, indéterminé, il ne possède pas une infinité réelle.

Ces deux caractères d'unité et d'infinité prouvent que l'espace n'est pas l'objet d'un concept, mais d'une intuition, car c'est là une nature intrinsèque et spéciale que ne comporte pas le concept, lequel est essentiellement universel et abstrait.

En résumé, l'espace est connu *a priori* par une intuition.

Passons à l'*Exposition transcendentale*. Elle doit prouver que la notion d'espace, telle qu'elle a été définie, peut fonder d'autres connaissances *a priori* ; et il s'agit de savoir ce que cette déduction prouvera touchant la portée de la notion d'espace. Les mathématiques sont ces connaissances *a priori*, dont il s'agit ici d'expliquer la possibilité. Elles sont, selon Kant, nous l'avons vu, des constructions de concepts de valeur apodictique. Que supposent-elles pour exister et pour être vraies? Pour exister, elles supposent que des principes de construction *a priori* nous sont données. Or l'espace, intuition *a priori*, fournit ce principe ; en tant qu'intuition, il rend la construction intelligible ; en tant qu'*a priori*, il fonde la possibilité d'une science apodictique. Pour être vraies, elles supposent que les jugements qui les composent soient pour nous absolument nécessaires ; mais il en est ainsi, si elles reposent sur la forme même de notre sensibilité. Car cette forme, nous la portons nécessairement toujours avec nous.

Maintenant cette géométrie, vraie comme science pure, pourra-t-elle s'appliquer aux choses réelles ? Pourra-t-elle, légitimement, devenir géométrie appliquée ? Pouvons-nous déclarer *a priori* que les choses se prêteront à être étudiées mathématiquement ? La réponse n'est pas douteuse. Si l'espace mathématique est la forme de notre faculté de sentir elle-même, de notre sens externe, il s'ensuit qu'aucun objet ne pourra pénétrer jusqu'à notre moi, sans s'être moulé dans cette forme, adapté à cette condition. *A priori*, je sais que tout objet existant pour moi est situé dans l'espace mathématique. Donc les mathématiques appliquées sont possibles.

Ainsi se trouve garantie la valeur de la notion d'espace comme forme de notre sensibilité. Elle a une valeur objective, puisqu'elle explique la possibilité des mathématiques pures et appliquées.

Que s'ensuit-il, en ce qui concerne la nature de l'espace ? Il semble qu'en même temps que nous avons expliqué la réalité de la valeur de la notion d'espace, comme élément *a priori* de la connaissance, nous nous soyons plongés dans un idéalisme irrémédiable. La théorie ne revient-elle pas à dire : l'espace, pour autant que nous le connaissons, n'existe qu'en nous ? Il faut, en effet, affirmer que l'espace ne peut être qu'idéal. Si nous voulons le concevoir comme une chose existant en soi, des difficultés insolubles se présentent. Est-il une substance ? Mais il n'a pas de propriétés, de qualités, c'est un non-être qu'on érige en être. Est-il une qualité des choses, une propriété analogue à la couleur, à l'odeur ? Alors on s'expliquera qu'il puisse exister et être perçu ; mais il ne sera plus une condition de toute perception ; il ne sera plus impliqué, enveloppé nécessairement dans toute connaissance des choses extérieures.

Donc l'espace doit être idéal. Mais il serait étrange de le considérer comme n'ayant aucune espèce de réalité objective. Les mathématiques ne sont-elles pas le type même de la vérité ? Kant estime qu'en même temps qu'il écarte un dogmatisme, selon lui, inadmissible, en même temps il maintient véritablement la réalité de l'espace. Il est idéaliste, mais non d'un idéalisme absolu, il ne construit pas l'espace avec des notions intellectuelles. Il l'accepte comme une donnée irréductible aux concepts proprement dits. Et puisqu'il est la condition des choses comme des vérités mathématiques, si les choses ont une réalité, l'espace en a *a fortiori*. Il possède une certaine objectivité, puisqu'il est la condition première de toute objectivité. Ainsi les choses que nous voyons dans l'espace ne sont que des phénomènes, non des êtres ; mais ces phénomènes ne sont pas des apparences, ce sont vraiment, pour nous, des réalités.

La doctrine du temps est analogue. L'*Exposition métaphysique* conclut à son origine et à sa nature *a priori* : il est connu *a priori*, car il est la condition de la simultanéité et de la durée que nous percevons dans les choses extérieures ou intérieures ; nous ne percevons rien que nous ne placions dans la durée ; or, la durée suppose le temps, ainsi la notion de temps est *a priori* par rapport à l'expérience. De plus, elle est *a priori* absolument, parce que, de même que nous ne pouvons faire abstraction de l'espace, de même, si nous écartons par la pensée l'ensemble des événements, il reste le temps. En second lieu, le temps ne peut être l'objet d'un concept, parce que lui aussi est une unité, tandis que le concept ne jouit jamais d'une véritable unité ; il est divisible en parties semblables, au lieu qu'un concept ne peut être divisé qu'en qualités dissemblables. Et il est infini, tandis qu'un concept n'est qu'indéterminé.

L'*Exposition transcendentale* montre que le temps ainsi défini peut fonder des connaissances *a priori* ; ainsi les mathématiciens attribuent au temps une dimension, et une seule, ce qui serait inintelligible et arbitraire si le temps était l'objet d'un concept, et ce qui s'explique s'il s'agit d'une intuition. Les parties du temps ne peuvent être simultanées, mais peuvent être successives, à l'inverse des parties de l'espace, caractère également fortuit, si le temps est l'objet d'un concept. Le temps, intuition *a priori*, explique encore la possibilité du changement. L'affirmation d'un changement consiste à admettre qu'une chose comporte des prédicats contradictoires entre eux. Or, il est absurde et impossible qu'elle soit simultanément A et non-A. Grâce au temps, comme intuition *a priori*, nous séparons ces attributs contradictoires, nous les considérons comme successifs, et alors il devient intelligible qu'un même sujet les possède. Aristote avait très bien vu que, pour que le principe de contradictoin fût applicable à la réalité, il ne fallait pas dire : il est impossible qu'une chose soit et ne soit pas, mais : il est impossible qu'une chose soit et ne soit pas dans le même temps et sous le même rapport.

Ainsi la notion de temps est justifiée, devient objective, en tant qu'elle explique la possibilité de la durée mathématique et du changement physique. Mais c'est à la condition que le temps soit considéré comme une forme de notre sensibilité, comme la forme de notre sens interne. Or, à considérer ainsi le temps, ne le réduit-on pas à une pure idéalité ? Le système ne tombe-t-il pas dans un idéalisme absolu ? Ici encore, il faut faire la part de l'idéalisme et maintenir un certain réalisme.

Le temps, chose en soi, est impossible, mais le temps radicalement distinct des concepts de l'entendement et condition des phénomènes internes ne saurait être confondu avec nos modifications subjectives et possède une objectivité véritable. Par lui, les événements sont des phénomènes, non de purs apparences. Le système est, selon l'expression de Kant lui-même, à la fois un idéalisme transcendental et un réalisme empirique.

Que si je compare l'espace et le temps tels que les définit Kant, je trouve entre eux une analogie à peu près complète ; mais les choses qui sont dans l'espace, forme externe, ne peuvent entrer dans mon esprit qu'en traversant le temps, forme interne. Ainsi l'espace est en quelque sorte la forme d'une forme.

II

Il convient, pour nous faire une idée bien précise de la doctrine, d'en examiner spécialement certains points qui ont donné lieu à des interprétations diverses.

On s'est d'abord demandé si l'espace, tel que l'entend Kant, présente vraiment la nouveauté qu'on lui attribue. Ainsi Herbart (et de même, tout récemment, M. Dunan, dans sa *Théorie psychologique de l'espace*) ne voit dans l'espace de Kant que le vide des atomistes, capacité amorphe, posée avant les corps et conçue comme capable de les recevoir. Sa nature, c'est je ne sais quoi d'impensable qui est un, qui est infini, et qui pourtant n'a pas de propriétés. C'est le vide des philosophes, qu'Aristote déjà considérait comme impossible.

Il faut ici distinguer deux choses. Kant ne prétend pas présenter un concept pleinement intelligible. De bonne heure, au contraire, il a remarqué l'étrange assemblage de caractères que présente l'espace, ou plutôt que présentent les notions mathématiques, fondées sur l'idée d'espace. Mais le problème qui se pose au philosophe, selon lui, ce n'est pas d'inventer, plus ou moins ingénieusement, une autre notion de l'espace, c'est d'expliquer, dans la mesure du possible, l'espace tel qu'il nous est donné, la possibilité de cette science mathématique qui, aux yeux de tous, est l'une des plus incontestables. Il ne s'agit pas de substituer à cette notion, réfractaire à l'entendement, un espace construit à plaisir pour le satisfaire, mais de concevoir l'espace donné de manière qu'il soit exempt de contradiction. Peut-on dire maintenant qu'il se soit borné à restaurer le vide, en le mettant simplement au dedans de nous ? Kant proteste énergiquement. La séparation de l'espace et du temps d'avec les phénomènes n'est, pour lui, qu'une abstraction, et, s'il semble admettre un rapport de contenant à contenu, c'est par pure métaphore. N'oublions pas que la méthode de la *Critique* est une analyse toute métaphysique.

Ainsi le vide des atomistes et les formes *a priori* de Kant sont choses fort différentes.

On s'est encore demandé si vraiment nous avons affaire, chez Kant, à des intuitions, ou s'il ne s'agit pas simplement des lois de l'esprit pur analogues aux lois de l'entendement pur. Trendelenburg, dans ses *Logische Untersuchungen*, voit dans l'espace et le temps de Kant des intuitions proprement dites, portant sur quelque chose d'achevé et de donné comme tel ; et il estime qu'une telle conception est absolument arbitraire et artificielle. Nous n'arrivons, en effet, dit-il, que laborieusement à la représentation de l'espace et du temps définis par Kant, et par conséquent ce ne sont pas de véritables intuitions. Pour M. Dunan (*op. cit.*), la pensée de Kant aurait oscillé, il présenterait l'espace et le temps plutôt comme des intuitions quand il s'agit de leur origine, et plutôt comme des concepts quand il s'agit de leur nature.

Mais Kant n'a jamais entendu dire que nous percevons l'espace et le temps immédiatement, sans un travail, une activité de l'esprit. Kant est un adversaire déclaré de l'innéisme : « Uterque procul dubio acquisitus », déclare-t-il, à propos de l'espace et du temps, dans la *Dissertation* de 1770, et il confirme cette déclaration en la généralisant à la fin de la déduction transcendentale de la *Critique*. Seulement, cette acquisition se fait, non pas en vertu d'une action des choses extérieures, mais par un travail intérieur de l'esprit. Comment se fait ce travail ? En vertu d'une « lex nobis insita ». Mais alors n'aboutissons-nous pas à une simple catégorie analogue à celles de l'entendement, et que devient, en ce cas, la distinction fondamentale de la sensibilité et de l'entendement ? Kant ne fait pas de difficulté d'appeler l'espace et le temps des rapports, mais il n'en maintient pas moins sa distinction fondamentale.

Car il distingue entre les rapports postérieurs aux objets, supposant des *data*, ce sont les rapports logiques ; et les rapports que supposent les *data*, ce sont ceux-là qui viennent de la sensibilité. Voilà comment Kant a pu appeler l'espace et le temps à la fois des objets d'intuition et des lois de l'esprit : il ne faut prendre à la lettre et exclusivement ni l'une ni l'autre de ces deux expressions. Ni l'espace et le temps ne sont donnés *a priori* comme achevés, ni ils ne peuvent se confondre avec des relations purement intellectuelles.

Il reste un troisième point à examiner : quel est, dans ce système, le rapport du temps et de l'espace ? Le plus souvent, on les présente comme exactement parallèles, sauf cette différence que l'un a trois dimensions, l'autre une seule. Mais ce parallélisme est-il toute la doctrine de Kant ? Une telle interprétation ne serait pas parfaitement exacte. D'abord, lorsque Kant dit que le temps n'a qu'une dimension, entend-il faire du temps un simple extrait de l'espace ? Non. Le temps, dit-il, doit être un objet d'intuition, car, si nous voulons le représenter, nous trouvons qu'en le comparant à une seule dimension de l'espace, nous en obtenons un symbole exact. De ce langage il suit que cette dimension unique n'est, aux yeux de Kant, qu'un symbole du temps, non le temps lui-même. L'originalité du temps est maintenue. Remarquons que, selon Kant, la physique peut devenir une science, au sens strict du mot parce que, dans l'espace, la stabilité est possible, tandis que la psychologie ne le peut, parce que, dans le temps, tout seul, il n'y a pas la possibilité de la permanence.

Enfin le temps est si peu un extrait de l'espace que, dans l'*Analytique transcendentale*, Kant dit que nous ne pouvons nous représenter une ligne dans l'espace qu'en la traçant par la pensée. Mais ici ne va-t-il pas trop loin ? Voici que le temps apparaît comme déterminant l'espace : c'est le contraire de ce que paraissait enseigner l'*Esthétique transcendentale*. Y aurait-il donc deux doctrines différentes et peut-être inverses, celle de l'*Esthétique* et celle de l'*Analytique* ? Plusieurs critiques l'ont pensé, et Trendelenburg, notamment, en fait reproche à Kant. D'un côté, dit-il, l'espace précède le temps et le détermine ; de l'autre, c'est le temps qui précède et détermine l'espace. Ces deux doctrines ne sont, semble-t-il, opposées qu'en apparence. Le problème n'est pas le même dans l'*Esthétique transcendentale* et dans la *Logique transcendentale*. Dans la première, on cherche comment les choses nous sont données ; dans la seconde, comment elles sont pensées. Or, pour Kant, ce n'est qu'à travers le temps que l'espace arrive à la conscience, et ainsi c'est par le temps que l'unité d'aperception communiquera avec l'espace. Si donc on cherche comment les choses sont pensées, c'est-à-dire déterminées, situées d'une manière fixe et objective en un certain lieu de l'espace, alors le temps devient l'intermédiaire nécessaire, et c'est par lui que l'esprit remplit *a priori* l'espace que la sensibilité laissait vide. C'est grâce au temps qu'il peut appliquer ses déterminations à l'espace, voir, par exemple, dans l'espace du permanent. Le temps sert en quelque sorte d'organe pour agir sur l'espace. Il n'y a pas là deux doctrines inverses, mais deux points de vue.

CHAPITRE VII

Rôle historique de l'Esthétique transcendentale

Dans l'examen du rôle historique de la doctrine kantienne sur l'espace et le temps, trois points présentent un intérêt particulier : 1° la question de l'origine et de la nature des notions d'espace et de temps, ou l'espace et le temps considérés comme formes *a priori* de la sensibilité ; 2° le rôle que Kant fait jouer à sa doctrine pour expliquer la possibilité des mathématiques ; 3° l'idéalité de l'espace et du temps. — Je m'occuperai aujourd'hui de la première question.

I

La doctrine de l'*Esthétique transcendentale* est-elle absolument neuve et originale ? Aucune doctrine ne l'est absolument ; mais autre chose est préparer une doctrine plus ou moins directement, autre chose en formuler le principe avec précision. Or, il semble bien que, comme Kant s'en flatte, cette doctrine présente une forte part d'originalité. C'est ce qui ressortira de l'examen des antécédents. Déjà Démocrite distinguait dans les corps deux espèces d'éléments : ceux qui existent véritablement, c'est-à-dire indépendamment de nous qui les voyons : le vide et les atomes, et les qualités sensibles n'existant que par nos sens. À un autre point de vue, Aristote distinguait les sensibles communs, propriétés que nous atteignons par tous nos sens : grandeur, forme, — lesquels se rapportent à l'espace et au temps ; — et les sensibles propres, qui ne sont perçus que par des sens particuliers : le son, l'odeur. Descartes distingue dans la matière l'essence, qui est l'étendue, des accidents, tels que l'odeur, le son, la couleur. Enfin Locke distingue les qualités primaires et les qualités secondes. Les qualités primaires, étendue, impénétrabilité, sont inséparables des corps, tandis que l'odeur, le son, qualités secondes, ne sont en eux que la puissance d'exciter en nous certaines sensations par le moyen des qualités premières.

Mais, tandis que ces philosophes admettent la réalité extérieure de

l'espace et du temps, Kant en fait des formes de la sensibilité ; la différence est considérable.

D'autre part, avant Kant, nous trouvons des doctrines où l'espace et
le temps sont niés comme des choses en soi. Pour Leibnitz principalement, ce sont de pures idéalités ; l'espace n'est que l'ordre des coexisten-
ces possibles, et le temps, l'ordre des possibilités inconstantes. Mais,
pour Leibnitz, l'espace est un pur concept, entièrement réductible, au
moins en Dieu, à des éléments intelligibles ; ce n'est rien de déterminé,
de particulier, c'est une généralité abstraite ; tandis que, pour Kant,
l'espace est quelque chose de déterminé, ayant trois dimensions, ni plus
ni moins, ayant des propriétés qui en font une réalité.

C'est la réunion des deux points de vue que nous venons de voir
séparés, qui est l'originalité de Kant. Comment s'est-elle opérée ?

Dans une première période de sa réflexion, Kant admet, avec Newton,
la réalité de l'espace. L'espace mathématique, homogène et infini, est,
lui enseigne Newton, la base de la nature, la condition de l'explication
scientifique des choses. Newton croyait si bien à la réalité de l'espace
qu'il le faisait reposer sur un attribut de Dieu même : l'immensité. Kant,
de son commerce avec le newtonisme, recueille l'idée que l'espace est
une réalité : il est d'abord, sur ce point, pleinement réaliste, comme en
fait foi l'écrit de 1768.

Le progrès ne se fit pas en remplaçant purement et simplement ce
réalisme par une doctrine différente, mais en interprétant, en tâchant
de se rendre intelligible, ce que la science l'avait amené à considérer
comme certain.

L'espace, dont la science démontre la réalité, présente un étrange
assemblage de caractères : il est infini et il est donné ; il est un et il
est composé d'une infinité de parties semblables. Comment ces caractères peuvent-ils se trouver réunis ? C'est pour résoudre ces apparentes
contradictions que Kant en arrive à considérer l'espace comme une forme
pure de la sensibilité.

Ainsi la genèse de cette doctrine présente trois moments : 1° réalité
de l'espace mathématique comme condition des mathématiques et comme
base de la nature physique ; 2° difficultés que présente le concept de
cet espace au point de vue de l'intelligibilité ; 3° solution de cette difficulté par la doctrine exposée dans l'*Esthétique transcendentale*.

Telle est l'origine de cette doctrine. Demandons-nous maintenant
ce qu'elle est devenue.

II

Ne résulte-t-il pas de notre examen que la doctrine de Kant rapproche et identifie deux éléments à première vue très éloignés l'un de l'autre ? D'une part, historiquement, Kant est parti de la considération des mathématiques ; d'autre part, dans l'exposition de son système, il part de la représentation sensible, l'analyse, et y trouve des principes dans lesquels une déduction transcendentale montrera l'explication des mathématiques. L'originalité est d'avoir trouvé, au sein de la représentation sensible, les principes mêmes dont le mathématicien a besoin pour constituer ses démonstrations : il y a là une coïncidence remarquable. Est-il sûr que ces deux éléments, l'espace sensible et l'espace mathématique, savamment identifiés par Kant, vont rester réunis ?

La doctrine de Kant a donné lieu à des corrections et à des critiques faites, soit du point de vue métaphysique, soit du point de vue psychologique.

Parmi les examens faits au point de vue métaphysique, considérons celui de Herbart. Pour Herbart, le tort de Kant c'est d'avoir considéré l'espace comme donné avec toutes ses propriétés, notamment avec l'homogénéité et la continuité. Reproche, à vrai dire, peut-être immérité. Herbart considère surtout le concept de la continuité, et le trouve contradictoire, admettant l'unité du multiple et la multiplicité de l'un. Un tel concept ne peut être donné *a priori*. Il est construit par l'esprit, et cela moyennant un travail très compliqué. Herbart se propose de retrouver ce travail par la réflexion, en partant des seules données logiques. Le point de départ de sa construction est la notion de lieu, que nous obtenons, selon lui, en maintenant par la pensée la possibilité d'être ensemble pour des êtres simples qui ne sont pas ensemble. Fondée sur une supposition, la construction se poursuit par la considération d'une série de possibilités ; et le résultat final, l'espace intelligible, n'est lui-même qu'une pure possibilité. C'est, dit Herbart, une aide, pour rassembler dans une seule représentation les objets indépendants les uns des autres.

Que signifie cette déduction ? L'espace de Kant, l'espace mathématique a été expliqué, résolu, autant qu'il pouvait l'être ; mais, du même coup, il a été détaché de la nature foncière de l'esprit lui-même. Il n'aparaît plus maintenant que comme quelque chose d'artificiel, de fabriqué pour la satisfaction d'une volonté de l'esprit. Ainsi les deux éléments de l'espace kantien se sont dissociés. L'espace de Herbart est extérieur à l'esprit, comme l'œuvre l'est à l'ouvrier.

En un sens inverse, les psychologues de diverses écoles remanient la doctrine de Kant et arrivent à des résultats intéressants à rapprocher de celui de Herbart. Selon les *nativistes*, il y a une perception primitive immédiate de l'espace : chaque point de la rétine a la propriété de fournir à la conscience une sensation à laquelle est liée immédiatement la représentation de l'espace.

Cette doctrine ne se rattache peut-être pas au kantisme aussi directement qu'on le suppose. Il semble qu'en réalité elle prenne pour donné l'espace kantien, puisqu'elle parle de l'existence de la rétine et des propriétés de ses diverses parties. Mais, en tout cas, ce qui est intéressant à noter, c'est que, des faits initiaux qu'elle admet, elle ne peut arriver à l'espace mathématique proprement dit. Elle reste enfermée dans l'espace de la représentation, dans l'espace *sensible*, lequel n'est expressément ni infini, ni continu. Un espace composé avec de petits espaces juxtaposés, selon la méthode des nativistes, ne peut posséder la continuité. Cette doctrine n'aboutit donc pas au point où Kant a déclaré qu'il fallait aboutir, à la justification de l'espace mathématique.

Les *empiristes* traitent le nativisme de philosophie paresseuse. Ils veulent expliquer l'espace sans le supposer en aucune façon. Ils composent l'étendue avec des éléments inétendus, tels que la sensation musculaire et la sensation tactile, et encore la diversité qualitative des états de conscience. Stuart Mill, Bain, Spencer, Helmholtz, combinent ces éléments soit par association, soit encore par synthèse ; mais, quelques efforts qu'ils fassent, ils n'arrivent pas à l'espace mathématique de Kant. Ils ne peuvent parvenir notamment à expliquer l'homogénéité et la continuité de l'espace, car les sensations sont nécessairement diverses et discontinues. Il n'est même pas certain que l'empirisme arrive à expliquer la simultanéité que présente l'espace sensible.

M. Dunan essaie, dans sa *Théroie psychologique de la notion d'espace*, de combiner les deux explications ; il a recours au mouvement, non de translation, comme les empiristes, mais au mouvement organique interne, lequel suffit, selon lui, à expliquer la représentation de l'espace. Mais, même en introduisant ce mouvement, on n'arrivera pas à constituer les caractères que Kant a vus dans l'espace mathématique.

Qu'est-ce à dire ? De même que Herbart n'a pu rattacher l'espace mathématique aux conditions générales de la représentation, de même ces philosophes, qui se préoccupent tout d'abord des conditions de la représentation, ne peuvent rejoindre l'espace mathématique.

Que suit-il de cette revue historique ? Il nous semble que les deux éléments, qu'avait rapprochés Kant, ont été se disjoignant, et que de son espace unique sont sortis deux espaces : l'espace mathématique et l'espace sensible, lesquels se sont de plus en plus séparés l'un de l'autre. C'est, en effet, le résultat que l'histoire contemporaine nous présente.

M. Riehl, dans son *Philosophischer Kriticismus*, dit que l'erreur de Kant fut de confondre l'espace mathématique et l'espace sensible, lesquels ont, en réalité, des caractères très différents. L'uniformité, l'unité de l'espace mathématique s'expliquent, dit Riehl, par l'action de l'esprit sur ses impressions, sans que l'on ait besoin de faire appel à une forme *a priori*. C'est quand on veut expliquer l'espace sensible qu'il faut faire appel à une intuition.

Dans sa thèse sur *Les données immédiates de la conscience*, M. Bergson s'efforce de distinguer le temps réel du temps mathématique. Il soutient qu'il n'y a que le temps mathématique qui soit mesurable, qui soit une quantité, que le temps réel est tout autre. Quand nous croyons mesurer une durée, dit-il, nous ne faisons en réalité rien de tel. Nous constatons la simultanéité d'un phénomène externe avec un certain état psychique, puis, en second lieu, la simultanéité d'un autre phénomène externe avec un autre état psychique. Nous n'avons pas mesuré le temps. Le temps intérieur, le temps réel, consiste dans des relations purement qualitatives. C'est une multiplicité, où tous les éléments se pénètrent les uns les autres.

On peut faire un travail analogue sur l'idée d'espace, cherchant ce qu'est l'espace dans l'âme, abstraction faite de l'espace que réclament les mathématiciens. C'est dans ce sens qu'est conçu le livre de M. Dunan. Il commence par écarter l'espace de Kant, l'espace mathématique, comme contradictoire, puis il cherche à constituer la notion d'espace suivant une méthode exclusivement psychologique. Il se pourra que les exigences du mathématicien soient satisfaites en tout ou en partie par ses résultats : il ne les a pas fait entrer en ligne de compte dans ses recherches.

C'est ainsi que paraît se consommer le divorce des deux espaces que Kant avait identifiés.

III

Que faut-il penser de ces résultats qui semblent, au premier abord, avoir ruiné à peu près complètement la doctrine de Kant ?

Il ne semble pas que la doctrine kantienne sur l'espace puisse subsister entière ; mais il faut remarquer, d'abord, que tous les travaux dont nous venons de parler ont été accomplis à l'instigation de Kant. La question de la nature de l'espace et du temps y est posée dans les termes mêmes qu'a indiqués Kant : en écartant et la doctrine qui en fait des choses, et celle qui en fait de simples concepts immédiats. Dans tous ces systèmes, on cherche à définir l'activité de l'esprit par laquelle sont formés les concepts d'espace et de temps ; on reste donc, en un sens, dans la voie ouverte par Kant.

Mais ces résultats constituent, à première vue, un développement interne de la doctrine aboutissant à sa négation. Nous avons affaire, semble-t-il, à un homogène qui, de lui-même, se différencie : les deux termes qu'il contenait se séparent spontanément et se polarisent. Mais c'est là une apparence fausse. En effet, dans aucune des doctrines que nous venons d'énumérer, on n'a suivi la méthode de Kant. Sans doute, toutes ces doctrines font une part à l'activité de l'esprit, mais elles reviennent en définitive aux méthodes employées avant Kant. Herbart prétend ne faire usage que des concepts premiers et du raisonnement logique, il opère sa construction à un point de vue exclusivement intellectuel ; il n'emploiera donc pas l'analyse métaphysique de Kant, qui part des jugements donnés, en particulier de ces jugements synthétiques *a priori* que présentent les mathématiques.

Les nativistes et les empiristes suivent une méthode toute psychologique. Or nous avons vu qu'il est tout à fait contraire à l'intention de Kant de partir des données de la conscience. Celles-ci sont des faits, des choses données, donc elles sont en question comme tout ce qui est donné. La critique ne peut partir de l'expérience, puisqu'elle cherche comment l'expérience est possible.

Herbart ne se sert que des concepts logiques et les psychologues prennent pour irréductibles les données de la conscience. Kant cherche, quant à lui, ce qu'il appelle des faits métaphysiques, nature intermédiaire entre les idées pures et les faits empiriques. Ces faits sont des réalités, et non de simples possibilités. Mais ils ne peuvent être découverts que par la raison s'analysant elle-même, s'étudiant pendant qu'elle agit, qu'elle connaît, qu'elle construit l'édifice de la science.

Ainsi nous ne nous trouvons pas en présence d'une réfutation du système par le système. Les résultats contraires à la doctrine de Kant viennent précisément de l'emploi de méthodes autres que la sienne. Est-ce donc que la propre méthode de Kant serait chimérique ou stérile ? Il se peut.

Mais, quand bien même l'objet qu'ont en vue les métaphysiciens comme Herbart, ou les psychologues comme Bain serait atteint, quand même on se rendrait parfaitement compte, et de la construction logique de l'espace mathématique et de la formation de notre notion d'espace au moyen des données des sens, le problème de Kant se poserait encore. Ce problème, en effet, c'était précisément la conciliation de la représentation sensible et des démonstrations mathématiques, l'explication de la vérité et de l'objectivité de la géométrie. Depuis Descartes, c'est le problème qui obsède l'esprit humain : comment les mathématiques, créées par nous, les yeux fermés, peuvent-elles s'appliquer aux phénomènes de la nature ? Comment se fait-il qu'en braquant son télescope sur le coin du ciel déterminé par le calculateur, dans son cabinet, on y voit luire l'astre annoncé jusqu'alors inconnu ? Voilà ce qui a préoccupé Kant. S'il y a deux espaces, le mathématique et le sensible, plus les deux espaces divergeront, plus le problème sera pressant. D'où vient donc l'accord, l'harmonie des deux espaces ? D'où vient que l'on peut soumettre la nature extérieure au calcul mathématique ?

Ainsi le problème kantien subsiste, même en face des résultats auxquels ont paru aboutir les réfutations de la thèse de Kant. Quel est le rapport des mathématiques et de l'expérience ?

Nous avons vu que le point de départ des spéculations kantiennes a été la manière dont Kant a compris les mathématiques, de ce qu'il a jugé nécessaire d'admettre pour les expliquer : la pièce capitale du système, celle d'où dépend principalement la valeur de sa théorie, c'est sa conception de l'espace mathématique. Il nous faut donc maintenant envisager la doctrine dans ses rapports avec les mathématiques, voir si, dans le progrès de la philosophie des mathématiques, la doctrine de l'*Esthétique transcendentale* s'est trouvée de plus en plus confirmée ou contredite. Ce sera l'objet de la prochaine leçon.

CHAPITRE VIII

Rôle historique de l'Esthétique transcendentale *(fin)*

Kant présente sa doctrine comme une explication de la possibilité ou de l'intelligibilité des mathématiques. C'est la seconde thèse dont nous devons suivre l'évolution historique. La troisième sera l'idéalité de l'espace et du temps.

I

La doctrine de Kant est avant tout une explication de la possibilité des mathématiques. C'est cette préoccupation qui a conduit toutes ses investigations, et qui en détermine les conclusions. Recherchons-en d'abord, à ce point de vue, les antécédents historiques.

Platon, se plaçant au point de vue que Kant appelle dogmatique, avait déjà distingué la mathématique de la dialectique ou science des idées. Il plaçait les essences mathématiques entre les idées proprement dites et les choses sensibles. C'était dire que les mathématiques ne sont pas pleinement intelligibles et n'ont pas la perfection de la dialectique. Elles partent, dit Platon à la fin du VIe livre de la *République*, de principes qu'elles acceptent et dont elles ne peuvent rendre compte. Descartes distinguait la connaissance mathématique de la connaissance purement logique ; c'est là certainement le premier trait de son système, c'est de cette remarque que naît sa méthode, destinée à combler le vide que laissait la méthode purement dialectique des scolatiques ; l'intuition et la déduction cartésiennes, qui atteignent des réalités, ne peuvent se ramener à la simple logique, qui ne concerne que la forme des raisonnements. Chez Leibnitz, la distinction est plus forte encore, car, en dernière analyse, il veut que les principes des mathématiques reposent sur des considérations de convenance, d'harmonie, de perfection, qui finalement n'ont leur explication que dans la perfection de la volonté divine.

Donc, du côté des intellectualistes, on n'a pas été sans pressentir que les mathématiques ont besoin de principes extralogiques. Cependant les mathématiques continuent, chez eux, à reposer sur l'entendement, sur des principes intellectuels, tandis que, chez Kant, elles reposeront sur la sensibilité. De plus, et par cela même que la sensibilité n'est pas radicalement distinguée de l'entendement, les mathématiques restent transcendantes. Les essences mathématiques sont des êtres semi-divins, extérieurs et supérieurs à l'esprit humain qui les contemple.

Du côté des empiristes, on a, de bonne heure, pour expliquer la formation des notions mathématiques, joint à l'expérience pure un certain travail de l'esprit élaborant, adaptant à ses besoins les données des sens. Épicure disait : les principes des mathématiques, ce sont des déformations de l'expérience, et il concluait que les mathématiques sont fausses. Hume expose que les concepts mathématiques sont le résultat de corrections mentales, l'élément fourni par les sens et l'imagination étant peu à peu modifié et amené à une précision idéale. Mais, en même temps qu'il expose ainsi le travail de l'esprit, l'empirisme se rend compte qu'il s'écarte de ses principes. Hume ne peut s'empêcher de trouver aux mathématiques une perfection qui ne s'accorde pas avec son empirisme, et tantôt il exagère leur valeur purement formelle, tantôt il essaie de les trouver en défaut. L'empirisme n'arrive pas à rendre compte des mathématiques.

Il n'y a donc, dans ces systèmes, que de faibles indications, mais nullement des formes anticipées de la doctrine kantienne. La méthode de Kant consiste à partir de la considération des mathématiques telles qu'elles nous sont données. D'une part, elles sont nécessaires, s'imposent absolument comme vraies. D'autre part, elles ne sont pas des vérités purement intellectuelles, elles sont, dans leur fonds, impénétrables à l'esprit. Elles sont donc à la fois *a priori* et extra-intellectuelles. Kant se met en face de ces deux termes, sans vouloir sacrifier ni l'un ni l'autre. De ce point de vue est née sa doctrine, et la manière dont il concilie ces deux thèses consiste à chercher le fondement des mathématiques dans notre sensibilité comme siège de principes *a priori*. Les mathématiques, dès lors, sont *a priori* puisqu'elles ont leur principe en notre raison même ; et elles sont extra-intellectuelles si elles reposent sur une faculté de cette raison qui n'est pas l'entendement.

Cette doctrine établit les mathématiques dans un domaine intermédiaire entre celui de la logique pure et celui de la sensation. Quelle en sera la fortune dans le développement philosophique postérieur à Kant ?

Il semble que les doctrines qu'il a écartées, empirisme et intellectualisme, n'aient plus réussi à se soutenir.

En vain, par exemple, Stuart Mill essaie-t-il d'expliquer les mathématiques par la seule sensation, il ne rend pas compte de la nécessité qu'elles présentent. Son explication de la proposition « 2 et 2 font 4 » a paru généralement singulière. Il dit que, si toutes les fois que nous posons à côté l'un de l'autre deux objets, plus deux autres, une puissance inconnue faisait surgir un nouvel objet, nous dirions nécessairement : 2 et 2 font 5. Argument bizarre ! Nous voyons tous les jours ce que Mill suppose. Ainsi, quand le chimiste transforme l'eau en oxygène et en hydrogène, il a deux corps au lieu d'un. Il ne dit pas pour cela que 1 = 2, mais que l'unité de l'eau n'était pas une unité absolue. Le fait que suppose Mill constituerait un problème à résoudre, non une donnée mathématique.

Quant à l'intellectualisme logique, il tente de relever la tête, notamment dans les ingénieux travaux de MM. Calinon et Lechalas (*Revue de philosophie* et *Annales de philosophie chrétienne*). Ces philosophes conçoivent une géométrie générale qui se passerait de toute espèce de postulat, et qui prouverait sa vérité par la simple possibilité d'un développement indéfini non contradictoire. Mais M. Renouvier notamment et, après lui, M. Milhaud, dans sa thèse sur *La certitude logique*, montrent que les postulats, dans cette géométrie, ne sont que dissimulés. En effet, ces savants font appel, non seulement à l'intuition kantienne, mais même à l'intuition sensible. Et pour ce qui est du développement indéfini non contradictoire, on ne saurait lui attribuer la vertu que lui prêtent les champions de la géométrie générale. Rien n'empêche de développer une absurdité sans se mettre en contradiction avec soi-même.

Les tentatives de restauration des doctrines renversées par Kant restent donc isolées, et la plupart des mathématiciens philosophes se tiennent précisément dans cette région intermédiaire entre les sens et l'entendement logique, que Kant a ouverte et défrichée. Mais les modernes aperçoivent un très grand nombre de solutions possibles sur ce terrain.

Les doctrines se répartissent en deux catégories : la première est celle des philosophes qui, acceptant, dans ses éléments essentiels, toute la doctrine de Kant, estiment les principes de l'entendement insuffisants pour fonder les mathématiques et font appel à des principes *a priori*, fournis par la sensibilité.

La deuxième catégorie se compose des philosophes qui s'efforcent de se passer d'intuitions et de ne faire appel qu'à des principes toujours synthétiques et *a priori*, mais émanés du seul entendement. Les uns conservent donc l'intuition *a priori* de Kant, les autres essaient de se contenter de l'entendement conçu d'ailleurs à la manière kantienne.

La propre doctrine de Kant, qui fait appel à la sensibilité comme siège de formes *a priori*, est, on peut le dire, la doctrine courante : c'est elle qui est présupposée, soit qu'on s'en rende compte ou non, en général, dans l'enseignement classique des mathématiques. L'espace et le temps y sont considérés comme des objets d'intuitions et d'intuitions parfaites dont les intuitions sensibles ne fournissent que l'occasion.

Mais certains philosophes modifient plus ou moins la doctrine de Kant. M. Renouvier admet une intuition *a priori*, mais il en retranche l'intuition de l'infini et du continu, en quoi il voit des éléments inintelligibles et inutiles. Mais il semble que l'intuition kantienne sans l'infini et le continu, ce n'est plus du tout le système de Kant.

D'autres font un effort pour réduire le nombre de ces données *a priori*, que Kant demande à une faculté distincte de l'entendement. La manière dont on opère cette réduction consiste, en général, à se contenter du concept de temps : on présente alors toutes les figures connues constituées entièrement par l'acte de l'esprit qui les construit. L'espace n'est plus alors qu'une projection du temps. Un ingénieux psychologue métaphysicien, M. Bergson, opère la réduction en sens inverse. Les mathématiques, selon lui, reposent uniquement sur l'idée d'espace, et c'est une illusion que de parler du temps en mathématiques : le temps du mathématicien, c'est encore de l'espace. Rien de commun entre ce temps homogène à une dimension et le temps réel, pure fusion de qualités, que nous trouvons dans notre conscience.

Enfin une tendance remarquable, qu'on trouve notamment chez Helmholtz, consiste à faire reposer les principes mathématiques, non plus sur l'espace et le temps, mais sur la seule notion du continu, comme principe commun de l'espace et du temps : cette notion supposant d'ailleurs une intuition pure analogue à l'intuition kantienne.

Telle est la première catégorie de doctrines. La seconde est celle où l'on prétend ne retenir du kantisme que l'idée générale de principes synthétiques *a priori*, et l'on pense pouvoir se contenter de principes issus du seul entendement. Tels sont les essais de M. Couturat, dans la *Revue de Métaphysique et de Morale*. Les postulats y sont maintenus, par conséquent la logique pure n'est pas tenue pour suffisante. Mais M. Couturat espère ramener ces postulats à des concepts purement intellectuels ; ils resteraient nécessaires, comme le voulait Kant, en tant qu'ils seraient fondés sur la raison. Nier ces postulats, ce serait, sans aller contre la logique, contredire la raison, la nature de l'entendement humain.

Les mathématiciens Riemann, Helmholtz, Poincaré, vont plus loin dans le sens de la réduction. Selon eux, il faut des postulats, mais on ne peut pas dire que ces postulats soient fondés sur une véritable nécessité rationnelle. Ils sont bien fondés sur l'entendement ; mais l'entendement n'en peut démontrer la nécessité. Les postulats mathématiques sont le résultat d'un choix fait entre beaucoup de postulats également possibles ; et si ce choix n'est pas arbitraire, il n'est du moins déterminé que par des raisons de convenance, savoir: 1° une convenance interne, au point de vue de l'esprit qui choisit les postulats qui lui seront le plus commodes ; 2° une convenance externe, en tant que ces postulats sont les plus commodes pour expliquer les phénomènes de la nature tels qu'ils sont donnés.

Cette revue historique nous suggère les remarques suivantes : le point de vue de la philosophie paraît avoir été modifié par Kant d'une manière durable. L'empirisme et l'intellectualisme logique ne sont plus guère représentés, et l'on fonde en général les mathématiques sur des éléments synthétiques *a priori*, que l'on cherche, à vrai dire, à restreindre le plus possible.

On fait effort pour résoudre les intuitions en concepts, mais la condition du progrès de la philosophie mathématique, c'est de débuter en posant des intuitions et non en posant des concepts. Il faut aller de l'intuition au concept, non du concept à l'intuition. Il faut prendre le kantisme au moins comme point de départ.

Ajoutons qu'on n'est pas parvenu à sortir du cercle de la philosophie transcendentale. Rien ne fait prévoir qu'on doit parvenir à résoudre les postulats en propositions nécessaires d'une nécessité logique. Au contraire, il est vraisemblable qu'on maintiendra une source de principes déterminés à côté de l'entendement purement logique et au-dessus de l'expérience. Enfin, si l'on se demande ce que devient la question du rapport des mathématiques aux choses sensibles, il est à remarquer que, à mesure qu'on s'éloigne du pur kantisme, de la pure doctrine de l'intuition *a priori*, à mesure s'obscurcit la notion de l'objectivité des mathématiques. Dans les théories où est réduit au minimum l'apport de la raison, la valeur objective des mathématiques est plus ou moins mise en doute. M. Milhaud, dans l'ouvrage que nous avons cité, en vient à dire que les principes mathématiques ne sont, en définitive, que des conventions, et que leur objectivité est en raison inverse de leur rigueur.

II

Dans sa doctrine de l'idéalité transcendentale de l'espace, Kant a prétendu, tout en déniant à l'espace la réalité d'une chose en soi, lui attribuer cependant une réalité véritable, et se garder de l'idéalisme absolu.

Quels sont les antécédents historiques de cette doctrine ?

Leibnitz, que l'on ne songe tout d'abord qu'à opposer à Kant, n'est pas si purement idéaliste qu'on le dit généralement. Sa doctrine subtile ne ramène pas l'espace et le temps purement et simplement à des concepts. L'espace et le temps sont l'ordre des existences possibles et des possibilités inconstantes. Il y a là des éléments qui ne ressortissent pas à la pure logique. L'espace et le temps sont, en définitive, fondés sur la compossibilité dont la raison est en Dieu, et celle-ci, à son tour, sur la volonté divine. Remarquons toutefois qu'il n'y a rien là qui fasse présager l'intuition *a priori* de Kant. L'espace et le temps comme tels, n'ont aucune réalité. Toute leur réalité consiste à être fondés dans les premiers principes des choses.

En revanche, Newton fait de l'espace et du temps de vraies réalités, mais il dépasse le but, car il ramène l'espace et le temps à des attributs divins. Kant ne peut attribuer à l'espace et au temps ni si peu, ni tant de réalité.

Sa doctrine consiste à concilier ces deux thèses : 1° il est impossible que l'espace et le temps existent en soi. Ce serait un non-être réalisé, un monstre inconcevable, que l'espace érigé en absolu. 2° D'autre part, il est impossible d'admettre qu'ils n'aient pas d'existence du tout ; ils doivent avoir une réalité : les mathématiques en font foi. La conciliation de ces deux thèses réside dans la doctrine de l'espace et du temps comme simples formes *a priori* de notre sensibilité.

Cette doctrine assez étrange n'a pas été sans soulever de vives objections.

Les objections partent de deux points différents : du camp des empiristes et de celui des dogmatistes éclectiques. Les premiers s'efforcent de démontrer que l'espace et le temps n'ont d'autre réalité que les processus psychiques qui aboutissent à la représentation que nous en avons. L'espace n'est au fond que la possibilité de ce renversement. C'est la théorie de Bain et de Spencer. Mais ces philosophes n'ont pas la prétention d'abolir l'espace et le temps en soi. Ils veulent simplement montrer, comme dans la conscience empirique, dans la conscience de l'individu, comment se produisent les idées de temps et d'espace. Spencer dit que les rapports internes se règlent sur les rapports externes ; il présuppose donc nettement l'espace. Et quand Bain ramène l'espace au temps, le temps à une série irréversible, il reste toujours cette série, supposant des états distincts les uns des autres, reliés les uns aux autres par un rapport de succession. Or cela ne suppose-t-il pas le temps ? C'est ce que disait Kant. La succession ne peut fonder le temps, puisqu'elle le suppose. Donc l'empirisme se désintéresse, en somme, du problème de la réalité de l'espace et du temps considérés en eux-mêmes.

Mais une critique plus serrée se rencontre chez certains intellectualistes éclectiques. Je la prendrai chez Trendelenburg (*Logische Untersuchungen*).

Kant, dit-il, s'est efforcé de distinguer entre phénomène et apparence, *Erscheinung* et *Schein*. Selon lui, les phénomènes sensibles, en tant qu'ils sont perçus dans la forme de l'espace et du temps, sont des « Erscheinungen » et non un simple « Schein ». Comment Kant justifie-t-il cette assertion ? En premier lieu, il fait appel aux choses en soi, et allègue que les impressions que nous recevons dans notre conscience ont une certaine objectivité, parce qu'elles émanent de ces choses en soi. Mais, dit Trendelenburg, comment Kant peut-il invoquer l'action des choses en soi ? Il lui faut leur prêter une causalité. Or, dans le kantisme, le principe de causalité n'a qu'une valeur subjective, ne s'aplique qu'aux phénomènes : c'est donc se contredire que de rapporter nos impressions aux choses en soi comme à leur cause.

Reste, pour objectiver les phénomènes, l'espace, et c'est à lui, en effet, que Kant fait appel en second lieu pour obtenir cette objectivation. — Mais, dit Trendelenburg, la doctrine de l'*Esthétique transcendentale* retire à l'espace cette faculté. L'espace kantien n'a rien de commun avec les choses en soi; il est tout entier enfermé dans notre conscience, simple forme de notre sensibilité. Il n'a rien de commun avec les choses : comment pourrait-il conférer l'objectivité qu'il n'a pas lui-même ?

Ces objections de Trendelenburg ne sont pas convaincantes. D'abord, en ce qui concerne les impressions, ce n'est pas dans leur rapport aux choses en soi qu'il faut, selon Kant, chercher l'objectivité. Kant ne fait pas de difficulté d'être idéaliste en ce qui concerne la connaissance sensible ; il appelle lui-même son système idéalisme, non réalisme transcendental. Il est vrai que, puisqu'il admet les choses en soi, il doit admettre aussi quelque rapport entre elles et les phénomènes. Mais on peut concevoir d'autres rapports que celui de la causalité physique ou liaison nécessaire de deux phénomènes sensibles ; et la causalité, dans son acception générale, a, selon Kant, son fondement dans l'entendement et non dans la sensibilité, ce qui lui assure quelque rapport avec l'absolu. Quoi qu'il en soit, ce n'est pas de ce côté qu'il faut chercher l'objectivité de l'espace. C'est un réalisme purement empirique que Kant a voulu fonder.

Mais, dit Trendelenburg, l'espace de Kant ne peut conférer l'objectivité qu'il n'a pas. Trendelenburg écarte ici, sans en parler, l'innovation de Kant : Kant estime que jusqu'à lui on n'a su fonder l'objectivité que sur un rapport à des choses ; or, selon lui, l'objectivité peut être aussi un rapport à l'esprit. Sans doute, si l'esprit n'est qu'une collection de sensations ou encore s'il n'est qu'un entendement logique, il ne fournit pas à l'objectivité un point d'appui suffisant. Mais, s'il a une nature des lois universelles et nécessaires, il constitue à lui seul une base d'objectivité. Pour que les sensations soient objectivées, il faut sans doute qu'elles soient rattachées à quelque chose de stable. Ce fondement peut être hors de nous ; mais pourquoi ne serait-il pas en nous ? Kant pense avoir découvert que la raison a vraiment une nature propre. Elle n'est pas un simple réceptacle d'idées innées ou reçues. Elle est un être. Elle a des facultés vraiment originales et actives. L'espace et le temps font partie de cette nature, et c'est à ce titre qu'ils confèrent un premier degré d'objectivité.

Trendelenburg continue ainsi : Kant a très bien établi que les notions d'espace et de temps doivent avoir un fondement en nous. Mais pourquoi de ce que l'espace et le temps, en ce sens, existent en nous, s'ensuit-il qu'ils ne peuvent exister en dehors de nous ? Pourquoi ne seraient-ils pas le trait d'union entre les choses extérieures et notre conscience ?

Ici encore on a réponse, semble-t-il, en se plaçant au point de vue kantien. L'espace et le temps, que chacun de nous conçoit, peuvent très bien exister en nous et hors de nous. Loin de contester ce point, Kant

l'affirme ; et c'est parce qu'il l'affirme qu'il cherche à l'espace un autre
fondement que la sensation. Nous l'avons vu : il débute par le réalisme.
Le premier moment de la critique, c'est de voir que nos idées supposent
des réalités. Mais ce n'est que le premier. Il reste à savoir de quel droit
nous affirmons ainsi que quelque chose existe hors de nous qui sert de
fondement à nos idées. Le système que Trendelenburg prétend substituer
à celui de Kant n'est donc pas autre chose que le problème qu'agite
Kant, transformé en solution sans examen. Quant aux raisons qui font
repousser à Kant l'admission de l'Espace et du Temps comme choses
en soi, il les a maintes fois développées. Le lien synthétique *a priori*
qu'enferme la notion d'espace, rendu concevable si l'espace n'est qu'en
notre esprit, devient une contradiction formelle si l'espace est conçu
comme chose. La réponse à Trendelenburg, c'est l'exposition des deux
premières antinomies.

CHAPITRE IX

Les Catégories

I

EXPOSITION

Kant démontre que l'intuition sensible ne peut pas s'expliquer uniquement par les impressions que nous recevons du dehors. Elle implique des éléments *a priori*. Quelle est au juste la source de ces éléments ? Ne viendraient-ils pas d'une faculté supérieure, de celle qu'on appelle l'entendement ? Dans l'école cartésio-leibnitzienne, on fait de la sensibilité un acheminement vers l'entendement, un entendement confus. On s'expliquerait ainsi qu'il y eût en elle quelque chose d'*a priori*. Mais l'entendement, pas plus que l'expérience, ne peut expliquer l'intuition sensible : il faut admettre une faculté spéciale, ayant sa nature, ses lois propres et irréductible, soit à la faculté toute passive de Locke, simple possibilité des impressions, soit à l'entendement proprement dit : c'est là une des pièces capitales de la théorie kantienne, le point de départ de sa métaphysique tout entière. C'en est aussi l'une des parties les plus étranges. La sensibilité est source de notions *a priori* : telle est la formule de cette paradoxale doctrine.

Ces éléments *a priori* vont-ils suffire à expliquer la connaissance tout entière ou faudra-t-il en admettre d'autres, et de quelle nature ? Dans la *Dissertation* de 1770, Kant professait que la sensibilité ne suffit pas à fonder la connaissance, mais maintenait au-dessus d'elle l'entendement, conçu en un sens dogmatique. Tandis que déjà il prouvait que la sensibilité ne nous fait connaître que des phénomènes, il continuait à attribuer à l'entendement la faculté d'atteindre les choses en soi. C'est qu'en effet il nous faut passer du phénomène à l'existence : là est la difficulté. A vrai dire, les formes d'espace et de temps, si elles ne concernent pas l'être en soi, ne sont pas pour cela dépourvues de toute objectivité. Elles sont les mêmes pour toute intelligence humaine, et puisque aucune intuition ne peut nous être donnée que par elles, nous savons *a priori* qu'elles se trouveront dans toute intuition. Elles sont en outre la base des essences mathématiques, lesquelles ont une universalité et une nécessité, quelque chose d'objectif par conséquent. Mais cette objectivité est-elle tout ce que nous affirmons quand nous disons d'une chose qu'elle existe ? Je me reporterais volontiers, pour expliquer ici la pensée de Kant, à la théorie de Descartes sur les essences et les existences. Quand Descartes a établi que les essences sont éternelles, il leur a conféré une certaine réalité. Pourtant Descartes ne pensait pas que cette réalité suffise à constituer l'existence : il distingue entre essence et existence, même pour Dieu. Un attribut, en effet, pourrait être éternel : n'existant qu'en autre chose, il ne serait toujours pas une substance, il n'aurait pas l'existence proprement dite. C'est quelque chose d'analogue que nous trouvons dans la philosophie de Kant. L'objectivité des essences mathématiques, condition de l'intuition sensible, a été établie par l'esthétique transcendentale. Mais, quand nous disons qu'une chose existe, nous allons au delà de cette objectivité. Est-ce à bon droit ? Ce que nous ajoutons à l'essence est-il fondé ? Sur quoi établir les jugements d'existence, le rapport que nous supposons entre nos jugements et la nature des choses telles qu'elles sont en elles-mêmes ? En d'autres termes, non seulement nous percevons les phénomènes, mais nous les pensons. Nous voulons savoir sur quoi repose la pensée. N'est-elle qu'une suite de la sensibilité, ou bien, comme dans la *Dissertation* de 1770, faudra-t-il admettre un rapport de notre intelligence avec l'absolu ? Et, si ni l'une ni l'autre de ces solutions n'est possible, n'y aurait-il pas lieu d'admettre dans notre raison une faculté spéciale ayant des lois propres relatives à la connaissance, et faisant pendant à notre sensibilité et à ses formes *a priori* ? De même que nous avons trouvé des lois propres de sensibilité, nous cherchons si, entre la sensibilité et l'entendement général ou logique, il n'y aurait pas un entendement pourvu de lois spéciales relatives à l'existence. Nous cherchons ainsi, d'un bout à l'autre de la *Critique*, à établir qu'il y a en nous une raison, laquelle a ses lois comme les corps ont leurs lois. La question que nous nous posons est donc celle-ci : y a-t-il des lois rationnelles, originales, faisant pendant aux lois physiques, des lois intellectuelles analogues à ces lois fondamentales que Newton a découvertes pour les corps ? La raison, dès lors, est-elle un être, elle aussi, et en quel sens existe-t-elle ?

II

Pour rechercher les principes de l'intuition, Kant a divisé ainsi son étude : exposition métaphysique, exposition transcendentale. La première exposition a pour but de découvrir les éléments *a priori* qui peuvent se trouver dans l'esprit, et de démontrer qu'ils sont bien réellement *a priori*. L'exposition transcendentale a pour but de démontrer que ces notions sont légitimes, valables, objectives. La première traite la question de fait ; la seconde, la question de droit.

Comment démontrer qu'une notion est *a priori* ? Ce qui est *a priori* semble précéder toute démonstration. Mais, dans la langue de Kant, *a priori* signifie simplement antérieur à toute expérience, et non premier principe. Kant démontre qu'une notion est *a priori* en montrant qu'elle a ses racines dans la raison, sans déterminer d'ailleurs de quelle manière la raison la produit, car cela est un problème qui dépasse la portée de la critique, et même, selon Kant, de l'esprit humain.

Comment démontrer qu'une notion *a priori* est légitime ? En prouvant qu'elle est nécessairement impliquée dans certaines connaissances incontestables dont la nécessité prouve la nature *a priori*, telles, par exemple, que les mathématiques. Nous étudions aujourd'hui la première partie de cette double démonstration, c'est-à-dire la détermination des principes *a priori* relatifs à la connaissance ou affirmation d'existence.

Nous abordons ici l'une des parties de la philosophie de Kant qui paraissent le plus artificielles et factices. On s'est demandé si ce n'est pas là une nouvelle scolastique, une organisation de concepts où les choses seraient perdues de vue. La langue même, dont Kant se sert, est difficile, et embarrasse les Allemands eux-mêmes. Mais il ne faut présenter de telles critiques qu'avec circonspection. A la fin de la préface des *Prolégomènes*, Kant s'écrie : faire des plans, voilà une occupation flatteuse, mais combien décevante ! C'est l'exécution seule qui mesure la valeur du plan. Il semble ici penser à Leibnitz, qui disait qu'il lui appartenait d'indiquer des directions et que c'était aux autres à poursuivre ce qu'il ébauchait. Si Kant se fût borné à une esquisse, elle eût peut-être paru brillante et attrayante. Son exposition est devenue pénible et obscure, parce qu'elle a voulu être complète et achevée.

III

Le problème est l'origine du jugement d'existence. Il faut considérer
ce que signifie un jugement d'existence. Quand nous disons : — toutes
les fois que le soleil éclaire une pierre, cette pierre s'échauffe, — nous
désignons simplement des phénomènes qui s'accompagnent dans notre
expérience, nous voulons dire que c'est là ce que nous avons toujours vu;
mais cela n'implique pas qu'il y ait dans la nature un lien entre les deux
phénomènes. Au contraire, quand nous disons : — le soleil échauffe la
pierre, — cette forme de langage indique que nous voulons parler d'un
rapport qui existe dans la nature ; nous voulons dire qu'indépendamment
de notre faculté de percevoir, le premier fait cause le second. Mais ici
apparaît une difficulté. Entre le premier phénomène et le second nous
prétendons établir un rapport universel et nécessaire, un rapport objectif;
mais nous n'apercevons aucune espèce de liaison intelligible entre les
deux ; nous admettons donc une relation nécessaire entre choses hétérogènes, entre deux termes, dont l'un ne peut en aucune façon se tirer de
l'autre.

Hume a très bien vu cette difficulté. Il a compris que, pour expliquer
la causalité, il ne suffit pas de dire, comme avait fait Locke, que nous
lions dans notre esprit une idée à une autre, car ici l'esprit croit que
le lien qu'il conçoit correspond à un lien existant dans la nature même.
Il faudrait montrer que la liaison est commandée par les choses elles-
mêmes. Mais c'est précisément ce qui ne peut se faire. Une liaison
nécessaire d'idées extérieures l'une à l'autre est chose inintelligible.
Hume conclut qu'il y a là une illusion de notre esprit. Nous transpor-
tons aux choses, comme rapport, au moyen de notre imagination, ce
qui n'est en réalité qu'une habitude de notre esprit, l'attente du phénomène dont a été souvent suivi celui qui nous est donné. C'est une
nécessité subjective que nous prenons pour une nécessité objective. Et
cela est naturel. L'habitude n'est-elle pas une force irrésistible ?

Mais, objecte Kant, cette nécessité reste subjective. Or, quand une
fois vous m'en avez découvert la source, je n'y puis plus croire, ce
n'est plus pour moi qu'une manière d'être de mon esprit. Je persiste
à affirmer une nécessité objective. La doctrine de Hume ne peut suffire
à Kant ; ce n'en est pas moins elle qui lui a rendu ce grand service
de lui faire voir ce qu'il y a d'étrange dans le jugement d'existence. Par
son doute, Hume a réveillé Kant de son assoupissement dogmatique et

lui a donné l'idée d'une science nouvelle ou théorie de l'objectivité, comme liaison universelle et nécessaire entre des choses hétérogènes.

On dit souvent que tout le système de Kant est suspendu à la morale. Sans doute, Kant veut rendre la morale intelligible ; mais comment ? Il serait tout à fait contraire à l'esprit du kantisme d'admettre, pour la morale, un principe imaginé exprès pour elle. La supposition suivant laquelle il y aurait un hiatus entre la *Critique de la Raison pure* et la *Critique de la Raison pratique*, celle-ci apportant des principes que celle-là exclut, est contredite par les faits. Il faut à la morale un principe démontré comme possible par la critique de la raison théorique, voilà la pensée de Kant, et voilà son objection contre Hume qui trouve indifférent de laisser sombrer dans le septicisme le principe de causalité. Selon Kant, si la science n'est pas justifiée par les lois de la raison, ce n'est pas la morale qui la justifiera, mais la morale tombera avec la science. La doctrine de Hume est inadmissible, parce qu'elle ruine la science comme la morale.

Mais comment procéder pour échapper à cette doctrine ? Kant emploie un biais : il cherche ce qui a amené Hume à ce résultat, pourquoi il n'a pas voulu reconnaître que le principe de causalité garantisse une liaison existant dans les choses mêmes. Hume a cru, remarque Kant, que l'affirmation de la causalité était, dans la vie de l'entendement, un cas isolé, *sui generis.* Il a cru que l'entendement ne renfermait en réalité que deux sortes de notions, des notions venues de l'expérience, et des notions purement logiques. La causalité, avec son caractère de synthèse *a priori*, lui a paru quelque chose d'unique et de monstrueux. Mais un phénomène unique doit être un phénomène mal observé. Or c'est ce qui a lieu. La causalité n'est pas la seule liaison synthétique que nous rencontrions dans l'esprit humain. Nous pouvons en rapprocher la substantialité : entre substance et attribut, il y a également hiatus et pourtant il y a liaison nécessaire. Tels sont aussi les concepts d'unité, de pluralité, de totalité. Tels sont tous les concepts métaphysiques : le moi, le monde, Dieu. Les mathématiques elles-mêmes impliquent des jugements synthétiques *a priori*. Ainsi il y a dans l'esprit toute une famille de jugements liant d'une façon nécessaire des termes hétérogènes. Mais, parmi ces jugements synthétiques *a priori*, il y en a dont la certitude ne peut être mise en doute : ce sont les jugements mathématiques. Hume n'en contestait pas la certitude, mais il ne voyait pas leur caractère synthétique *a priori*. Kant a réussi, estime-t-il, à rendre compte des jugements synthétiques *a priori* que présentent les mathématiques. Pourquoi ne réussirait-il pas de même à rendre compte de ceux que présente la connaissance de la nature elle-même ?

De là l'idée d'une analyse des concepts purs de l'entendement ; mais, si l'exemple que nous fournit l'*Esthétique transcendentale* doit nous encourager, ce n'est que comme analogie : le problème en réalité n'est pas le même, car, dans l'*Esthétique transcendentale*, il ne s'agissait encore que d'une objectivité relative, d'une base pour les intuitions sensibles. Ici, au contraire, il s'agit d'existence, en dehors de nous, de choses ; il faut atteindre à l'objectivité véritable. L'étude de ce problème occupe Kant de 1770 à 1780.

IV

Le premier point est de démontrer que les jugements dont nous nous occupons sont *a priori*, en tant qu'ils se rattachent à l'entendement comme à leur principe.

Quels sont les concepts purs, et est-il possible de les systématiser ? Aristote déjà a dressé une table des catégories, mais elles sont tirées de l'expérience, et elles sont mêlées d'éléments étrangers aux concepts, tels que le lieu et le temps. Une table formée d'après l'expérience va contre l'objet même que nous avons en vue. Il s'agit de savoir si la table ne peut pas être dressée *a priori*. Kant, vraisemblablement, prend pour modèle Newton: Comment fit ce géomètre pour démontrer que les mouvements des corps célestes ne sont pas dus à l'intervention de forces célestes extérieures, mais à des forces mécaniques immanentes ? Il partit d'une force connue, la gravitation, la force en vertu de laquelle un corps abandonné à lui-même tombe vers le centre de la terre, et il trouva moyen de rattacher à cette force toutes les lois essentielles des mouvements astronomiques.

Kant va procéder d'une manière analogue. Il s'efforcera de trouver, dans une réalité donnée *a priori*, le principe de systématisation de tous les concepts purs de l'entendement. Quel sera ce centre du système ?

Pour former un jugement d'existence, l'esprit prend pour point de départ la représentation des choses dans l'espace, l'appréhension du divers fourni par le dehors. Ce divers est rassemblé dans une image au moyen de l'espace et du temps ; mais cette image n'est pas encore la chose conçue comme existante. Il faut que les images ne se produisent pas d'une façon fortuite ; il faut qu'elles soient associées, liées les unes aux autres, si bien que, quand telle image apparaît, telle autre apparaisse également. C'est ce qu'a bien vu Hume. Mais cette liaison n'est pas encore la pensée, car elle pourrait venir purement et simplement de l'habitude. Il faut que la liaison soit conçue comme ayant son fondement en dehors de nous. Or, c'est ce qui aura lieu, si une unité absolue est introduite dans les relations. Ainsi penser, c'est unifier d'une façon absolue.

Mais, s'il en est ainsi, nous tenons le fil conducteur que nous cherchons pour découvrir et systématiser les concepts purs, car nous savons que nous possédons une faculté dont l'opération consiste précisément à unifier *a priori*, c'est le jugement logique. Une proposition n'est autre chose que la subsomption d'une classe d'êtres (celle dont fait partie le sujet) sous l'unité d'un prédicat. Et, remarquons-le, la logique n'a pas eu un pas à faire, ni en avant, ni en arrière, depuis Aristote, cela parce qu'elle s'occupait de la pure forme du jugement.

Cette logique est, pour Kant, un guide naturel et sûr.

La *table des jugements logiques* sera ainsi, pour Kant, l'analogue de ce que la gravitation fut pour Newton. Les catégories ne seront que les modes de liaison de la logique générale, transportés à des existences. Ainsi, là où la logique ne donne aux mots « sujet » et « prédicat » qu'un sens formel, sans s'inquiéter de savoir lequel des deux termes est réellement sujet, la logique transcendentale déterminera les conditions d'un sujet réel.

V

La table des jugements logiques est la suivante :

> Quantité : universels, particuliers, singuliers.
> Qualité : affirmatifs, négatifs, infinis.
> Relation : catégoriques, hypothétiques, disjonctifs.
> Modalité : problématiques, assertoriques, apodictiques.

Ce n'est pas là tout à fait la table classique ; l'admission du jugement singulier et du jugement infini, comme jugements distincts, constitue une différence. Kant croit devoir, au point de vue où il se place, distinguer ces jugements. Pour la logique formelle, un sujet singulier est universel, parce que le sujet y est pris dans toute son extension ; mais, au point de vue de l'existence, il y a une différence entre considérer un individu ou considérer une totalité.

Pour le jugement infini, il en est de même. Tel être est non-mortel. A est non-B, tel est le type de ce jugement. Il est affirmatif grâce au trait d'union. Mais, au point de vue de l'existence, il n'est pas affirmatif, puisqu'il restreint le cercle dans lequel doit se trouver l'être que l'on considère.

Voici maintenant la *table des catégories* :

Quantité : unité, pluralité, totalité.
Qualité : réalité, négation, limitation.
Relation : substance, cause, communauté (action réciproque).
Modalité : possibilité, existence, nécessité.

Kant fait, au sujet de cette table, deux observations principales. On doit grouper ensemble les deux premières triades, en tant qu'elles se rapportent aux objets de l'intuition : la première, celle de la quantité. à l'extension, à la mesure, à la grandeur des phénomènes ; la seconde, celle de la qualité, à leur degré d'intensité. Ces deux séries constituent les catégories mathématiques. Les deux autres se rapportent au contraire à l'existence même des objets de l'intuition : ce sont les catégories dynamiques.

En second lieu, il faut remarquer que la division de chaque classe de catégories est trichotomique, et non dichotomique, comme le serait toute division faite au point de vue du principe de contradiction. Mais nous nous proposons de déterminer les catégories de l'être, de l'existence. Or, dans l'ordre de l'existence, les contraires ne s'abolissent pas comme dans la pure logique. C'est une loi de la logique que les contradictoires ne peuvent pas exister ensemble ; mais, dans la réalité, rien ne peut s'abolir : deux forces contraires, qui se choquent, ne s'abolissent nullement, il se produit un phénomène où toute la quantité de force se retrouve sous une autre forme sans le moindre déchet. A et non-A, dans la réalité, forment une troisième chose qu'on ne peut déterminer analytiquement, comme on déterminerait l'annulation de l'un des deux termes contradictoires.

Le premier terme de chaque classe exprime une condition ; le deuxième exprime le conditionné ; le troisième, le concept qui résulte de l'union de la condition avec le conditionné ; ce troisième terme résulte d'une démarche nouvelle, d'une initiative de l'esprit.

Le principe découvert par Kant lui a permis de systématiser les caté-gories, et, comme ce principe est l'entendement même, il s'ensuit que la nature *a priori* des concepts a véritablement été démontrée.

Dans la prochaine leçon, nous déterminerons le rôle historique de cette doctrine.

CHAPITRE X

Examen historique de la Doctrine des Catégories

A côté de la logique abstraite, bornée au possible, Kant a créé une logique de l'existence qu'il appelle transcendentale, voulant dire par là que, grâce à cette logique, nous nous expliquons comment nous pouvons *a priori* prononcer certaines affirmations, qui s'appliquent à l'être, et non pas seulement au possible. Leibnitz disait : « Nihil est in intellectu quin prius fuerit in sensu, nisi ipse intellectus ». Cet *intellectus*, chez Kant se subdivise en trois facultés tout à fait distinctes. De l'*intellectus* proprement dit, Kant a distingué une faculté d'intuition *a priori* située hors de l'*intellectus* et cependant innée. Et l'*intellectus* proprement dit contient encore : 1° l'entendement logique, qui ne considère que les rapports logiques d'identité ou de contradiction ; 2° un autre entendement, si l'on peut dire, un autre usage de l'entendement, s'appliquant à ce qui est, et non pas seulement à ce qui peut être. La doctrine n'est que l'analyse et la systématisation des éléments de l'entendement transcendental, distingué de l'entendement purement logique.

Quelle est la signification historique de cette théorie ?

I

Et d'abord quels en sont les antécédents ?

Aristote, dit Kant, dans l'établissement de sa *table des catégories*, a procédé d'une façon purement empirique, par la simple analyse du langage, lequel est bien une traduction de la pensée, mais une expression très éloignée de son rapport avec les choses. De plus, si l'on considère le résultat auquel est arrivé Aristote, on constate que ses dix catégories ne sont pas homogènes. C'est là, dit Kant, une rapsodie plutôt qu'un système. Ainsi les prétendues catégories de temps et de situation : ces concepts ressortissent à la représentation sensible, non à la pensée. Enfin cette théorie a un caractère mal déterminé. Est-elle logique, psychologique, métaphysique ? Elle a à la fois ces trois caractères. Aristote dit : les catégories de l'être ; donc c'est une théorie métaphysique ; d'autre part, il dit : les modes d'énonciation ; ici la théorie apparaît comme logique.

A la suite d'Aristote, beaucoup de philosophes ont essayé de constituer une *table des catégories* ; mais ils se sont surtout placés au point de vue métaphysique et ontologique.

Les stoïciens posent d'abord, comme le genre le plus élevé, l'être, τὸ ὄν. Sous ce genre même, ils placent quatre catégories : la substance, la qualité (essentielle), le mode, ou qualité accidentelle, mais appartenant encore à l'être, enfin le rapport.

Spinoza distingue la substance, l'attribut et le mode, toujours en se plaçant au point de vue de l'être.

Chez Locke, il y a une distinction qui rappelle la théorie des catégories : celle du mode, de la substance et de la relation. Pour Locke, ce sont là les divers produits de la combinaison des idées complexes. Cette théorie est purement psychologique.

Ainsi les différentes tables de catégories dressées avant Kant ne pouvaient guère que lui donner l'idée du problème, sans préparer en rien son point de vue.

On trouvera un antécédent plus direct de sa doctrine dans l'innéisme. Mais ici même le point de vue est bien différent. Chez Platon, ce qui est inné en nous, c'est une participation aux idées, conçues comme des êtres. L'homme a été, antérieurement à cette vie, ou encore l'homme est, dans le fond de sa nature, en communication avec les essences, et c'est une marque de cette communication qu'il trouve en lui, par la réflexion. Il peut, par là réminiscence, s'élever jusqu'à la contemplation des êtres eux-mêmes. C'est comme une expérience supra-sensible que l'âme a faite et qu'elle est en mesure de refaire, ou encore que l'homme de l'éternité enseigne à l'homme du temps.

Chez Aristote, ce qui est inné c'est le νοῦς or ce νοῦς est ἐπιστήμης ἀρχή, il est le lieu des premiers principes. La théorie, ici encore, est ontologique : nous participons à l'être, nous ne le constituons pas par notre action, ce n'est pas là la théorie de Kant.

L'innéité, chez Descartes, ressemble déjà davantage à l'innéité kantienne, puisqu'il dit : « Certaines idées sont innées en nous comme la générosité est innée chez certaines familles ». Ce qui est inné, c'est quelque chose qui tient le milieu entre l'être et la pure faculté de l'esprit. Les *Réponses à Arnauld* font saillir la différence entre Descartes

et Kant. Les idées innées de Descartes ne sont ni des substances, ni
de simples lois de l'esprit : ce sont des essences, elles ont par elles-
mêmes une réalité. Descartes les appelle de vraies et immuables natures.
Il dit qu'elles sont des créatures de Dieu. Elles nous dépassent, puisqu'elles sont éternelles. Nous les découvrons, nous les connaissons, nous
ne les créons pas. Elles ont comme propriété de comporter ou d'exiger
l'existence, selon leur degré de perfection, et cette propriété nous la
reconnaissons, nous ne la faisons pas.

Chez Leibnitz, nous sommes, semble-t-il, bien plus près de Kant,
puisque ce qui est inné, c'est l'intellectus, c'est-à-dire l'action intellectuelle, l'intelligence elle-même et non plus ses objets. Mais qu'est-ce
que cet intellectus ? Finalement il se résout en une infinité d'idées,
dont chacune est une représentation virtuelle de l'univers entier. Aussi
n'avons-nous qu'à développer les germes de la science que nous avons
en nous pour obtenir la vérité tout entière. Donc cet intellectus ne se
définit que par les choses qui en sont l'objet. L'intellectus n'est qu'une
représentation enveloppée de toutes les monades et de leurs rapports.
Et chaque monade porte en elle l'univers tout entier sous forme d'expression mathématique ; de même une courbe peut être exprimée par une
équation.

Un troisième ordre de doctrines prélude à la théorie de Kant. De
bonne heure, les philosophes se sont aperçus que la logique pure ne
suffit pas à expliquer l'être. L'être ne s'explique pas, comme voulaient
les Eléates et les Mégariques, par le seul principe de contradiction ;
déjà Platon institue une méthode nouvelle, autre que la logique : la
dialectique. Cette méthode ne se borne pas à réduire le donné en éléments non contradictoires, elle cherche à montrer comment les idées
se mélangent, se marient rationnellement, et cela dépasse la logique
pure et simple, car, pour expliquer ces combinaisons, il faut faire appel
à des raisons mathématiques et esthétiques.

Aristote ne se contente pas de cette dialectique. Il reproche à Platon
de n'avoir pas su dépasser véritablement la logique, de l'avoir seulement
érigée en métaphysique. Selon lui, Platon n'a pas su assurer les principes de la science ; il demeure enfermé dans le possible. Aristote,
quant à lui, cherche une méthode qui puisse établir les principes ; il
espère, par ses πρῶται ἀρχαι fonder véritablement la science de l'être.

Les modernes sont obsédés de cette préoccupation de dépasser la
logique, où, selon eux, s'était confinée la scolastique, et là se trouve

le point de départ de leurs systèmes. Descartes déclare insuffisantes les méthodes employées avant lui. La « méthode » est essentiellement *distincte* de la logique des dialecticiens. Non sans doute qu'elle y contredise, mais elle apporte des éléments que celle-ci ignore : l'intuition et la déduction. L'intuition a pour but de relier entre eux deux termes dont la logique serait impuissante à trouver la liaison, tels que l'essence et l'existence. Que si entre ces deux termes la distance est trop grande, l'intuition se compose et devient la déduction, toute différente, on le voit, de la déduction syllogistique.

Leibnitz, dans sa théorie de la connaissance, pose deux principes du raisonnement : le principe de contradiction et le principe de raison suffisante ; c'est ce dernier principe qui a été le point de départ de la métaphysique de Kant. Comme l'a montré M. Nolen, c'est là qu'est l'origine du système. Mais ce principe s'appliquant à tous les êtres, même à Dieu, a une valeur transcendante que n'auront pas les catégories de Kant. De plus, la finalité, âme de ce principe chez Leibnitz, sera, chez Kant, distraite de l'entendement et placée entre la raison théorique et la raison pratique.

II

Comment la doctrine s'est-elle formée dans l'esprit de Kant ? Notre philosophe est parti du réalisme, comme on le voit notamment dans la « Principiorum primorum cognitionis metaphysicæ nova dilucidatio » (1755). L'être, pour lui, est antérieur au possible ; tandis que, pour Leibnitz, il n'était qu'un complément de la possibilité, le développement d'un germe préexistant. Pour Kant, le possible n'est qu'un extrait de l'être.

Mais le réalisme étant ainsi établi par l'analyse de l'idée du possible, peut-on en rester là ? Oui, dit le sens commun. Le philosophe, lui, se demande ce que nous voulons dire quand nous posons quelque chose comme existant réellement, indépendamment de nos idées. La réponse que donne Kant, en 1755, est la suivante : l'être se compose de substances et de rapports entre ces substances. Les rapports, qui ne sont que des possibles sont postérieurs aux substances et leur surviennent du dehors. Les rapports de succession des phénomènes ont leur fondement dans une action extérieure des choses les unes sur les autres, laquelle constitue la réalité du monde, comme tout, et la coexistence des substances a son fondement dans une connexion extrinsèque, qui implique l'existence de Dieu. L'origine historique de cette doctrine, c'est le newtonisme érigé en métaphysique.

A la gravitation newtonienne correspondent l'action externe et la connexion des substances, et le principe de cette liaison est en dehors des choses, comme, dans le mécanisme newtonien, la cause du mouvement d'un atome est en dehors de lui.

Kant va-t-il s'en tenir à cette théorie ? En 1770, il a trouvé qu'il pouvait faire reposer la forme d'étendue et de durée des phénomènes sur des formes inhérentes à la sensibilité humaine. Il se demanda bientôt s'il ne pouvait pas constituer pour l'entendement une doctrine analogue. Hume avait démontré que ce que nous prenons pour les rapports des choses pouvait n'être que des rapports de nos idées entre elles. Kant se demanda si, en partant de cette remarque de Hume, on ne pouvait pas faire, pour les principes des lois de la nature, l'analogue de ce qu'il avait fait pour les fondements des mathématiques. L'esprit humain devint alors, par la simple organisation des sensations, le démiurge de la nature.

III

Quelle fut la fortune de la doctrine kantienne des catégories ?

Kant établit qu'il y a deux logiques, celle du principe de contradiction, et une autre, qu'il appelle transcendentale. Cette distinction a joué un grand rôle dans le développement ultérieur de la philosophie. Deux courants se sont formés : l'un développant les principes de la logique transcendentale, l'autre revendiquant contre elle les principes de l'ancienne logique.

Une philosophie nouvelle naît de la logique transcendentale. Fichte reproche à Kant d'être resté à mi-chemin ; pour lui, les catégories de Kant ne sont pas véritablement déduites ; elles sont calquées sur la table des jugements, que Kant reçoit telle quelle, ou à peu près, du passé, de la tradition. Il faut la déduire du moi, de la conscience, de l'unité de l'esprit. Fichte prend pour point de départ la logique ordinaire, et tout d'abord l'axiome A = A. Il remarque que cet axiome ne peut être posé que dans une conscience. Donc A = A suppose un moi qui le pense. Mais alors j'ai le droit de substituer à A, quantité quelconque, le moi sans lequel le rapport ne serait pas posé. J'obtiens ainsi moi = moi, Ich = Ich. Mais A n'était qu'une quantité possible ; moi est une quantité nécessairement posée : j'ai donc le droit de dire : je suis, *ich bin.*

De là je puis tirer : 1° le principe logique d'identité ; 2° le principe métaphysique ou catégorie de réalité.

Mais comme j'ai posé A = A, de même je puis poser : non A n'est pas égal à A, et pareillement cette proposition peut être remplacée par cette autre : non-moi n'est pas égal à moi ; non-moi n'est pas moi. En d'autres termes : au moi est opposé inconditionnellement un non-moi. D'où je tire, par analyse : 1° la loi logique de la contradiction ; 2° la catégorie métaphysique de négation. Je suis maintenant en présence de deux termes qui se contredisent : un moi absolu et un non-moi absolu. Cette contradiction n'est possible que par le moi qui le pose. Mais le moi est un, cette contradiction lui est donc insupportable. Dès lors, je suis forcé de chercher à la résoudre. Mais je ne puis trouver analytiquement la conciliation, il faut une démarche nouvelle de l'esprit, une synthèse. Comment s'opérera-t-elle ? Fichte, pas plus que Kant, n'entend renoncer au principe de contradiction. C'est donc la suppression de la contradiction qu'il a en vue. Il la réalise au moyen du concept de divisibilité. Si chacun des deux termes en opposition limite l'autre, il y a place pour les deux. La synthèse est la proposition suivante : le moi oppose au non-moi divisible un moi divisible. D'où se tirent : 1° le principe logique de raison ; 2° la catégorie de détermination. C'est ainsi que la thèse et l'anti-thèse ont donné lieu à une synthèse, qui est la synthèse fondamentale.

De cette synthèse, l'esprit extrait deux propositions : 1° le moi se pose comme limité par un non-moi ; 2° le moi pose un non-moi comme limité par le moi. La première proposition est le point de départ de la philosophie théorique, laquelle étudie le moi en tant qu'impressionné par des objets qui d'abord apparaissent comme des choses en soi ; la seconde est le point de départ de la philosophie pratique où le moi se voit comme limitant l'action des choses extérieures et les faisant servir à sa propre réalisation. Or, l'analyse découvre dans ces propositions des contradictions analogues à celle que l'on a vu sortir du moi, et ces contradictions, l'esprit les lève aussi longtemps qu'il le veut par la création de synthèses appropriées. C'est ainsi que Fichte construit les catégories. Sa méthode consiste à poser une antinomie et à la résoudre par voie de diminution quantitative des deux termes de manière à satisfaire au principe de contradiction.

Schelling, dans sa *Philosophie de l'identité*, admet trois phases de l'être : l'indifférence, la division, l'identité ou réconciliation.

Ici les termes ne sont plus assimilés à des quantités : il y a une pénétration des contraires, une identification par la raison de ce que l'entendement logique ne pouvait mettre ensemble. Comment se fait cette conciliation ? Schelling n'en marque pas méthodiquement le progrès, mais fait intervenir à chaque fois l'action libre de l'esprit infini comme un *deus ex machina.*

Hegel systématise la doctrine en suivant méthodiquement le progrès de l'idée, de l'être pur à l'esprit. Ce progrès se fait par un rythme à trois temps, dont le premier est la position d'un concept ; le second, le développement de deux termes contradictoires à partir de ce concept ; le troisième la résolution de la contradiction dans une unité plus haute. A son tour, cette unité se pose, se dédouble, puis se reconstitue sous une forme supérieure, et ainsi de suite à l'infini.

Ce système, on le sait, met en péril le principe de contradiction. La portée de ce principe est fort restreinte par Hegel. Sans doute, quand je dis A est A, j'exclus qu'il soit non-A. Mais je n'ai pas le droit de dire que, dans la réalité des choses, A soit A à l'exclusion de non-A. Tout ce qui est enferme son contraire. Et c'est tout entiers que les contraires, après s'être dégagés, rentrent dans la synthèse conciliatrice ; ils ne se limitent plus, ne sont plus diminués, comme chez Fichte : ils s'absorbent l'un dans l'autre. Ainsi la logique de la contradiction, dans son application aux choses, n'est plus relative qu'à un moment intermédiaire entre le point de départ et le point d'arrivée de chaque processus, à ce moment où les contraires sont extérieurs l'un à l'autre et se repoussent, ignorants qu'ils sont de leur solidarité. En réalité, ce n'est plus qu'une phase de l'être. Et ainsi le principe de la logique transcendentale s'est développé à l'extrême, au mépris du principe de la logique générale, qu'il s'est subordonné.

En regard de ce développement spéculatif, l'histoire nous présente un développement inverse, où la logique générale reprend l'offensive et prétend régner seule. Nous en trouvons l'expression précise notamment chez Herbart. Ce philosophe entend se régler exclusivement sur le principe de contradiction. Les choses, telles qu'elles nous sont données, dit-il, enferment des contradictions : la tâche de la pensée humaine est de faire disparaître ces contradictions, d'extraire du donné l'absolu intelligible, qui ne peut manquer d'en faire le fond. Ainsi l'expérience me montre A devenant B, phénomène absurde. L'office de la raison peut-il être d'ériger cette absurdité en vérité et l'identité des contradictoires en principe suprême de la philosophie ? C'est impossible. ce serait là, non le triomphe, mais l'abdication de la raison : il faut trouver un biais. Un fait est toujours l'effet d'une cause multiple. A se compose en réalité de plusieurs substances A', A", A'". Supposez que ces substances agissent les unes sur les autres : considérées dans leur rapport entre elles, elles pourront produire un résultat B, qui sera autre chose que la simple collection des substances prises telles qu'elles sont. A', A", A'" en connexion peuvent ainsi donner B.

De nos jours, un système très considérable repose également sur cette idée, de développer le kantisme dans le sens de la logique générale ou du respect absolu du principe de contradiction. M. Renouvier trouve contradictoire le concept d'infini et l'élimine de toute philosophie et de toute science. En revanche, définissant la causalité la succession réglée, il ne trouve nullement contradictoire et par suite admet sans difficultés l'idée de commencements absolus ou sans causes pour les séries de phénomènes.

Ce double courant historique représente, en définitive, le conflit entre le sens du réel et le sens du logique.

La conclusion, c'est qu'il convient de se poser la question : y a-t-il une double logique ou une seule ? La causalité se ramène-t-elle à la relation logique ou en diffère-t-elle plus ou moins ? Il semble que l'état actuel de la question soit le suivant.

Le problème se pose aujourd'hui encore comme le posait Kant. Et il est de même généralement admis que la causalité ne peut se ramener au principe de contradiction pur et simple, qu'il y a en elle quelque chose de plus.

Mais une question plus délicate, c'est celle de savoir si la causalité doit être distinguée de la relation mathématique, et le conflit ici se produit entre le cartésianisme et le kantisme. Faut-il, avec les cartésiens, chercher à ramener à des relations purement mathématiques les rapports physiques entre cause et effet ? Ou bien faut-il, avec Kant, admettre des relations physiques spéciales ?

En tout cas, le parti désespéré de Hegel n'est pas celui qu'aujourd'hui l'on semble disposé à prendre, et, d'autre part, on hésite à être aussi intransigeant que Herbart. Pour Hegel, le principe de l'être est antérieur au principe de contradiction ; c'est le contraire pour Herbart. Ces deux situations extrêmes paraissent suspectes, et l'on adopte plutôt une situation intermédiaire. On se place surtout au point de vue des besoins de la science, acceptant tous les principes qu'elle demande, sans se montrer tout d'abord trop pointilleux sur leur accord ou leur désaccord. Le savant admet, au moins provisoirement, des notions obscures en elles-mêmes, peut-être même contradictoires. C'est ce que montre, par exemple, M. Stallo, dans *La matière de la physique moderne*. Mais on n'érige pas ces contradictions en dogmes, comme le voulait Hegel. Au contraire, nous nous efforçons de réduire ces contradictions, et le parfait accord de la pensée avec elle-même est au bout, sinon au commencement de la science. Ce n'est là, toutefois, qu'un idéal, et nous n'avons pas le droit de l'imposer *a priori* à la nature. Le progrès seul de la science nous apprend dans quelle mesure la nature se conforme aux conditions de notre pensée.

CHAPITRE XI

La Déduction transcendentale

I

Le résultat de la déduction métaphysique a été que les concepts purs de l'entendement : causalité, substance, etc., au moyen desquels nous lions les intuitions et établissons entre elles des rapports nécessaires. ne peuvent s'expliquer ni par l'expérience ni par l'entendement logique. Ils ont un caractère d'universalité que l'expérience ne comporte pas : et, d'autre part, il est impossible de montrer en eux des cas particuliers de la loi de non-contradiction. Ce sont des principes de liaison synthétique, à l'aide desquels l'entendement unit entre elles des notions extérieures l'une à l'autre, tandis que le principe de contradiction ne permet d'unir que des notions rentrant les unes dans les autres. Kant fut en conséquence amené à admettre, à côté de l'entendement en général, un entendement spécial, correspondant à l'ensemble des notions qui président aux jugements d'existence. Les objets de cet entendement ont un caractère d'objectivité que n'ont pas ceux de la sensibilité.

Ce résultat soulève une question embarrassante : voici que des concepts, tels que ceux de causalité, de substantialité, sont rattachés à la raison comme à leur source et ne sont que les manières dont la raison unit les phénomènes. Mais alors que valent-ils ? Répondent-ils à ce qui est dans les choses ? Ils sont en nous, viennent de nous. Dès lors ils valent évidemment pour nous ; mais valent-ils aussi pour les choses ? Pourrons-nous savoir si les choses s'y conforment ? Y a-t-il, dans la nature, une causalité pareille à celle que notre entendement conçoit, des substances conformes à notre concept de substance ?

Le problème se pose à cause de la conclusion même de la déduction métaphysique. Mais ne se pourrait-il pas que l'expérience et le principe de contradiction suffissent à garantir l'objectivité des concepts de notre entendement ? Cela est impossible. D'abord il sera toujours impossible de constater un accord parfait de l'expérience avec nos concepts. Ensuite l'expérience est toujours contingente, toujours enfermée dans des limites de temps et d'espace. Ce qu'elle nous donnera n'aura jamais qu'une valeur conditionnelle. Pareillement, dans le principe de contradiction, nous ne pouvons trouver la confirmation de nos concepts, car il n'est pas contraire à ce principe de contradiction qu'un phénomène se produise sans cause. Cette assertion peut paraître étrange. Elle est très légitime. Le concept scientifique de cause n'est pas inné, il est acquis. Les anciens l'ignoraient, et admettaient la réalité du hasard. Les rêves, d'ailleurs, dans la succession de leurs images, semblent soustraits à ce rapport nécessaire de cause à effet, qui constitue la causalité complète. Comment ce qui est serait-il contradictoire ?

Le problème vient de ce que nous avons conçu l'entendement comme ayant des principes propres, des lois originales distinctes du principe de contradiction et des suggestions de l'expérience. Quel est le rapport de cet être nouveau avec ceux de la nature ?

Mais, dira-t-on, l'entreprise de Kant n'est pas aussi entièrement nouvelle qu'il semble au premier abord : cette doctrine d'une raison ayant ses lois et facultés propres, nous la trouvons déjà chez les cartésiens ; ils ont traité amplement ce problème de l'accord de nos idées avec les choses, et l'ont résolu, depuis Descartes juqu'à Leïbnitz, par diverses doctrines qui sans doute contiennent le principe d'une solution définitive.

Le cartésianisme ne peut suffire. D'abord l'histoire de la philosophie nous avertit que les cartésiens se sont trouvés dans un grand embarras pour relier leurs idées innées avec les choses. Descartes a besoin de la véracité divine. Malebranche fait appel à la révélation. Pour Spinoza, la pensée et l'étendue sont les attributs d'une substance unique ; de là leur parallélisme et leur accord constant. Enfin Leibnitz ramène l'accord des idées avec les choses à l'accord des monades entre elles.

Le problème d'ailleurs ne se posait pas pour les cartésiens comme il se pose pour Kant. Si l'on considère ces doctrines, qui, chez les cartésiens, avaient pour objet de concilier nos idées avec la nature des choses, on verra que nulle part il ne s'agit, à proprement parler, de chercher l'accord d'une simple faculté, d'une loi de l'esprit avec les choses. Toute vérité, comme toute réalité, pour ces classiques, était indépendante de notre esprit ; les mathématiques étaient pour nous objet de contemplation, non de création. Le travail de l'esprit était l'effort pour dégager ce qui est. L'esprit était, dans la connaissance des idées vraies, sorti de lui-même. Pour aller des idées aux choses, il n'avait pas à effectuer ce passage de lui-même à autre chose qui va s'imposer à Kant. Les essences, pour Descartes, sont bien distinctes du *moi*, puisqu'elles sont éternelles. Quand je me demande si l'existence y est jointe, je cherche simplement si elles subsistent en elles-mêms ou en autre chose. Le dogmatiste est d'emblée hors de lui.

C'est ainsi que, pour le platonicien Malebranche, les idées, ayant des propriétés, sont des êtres, sont les seuls êtres. Chez Spinoza, pensée et étendue sont deux choses analogues, deux attributs de la substance unique.

Dans ces diverses philosophies, il y avait donc, pour les idées et les choses, une base commune, la réalité extérieure à la pensée humaine.

C'est à chercher des points de contact entre les deux termes sur ce terrain commun que se sont appliqués Descartes et ses successeurs. Chez Kant, il n'en est plus ainsi ; de là les difficultés. Car, si l'on y prend garde, son entendement n'est plus du tout l'entendement passif de Descartes, astreint à ne connaître que les idées que Dieu lui présente. C'est un principe original de liaison ; ses concepts ne sont que ses actions. Quoi de commun entre une pareille nature, entre la nature d'un sujet, et les choses subsistant comme telles en dehors de l'esprit ? Le dualisme ici paraît infiniment plus profond qu'il ne peut l'être chez Descartes, entre l'essence et l'existence ; le fossé qui sépare l'esprit des choses a été fait si profond qu'il semble impossible à combler. La *déduction transcendentale*, destinée à résoudre le problème, est la partie la plus compliquée de l'œuvre de Kant. Il mit près de dix ans à la constituer, et finalement ne fut pas satisfait de la rédaction, puisqu'il la remania profondément dans sa seconde édition de la *Critique de la Raison pure*. Nous allons chercher à en démêler l'esprit et la méthode. et à marquer avec précision les moments de la démonstration.

II

Kant a adopté ce titre de *déduction transcendentale*, parce qu'il s'agit d'une tâche analogue à celle de l'*exposition transcendentale* de l'*Esthétique*. Dans l'exposition ou la déduction dite métaphysique, on démontre l'origine *a priori* d'un concept en montrant qu'il a sa source dans les lois mêmes de l'esprit. L'exposition ou la déduction transcendentale poursuit la légitimation du concept. Elle cherche si le concept peut s'appliquer aux choses et en quel sens. Elle se fait en déduisant dé ce concept, tel qu'il a été défini par l'exposition métaphysique, certaines connaissances données qui sont incontestablement *a priori*.

La déduction transcendentale est dominée par l'une des idées qui ont exercé le plus d'influence sur les recherches de Kant, par l'idée qu'il se fait de la signification des travaux de Newton. De même qu'Euclide avait fait des mathématiques une science parfaite, de même Newton a constitué la physique comme science. Grâce à lui, nous savons qu'il est possible d'acquérir, relativement aux phénomènes de la nature elle-même, une connaissance concrète, ayant le même caractère rigoureusement scientifique que les démonstrations des mathématiciens. C'est Newton qui pose à Kant le problème de la déduction transcendentale. Ce problème consiste à démontrer la possibilité de l'expérience comme connaissance. Il s'agit de trouver, dans les catégories telles que les donne la déduction métaphysique, la condition nécessaire et suffisante de l'expérience telle qu'elle apparaît chez Newton.

Cette conception de l'expérience est originale. L'expérience avait toujours passé pour un mode de connaissance inférieur ; et il est juste de dire que l'expérience vulgaire ne peut donner de connaissance certaine. Mais, chez Galilée, chez Bacon et Descartes, une idée nouvelle s'est fait jour : substituer à l'expérience vulgaire une expérience savante, qui puisse devenir un instrument de science véritable. Entre les mains de Newton, ce rêve, selon Kant, a été réalisé. D'où possibilité de la physique pure ou possibilité de l'expérience, c'est en définitive la même chose. Les catégories seront justifiées, si elles rendent compte de cette possibilité.

Analogue au problème de l'exposition transcendentale dans l'*Esthétique*, celui de la déduction transcendentale présente-t-il en outre des caractères propres ?

Il a paru aisé de déduire des formes de la sensibilité la possibilité des mathématiques. Pourquoi n'en serait-il pas de même de la tâche qui va nous occuper ? La différence est considérable. L'exposition transcendentale de l'*Esthétique* se réduisait, en somme, à ce syllogisme disjonctif : ou nos intuitions sont conformes aux lois de notre sensibilité, ou il n'y a pas pour nous d'intuitions. Or nous avons des intuitions. Donc elles sont conformes aux lois de notre sensibilité.

Il n'est nullement évident de la même manière que tout ce qui nous est donné sera soumis aux lois de notre entendement, à la loi de causalité, par exemple. Nous pouvons très bien concevoir le contraire. Il n'y a rien d'inadmissible à ce que le hasard règne dans le monde ; de fait, beaucoup de philosophes l'ont admis. Suart Mill ne voit pas de difficulté à admettre que dans une autre planète les phénomènes se succèdent sans relation de causalité. Si de l'intuition vous ôtez les formes d'espace et de temps, il ne reste rien ; si des objets reliés par le lien causal vous ôtez la causalité, il reste les intuitions.

Une déduction laborieuse sera donc nécessaire.

III

1° Quel en sera le point de départ ? Inspirons-nous, *mutatis mutandis,* de l'exposition transcendentale de l'*Esthétique,* où cette déduction a été facile.

Descartes l'a dit : le point de départ nécessaire de toute connaissance, c'est-à-dire de toute affirmation d'existence, c'est le *Cogito.* Je pense, tel doit être notre point de départ ; cette affirmation est la condition de toutes les autres. Je ne puis dire que je vois une chose si à une perception je ne mêle pas le « je pense ». Le « je pense » doit nécessairement pouvoir accompagner toutes mes représentations.

De *Cogito* Descartes a tiré *sum.* Nous cherchons, nous, quelque chose de plus reculé en apparence. Nous cherchons l'existence objective. Nous voulons pouvoir dire : *Cogito, ergo res sunt.*

Cela semble étrange, et pourtant c'est ainsi. Il y a plus : d'après Kant, *Cogito, ergo sum* est illégitime, tandis que sa déduction va établir la proposition *Cogito, ergo res sunt.* La question seulement est de savoir en quel sens.

2° Qu'est-ce que ce mot, qui est la condition de tous mes jugements? Dirai-je que c'est une collection de sensations, ou encore un assemblage d'éléments tirés par abstraction de la série de mes représentations ? Non, certes, puisque le moi est caractérisé par l'unité, et qu'une collection n'en saurait avoir. Dirai-je que le moi est une unité se connaissant par réflexion, par conscience ? Non, car je n'arrive qu'au néant, quand je me replie sur moi-même : le moi ne se peut isoler, ce n'est pas l'unité d'une substance. Le moi est l'unité d'une forme ou plutôt d'une action.

J'ai conscience de moi-même, quand, dans ma conscience figure une multiplicité plus ou moins considérable de données extérieures, reliées entre elles et situées en face de moi. Pour que je me pense, il faut que je pense des choses, que je les lie les unes aux autres dans une conscience. Le moi est au fond une unité synthétique primordiale d'aperception. Le moi est un sujet et il n'y a pas de sujet sans objet.

3° Mais, s'il en est ainsi, supposons que ce moi veuille prendre conscience de lui, il faut qu'il exerce sa faculté d'unification. Il faut donc qu'une multiplicité lui soit donnée. Mais la sensibilité, telle que nous l'avons définie, est précisément de nature à remplir cette condition, elle fournit un multiple : les intuitions sensibles, lesquelles sont précisément des données extérieures les unes aux autres, sensibles, assèmblées, non liées dans l'espace et le temps.

4° Le moi toutefois pourra-t-il s'en saisir ? Quels sont ses instruments de liaison ? Les catégories. Entre les catégories de l'entendement et les formes de la sensibilité comment un rapport peut-il s'établir ?

La solution de ce difficile problème est fournie par la propriété d'une faculté merveilleuse, dont nous sommes doués, à savoir l'imagination. Cette faculté, qu'avait discernée Hume, mais où il a eu le tort de s'enfermer, est intermédiaire entre l'entendement et la sensibilité. A l'aide de la forme et du temps, elle crée des $\sigma\chi\tilde{\eta}\mu\alpha\tau\alpha$ ou particularisations de catégories, des symboles sous lesquels pourront se ranger des intuitions sensibles. Tel est, par exemple, le nombre, schème de la quantité. Par lui nous quantifions la continuité sensible. Cette théorie sera développée plus loin sous le nom de schématisme de l'entendement pur.

Grâce à l'action de l'imagination, le moi se réalise ; il entre en rapport avec une multiplicité, l'unifie, s'y oppose et se pose.

5° Cette opération suffit à constituer l'objectivité des lois de la nature, et à expliquer ce que nous entendons par la réalité des choses extérieures. Il y a, en elle, la condition suffisante et nécessaire de la possibilité de l'expérience et de la physique pure.

Elle en est la condition suffisante : en effet, elle peut établir entre les phénomènes donnés une liaison universelle et nécessaire. Or, c'est tout ce que nous entendons, en définitive, par objectivité. La définition commune du jugement : perception de la convenance ou de la disconvenance entre deux de nos idées, est insuffisante, parce qu'elle ne pose pas le rapport comme objectif. Mais il n'est pas non plus nécessaire que l'unité qui relie les intuitions soit elle-même une chose. Tout ce que dit le jugement, c'est que ce rapport est conçu comme nécessaire. Or les catégories peuvent fournir de tels rapports. L'objectivation par l'esprit suffit à assurer l'objectivité pour l'esprit. Il ne faut rien de plus pour assurer la réalité de la nature, et Newton n'a pas besoin d'autre chose pour établir les lois de la mécanique céleste.

L'application des catégories aux intuitions sensibles est en outre la condition nécessaire de leur objectivation. Comment l'obtenir par une autre voie ? Invoque-t-on l'expérience comme nous faisant saisir des réalités absolues ? Jamais les principes que l'on en tirera n'auront cette nécessité et cette universalité que suppose l'objectivité. Recourra-t-on à l'innéisme ? Kant n'admet pas qu'il soit une solution. D'abord l'innéité ne peut jamais être établie ; puis, le fût-elle, elle ne prouverait rien, car elle ne serait jamais qu'un fait, elle démontrerait seulement que des notions sont en nous, sans en marquer la valeur. Elle se réduirait toujours à une nécessité subjective, ne rendant pas compte d'elle-même, ne produisant pas ses titres et ne méritant aucune créance.

6° Il suit de ce qui précède que les catégories n'ont d'autre usage que l'objectivation des intuitions sensibles ; nous ne pouvons songer à les appliquer à quelque chose qui dépasse les phénomènes. En effet, elles sont de pures formes, incapables de fournir des connaissances sans des intuitions, sans des choses données. Or nous possédons des intuitions sensibles. Mais nous n'en avons pas d'autres. Nous n'avons pas d'intuitions intellectuelles. Une intuition, c'est une vue, la vue d'une multiplicité, la vue de choses individuelles, concrètes, déterminées. Or des catégories de notre entendement nous ne saurions tirer des choses déterminées. De l'idée d'identité je ne puis rien faire sortir. Ce fut le paradoxe de Hegel d'en tirer le monde ; rien n'est plus contraire à la pensée de Kant. De l'un de l'entendement ne peut sortir un multiple. Le multiple, il nous faut le demander aux sens. Notre pensée n'est pas créatrice, elle n'est qu'organisatrice. Comme le démiurge de Platon, elle a besoin d'une matière préexistante. Il lui faut une intuition, et elle ne dispose que de l'intuition sensible. Et cela se manifeste quand nous essayons d'appliquer nos catégories au suprasensible. Si, par exemple, nous voulons parler de Dieu, nous ne pouvons trouver que des expressions négatives : incorporel, intemporel, infini.

IV

En somme, voici comment s'y est pris Kant pour résoudre le problème de la déduction transcendentale. Les deux termes qu'il s'agissait pour lui de réunir : d'une part l'action de l'esprit, d'autre part les choses, étant dépourvus de point de contact, il y a substitué les concepts de sujet et d'objet. Et il s'est efforcé de montrer que sujet est tout ce que pour nous signifie le moi, et objet tout ce que pour nous signifie le mot *chose*. De fait, nous ne pouvons parler des choses qu'en tant qu'elles deviennent objets de nos pensées. Nous ne nous soucions pas des choses considérées en elles-mêmes.

Ramenés au sujet et à l'objet, le moi et les choses peuvent désormais entrer en commerce. Car sujet et objet ont quelque chose de commun : la liaison. L'objet la reçoit, le sujet la donne. Cette liaison pourra réconcilier les deux termes, les rendre solidaires l'un de l'autre. Et les catégories s'appliquent aux objets en tant que sans elles il n'y aurait point d'objet et que sans objet il n'y aurait point de sujet. La conclusion, c'est que Kant a retourné le rapport que l'on établissait avant lui entre l'esprit et les choses. Tandis qu'Aristote disait : l'esprit est mû par l'intelligible, νοῦς ὑπό τοῦ νοητοῦ κινεῖται, faisant ainsi dépendre la pensée des choses, Kant fait graviter les choses autour de la pensée.

Est-ce à dire que, selon Kant, la pensée crée la nature ? En aucune façon. Kant ne prétend nullement qu'indépendamment de notre pensée les choses n'existent pas. Les choses sont la source inconnue et nécessaire de toutes nos sensations et de la matière première de notre connaissance. Kant n'a jamais abandonné *ce point de vue*.

Et la législation même que notre esprit impose aux phénomènes, qu'est-elle ? Renferme-t-elle toutes les lois de la nature ? faut-il dire absolument que les lois de la nature viennent de notre esprit ? Cela encore irait contre la pensée de Kant. C'est la forme générale d'une législation qui est imposée aux phénomènes par notre esprit ; mais les lois de détail, mais les lois particulières ne sont en aucune façon fournies par notre entendement : elles viennent d'ailleurs. Tout ce qu'exige notre entendement, c'est que, dans la nature, il y ait des lois.

CHAPITRE XII

Kant et Hume

I

Les théories de Kant, examinées dans les dernières leçons, se rapportent essentiellement à l'idée de loi naturelle, à son objectivité, à sa
valeur, c'est-à-dire aux notions les plus importantes de la philosophie de
la science. Aussi méritent-elles une attention particulière. Nous rapprocherons, pour en déterminer la valeur, la doctrine de Kant de celle de
Hume, car Kant estime qu'il a résolu le problème posé par le subtil
Ecossais.

Les néo-critiques sont disposés à déclarer la théorie de Kant définitive.
M. Lachelier l'a prise comme point de départ pour établir « le fondement
de l'induction ». Elle est jugée insuffisante, au contraire, par beaucoup
de critiques. Je signalerai notamment, à cet égard, l'article de M. Stirling
dans le *Mind*, 1884-85, intitulé : *Kant has not answered Hume*, Kant n'a
pas répondu à Hume.

On accuse parfois Hume d'avoir méconnu l'existence propre et la
valeur du principe de causalité. Ces accusations ne répondent pas exactement aux faits. En premier lieu, il distingue nettement le principe de
causalité des autres principes qui se trouvent dans l'entendement humain.
On y découvre, dit-il, d'abord des principes relatifs aux *relations d'idées*,
savoir les principes de ressemblance et de contrariété. D'autre part, on
y trouve des principes relatifs aux *questions de fait* ; ces principes sont
les relations de contiguïté dans l'espace ou dans le temps. Or la causalité
ne se confond ni avec les relations d'idées, ni avec les choses de fait.
Elle diffère des relations d'idées, en ce qu'elle rapproche des choses
radicalement différentes. Elle diffère des choses de fait, en ce qu'elle
nous fait dépasser l'expérience, porter un jugement, non pas sur ce qui
est, mais sur ce qui doit arriver plus tard. Elle nous informe de l'existence

d'objets que nous ne voyons ni ne sentons. Ainsi la causalité est une chose *sui generis*, a une existence à part.

Que vaut-elle ? La légitimité pratique n'en peut être mise en question. Les raisonnements que nous formons sur les choses de fait semblent avoir tous pour fondement la relation de cause à effet. Et ils s'imposent à nous de par la nature. Mais, au point de vue philosophique, ils soulèvent une difficulté. En effet, la causalité s'applique à des données d'expérience; mais comment, en une telle matière, pouvons-nous dépasser l'expérience ? Nous la dépassons en vertu de la connexion nécessaire que nous admettons entre la cause et l'effet. Mais la nécessité de connexion est le propre des relations d'idées. Dans les jugements de causalité, nous traitons une question de fait comme si c'était une relation d'idées. Sur quoi peut reposer une pareille procédure ? Tel est au juste, et exclusivement, l'objet des recherches de Hume : comment se fait-il que l'esprit établisse entre des faits une connexion qu'il juge nécessaire ?

Cela ne peut s'expliquer par les éléments *a priori* de la raison, car, *a priori*, la raison, selon Hume, ne peut voir de lien de nécessité qu'entre choses semblables. Jamais de la considération d'une cause, vous ne pourrez, par la raison seule, déduire *a priori* l'effet que cette cause produira en réalité. Toujours, pour la raison, une multiplicité d'effets divers est également compatible avec la cause donnée.

Le lien de causalité peut-il alors être fondé sur l'expérience ? Il faut ici serrer de près la réponse de Hume. Il admettrait parfaitement, ce semble, que l'expérience suffit à établir la causalité, s'il y avait lieu de croire que, dans la nature, un même antécédent se reproduit exactement. L'esprit alors, ne disjoignant pas la cause et l'effet, se bornerait à lier des semblables. Mais rien ne prouve qu'un même antécédent reparaîtrait. Ce qu'à première vue on prend pour semblable, apparaît comme différent à qui regarde les choses de plus près. Dès lors le passé ne vaut pas pour l'avenir. Il faut un moyen terme pour expliquer l'inférence du passé au futur. Où est ce moyen terme ?

Hume alors introduit ici la solution qu'il appelle *sceptique*. Je ne puis, dit-il, trouver dans la nature des choses l'explication de la causalité : cela dépasse la portée de mon entendement. Je vais, dès lors, substituer à l'explication métaphysique de la causalité la *description* du processus psychique qui détermine en moi le jugement de causalité. Et Hume montre comment, dans une faculté intermédiaire entre l'entendement et les sens, l'imagination se crée, sous l'influence de la répétition, une habitude, celle de voir tel phénomène suivi de tel autre phénomène, — habitude en vertu de laquelle, toutes les fois que nos sens sont affectés d'une manière suffisamment voisine de la manière dont ils ont été affectés précédemment, se produit l'attente du phénomène subséquent. Cette habitude a d'ailleurs une grande valeur, parce qu'elle se produit en nous naturellement. C'est, en définitive, l'action de la nature en nous, qui est le principe de nos jugements de causalité. La notion de causalité, comme connexion nécessaire, repose ainsi sur un sentiment (*feeling*), mais sur un sentiment naturel, et par suite entièrement digne de confiance.

II

Kant a-t-il bien compris le problème de Hume ? Je pense qu'il faut répondre affirmativement. Il a très bien vu, à l'encontre de Reid, qu'il n'est pas du tout question, pour Hume, de nier l'existence ou la valeur du principe. Le doute ne porte que sur la possibilité d'expliquer la nécessité de liaison inhérente au rapport causal. Il ne s'agit ici que d'une difficulté d'ordre philosophique ; les conditions de la science et de la vie pratique ne sont nullement en cause.

De même Kant résume très exactement la solution de Hume. Ce philosophe, dit-il, soutient que la raison prend pour son enfant un bâtard de l'imagination fécondée par l'action de l'expérience.

Quelle est maintenant la valeur de l'objection qu'il élève contre la théorie de Hume ? Il lui reproche de n'avoir résolu la question que pour en soulever une nouvelle qui revient au même. Comment Hume fait-il naître l'habitude en nous ? Pour ce philosophe, l'habitude suppose la *répétition*, la reproduction de choses, sinon identiques, du moins voisines les unes des autres. Mais d'où sais-je qu'une telle répétition est dans la nature ? Ne faut-il pas, pour qu'elle ait lieu, que la nature soit soumise à des lois ? Et ne supposons-nous pas ainsi ce qu'il s'agit d'expliquer ?

Il y a, chez Hume, pétition de principe : il prétend prendre une attitude purement sceptique, écarter la question de la nature des choses extérieures. Kant, lui, montre que, loin de l'écarter, il la suppose résolue, et cela dans le sens même de l'existence d'un lien de causalité en dehors de nous. Cette critique de Kant est très solide. En quoi consiste maintenant sa propre théorie, la réponse qu'il donne au problème de Hume ?

Kant prend pour point de départ la remarque de Hume suivant laquelle le rapport de causalité est une liaison nécessaire. C'était là, pour Hume, une notion de sens commun. Kant reprend cette idée, mais il la voit garantie par l'existence de la physique pure. La physique newtonienne prouve, par le fait, la possibilité pour l'esprit d'établir des relations de nécessité entre les réalités mêmes. Or, dit Kant, ce qui existe doit être intelligible, l'être est nécessairement possible. Ainsi Kant est convaincu *a priori* que l'explication existe. Tandis que Hume *se demande* s'il sera possible d'expliquer la connexion causale, Kant, lui, *sait* d'avance que cela est possible.

La nécessité de liaison dans les choses est certaine, donc, possible ou intelligible : d'où peut-elle venir ? D'une seule source, de l'entendement, seule faculté du nécessaire. Hume a parfaitement vu qu'elle ne pouvait venir ni de l'expérience, ni de l'entendement considéré dans sa fonction logique. Mais l'entendement n'a-t-il pas une autre fonction ? Ne peut-il pas, dans certaines conditions, appliquer ses principes de liaison à l'être aussi bien qu'au possible ? Oui, dit Kant, il existe dans l'entendement des principes de jugements synthétiques *a priori*, des catégories.

Mais qui me répond que ces principes trouveront, dans le monde de l'expérience, une matière qui comporte leur application ? De quel droit supposer que les choses se conforment aux lois de mon entendement ?

Elles s'y conforment, répond Kant, si je puis démontrer qu'il n'y a de réalité *pour moi* que par l'application de ces principes mêmes aux intuitions de ma sensibilité. Or, c'est ce que démontre la déduction transcendentale. L'objectivité du caractère de nécessité propre à la liaison causale est ainsi garantie par la possibilité même de l'expérience.

III

Cette théorie a été vivement attaquée.

Nous trouvons, dans le *Traité des facultés de l'âme* d'Adolphe Garnier, l'objection qui a été le plus souvent reproduite : cette théorie, dit-il, scinde l'intelligence en deux éléments, l'intuition sensible et les concepts de l'entendement, ceux-ci vides, celle-là indéterminée et aveugle, et exige, pour qu'il y ait connaissance, que ces deux éléments se réunissent. Mais pourquoi telle catégorie sera-t-elle appliquée à telles intuitions plutôt qu'à telles autres ? Le donné, entièrement indifférent, ne guide pas l'entendement dans ce travail. La connaissance n'est plus qu'une liaison fortuite d'atomes, comme le monde d'Epicure. Le dualisme, ajoute Garnier, se heurte toutefois à cette difficulté : pourquoi les deux termes se rapprochent-ils ainsi plutôt qu'autrement ? Descartes, par exemple, veut que les idées d'étendue et de pensée viennent de la seule raison. Mais alors, pourquoi appliquer plutôt l'idée de pensée à l'esprit, celle d'étendue au corps ? Le contraire serait tout aussi légitime.

On trouve le même reproche chez l'écrivain anglais que nous avons nommé, Stirling. Mais ce philosophe admet que, voyant la difficulté, Kant a modifié sa doctrine. Dans le système, dit-il, les matériaux offerts à l'entendement n'ont d'abord aucune unité ; tout ce qui est liaison leur est conférée par l'entendement. Mais alors pourquoi l'entendement objective-t-il telle liaison plutôt que telle autre ? C'est ce que Kant essaie d'expliquer par une vue déjà indiquée dans le chapitre de la *deuxième analogie de l'expérience*, et ouvertement présentée dans les *Prolégomènes*.

Selon cette vue nouvelle, il y a deux espèces de jugement : les jugements de perception et les jugements d'expérience proprement dite. Or, dans le jugement de perception lui-même, il y a déjà un commencement de liaison, un ordre subjectif. Cet ordre est une sollicitation qui détermine et règle l'application des catégories. Stirling invoque à ce sujet des textes intéressants, extraits principalement des §§ 18, 19, 21, 29 des *Prolégomènes*. « Lorsque, dit Kant, § 18, nous trouvons une cause donnant lieu de tenir un jugement pour universellement valable d'une manière nécessaire, etc. » — « Il est possible que dans la perception se trouve une règle de rapport, disant qu'à tel phénomène tel autre succède constamment, et alors il y a lieu pour moi de me servir du jugement hypothétique » (§ 29). — « ...Après que la liaison a été rendue universelle par la comparaison... » (21).

Ces textes paraissent convaincants. S'ils ont le sens que leur attribue Stirling, ils acculent le Kantisme à ce dilemme : ou l'idéalisme transcendental est maintenu, et l'application des catégories n'est pas expliquée ; ou cette application est justifiée, et la base du système, la séparation de l'entendement et de la sensibilité, s'écroule.

Mais, en replaçant les textes dans leur milieu, on voit que Kant n'y abandonne nullement son principe général, suivant lequel nulle unité ne peut venir d'ailleurs que de l'entendement. Quant au texte relatif à la comparaison, il n'a pas en vue l'universalité de la causalité, mais simplement l'universalité logique, et Kant n'a jamais nié que l'emploi du principe de contradiction ne puisse conférer une unité logique. Aussi la pensée de Kant n'a nullement varié. L'ordre, que présente déjà le jugement de perception, doit, dans son intention, venir des catégories elles-mêmes, ainsi que le montre le contexte des passages allégués par Stirling ou analogues à ceux qu'il mentionne.

Mais la difficulté n'en subsiste pas moins, selon nous, et peut-être finalement nous faudra-t-il, par un détour, revenir en un certain sens à l'objection de Garnier.

On peut, dans la doctrine de Kant, distinguer comme deux aspects. Selon le premier, les matériaux qui nous viennent du dehors sont exactement assimilables aux pierres dont on fait une maison : les pierres n'ont nulle prédisposition à devenir une maison ; l'arrangement leur vient entièrement du dehors. De même, selon cette première manière de présenter les choses, l'édifice de la connaissance est entièrement l'œuvre de l'esprit : l'unité est surajoutée aux intuitions.

On découvre le deuxième aspect en considérant la théorie des *secondes analogies de l'expérience*. Il y est dit qu'il y a ordre subjectif précédant l'ordre objectif, mais résultant de l'ordre objectif lui-même. Nulle part l'entendement ne trouve de matière brute, mais toute matière qui se présente à lui, est déjà liée de telle sorte qu'il y pourra, sans s'abandonner au hasard, appliquer ses catégories. Ce second aspect diffère du premier, car là l'unité était surajoutée aux matériaux ; ici elle est donnée avec eux, et l'esprit n'a qu'à l'en tirer.

Cette seconde forme de la doctrine est bien la forme définitive, et elle résout, jusqu'à un certain point, l'objection de Garnier. Les matériaux informes dont parle ce philosophe ne sont jamais donnés à une conscience, et ce n'est pas d'eux qu'il est question. Les matériaux que j'ai à lier pour moi sont déjà liés en eux-mêmes, et liés par l'entendement. Je ne me propose que de retrouver, avec mon entendement, les lois mises dans les choses par l'entendement en général.

Faut-il dire pourtant que l'objection de Garnier est entièrement réfutée ? Le processus que nous venons d'indiquer est celui qui se produit dans la conscience individuelle, c'est le passage du subjectif à l'objectif. Mais en quoi consiste le processus entier de la connaissance ?

On peut, semble-t-il, y discerner les moments suivants.

A l'origine, se trouvent des matériaux caractérisés par la diversité et l'absence de liaison (*das Mannigfaltige*). De ces matériaux la pensée en général forme des objets d'expérience, ce que nous appelons des choses. Comment cette organisation est-elle possible ? Kant se refuse à traiter ce problème, qui dépasse nos moyens de connaissance. Notre entendement n'est pas intuitif. Les objets, une fois constitués ainsi, sont donnés à la sensibilité, et, par elle, affectent la conscience individuelle. Tout se passe en apparence comme le réalisme le suppose. Nous ne percevons que parce qu'il y a une réalité à percevoir. Nos idées supposent des choses. Puis notre conscience s'élève à la connaissance des lois universelles des choses par les degrés indiqués par les *Prolégomènes* et par la *Déduction transcendentale*. C'est là le passage du subjectif à l'objectif. L'entendement retrouve dans les choses ce qu'il y a mis.

Telle est la pensée de Kant, elle est cohérente, elle est une : les deux aspects qu'elle semble présenter sont relatifs aux deux phases du travail de la pensée : la phase universelle et la phase individuelle, la première étant logiquement antérieure à la seconde, la seconde précédant dans le temps la conscience de la première.

Mais l'objection, que nous croyions levée, se représente ici. De deux choses l'une : — Ou les matériaux qui s'offrent primitivement à l'esprit sont effectivement tout dénués de forme, entièrement bruts, et alors il n'y a aucune raison de supposer qu'ils puissent rentrer exactement dans les moules de l'entendement. Les lois qui s'y réaliseront auront mille chances de n'être pas exactes. Et la nécessité attribuée à ces lois ne sera qu'une fiction de l'intelligence. Il y a, dans le commencement de la *Déduction transcendentale*, un texte de Kant lui-même qui justifie ces observations. « Il se pourrait à la rigueur, dit-il, que les phénomènes fussent de telle nature que l'entendement ne les trouvât point du tout conformes aux conditions de son unité... Dans ce cas, les phénomènes n'en présenteraient pas moins des objets à notre intuition, puisque l'intuition n'a nullement besoin des fonctions de la pensée. »

Ou bien — et c'est là le second terme de notre dilemme — je sais *a priori* que les matériaux se prêteront à revêtir les formes que mon entendement doit leur imposer ; mais alors c'est que les matériaux eux-mêmes, et non pas seulement les lois, viennent de l'esprit.

Dans le premier cas, Kant retourne au système de Locke où les idées étaient comme des matériaux indifférents qu'assemblait volontairement l'esprit ; dans le second, il s'avance vers celui de Fichte, qui fera produire la matière par l'esprit, ou vers celui de Hegel, qui attribuera un contenu aux catégories, et en fera ainsi la substance même des choses.

Ainsi Hume, qui n'a pas voulu abandonner la réalité, n'a pu rejoindre la nécessité ; Kant, qui part de la nécessité, ne peut rejoindre la réalité.

Ne serait-ce pas que ces deux termes, que l'esprit humain aime tant à réunir, sont en effet distincts, et que c'est par une action artificielle, pour satisfaire notre désir d'avoir en nous la mesure de l'être, que nous unifions ces deux termes ? Et, s'il fallait opter, est-il sûr qu'il faudrait, avec l'idéaliste, se prononcer pour la nécessité quand même ? Nous avons aujourd'hui, pour nous déterminer à cet égard, un élément qui manquait aux anciens. Ceux-ci étaient réduits à l'apparence des choses, laquelle évidemment n'a guère de valeur aux yeux du philosophe, et aux aspirations de la pensée, lesquelles peuvent n'être qu'un désir. Nous avons, nous, les sciences positives, telles qu'elles sont constituées. Si elles supposent la nécessité kantienne, il ne peut paraître qu'arbitraire d'en contester la vérité ; mais, si elles s'en passent, la question reste ouverte.

CHAPITRE XIII

L'Idéalisme transcendental

Selon certains critiques, Kant n'aurait pas maintenu constamment avec la même fermeté son point de vue idéaliste. Après avoir exposé une théorie très nette, mais très radicale, craignant que sa doctrine ne fût mal interprétée, il aurait rétrogradé, soit dans la forme, soit même dans le fond ; et ce mouvement en arrière serait analogue à celui que nous lui avons vu reprocher au sujet de la causalité. Ici, après avoir fait dériver toute liaison de l'esprit, il aurait admis qu'un ordre préexistant dans le donné prépare l'ordre qu'établit l'esprit. De même, en ce qui concerne l'existence des choses, idéaliste au début, il serait par la suite devenu plus ou moins réaliste.

Cette question d'interprétation est liée à une question de texte. Les interprètes dont nous allons parler: Schopenhauer, Kuno Fischer, Benno Erdmann, etc., voïent en des sens divers une différence importante entre la doctrine exposée dans la première édition de la *Critique de la Raison pure*, et celle que présentent la seconde édition et les *Prolégomènes*. Nous traiterons de cette question de texte en étudiant la question de fond.

En quoi consiste l'idéalisme kantien ? Pour résoudre la question, nous consulterons d'abord uniquement les textes de la première édition. Nous en rapprocherons ensuite ceux de la seconde ; et, d'une manière générale, nous nous attacherons surtout à ceux qu'invoque Kuno Fischer pour marquer le contraste.

I

Dans la première édition, nous nous servirons spécialement de la critique du quatrième paralogisme de la psychologie transcendentale.

Comment Kant appelle-t-il son idéalisme ? Il l'appelle *idéalisme transcendental*, voulant dire par là que, selon lui, les choses en soi ne sont que des idées, en ce qui concerne la connaissance que nous en pouvons avoir ; nous ne pouvons connaître les choses que par rapport à nous, c'est-à-dire en tant que phénomènes.

Cet idéalisme consiste en deux doctrines :

1° La limitation de notre connaissance aux phénomènes. Les phénomènes que nous percevons ne sont pas des choses, mais seulement des phénomènes. Cette doctrine se fonde essentiellement sur deux propositions qui se dégagent de nos études précédentes. En premier lieu, la connaissance n'est possible que par des intuitions. Il lui faut, comme à l'art humain, des matériaux qui lui servent de base. Sans cela elle est indéterminée, purement abstraite. Or, de quelle nature sont les matériaux dont nous disposons ? Pouvons-nous les créer ? Non, il nous faut des matériaux donnés, reçus du dehors ; notre intelligence n'est pas créatrice ; notre pensée ne donne pas l'existence à ses objets. Sans doute, nous avons une faculté d'intuition, la sensibilité. Mais l'espace et le temps, qui lui sont inhérents, ne sont que des formes vides ; il faut que quelque chose soit en quelque sorte du dehors jeté dans ces moules pour qu'une perception se produise. Et les matériaux qui nous sont ainsi donnés ne peuvent s'ordonner d'eux-mêmes. Ils sont sans liaison intelligible, bruts, et manquent des conditions d'un objet conçu comme réel.

Il y a en nous, d'autre part, un entendement qui possède des principes de liaison ou catégories. Mais ces catégories, par elles-mêmes, ne représentent rien : elles sont vides. Considérez, par exemple, la catégorie de la causalité. En elle-même, elle n'est qu'une liaison synthétique nécessaire. Elle exige, pour s'appliquer, que des matériaux divers lui soient donnés. Elle suppose des intuitions.

Notre connaissance est faite de ces deux éléments : intuitions purement sensibles, concepts vides. Une intuition universelle comme les catégories elles-mêmes est chose étrangère à nos facultés. Par leur réunion, nos concepts et nos intuitions ne peuvent engendrer qu'une connaissance de phénomènes, une connaissance valable pour nous seuls, non pour tout entendement.

2° Étant donné cette impossibilité de connaître les choses telles qu'elles sont en elles-mêmes, s'ensuit-il que le monde, que l'on appelle réel, ne soit qu'une illusion ? Selon Kant, c'est le contraire qui est vrai. L'idéalisme transcendental engendre un réalisme empirique.

Et d'abord ce réalisme est possible. En effet, étant donné l'idéalisme transcendental, si des objets de nos représentations vous retranchez ces représentations mêmes, il ne reste rien. Le monde corporel tout entier disparaît si l'on élimine le sujet pensant. Dès lors, je n'ai pas à me poser la question insoluble de la conformité de nos représentations à des choses existant hors d'elles. Il s'agit seulement de savoir si, dans les éléments de nos représentations, je trouverai de quoi distinguer des représentations vraies et des représentations fausses. Or les conditions de cette distinction sont données dans l'idéalisme transcendental, et ainsi ce système comporte un réalisme empirique, non seulement possible, mais véritable.

En premier lieu, les intuitions sont, grâce aux formes d'espace et de temps, extériorisées les unes par rapport aux autres. En tant qu'elles sont situées dans le temps, elles forment des séries et, en tant qu'elles sont situées dans l'espace, ces séries elles-mêmes sont juxtaposées. Cette extériorisation des choses entre elles leur confère déjà une certaine objectivité.

Mais, tant qu'elles sont simplement dans l'espace et dans le temps, elles ne sont pas pour moi des objets, parce qu'elles ne se distinguent pas de moi. Par les catégories elles sont liées de telle sorte qu'elles forment un tout solidaire, et par là s'opposent au sujet dans une conscience en général. Ainsi distinguées du moi, elles possèdent vraiment la réalité empirique.

Un tel résultat ne peut être obtenu dans le réalisme transcendental. Ce système, pour passer de la représentation à l'objet, est réduit au raisonnement. Or, on peut bien accorder que nos intuitions externes doivent avoir pour cause des choses situées en dehors de nous, au sens transcendental du mot. Mais ce n'est pas de telles choses qu'il est ici question. Car ces choses seraient indéterminées. Ce ne serait que de choses en général que l'on pourrait parler, et l'assurance de leur existence ne nous donnerait pas la vérité empirique que nous cherchons.

Comme le réalisme empirique est solidaire de l'idéalisme transcendental, ainsi le réalisme transcendental est solidaire de l'idéalisme empirique.

II

Voyons maintenant si la doctrine de Kant a changé, et servons nous, dans cette recherche, des *Prolégomènes* et de la seconde édition de la *Critique*. Les textes principaux sont : les chapitres II et III de la première partie des *Prolégomènes*, et une addition à la première édition de la *Critique* intitulée : Réfutation de l'idéalisme, laquelle se trouve à la suite de la démonstration du deuxième postulat de la pensée empirique en général.

En 1782, parut dans les annonces de Gœttingue, au sujet de la *Critique de la raison pure*, une recension, dans laquelle la doctrine de Kant était présentée comme un pur idéalisme, sans différence importante avec celui de Berkeley. Hamann, de son côté, alla jusqu'à appeler Kant « ein preussischer Hume », un Hume prussien.

Kant répond à ces reproches ; dans les *Prolégomènes*, il donne une explication ; dans la *Critique*, il insère une addition.

L'idéalisme, dit-il dans les *Prolégomènes*, c'est une doctrine qui n'admet comme existant véritablement que les êtres pensants et leurs représentations. Ma doctrine présente-t-elle ce caractère ? Je n'ai jamais dit qu'il n'existe que des êtres pensants. Nier l'existence des choses est une idée qui ne m'est jamais entrée dans l'esprit.

Et d'abord comment mon système aboutirait-il à la négation des choses en soi ? Qu'ai-je fait autre chose, que d'aller un peu plus loin que Locke dans la voie que ce philosophe avait tracée ? Locke avait distingué les qualités primaires et les qualités secondaires, et soutenu que les qualités secondaires n'existent que dans l'esprit. On ne l'a pas accusé, pour cela, de nier l'existence des choses. Or je me borne à appliquer aux qualités primaires ce qu'a dit Locke des qualités secondaires. Je me borne à dire que, par les sens, nous ne pouvons nullement connaître les choses telles qu'elles sont en soi.

Loin d'accepter le reproche d'idéalisme absolu, je soutiens que c'est la doctrine de mes adversaires qui y conduit ; quand on veut que l'homme puisse connaître les choses telles qu'elles sont en elles-mêmes, c'est alors qu'on se trouve embarrassé dans d'inextricables difficultés. On ne peut comparer la connaissance avec les choses que, dans ce système, elle devrait représenter. Dire que l'espace est conforme, non seulement au rapport de ma sensibilité aux objets, mais même aux choses telles qu'elles sont en soi, cela n'a pas plus de sens que de dire que la sensation de rouge est semblable à la propriété du cinabre qui le produit.

En ce qui concerne la réalité des objets de l'expérience, elle consiste dans l'impossibilité de confondre la perception avec le rêve. Or, il faut, dit Kant, distinguer soigneusement entre *Erscheinung*, phénomène, et *Schein*, apparence. Mon système convertit sans doute tout objet de connaissance en *Erscheinung*, mais non pas en *Schein*. L'universalité et la nécessité, voilà la condition nécessaire et suffisante de la notion d'objectivité. Ce qui est lié à l'ensemble des phénomènes suivant des lois de liaison nécessaire, cela est objectif. Nous n'avons pas, en fait, d'autre critérium. Supposez qu'un homme se demande s'il a rêvé ou vu un objet réel. Il examine si les images en question peuvent être reliées, selon les lois de la nature, aux objets qui l'entourent et dont la réalité ne peut être niée. Les rêves sont d'ordinaire incohérents, c'est-à-dire qu'il faudrait, pour les expliquer, remonter à l'état du sujet ; les images dont ils se composent ne peuvent être liées entre elles et aux images de la veille selon les lois universelles de la nature. Ce critérium, l'idéalisme transcendental nous le garantit.

Au contraire, les réalistes transcendentaux sont impuissants à établir la réalité du monde de l'expérience. En effet, soit que vous considériez l'entendement comme un prolongement de la sensibilité à la manière de Hume, soit que vous conceviez la sensibilité comme issue, au fond, de l'entendement, comme un entendement en puissance, ainsi que fait Leibnitz, dans l'un et l'autre cas, la ligne de démarcation manque, entre les données de la sensibilité et celles de l'entendement, entre le rêve et la réalité, et alors on peut se demander, comme fait M. Taine, si la perception ne serait pas simplement une hallucination relativement ordonnée.

Dans la réfutation de l'idéalisme, qui est en addition de la seconde édition de la *Critique*, Kant semble bien nous faire sortir de nous-mêmes en admettant comme élément intégrant de la connaissance quelque chose qui ne se rattache pas au sujet. Voici sa démonstration.

La simple conscience, mais empiriquement déterminée, de notre propre existence, suppose quelque chose de permanent qui doit nécessairement exister en dehors de nous.

En effet, la série de nos représentations nous est donnée dans le temps, mais tout ce qui est dans le temps est instable, changeant et incapable d'exacte détermination.

Au contraire, l'espace peut fournir le point d'appui permanent nécessaire pour fixer une représentation. Donc la représentation déterminée de mon existence n'est possible que par une chose existant hors de moi, et non pas seulement par la représentation d'une telle chose. D'où la conscience de ma propre existence est en même temps une conscience immédiate de l'existence de choses situées hors de moi.

Demandons-nous maintenant s'il y a eu changement, altération de la doctrine. Kuno Fischer et Benno Erdmann le soutiennent en des sens divers.

Kuno Fischer estime que, dans la première édition, la chose en soi ne joue aucun rôle dans la connaissance, tandis que, dans la seconde, elle en est un élément intégrant. Dans la première édition il est dit que, si vous ôtez le sujet pensant, il ne reste rien. Dans la seconde édition. on voit au contraire que la connaissance suppose, non seulement la représentation, mais l'existence de quelque chose en dehors de nous. Là se trouve, selon Kuno Fischer, la contradiction.

Kuno Fischer convient que Kant n'a jamais nié l'existence de la chose en soi. Mais alors est-il vraisemblable que cette chose en soi ne joue absolument aucun rôle ? *A priori*, cela ne l'est pas.

Si vous ôtez le sujet pensant, dit Kant, il ne reste rien. Je réponds : rien de l'objet que nous connaissons, de la réalité empirique, rien non plus du sujet connu comme tel ; mais Kant ne peut vouloir dire qu'il ne reste absolument rien. Car, en tout cas, il resterait l'entendement en général. Il reste aussi la chose en soi et le donné qui s'y rapporte d'une manière pour nous inconnaissable. Le divers de l'intuition nous étant donné exclusivement dans l'espace et dans le temps, si l'on ôte ces deux conditions, il ne reste rien de ce que nous appelons le monde de l'expérience.

Dans la réfutation de l'idéalisme, de la seconde édition, le contexte montre qu'il n'est question que de réfuter l'idéalisme empirique, par conséquent il n'y est question que d'établir le réalisme empirique. Le réalisme transcendental est ici hors de cause. Le permanent, dont parle ici Kant, est purement empirique ; c'est un permanent dans l'espace ; mais l'espace est une forme de la sensibilité. En d'autres termes, la pensée de Kant n'a pas varié : la chose en soi existe, et l'idéalisme transcendental la suppose. Quant à la part qu'elle peut avoir dans la connaissance, nos facultés ne nous permettent pas de la déterminer. Au delà du donné nous ne pouvons remonter, et le donné, pour nous, c'est déjà nous-mêmes.

Pour Benno Erdmann, Kant aurait d'abord été criticiste, empiriste, et serait retourné au réalisme transcendental. La chose en soi serait d'abord pour lui un concept purement limitatif. Puis, dans les *Prolégomènes*, dans la seconde édition, et dans la *Critique de la raison pratique*, elle deviendrait un véritable objet de connaissance.

Mais, objecterons-nous, dans la première édition, le concept n'est limitatif que parce que l'existence de la chose en soi est prise au sérieux. Et si Kant étend, dans l'ordre pratique, le champ de la pensée, c'est au nom d'une croyance qu'il a bien soin de distinguer de la connaissance. Il n'a cessé de protester du caractère définitif des résultats de la critique, et il va de la connaissance à la croyance, sans jamais consentir à faire réagir celle-ci sur celle-là.

III

Mais, s'il n'y a pas eu altération de la doctrine, ne peut-on pas dire qu'elle recèle une contradiction interne ? C'est le reproche que lui font un très grand nombre de critiques, et qui paraît dater de Jacobi.

C'est, dit-on, le trait essentiel du système de dénier au principe de causalité toute valeur transcendante : il ne peut, selon Kant, s'appliquer légitimement qu'à des phénomènes. Or, d'autre part, Kant suppose que les affections que reçoit l'esprit sont causées par des choses en soi. Dans cette hypothèse, il fait du principe de causalité un usage transcendant, et se met ainsi en contradiction avec lui-même. Et l'histoire de la philosophie confirme, dit-on, ce reproche. Car Fichte s'est efforcé de faire produire le donné par le moi lui-même, pour n'avoir pas à prêter la causalité à une chose en soi ; et, inversement, Herbart pose l'être simple, comme cause de la représentation dans un autre être simple. Peut-être la difficulté signalée ici peut-elle être, sinon levée entièrement, du moins atténuée.

Et d'abord ce n'est nullement un rapport de causalité que Kant admet entre l'impression et les choses en soi, puisque causalité, pour lui, c'est succession réglée, et qu'ainsi la causalité suppose le temps, lequel est étranger à la chose en soi. S'il y a un rapport entre la chose en soi et l'impression, c'est un rapport inconnaissable théoriquement.

Remarquons d'ailleurs que la causalité physique n'est pas la seule qui soit concevable. La doctrine des catégories nous montre les lois de l'entendement adaptées à l'expérience. Mais ces lois reposent sur l'entendement pur, lequel existe indépendamment de l'expérience. C'est pourquoi une causalité de la raison elle-même sera, sinon connaissable, du moins concevable. Et ainsi nier, entre la chose et l'affection, tout rapport de causalité physique, ainsi que doit le faire et ainsi que le fait Kant, ce n'est pas rendre inconcevable toute espèce de rapport entre ces deux termes.

IV

Quelle est maintenant la valeur de cet idéalisme ?

Dans la pensée de Kant, c'était une doctrine définitive. Or, M. Pillon, dans sa profonde introduction au *Traité de la nature humaine* de Hume, conclut en disant qu'il faut, selon lui, combiner Hume avec Kant pour obtenir la philosophie complète et définitive de la connaissance. Hume n'a pu fonder le caractère de nécessité de la liaison causale. Kant le corrige excellemment sur ce point. Mais, tandis que Hume avait aboli la substance, Kant la restaure : c'est un recul. Pour être en possession d'une solution définitive, il faut comprendre que la vraie et seule substance, c'est la loi, la causalité kantienne.

Mais, chez Kant, les théories de la chose en soi et de la causalité ne peuvent se séparer. Ne faut-il pas supposer un divers donné pour que notre concept de causalité puisse s'appliquer, et ce divers, en tant que purement donné, en tant qu'impossible à obtenir par une intuition intellectuelle, ne suppose-t-il pas la chose en soi ? Partout inconnaissable, la chose en soi est, chez Kant, partout indispensable. De là vient que Kant a toujours voulu qu'au mot idéalisme on ajoutât une épithète telle que *transcendental* ou *critique*.

Ainsi le système paraît bien lié. C'est dans l'effort pour traiter les problèmes qu'il soulève que les difficultés apparaissent. Cet effort, il faut le dire, est contraire à l'esprit de Kant, qui n'admet de métaphysique que celle qui est dirigée et modérée par la critique.

CHAPITRE XIV

Les Phénomènes et les Noumènes

Par la théorie sur les choses en soi, qui a été exposée dans la dernière leçon, nous sommes enfermés, semble-t-il, dans le monde des phénomènes, des apparences ; le monde de l'absolu paraît nous être entièrement fermé. C'est ici le lieu de se demander, avec Kant lui-même. si toute espèce de métaphysique est abolie par son système. On pourrait le croire... Pourtant, c'est à la fin de l'*Analytique transcendentale* elle-même que Kant, dans un chapitre intitulé *Du fondement de la distinction de tous les objets en général en phénomènes et noumènes*, pose comme une pierre d'attente pour l'édification d'une métaphysique nouvelle. C'est là le tournant de la philosophie kantienne. En dehors de la métaphysique de l'absolu, il y a un genre de métaphysique qui sera déduit immédiatement de la *Critique*. C'est celle qui sera exposée dans les *Principes métaphysiques de la science de la nature* (1786). Si l'on peut trouver, estime Kant, parmi les données sensibles ou propriétés de la matière, un objet auquel soient applicables les lois synthétiques de l'entendement, on pourra constituer la métaphysique de la nature corporelle. Or cet élément, il existe, c'est le mouvement. Kant le détermine successivement *a priori*, au moyen des diverses catégories de l'entendement, et obtient ainsi une métaphysique sans sortir du monde des sens.

Mais nous savons qu'il constituera une autre métaphysique, celle de la liberté. C'est ici que se pose l'interrogation. Une telle métaphysique est-elle légitime dans la philosophie de Kant ? Il ne manque pas d'interprètes disant qu'il faut opter soit pour la critique, soit pour la morale. Kant s'est-il contredit ? Ce qu'il avait abattu d'une main, l'a-t-il relevé de l'autre ? Comment a-t-il pu passer de la doctrine négative de la *Critique de la raison pure* à la doctrine positive de la *Critique de la raison pratique ?*

I

Considérons d'abord le côté négatif du résultat auquel il est arrivé. Il a eu l'intention formelle de renverser la métaphysique *dogmatique* ; mais il ne s'est pas proposé de renverser toute métaphysique. La métaphysique dogmatique, c'est la prétention de connaître les choses telles qu'elles sont en elles-mêmes, et d'avoir une certitude théorique touchant des objets tels que la liberté humaine, l'existence de Dieu, la nature finie ou infinie du monde, tous objets qui dépassent l'expérience. Une telle métaphysique est impossible. Il y a bien, dans notre raison, des principes qui dépassent l'expérience, par exemple les principes de substantialité ou de causalité ; mais ces principes en eux-mêmes sont vides de tout contenu, et ont besoin, pour prendre un sens, de s'appliquer à des intuitions ; or il ne nous est donné que des intuitions sensibles.

Mais l'impossibilité de la métaphysique dogmatique n'est réellement comprise que quand on se rend compte de la cause de cette métaphysique. Elle prend sa source dans une illusion inévitable de l'esprit humain. Nous sommes en possession de principes qui dépassent l'expérience, de principes en eux-mêmes universels. Ces principes, c'est notre raison même. Par suite, nous avons une tendance naturelle à universaliser ses impressions. Cette valeur universelle, attribuée à notre intuition, c'est, en quelque sorte, le péché originel de l'intelligence, comme celui de la volonté, c'est la désobéissance à la loi, ou universalisation de la volonté empirique. Nous ne savons pas tout d'abord que le monde, qui nous est offert, repose sur des intuitions particulières. Seule, la vue des contradictions où nous tombons, en envisageant ce monde comme absolu, nous avertit de notre méprise.

L'histoire de la philosophie manifeste cette condition de l'esprit humain. Le métaphysicien part des mathématiques, où, en raisonnant *a priori*, l'esprit étend indéfiniment sa connaissance. Cette possibilité, qu'il constate chez l'homme, de tirer de son propre fonds des connaissances certaines et illimitées, l'induit à penser que son intelligence n'a point de bornes, que tout ce qui existe est pour lui connaissable *a priori*. Ainsi le mathématicien Platon prétend s'élever par sa raison jusqu'à la connaissance théorique de l'être absolu. Kant démasque le vice radical de ce point de vue. Les mathématiques ne mettent pas en jeu l'entendement tout seul, et ainsi l'entendement n'y prouve pas qu'il puisse par lui-même créer une connaissance. Les mathématiques supposent des intuitions, non moins que la connaissance vulgaire. Seulement ces intuitions, c'est l'esprit qui se les donne. Il y a en lui les formes d'espace et de temps, et, grâce à ces formes d'intuition, l'esprit construit des figures, qui lui permettent d'appliquer ses catégories. Or, en dehors du domaine mathématique, l'esprit ne dispose plus que d'intuitions sensibles, empiriques, de telle sorte que le progrès même, qui lui a été possible en mathématiques, lui est désormais interdit.

Mais alors toute métaphysique de l'absolu n'est-elle pas impossible ?

A côté des phénomènes, Kant, nous l'avons vu, établit la nécessité de concevoir des choses en soi. Mais, jusqu'ici, ce concept n'étend guère la sphère de notre pensée : il est purement limitatif, il sert simplement à nous prouver à nous-mêmes que notre connaissance ne nous montre pas les choses telles qu'elles sont en elles-mêmes, mais telles qu'elles nous apparaissent.

Ne pourrions-nous pas arriver à une idée de ces choses en soi qui fût un peu moins vide ?

Pourquoi les choses en soi sont-elles pour nous inconnaissables ? Comment savons-nous que le concept qu'elles nous offrent est purement négatif ? Nous sommes amenés par cette question à nous demander ce que serait un concept positif des choses en soi. Pour l'obtenir, il nous faudrait pouvoir nous donner une intuition adéquate aux concepts de l'entendement, universelle comme eux. En d'autres termes, il faudrait que notre entendement fût intuitif, que ses concepts créassent des objets. Or cela ne leur est pas possible. Nos conceptions supposent et ne créent pas leurs objets.

Les catégories de notre entendement ne peuvent devenir applicables à quelque chose que particularisées par les formes de la sensibilité. Dans notre principe de causalité, par exemple, supprimez la considération du temps, et vous n'avez plus qu'une relation purement logique, dans laquelle on ne peut dire lequel des deux termes exprime la cause, lequel l'effet. Il en est de même pour toutes les catégories, si vous les réduisez à elles-mêmes et les dépouillez de toute enveloppe sensible.

Qu'est-ce à dire ? Nous n'avons ni ne pouvons avoir un concept positif de la chose en soi ; mais nous nous rendons compte d'une façon positive de ce que serait un tel concept. La chose en soi ainsi conçue n'est plus seulement cette borne négativement conçue de notre connaissance, que nous avons définie la dernière fois. C'est quelque chose qui, pour n'être ni connu ni connaissable, n'en est pas moins conçu positivement.

Nous savons ce qu'en serait la connaissance pour un être qui le pourrait connaître. Dès lors la chose en soi est pour nous un *noumène*, et il y a lieu de restaurer l'antique distinction des choses telles qu'elles apparaissent et des choses telles qu'elles sont, mais en prenant ces mots dans un autre sens que celui de Platon. Pour Platon, les noumènes, comme les phénomènes, étaient des êtres. Les phénomènes étaient les êtres en tant que mêlés par une force irrationnelle, et formant ainsi un chaos instable, tandis que les noumènes étaient les êtres sous leur forme et dans leurs rapports éternels. Pour Kant, au contraire, les noumènes seuls sont des êtres : les phénomènes, ce sont les apparences que nous présentent les choses, déformées par notre constitution intellectuelle.

II

Comment, sur cette étroite base, Kant va-t-il édifier une doctrine de l'absolu ?

Le point de départ des spéculations en cette matière se trouve dans les *Notions morales communes*. Kant analyse ses idées et aboutit au résultat suivant. Il y a au fond de toutes nos déterminations morales l'idée d'agir à un point de vue universel, d'obéir à un commandement qui n'est subordonné à aucune condition, de se conformer à une loi tenue pour nécessaire en elle-même. Mais universalité et nécessité, qu'est-ce, sinon l'essence de la raison ? La loi morale, c'est donc le commandement d'agir selon la raison pure, de réaliser la raison. Ainsi, selon Kant, pour expliquer tous nos jugements moraux, il est nécessaire et il suffit d'invoquer cette formule : que la raison soit, que l'universel se réalise et devienne objet d'intuition !

Mais nous avons dit que la raison théorique ne peut trouver d'objet adéquat à elle-même. Et la raison pratique, c'est précisément le commandement de réaliser cette raison, de poser un objet qui lui soit adéquat. Cela devrait être tenu *a priori* pour impossible, si nous savions qu'il ne peut exister d'autre monde que celui de l'expérience. Car, dans celui-ci, l'universel ne peut être réalisé. Mais nous savons que la raison est antérieure à l'expérience ; c'est du dehors, d'en haut en quelque sorte, qu'elle confère l'universalité et la nécessité aux objets qui lui sont offerts. Et, grâce à cette connaissance, nous pouvons concevoir au moins, sinon réaliser en nous, un entendement intuitif ou union de l'entendement avec une sensibilité universelle comme lui. Dès lors, l'idée d'une raison pratique n'est pas absurde. C'est l'idée de la raison comme nous commandant cette réalisation de son essence qu'il n'est pas en notre pouvoir de nous représenter. Nous concevons l'objet de la morale comme réalisable au moins dans cet autre monde qui nous reste inconnu, mais dont la *Critique de la raison pure* nous a garanti la possibilité.

Mais gardons-nous bien de croire que nous puissions jamais rien savoir de science théorique sur la possibilité de cette réalisation. Ce ne sera pas l'objet d'une *connaissance*, mais seulement d'une *croyance*. La *Critique de la raison pure* nous permet de croire que la raison peut devenir pratique, peut être réalisée. A partir de cette croyance d'ailleurs, il est possible et légitime de raisonner, de manière à chercher quelles sont les conditions requises pour que cette réalisation de la raison dans notre monde soit conçue comme possible. Nous trouverons ainsi, par exemple, que la raison ne peut se réaliser sans la liberté, sans un Dieu qui mette d'accord notre monde physique avec les exigences de la loi morale, sans l'immortalité des personnes, rendant possible un perfectionnement indéfini. Tous ces objets sans doute ne seront pas connus théoriquement, mais seront matière de croyance légitime. « Il me fallait, dit-il, abolir la science théorique (*das Wissen*) de l'absolu pour faire une place à la croyance, laquelle demande un monde où règnent la raison et la liberté. »

III

Mais le passage de la première doctrine à la seconde est-il légitime ?

Les objets indiqués ainsi, liberté, Dieu, immortalité, sont, selon la *Critique de la raison pure*, inaccessibles à la raison. Que signifie alors cette expression de *Vernunftglaube*, « foi rationnelle », par laquelle Kant caractérise l'espèce d'adhésion que nous y donnons ? Il n'y a là, semble-t-il, rien de rationnel ; il y a des doctrines ajoutées de toutes pièces à la connaissance rationnelle. Puisqu'il y a hiatus, ce n'est plus à la raison que nous avons affaire, c'est au sentiment, et la différence entre Kant et Jacobi est plus dans les mots que dans les choses. C'est ce qu'insinue M. Lévy-Bruhl, lorsque, dans la préface de son savant travail sur Jacobi, il dit que, si dans la morale de Kant, la méthode est d'analyse, le principe est de sentiment : serait-ce donc que la morale de Kant n'est autre chose que la foi piétiste de l'homme introduite à la faveur du vide laissé par la critique du philosophe ?

Selon une autre interprétation, les démonstrations de la *Critique de la raison pratique* sont vraiment rationnelles. Kant s'y appuie sur un fait de la raison, y emploie les catégories, et ainsi la *Critique de la raison pratique* se relie sans hiatus à celle de la *raison théorique*. Mais alors Kant s'est contredit grossièrement, il est redevenu dogmatiste ; et la logique ne sera sauve que lorsqu'on aura fait reposer le système de la connaissance sur le dogmatisme moral, le phénomène sur l'être.

Le système paraît ainsi acculé au dualisme ou à la contradiction.

Les difficultés sont réelles ; mais on peut les atténuer en une certaine mesure. Remarquons que Kant les a vues et qu'il proteste aussi énergiquement contre l'une des deux interprétations que contre l'autre. Il prétend être rationaliste. Le sentiment comme principe, c'est pour lui le fanatisme, la *Schwaermerei*, c'est-à-dire la substitution de l'imagination et de la passion, de la fantaisie individuelle au raisonnement calme et de valeur universelle. Ce fut, selon lui, le tort irrémédiable de Rousseau, à travers son noble effort pour faire droit à la morale et la relier à la nature, de fonder la morale sur le sentiment. Kant se propose précisément de chercher ce fondement dans la raison elle-même.

D'autre part, Kant reste constamment préoccupé de respecter les résultats de la *Critique de la raison pure*. Dans celle-ci, dit-il, l'objet précédait les principes. Ici, c'est le principe qui précède l'objet, et comme simple commandement, non comme une source de connaissance. Il ne s'applique pas moins à éviter le dogmatisme que le fanatisme moral. Il consacre un chapitre de la *Critique de la raison pratique* à montrer que la croyance qu'elle fonde n'accroît en rien la connaissance.

Mais peut-être n'y a-t-il là, de la part de Kant, qu'une intention, une prétention vaine ? Il serait, croyons-nous, exagéré de le soutenir. Son système offre véritablement un trait d'union entre la morale et la science. La *Critique de la raison pure* a établi l'existence propre de la raison. Comment cela ? En montrant que la raison est antérieure à l'expérience, est présupposée par elle. Cela, pour Kant, est de grave conséquence. La raison consiste dans la forme d'universalité et de nécessité ; c'est elle qui est le trait d'union entre la connaissance et la pratique ; c'est elle qu'il s'agit de réaliser, et elle seule.

Pourquoi faut-il réaliser la raison ? C'est là qu'intervient le fait métaphysique, le fait de raison, dont parle Kant à propos du principe de la morale. La morale donnée est une réalité aussi bien que la physique de Newton. C'est de cette morale que, par analyse, la *critique* tire la notion de l'*impératif catégorique*.

En somme, Kant est parti de la raison, dont il avait établi la réalité, la nature propre, dans la *Critique de la raison théorique*, et, à l'idée de cette raison, il a cherché à relier, dans la *Critique de la raison pratique*, le commandement de la réaliser. Y a-t-il entièrement réussi ? On ne saurait le dire. Mais l'échec est-il de ceux qui condamnent un système ? Il me semble que nous-mêmes éprouvons un embarras analogue à celui qui a obsédé Kant. Nous aussi, nous nourrissons l'ambition d'enseigner la morale au nom de la raison, de la faire bénéficier du prestige d'universalité, de valeur philosophique qui s'attache à ce mot de raison. Mais quand des généralités nous descendons à la réalisation, comment tenons-nous notre promesse ?

Bien souvent, nous sous-entendons tout simplement que la raison contient des éléments de connaissance supérieure, des principes moraux et religieux. C'est grâce à ces notions innées que la raison peut être le principe de la morale. Cette doctrine est claire et logique. Mais c'est tout simplement la restauration naïve du dogmatisme que Kant a si soigneusement critiqué. Il a montré que c'est la raison ainsi entendue qui vraiment est une foi, et rien autre chose, car elle ne peut fournir ses titres. Quand c'est de cette raison que l'on part, non seulement on n'est pas en progrès sur Kant, mais on rétrograde jusqu'aux doctrines qu'il avait dépassées. Certes toute croyance est respectable, mais il ne suffit pas de la décorer du nom de raison pour lui conférer une valeur théorique universelle.

Mais peut-être s'agit-il, dans nos visées de rationalisme moral, de la raison scientifique ? Alors nous n'avons plus affaire à quelque chose de mystérieux, d'individuel, au sentiment faussement dénommé raison. C'est bien la raison que nous prenons pour principe. Mais que fournit-elle, en tant qu'elle préside à la science ? La raison scientifique, c'est uniquement le parti pris de n'affirmer quoi que ce soit que sur des raisons; et de quelle sorte de raisons s'agit-il ici ? Uniquement de raisons de fait. Avec cette raison-là, dont la valeur et l'universalité sont incontestables, pourrait-on édifier une morale à coup sûr ? C'est fort douteux. En tout cas, cette morale devrait renoncer aux notions de devoir et de liberté, qui, évidemment, ne peuvent se tirer des faits.

Dira-t-on qu'on considérera non seulement les faits extérieurs, mais des faits intérieurs, tels que le sentiment de la responsabilité, l'idée de la liberté, l'idée du devoir ou de droit ? Alors, sans doute, on sera en mesure de constituer des théories morales, mais parce qu'au lieu de véritables faits, de faits entendus au sens scientifique du mot, on aura pris pour point de départ des données complexes et obscures, enfermant, avec de simples faits, des notions métaphysiques analogues à celles des dogmatistes. Le mot « science », là encore, ne sera qu'un pavillon pour faire passer des idées qui ne viennent pas d'elle.

Il semble qu'il faille, si l'on veut être rationaliste en morale, en revenir à un rationalisme critique, prenant son point de départ dans la recherche dés conditions de la science. Mais le problème est devenu plus difficile pour nous que pour Kant. Car il nous est bien difficile d'attribuer à la raison la part même de réalité qu'il lui attribuait encore. On lui reproche de n'accorder à la raison, en matière morale, que des principes formels. Craignons que, pour nous, la notion de raison ne soit plus maigre encore. Kant, dans la conviction que la raison a un contenu propre, était soutenu par l'idée que la physique newtonienne, où elle applique ses principes, était une science parfaite. Mais l'idée que notre science de la nature puisse jamais être parfaite est fort ébranlée aujourd'hui ; les mathématiciens eux-mêmes sont rares, qui attribuent à leur science cette valeur absolue ; ils se servent volontiers du mot de *convention* pour caractériser la nature de leurs principes. Et la physique mathématique, la physique newtonienne, n'est plus aujourd'hui qu'une approximation. Si bien que, de la critique des sciences, ne se dégage plus pour nous l'idée d'une forme d'universalité et de nécessité que nous puissions rapporter à la raison.

Ainsi la raison, aujourd'hui, nous échappe presque, et, après avoir été principe à la fois formel et matériel chez les dogmatistes, principe encore formel chez Kant, elle est devenue pour nous une fin, un but, un idéal.

Que sera, dès lors, notre rationalisme moral ? Pour Kant, le principe moral était donné, c'était la raison même. Pour nous, le principe est idéal autant que sa réalisation. La science, pas plus que la morale, ne nous informe que la raison existe. Nous voulons qu'elle existe et nous voulons qu'elle règne. Et ces deux objets nous apparaissent comme solidaires l'un de l'autre. C'est en agissant en vue du règne de la raison que nous développons en nous l'idée de la raison elle-même. Il y a influence réciproque de l'idée sur l'action et de l'action sur l'idée. La fin morale s'est ainsi éloignée de nous. Les anciens trouvaient dans le monde même, pénétré de l'influence divine, les moyens avec la fin. Kant trouve encore innée en lui la règle abstraite de la morale. Nous avons, nous, à conquérir la connaissance du devoir aussi bien que la possibilité de le réaliser. Mais l'histoire de l'humanité nous montre que, dans cette voie, le progrès est possible. Car en quoi consiste-t-elle, sinon en un perfectionnement des idées et des actions humaines résultant de leur influence réciproque ?

CHAPITRE XV

De la notion de Loi physique selon la Critique Kantienne

Nous nous servirons, dans cette étude, de l'*Analytique des principes*.
La doctrine que nous allons essayer de définir mettra sous nos yeux
le résultat positif de la critique. La critique de Kant, en effet, est loin
d'être uniquement ce que parfois on y voit par-dessus tout, une doctrine
négative, la négation de la possibilité d'une métaphysique dogmatique.
Elle aboutit bien réellement à une notion positive, celle de loi physique,
qu'il nous reste à déterminer.

I

La nature doit nécessairement, — si nous voulons qu'elle soit connaissable par nous, que pour nous elle soit, — se conformer aux conditions
sous lesquelles seules nous pouvons concevoir qu'elle est. Ainsi, c'est
des conditions de la pensée que se déduisent nécessairement celles de
la nature considérée dans son existence générale. Or notre pensée exige
deux choses : intuition et coordination ; il faut que la nature se sou-
mette aux conditions de l'intuition et de la liaison inhérentes à notre
esprit.

En ce qui concerne le premier point, la nature offrira une prise à
notre sensibilité, si les objets s'en présentent à nous sous forme de
quantité. Pour cela, il faut qu'elle soit soumise à certains principes,
que Kant appelle *principes mathématiques*.

Ces principes sont au nombre de deux : il faut d'abord que nous
puissions, en observant les choses de la nature, aller des parties au
tout. C'est ainsi que procède notre intuition ; c'est notre manière de
recevoir les choses données. Le principe qui exprime cette exigence de
notre esprit est le suivant : toutes les intuitions sont des quantités
extensibles.

En second lieu, il faut que les choses aient un degré d'influence sur nos sens. C'est la condition requise pour qu'elles puissent nous fournir des sensations. Le principe qui régit les choses à cet égard est le suivant : dans tout phénomène, le réel a nécessairement une quantité intensive, un degré.

Ces deux conditions étant remplies, les phénomènes donnés pourront rentrer dans les cadres mathématiques ; la mathématique sera applicable à la physique. Mais cela ne suffit pas. Jusqu'ici les phénomènes ne sont conçus que comme possibles. Il faut qu'ils soient conçus comme existants, comme appartenant à des objets véritables. Pour cela, il faut que, dans leurs éléments qualitatifs mêmes, ils soient liés, rendus solidaires les uns des autres. C'est ce qui a lieu au moyen de principes résultant de la combinaison des catégories de relation et de modalité avec la forme de temps, principes que Kant appelle *dynamiques*.

Les principes sont de deux sortes. Les premiers sont appelés par Kant *analogies de l'expérience*. Kant emprunte ce terme d'analogie au langage mathématique. Une analogie, en mathématiques, est une proportion ayant pour objet de déterminer par construction une quantité. Ici il s'agit également de déterminer une inconnue, une cause par exemple ; mais on ne peut la construire, on ne peut que la chercher dans l'expérience au moyen d'une règle et d'un signe.

Les analogies de l'expérience sont de trois sortes : d'abord le principe de la permanence de la substance. Il faut que les phénomènes puissent se décomposer en éléments variables et en éléments permanents. En effet, les rapports de temps des phénomènes, simultanéité ou succession, ne sont déterminables que grâce à l'existence d'un permanent ; le changement ne peut être perçu que dans les substances ; c'est pourquoi il est nécessaire que je conçoive, sous le successif, un permanent, sous le changement une quantité de substance qui ne change pas.

Il faut ensuite que les phénomènes soient liés suivant la loi de causalité. Qu'est-ce à dire ? Il faut, s'ils doivent être réels, que leur succession dans le temps soit telle que je ne puisse concevoir que ce qui se produit après ait pu se produire avant. Or cette détermination ne peut venir que de la causalité conçue de ce qui vient après par ce qui est avant : c'est la seconde analogie.

En outre il faut que je puisse percevoir certains phénomènes comme objectivement simultanés. Pour cela, il faut que je conçoive ces phénomènes comme solidaires, dans le fond, les uns des autres en tant qu'ils sont situés dans le temps. C'est *l'action* réciproque générale, laquelle constitue ainsi la troisième analogie de l'expérience.

Enfin il faut que je conçoive les phénomènes comme objectivement *possibles*, *réels* et *nécessaires*. La possibilité objective des phénomènes, c'est leur accord avec les conditions de l'intuition. Il faut qu'un phénomène puisse être objet d'intuition ; il n'est possible comme phénomène, comme chose donnée dans l'expérience, qu'à cette condition. Pour que le phénomène soit réel, il faut qu'en outre il s'accorde avec la nature de nos intuitions, que la matière puisse en être reliée suivant des lois avec la matière de nos autres intuitions. Enfin, pour qu'il soit objectivement nécessaire : il ne suffit pas que le concept en soit lié logiquement à des concepts *a priori* et s'en puisse déduire *a priori* ; il faut qu'il soit lié aux autres phénomènes réels de la nature, à ce qui m'est donné dans l'expérience, et cela suivant des lois d'expérience.

La doctrine qui se dégage de l'*Esthétique* et de l'*Analytique* touchant les lois de la nature, est la suivante :

Il y a nécessairement, dans la nature, quatre espèces de lois superposées les unes aux autres et irréductibles entre elles. D'abord les lois logiques, gouvernant tout, les intelligences comme les existences. Elles sont absolument universelles, mais insuffisantes à rien déterminer. Elles ne fournissent aucun point d'appui pour concevoir la nature comme une chose réelle.

Sur cette base s'élèvent d'abord les lois mathématiques proprement dites, les lois qui imposent aux choses les formes d'espace et de temps.

Au-dessus de ces lois, se placent celles qui imposent aux choses la forme de quantité, extensive et intensive : savoir les principes mathématico-physiques. Par elles les mathématiques sont applicables à la physique.

Mais ces principes ne suffisent pas encore à déterminer le détail des choses, à objectiver la qualité. Il y faut superposer des principes physiques proprement dits, rapports de causalité, de liaison nécessaire de l'hétérogène dans le temps. Les lois proprement physiques supposent ainsi, avec les lois logiques, des lois mathématiques et mathématico-physiques, mais sans pouvoir s'y ramener.

Quel est le rapport de ces lois, issues de l'entendement, avec la nature elle-même ? En un sens, elles sont la nature même, puisque la nature n'existe pour nous que grâce à elle. « L'ordre, dit Kant, et la régularité qui se rencontrent dans les phénomènes que nous appelons nature, y sont mis par nous-mêmes ; et nous ne saurions les y trouver, si, originairement, nous ou la nature de notre esprit ne les y avait introduits. » (*Déduct. transcend.*, 1ʳᵉ édit., ɪɪɪᵉ Section). Il y a ainsi une sorte de démiurge qui, d'avance, arrange les choses de manière que notre pensée individuelle les trouve conformes à notre nature. Et ce démiurge n'est autre que la pensée en général, fonds commun des pensées individuelles.

Est-ce donc à dire qu'en développant purement et simplement nos concepts, nous allons pouvoir reconstituer la nature ? En aucune façon : Kant réserve constamment la part de l'*a posteriori* dans la connaissance. L'entendement, dit-il, fournit les règles auxquelles la nature doit se conformer pour être connaissable ; l'expérience fournit les cas qui, dans la réalité, sont soumis à ces règles. Ainsi nous savons *a priori*, par exemple, que tout ce qui nous est offert doit nous donner une sensation d'un certain degré ; mais quel sera ce degré ? C'est ce que seule l'expérience peut nous faire connaître. Nous savons que tout phénomène a une cause, et que cette cause est un phénomène antérieur. Mais quelle est la cause effective d'un phénomène donné ? C'est ce que seule nous dira l'expérience. En un mot, le fait qu'il y a des lois dans la nature, et que ces lois présentent les caractères qu'a déterminés la critique : voilà ce que nous savons *a priori*. Mais, quant à savoir quelles sont les lois particulières de la nature, c'est ce qui à tout jamais supposera l'expérience.

II

Quelle est la signification historique de cette doctrine ?

C'est l'effort le plus puissant qui ait été fait pour se rendre compte de ce que contient en réalité la formule : toute science a sa source dans l'expérience. Depuis Galilée et Newton, l'idée s'est établie que, sur l'expérience bien comprise, on peut faire reposer la science. Cette idée, banale de nos jours, dut sembler étrange aux premiers penseurs qui l'envisagèrent philosophiquement. De tout temps, en effet, on avait dit (et remarquons qu'aujourd'hui encore c'est, dans l'enseignement de la philosophie, la doctrine classique) que l'expérience ne peut engendrer la science proprement dite, parce qu'elle ne porte que sur des phénomènes contingents, et qu'il n'y a pas de science de ce qui passe. De l'expérience, pensait-on, l'on peut induire des règles générales, mais il n'y a pas de règle sans exception. L'absolu ne peut venir que de l'esprit pur.

C'est sur cette question que réfléchit Kant. A quelles conditions l'expérience peut-elle engendrer la science ? Elle le peut, pense-t-il, si elle la contient, s'il suffit de la développer, de l'analyser, de prendre conscience de ce qu'elle recèle pour trouver ce qui est acquis par la notion de science. Mais ce que suppose cette notion, ce sont des lois universelles et nécessaires. Il faut donc que la nature soit réglée par de telles lois. Il faut, si nous savons que l'expérience contient la science, que nous sachions *a priori* que la nature est soumise à des lois universelles et nécessaires. Mais comment pouvons-nous avoir, *a priori*, une telle connaissance ? On ne sait *a priori* que ce dont on est l'auteur. Si donc nous savons *a priori* que la nature possède des lois de telle nature, c'est que cette législation vient de nous.

Voilà comment l'idéalisme transcendental n'est, dans la pensée de Kant, que la traduction philosophique de cette maxime reçue : la science a sa source dans l'expérience. Cet idéalisme s'impose, selon Kant, si l'on veut faire sortir de l'expérience cette science véritable, conception des choses comme nécessaires, dont les anciens ont donné la juste définition.

III

Que vaut cette doctrine ? Elle se compose de deux assertions distinctes, quoique la seconde procède de la première.

1° Il y a nécessairement, dans la nature, un ordre, une législation, laquelle consiste dans les trois ordres de lois que nous avons indiqués. Ces lois ont pour caractère d'être des rapports synthétiques, en même temps que nécessaires.

2° Ces lois viennent de l'esprit.

Examinons d'abord cette seconde assertion. On ne peut nier qu'elle ne soit paradoxale. Mais, étant donné la première, était-elle évitable ? D'où vient que, d'ordinaire, on ne voit pas qu'il soit nécessaire d'aller jusque-là ? C'est que l'on admet qu'il n'y a rien de synthétique dans les rapports de la nature. Si, en effet, tous les rapports des choses sont analytiques, on n'a plus besoin, pour se les expliquer, de faire appel à des principes propres venus de notre esprit : le principe universel de contradiction suffit. L'expérience, dans cette manière de voir, nous donne les choses entièrement *a posteriori*, et, par simple analogie, nous en découvrirons les lois. Mais, si l'on admet avec Kant que les rapports donnés dans la nature sont synthétiques, il est difficile de s'expliquer, autrement que par l'idéalisme transcendental, que nous connaissions *a priori* l'existence de ces rapports. S'ils ne viennent pas de moi, puis-je savoir *a priori* que de tels rapports sont nécessaires ? Synthétiques, ils n'ont pas leur explication dans les termes qu'ils unissent ; ils y sont ajoutés du dehors. Je ne puis savoir cela *a priori* que si je suis moi-même celui qui a opéré cette liaison. La question de l'idéalisme transcendental est ainsi liée à celle du caractère analytique ou synthétique des rapports appelés lois de la nature, et ainsi de l'examen de la seconde assertion nous sommes ramenés à l'examen de la première : les phénomènes de la nature sont-ils liés synthétiquement ou analytiquement ?

Evidemment, il serait bien plus simple d'admettre que les liaisons de la nature sont, au fond, purement analytiques.

Mais l'objection de Kant est restée, semble-t-il, très puissante. Sans doute, dit-il, la liaison purement analytique, supposée dans les choses, répondrait parfaitement aux conditions de la science ; mais, à ne poursuivre que de telles liaisons, atteindrait-on bien la science du réel et ne se confinerait-on pas dans la science du possible ? Les efforts des mathématiciens tendent à rendre leur science aussi analytique que possible ; mais eux-mêmes ne conviennent-ils pas que, plus l'analyse triomphe, plus la connaissance s'éloigne de la vérité concrète et prend un caractère arbitraire et symbolique ? La mêlée des systèmes de mathématiques purement analytiques est aussi confuse que celle des systèmes métaphysiques.

Ainsi, une science purement analytique serait bien la science que nous cherchons, la connaissance de l'objet comme nécessaire. Mais ce serait la connaissance d'un objet purement idéal, non la connaissance des objets réels donnés, comme nécessaire.

Il semble donc difficile de se soustraire à cette doctrine des jugements synthétiques *a priori*. Descartes, Malebranche, Spinoza, surtout Leibnitz, sont obsédés de cette idée de ne pas se contenter de la conception purement logique des choses, où, malgré leurs efforts, sont restés enfermés les anciens. Leur objet précis est d'unir ces deux termes : science et réalité. Cette réunion est laborieuse. Il semble que l'on soit enfermé dans ce dilemme : ou l'analyse pure, et alors la science sans la réalité ; ou la synthèse, et alors la réalité sans la science. Rien d'étonnant si Kant a fait effort pour réunir les deux termes par le concept de synthèse *a priori*.

Mais ce concept reste étrange. De quel droit nous imposer de telles synthèses comme nécessaires en soi ? Comment soutenir que ce sont là des choses intelligibles ? Ce sont des actions, et des actions qui ne déterminent pas les matériaux auxquelles elles s'appliquent. Comment de telles actions peuvent-elles être véritablement nécessaires ? Et, étant admis qu'elles le sont, comment, à l'aide de ces actions, se flatter de connaître les choses telles qu'elles sont ? Pourquoi le travail scientifique ne consisterait-il pas, à l'inverse de ce qu'enseigne Kant, à dégager ce qui nous est donné de tout ce qui vient de nous ? Une science fondée sur des jugements synthétiques *a priori* ne risquera-t-elle pas, malgré qu'on en ait, de demeurer subjective ? Et, si on nie résolument qu'il y ait autre chose à connaître que ce qui vient de nous, comment s'arrêtera-t-on sur la pente de l'idéalisme et de la construction *a priori* du détail même des lois de la nature ? Kant, sans doute, maintient la nécessité de l'expérience. Mais ses successeurs, moins circonspects, ont prétendu recréer la nature. La philosophie de la nature de Schelling, allant jusqu'au bout dans cette direction, a jeté, sur la doctrine des jugements synthétiques *a priori*, un discrédit peut-être mortel.

IV

Quelle est l'origine de cette doctrine chez Kant ?

C'est l'idée de la science newtonienne. Aux yeux de Kant et de ses contemporains, cette science avait réalisé l'union du nécessaire et du fait, de l'idée de la science et de la réalité. La philosophie naturelle était bien une science rationnelle et absolue, telle que la voulaient les anciens. En même temps, c'était une science du réel. C'est de là qu'est parti Kant. Il a raisonné *ab actu ad posse*. Il s'est dit que, si cela existe, cela doit être intelligible.

Mais la question se pose-t-elle encore ainsi pour nous ?

Nous considérons-nous comme sachant que la nature peut être objet d'une science parfaite, que le monde est entièrement assimilable à notre intelligence ?

Au lieu de considérer la science telle qu'elle apparaissait au philosophe au temps de Newton, considérons-la dans son état actuel. Nous ne voyons plus en elle cette pénétration absolue des mathématiques et de la physique, que Newton avait cru réaliser. Ce qui, chez Newton, était réuni, forme aujourd'hui deux asymptotes. Il y a d'une part des sciences de raisonnement, qui cherchent la rigueur dans des délimitations de concepts qu'elles savent étrangères à la réalité. Il y a, d'autre part, des sciences de fait, qui s'appuient sur l'expérience seule, et qui ne consentiront jamais à devenir entièrement déductives.

Notre science consiste dans un concours de ces deux ordres de sciences, dans un effort pour les faire servir au progrès l'une de l'autre ; mais nous ne savons en aucune façon si les deux ordres pourront jamais n'en faire qu'un.

La notion de loi de la nature qu'a constituée Kant, n'est donc peut-être pas celle qui répond à l'état actuel de notre connaissance. Elle a été conçue pour répondre à cette question : comment cette science absolue de la nature est-elle possible ? — Mais cette science absolue, nous ne croyons plus la posséder. Kant, préoccupé de la conception de la science newtonienne, avait identifié ces deux concepts : loi et nécessité. Pour nous, ils sont dissociés : il peut y avoir loi sans qu'il y ait nécessité, puisque nos sciences d'observation ne pourront peut-être jamais rentrer dans nos sciences mathématiques, à plus forte raison dans la pure logique, et que pourtant elles possèdent de véritables lois. Nos lois ne sont plus que des approximations. Et c'est sous cette forme d'approximations qu'elles ont toute leur valeur. Enoncées d'une manière absolue, elles ne représentent que des généralités vagues ou fausses.

Notre concept de loi n'est plus que celui d'un ordre des phénomènes, d'une uniformité naturelle de coexistence et de succession, sans qu'il faille attribuer à ces mots une signification absolue et métaphysique.

Ainsi la première des deux propositions de la doctrine : la nature suppose une superposition de lois synthétiques *a priori*, ne répond peut-être plus à l'état actuel de la science. Mais, s'il en est ainsi, la seconde proposition peut également être contestée. Kant retrouvait dans les caractères des lois de la nature la forme même de l'intelligence et d'elle seule : l'universalité et la nécessité. Mais, aujourd'hui, elles ne se laissent pas réduire à ces principes purement intellectuels. Nous ne pouvons dire que l'absolue nécessité des phénomènes soit un caractère postulé ou prouvé par la science. Dans ces conditions, n'est-il pas légitime de se reporter à ce que nous saisissons en nous par la conscience. et de nous demander si l'idée qu'elle nous donne de l'être ne peut pas, elle aussi, prétendre à l'objectivité. Cette idée, c'est celle d'une activité libre. En elle-même cette idée n'est pas garantie. La conscience n'est qu'une connaissance immédiate dépourvue de critique. Si la connaissance scientifique et philosophique nous révélait l'absolue nécessité des choses, force nous serait d'assimiler les données de la conscience aux apparences sensibles. Mais, si cette nécessité est l'idée de la science sans en être la condition ou la signification, si rien ne prouve qu'elle règne dans les phénomènes, pourquoi n'aurions-nous pas raison, quand nous croyons que nous contribuons à déterminer ces phénomènes ?

Dès lors, au lieu des lois purement intellectuelles, comme le veut Kant, nous pouvons conjecturer qu'il y a, au fond des choses, des lois de volonté, non sans admettre d'ailleurs qu'à la racine, intelligence et volonté ne sont sans doute qu'une seule et même chose. Nous sommes ainsi conduits à penser que la distinction entre loi et être n'est, en définitive, qu'une abstraction. Et les lois ne nous apparaissent comme nécessaires que parce que nous les séparons artificiellement, pour les fixer devant le regard de notre intelligence, des êtres dont elles ne sont que les habitudes.

M. Boutroux se trouve ainsi amené à tirer la conclusion de son cours, conclusion d'une pensée très élevée, où, pour la jeunesse qui l'a suivi, il résume en quelques mots, d'une éloquence chaleureuse, les vues qui l'ont guidé dans toute cette étude. La philosophie doit renoncer, estime-t-il, aux grandes constructions qui ont fait sa gloire en Allemagne ; elle ne doit pourtant pas non plus se borner à une simple œuvre de constatation et de généralisation, c'est le rôle de la science. Mais, entre les deux extrêmes, construire la nature et se borner à observer et généraliser, il est une recherche possible : partir des choses données, et en particulier de la science, analyser les conditions de ce qui, de l'aveu de tous, constitue notre certitude, rechercher ce que suppose cette certitude, ce qu'elle permet ; aller, en ce sens, de la connaissance des faits, de la science à la métaphysique. Dans cette recherche, nous serons guidés par Kant. Mais, nous avons le droit de le dire, nous retrouvons les traces des grands philosophes de notre pays, tels que Descartes, Malebranche ou Auguste Comte. Déjà, chez Descartes, la pensée métaphysique fut sollicitée par la science. La philosophie, comme réflexion sur la nature, sur les produits de l'activité de l'homme et en particulier sur la science les supposant, loin de prétendre les régenter, et la science et l'action, ne s'attribuant, soit en matière spéculative, soit en matière pratique, que les droits garantis par une sévère critique, mettant d'ailleurs en lumière et en valeur, à ce point de vue, toute la dignité de l'esprit humain : telle est l'étude qui, maintenant plus que jamais, est légitime et promet d'être féconde. C'est, en définitive, selon l'esprit de Descartes, l'effort pour ajuster les choses au niveau de la raison, afin de voir plus clair dans nos idées et de marcher avec assurance dans la vie.

DEUXIÈME PARTIE

La dialectique transcendentale

CHAPITRE I

Kant et la Métaphysique

Il est très juste d'affirmer que la philospohic ne saurait se passer des sciences ; que, sans la science, elle est en quelque sorte comme une âme sans corps. Mais ce serait tomber d'un excès dans l'autre que de voir dans la philosophie une simple extension du travail scientifique, une œuvre dont la science fournit tous les éléments. Il en est de la philosophie comme de l'art. Certes, il y faut une matière ; mais la statue n'en sort pas toute seule. Elle demande un artiste. Le philosophe, lui aussi, est quelque chose ; l'esprit philosophique a son originalité, qui le distingue de l'esprit scientifique proprement dit, et c'est de l'union harmonieuse de l'esprit philosophique et de la science que peut résulter une philosophie digne de ce nom. Or, cet esprit philosophique, qui n'est pas moins nécessaire que les matériaux fournis par les sciences, comment se développera-t-il, sinon par la méditation des chefs-d'œuvre de la philosophie ? C'est dans le commerce des grands philosophes que l'on développe ce que soi-même on peut avoir de dispositions philo-sophiques.

L'étude de la *dialectique transcendentale* est, à ce point de vue déjà, une excellente gymnastique intellectuelle. N'est-ce que cela ? En aucune façon. Les problèmes qui s'y agitent, réalité du moi, réalité du monde extérieur, existence de Dieu, sont, sous des noms divers, aussi des problèmes éternels, et où la part de la méditation proprement méta-physique doit nécessairement être très grande à côté de la part qui revient à la connaissance proprement scientifique. Il y a donc un intérêt actuel, en même temps qu'un intérêt historique, à nous appesantir sur cette partie de la philosophie de Kant.

Demandons-nous aujourd'hui, envisageant la *dialectique transcendentale* dans sa signification générale, quelle idée Kant se fait de la métaphysique qu'il attaque, si cette idée est conforme à l'histoire et si elle répond à l'idée que l'on se fait, aujourd'hui même, de la métaphysique. Il est indispensable de résoudre cette question pour pouvoir dire dans quelle mesure, en admettant que son argumentation soit logique, il a effectivement ruiné la métaphysique.

I

Il serait inexact de dire que Kant se proposait de ruiner toute espèce de métaphysique. Lui-même va fonder une métaphysique, et même une double métaphysique. *Prolégomènes à toute métaphysique future qui voudra se présenter comme science*, tel est le titre de l'ouvrage écrit par lui entre les deux éditions de la *Critique*. Il a jeté les bases d'une *métaphysique du phénomène*, c'est-à-dire d'une recherche des éléments *a priori*, impliqués dans la connaissance de tout phénomène comme tel. Puis il a constitué une seconde métaphysique, la « métaphysique des mœurs », la métaphysique de l'action, ou système des conditions *a priori* de la détermination morale. Ce n'est donc pas en un sens absolu que Kant se propose d'abolir la métaphysique. Mais il est bien vrai qu'il entend ruiner la métaphysique classique, la métaphysique dogmatique, qui, selon lui, avait jusqu'alors régné sans partage, afin d'y substituer une métaphysique critique.

Qu'entend-il donc par cette métaphysique dogmatique qu'il se propose de renverser ?

Les dogmatiques sont, selon Kant, des hommes qui, séduits par l'inépuisable fécondité des principes mathématiques, lesquels ne concernent que des abstractions, s'imaginent que nous trouvons dans notre esprit des principes analogues, capables de nous faire connaître *a priori*, non plus de simples abstractions, mais la réalité même des choses. Telle est la racine de la métaphysique dogmatique.

Engagés dans cette voie, dit Kant, les philosophes ont vite fait de dépasser l'expérience. N'est-ce pas déjà ce que fait le mathématicien ? Le philosophe croit faire l'analogue en raisonnant, au moyen de ses principes, sur la nature du moi, l'existence absolue du monde et l'existence de l'être des êtres, tous objets qui ne sont sujets d'expérience ni actuelle ni possible.

La métaphysique dogmatique, aux yeux de Kant, est ainsi essentiellement une métaphysique qui prétend dépasser toute expérience. Nous habitons, selon lui, une île entourée de toutes parts par un océan sans bornes, pour lequel nous manquons de points de repère. La métaphysique navigue sur cet océan et prétend s'y conduire.

Et cette prétention de dépasser l'expérience est, au point de vue de Kant, plus hardie encore que ne l'ont cru la plupart des métaphysiciens, surtout ceux de l'antiquité. Car l'expérience en définitive, selon Kant, c'est nous-mêmes, ce sont nos représentations, ce sont les choses telles qu'elles nous apparaissent, c'est le monde subjectif. Or, de ce monde il s'agit de passer aux choses telles qu'elles sont en soi ; de ce qui est relatif à notre nature, à notre constitution, il s'agit de passer à l'absolu.

Il suit de ces considérations que la métaphysique dogmatique, selon Kant, se propose d'aller du connu à un inconnu qui en est séparé par un abîme, d'obtenir une science véritablement transcendante.

Comment y parvenir ? En apparence, au moyen d'une intuition intellectuelle ou perception du suprasensible analogue à notre perception des choses sensibles, en réalité par des raisonnements plus ou moins cachés sous cette apparence d'intuition intellectuelle, et consistant à s'élever, au moyen de principes vrais ou supposés, des phénomènes à leurs premiers principes suprasensibles.

Telle est, selon Kant, envisagée quant à sa fin et quant à sa méthode, la métaphysique dogmatique. C'est cette métaphysique qu'il va renverser dans la dialectique transcendentale.

II

L'adversaire qu'il se donne est-il bien celui que lui présente l'histoire ? La métaphysique dogmatique a-t-elle été, en effet, chez un Platon, un Descartes, un Leibnitz, ce que Kant veut qu'elle soit ? Ne serait-il pas tombé dans le sophisme dit de l'ignorance du sujet ? Voyons, par quelques exemples, ce qu'il faut penser de la valeur historique de la définition kantienne.

Kant veut que la métaphysique classique soit, au fond, un ensemble de raisonnements destinés à nous faire passer du sensible au supra-sensible, du sujet à l'objet, d'une chose à une autre qui lui est entièrement hétérogène. Mais ce n'est pas ce que nous trouvons chez Platon, par exemple, ou chez Leibnitz.

Platon n'admet pas, entre le phénomène et le noumène, cette hété-rogénéité absolue, qu'introduira précisément la *Critique* kantienne. Le phénomène, pour Platon, c'était l'image, l'ombre de l'être. De l'image au modèle, de l'ombre à l'objet, il y a un rapport naturel. Plus précisément Platon voyait dans le sensible un mélange d'idées irrationnel. Du désordre à l'ordre, il n'y a pas non plus absolue solution de conti-nuité. Le sensible existe comme chose aussi bien que les idées. Ce sont les idées liées au hasard et non sous l'influence de l'idée du bien. De même, Leibnitz établit un rapport de continuité entre les composés et les simples, entre les phénomènes et les êtres, et ne voit qu'une différence de degré entre l'expérience et la raison. Ni chez l'un ni chez l'autre, par conséquent, le passage du phénomène à l'être n'est cette opération pro-prement transcendante dont Kant demande compte à l'ancienne méta-physique.

Considérons Descartes alors qu'il passe du phénomène à la subs-tance. Va-t-il de l'hétérogène à l'hétérogène ? Nullement, *Cogito*, c'est une *essence* qui nous est donnée ; *sum*, c'est la *substantialité*, c'est-à-dire la capacité de supporter des attributs, autrement dit de n'avoir besoin, pour exister, que de soi et du concours de Dieu, s'il s'agit de substances finies. Essence et substantialité sont l'une et l'autre des choses et des choses connexes. Descartes en affirme la liaison parce que les deux termes sont immédiatement réunis au regard de l'intuition intel-lectuelle, parce que leur conception est l'objet d'un seul et même acte de l'entendement.

Étudions la preuve ontologique de l'existence de Dieu dans saint Anselme et dans Descartes. Kant voit là plus que jamais le passage du subjectif à l'objectif ; mais telle n'est nullement la pensée de saint Anselme. Il voulait passer de *esse in intellectu* à *esse in re*, il cherche un raisonnement pour relier l'un à l'autre ; le trait d'union lui est fourni par le concept de l'être le plus grand qui se puisse concevoir. Un tel être ne peut exister dans l'entendement seul, mais doit exister aussi en réalité. Dans le premier terme *esse in intellectu* est déjà contenu *esse* ; il n'est donc pas hétérogène par rapport au second. *Esse in intellectu* et *esse in re* sont deux modes d'existence qu'il s'agit de relier l'un à l'autre: *Esse in intellectu* n'est pas, chez un réaliste comme saint Anselme, un simple état subjectif, c'est une existence incomplète, qu'il s'agit d'ériger en existence absolue.

Descartes substitue à l'idée de l'être le plus grand qui se puisse concevoir l'idée de l'Etre parfait. A cet être il prouve, au moyen de sa règle de vérité, que l'existence appartient. Lui non plus ne passe nullement du subjectif à l'objectif. Il démontre d'abord la réalité de l'idée de Dieu, il établit que cette idée est une vraie et immuable nature, une essence éternelle. En quoi il la pose évidemment en dehors du moi, qui vit dans le temps. Le raisonnement qui vient ensuite a pour objet de passer de l'essence à l'existence, c'est-à-dire d'une existence non connue comme existence en soi à une existence connue comme existence en soi, ou substance. On le voit, l'idée de Dieu est, ici encore, une réalité distincte de mon esprit, de même que l'existence qu'il s'agit de démontrer, et le raisonnement ne passe pas d'un genre à un autre entièrement différent.

Il ne semble donc pas que Kant ait posé le problème métaphysique dans les termes où ses prédécesseurs eux-mêmes l'avaient posé. Ceux-ci allaient de l'être à l'être ; il les fait aller de ce qui est pour nous à ce qui est en soi, comme de l'hétérogène à l'hétérogène. Est-ce inadvertance? En aucune façon. Mais il interprète selon son système la métaphysique traditionnelle. Il a prétendu ramener le problème métaphysique à ses termes vrais, conformes à la nature même des choses, et remonter à la source, au fonds commun de tous les arguments présentés avant lui par les métaphysiciens. Il pensa reconstruire la métaphysique telle qu'elle existe effectivement dans l'esprit humain. Mais que faut-il penser de ce travail de reconstruction ? Dirons-nous qu'il est original mais personnel, ou bien admettrons-nous qu'il rétablit la réalité des choses, masquées dans les systèmes antérieurs à l'avènement de la *Critique* ?

III

Il semble bien que la philosophie postérieure ait donné raison à Kant. Le problème métaphysique ne s'est-il pas posé, depuis que s'est répandue sa *Critique*, dans les termes mêmes où il l'avait ramené ? N'entendons-nous pas, chaque jour, parler de la métaphysique comme de la prétention de dépasser l'expérience et de sortir de nous-mêmes pour atteindre au suprasensible et à l'absolu ? N'admet-on pas que le service rendu par Kant a contribué précisément à faire voir quelle opération transcendante devrait accomplir l'esprit pour résoudre les problèmes métaphysiques ? Il est certain que, d'une manière générale, on considère le monde de l'expérience comme un domaine parfaitement défini et fermé, et l'on attribue à la métaphysique l'ambition de s'élancer de ce domaine dans un autre qui n'y tient en aucune façon. Nos programmes même de philosophie pour l'enseignement classique sont conçus dans cet esprit. Peu à peu on s'est habitué à identifier expérience et science ; et l'on admet que la science se suffit, mais que la métaphysique veut en franchir les limites.

Kant semble donc avoir réellement découvert les véritables termes du problème métaphysique, et c'est pour cela que sa réfutation a porté. Nous nous demandions s'il s'était rendu coupable du sophisme de l'ignorance du sujet. Il semble au contraire qu'il faille dire qu'il a raison dans le fond et que les métaphysiques n'étant pas en réalité ce pour quoi elles se donnent, il fallait, pour les réfuter d'une manière définitive, les ramener à ce qu'elles sont en effet.

Mais est-il sûr que l'on ait bien fait de suivre docilement Kant à cet égard ?

Jetons un coup d'œil sur la marche qu'a suivie la philosophie depuis que domine la conception kantienne de la métaphysique dogmatique. Les esprits se sont scindés en deux catégories : les positivistes et les mystiques. La véritable cause de cette opposition, sous la forme où elle existe aujourd'hui, est, sans nul doute, la doctrine kantienne. Si la philosophie de l'expérience se suffit, si la métaphysique de l'être n'y est pas impliquée, mais ne peut que s'y surajouter du dehors, il y a pour l'esprit deux attitudes possibles, l'une de s'en tenir à l'expérience, l'autre d'en sortir par le sentiment, l'enthousiasme, l'imagination.

Ces deux attitudes, pour un vrai philosophe, sont semblables, car des deux côtés le domaine de la philosophie proprement dite est le même. Ce qu'y ajoute le mystique n'appartient plus à la philosophie.

Mais cette mutilation de la philosophie, consentie de part et d'autre, donne lieu de réfléchir, et de se demander s'il faut admettre la définition kantienne de la métaphysique de l'être.

L'expérience forme-t-elle ainsi, au point de vue du philosophe, un monde qui se suffit, et au-dessus duquel le monde suprasensible, s'il existe, est posé comme un étage supérieur ?

Demandons-nous ce qui a conduit Kant à cette conception ? C'est l'idée qu'il se fit de la science newtonienne. Newton lui apparut comme ayant résolu le problème de la connaissance de la nature par des notions *a priori* d'une certitude absolue, valable pour les choses réelles. Partant de l'existence d'une telle science, qui lui apparaissait comme un fait, il en rechercha les conditions, et trouva que cette science n'était intelligible que si les objets extérieurs étaient nos représentations mêmes, liées de manière à rendre possible notre conscience. De là cet *idéalisme trans·cendental* que Kant substitua si hardiment à toutes les conceptions de ses devanciers sur les rapports des choses à l'esprit.

Mais maintiendrons-nous la conception kantienne de la science newtonienne ? Croyons-nous encore qu'il y ait coïncidence exacte entre ce qui nous vient de nous-mêmes et ce qui nous vient du dehors ? Il semble que, plus on y réfléchit, plus un abîme se creuse entre les objets mathématiques proprement dits et les objets d'expérience. Il y a certes entre le mathématicien et le physicien collaboration et assistance mutuelle; mais ce sont des chercheurs qui ont chacun leur méthode, et qui sont jaloux de leur indépendance. Nous sommes obligés d'opter entre la rigueur et l'objectivité.

S'il en est ainsi, la conclusion de Kant ne s'impose plus à nous, et nous pouvons, sans renoncer au progrès qu'il a fait faire à la notion de métaphysique, reprendre quelque chose aussi de ce qu'admettaient ses devanciers.

La science précède toute métaphysique, en ce qui constitue ses moyens d'investigation, car, en ce sens, elle n'a besoin que des mathématiques et de l'expérience. A ce point de vue, la doctrine de Kant est la véritable. Mais la science ne croit plus atteindre à cette certitude objective absolue, que Kant trouvait dans la philosophie de Newton. En d'autres termes, il n'y a plus pour nous coïncidence entre la science et l'être. Notre science se suffit dans ses moyens d'investigation, mais non dans l'estimation de la portée de ses résultats. Sans cesse ballottée de l'expérience aux mathématiques et des mathématiques à l'expérience, elle ne peut plus prouver que ses résultats coïncident exactement avec la réalité absolue.

Mais, s'il en est ainsi, le philosophe ne peut plus se placer uniquement au point de vue de la connaissance et de la conscience comme à un point de vue qui se suffit : il lui faut se replacer au point de vue de l'être, comme principe commun de la connaissance et de la production.

Pour nous, le problème métaphysique se pose ainsi : l'être, ce qui est donné, n'est pas entièrement réductible à nos concepts ; nous n'arri

vons pas à en avoir une connaissance analogue à celle des mathématiques, où tout se réduit en idées. Ce serait donc que l'être, tel qu'il nous
est donné, n'est pas seulement un objet de pensée, mais suppose encore
quelque chose d'analogue à ce que nous appelons l'action.

La métaphysique serait donc un effort pour retrouver cette nature
intime et absolue des choses dont la science ne nous donne qu'un aspect
et une partie. La science n'arrive pas à se les assimiler complètement.
Il reste quelque chose en dehors de ses prises, c'est ce que la métaphysique essaierait de savoir.

Ainsi conçue, serait-elle le retour pur et simple à la métaphysique
antique ? Non, car la métaphysique antique prétendait ne faire qu'un
avec la science parfaite. C'était la science même de l'être. C'est que toute
science, alors, était un mélange de science proprement dite et de métaphysique. Par une simple analyse on pouvait extraire de la science
l'élément métaphysique qu'elle était censée impliquer. Nous ne pouvons
plus, nous, extraire la métaphysique de la science, car notre science
n'est plus ou tend à n'être plus à aucun degré métaphysique.

Etablirons-nous son domaine hors de la science ? Non, car ce que
nous cherchons, la nature intime des choses, l'unité de la vie et de la
loi, ne fait qu'un dans la réalité avec l'aspect des choses que la science
considère, et en nous établissant en dehors de la science, nous ne forme-
rions que des constructions chimériques. La science ne coïncide pas
avec la réalité, mais elle est la représentation la plus exacte que nous
en possédions.

La métaphysique n'est donc ni dans la science, ni en dehors de la
science. Elle a sa place à côté de la science, à laquelle elle est liée par
un rapport spécial. Elle consiste à ressaisir l'être dans sa totalité, comme
le fait la sensation elle-même, ou le sentiment, mais avec la lumière.
Elle se servira des données de la science. Comment cela ? Non certes
en se bornant à en généraliser les résultats. Une telle philosophie n'est
qu'une science bâtarde, sans vraie valeur ni philosophique ni scientifique.

Mais nous avons d'autres sources d'information que les sources de
la science positive. Nous connaissons par la conscience, par la raison,
par le sens de la vie et du réel. Et nos intuitions sont exprimées dans
les religions, dans la poésie, l'art, la littérature. Nous nous appuierons
sur ces données, réelles encore qu'extra-scientifiques, et, procédant dialectiquement, nous poserons des questions à la science, nous lui demanderons dans quelle mesure les suggestions de la conscience, de la raison

sont recevables, dans quelle mesure elles se concilient ou non avec les lois de la nature. Il s'agit de confronter ces notions avec les connaissances scientifiques. Rôle analogue à celui que Bacon attribuait à la science, vis-à-vis de la nature. Il ne faut pas, disait-il, attendre bras croisés que la nature nous enseigne ses lois, il faut la mettre à la question et la forcer à nous répondre. La métaphysique questionne ainsi la science. Elle ne peut, par elle-même, donner une valeur scientifique à ses aspirations, mais elle les aura suffisamment établies, lorsqu'elle aura prouvé leur accord et avec l'esprit et avec les choses.

Ainsi le métaphysicien n'est, vis-à-vis de la science, ni dans un état de passivité, ni dans un état de révolte. Il conserve vis-à-vis d'elle son originalité d'esprit et son indépendance ; il obéit à la science, comme à la loi obéit un homme libre.

CHAPITRE II

Rôle de la Dialectique transcendentale

Quelle est la place de la dialectique transcendentale dans l'ensemble de la critique ? Quel est son rapport avec l'esthétique et l'analytique trenscendentales d'une part, et avec la doctrine pratique d'autre part ?

Il n'est pas évident tout de suite que la dialectique transcendentale soit une partie intégrante du système ; elle est composée de pièces de différentes époques plus ou moins habilement reliées entre elles. A première vue, c'est une sorte de compilation : la critique des preuves de l'existence de Dieu se trouve déjà dans l'ouvrage de 1763 intitulé : *De l'unique fondement possible d'une démonstration de l'existence de Dieu.* L'existence, y est-il dit, ne saurait être considérée comme un prédicat. Or c'est là, nous le savons, l'un des arguments essentiels de la dialectique. L'argument des causes finales y est soumis à une critique sévère, contenant l'essentiel de ce que nous retrouverons dans la dialectique. Il est vrai qu'alors Kant admettait encore une preuve ontologique de l'existence de Dieu, preuve consistant à soutenir que le possible suppose l'être. Le principe critique n'était pas encore né. Les antinomies sont de même, peut-on dire, une pièce de rapport. Elles datent de 1769, antérieures ainsi d'un an à la dissertation inaugurale dans laquelle Kant prélude à son œuvre critique. Elles ne figuraient pas dans le plan de 1778.

Quant aux paralogismes de la raison pure, c'est-à-dire à la critique du *Cogito*, c'est bien là une partie que Kant ne composa que dans la période d'élaboration de la critique, mais il l'a, de la première à la seconde édition, à tel point remaniée, que Schopenhauer a écrit : la seconde édition, comparée à la première, est un amputé à qui l'on a mis une jambe de bois. Il avait lu d'abord, dit-il, la seconde édition, et, arrivé à cette doctrine, il ne l'avait pas trouvée d'accord avec le reste.

Quand il connut la première édition, il trouva, à sa grande surprise, que là l'homogénéité était parfaite. Enfin l'introduction à cette dialectique paraît avoir été faite au dernier moment et tout à fait à la hâte.

Les opinions sont diverses sur la valeur de la dialectique transcendentale. Les uns l'estiment très haut, d'autres y voient un appendice.

Est-elle utile après l'esthétique et l'analytique ?

La doctrine n'est-elle pas complète, lorsque Kant, à la fin de l'analytique, expose sa distinction des phénomènes et des noumènes ? La dialectique transcendentale, d'après ces observations, ne fait pas partie intégrante du système. D'autres disent au contraire que la dialectique transcendentale fut le germe de tout le système, que ce fut en 1769 que, sous l'influence de la découverte des antinomies, la pensée de Kant changea brusquement et entièrement de direction.

Considérons la dialectique dans son rapport avec la philosophie morale. Ici il semble que le rapport soit une véritable contradiction.

La dialectique transcendentale abolit la connaissance du moi, de la réalité du monde, de l'existence de Dieu. Or, la morale kantienne exigera la croyance à la liberté, à Dieu, à l'immortalité.

Donc la dialectique transcendentale est véritablement de trop ou bien il faut dire que ce ne fut que par une singulière contradiction, due à son éducation piétiste, que Kant s'évertua à rétablir l'édifice des connaissances suprasensibles dans l'ordre pratique, après l'avoir renversé dans l'ordre théorique. En revanche, Kant lui-même se donne comme allant de l'une à l'autre doctrine par une morale parfaitement logique, car il écrit, précisément dans la dialectique : « Occupons-nous maintenant d'aplanir et de consolider le sol qui doit porter le majestueux édifice de la morale. »

I

L'invention de la dialectique transcendentale fut-elle, dans l'histoire de la pensée de Kant, un accident, une révolution ?

De très bonne heure l'esprit critique, envisagé dans ses caractères généraux, se manifesta chez Kant. Dès ses premiers travaux nous le voyons frappé des contradictions que présentent les doctrines, et curieux d'en trouver les sources. Dès 1747, dans ses *Pensées sur la véritable estimation des forces vives*, il oppose entre elles la théorie des cartésiens et des leibnitziens sur la mesure des forces d'un corps en mouvement, et il cherche à les concilier. Il avait 23 ans.

En 1756, dans la *Monadologie physique*, qu'il a, il est vrai, reniée depuis, il pose l'antithèse qui fait le fond des deux premières antinomies : l'opposition de la géométrie et de la philosophie transcendentale, c'est-à-dire de l'expérience et de la logique, de l'intuition et du concept.

Il voit que les mathématiques supposent certaines notions que le philosophe trouve étranges, inintelligibles : celles de l'infini, du continu. Kant va-t-il sacrifier l'un des deux points de vue à l'autre ? En aucune façon : les mathématiques ont leur certitude, comme la philosophie transcendentale. La question est d'apercevoir l'accord des deux disciplines.

« Il serait plus aisé, dit-il, d'unir des griffons à des chevaux que la philosophie transcendentale à la géométrie, et pourtant, il faut maintenir et concilier ces deux genres de connaissance. »

En 1764, Kant publia la *Recherche sur l'évidence des principes de la théologie naturelle et de la morale*. L'opposition de la philosophie et des mathématiques y est étudiée pour elle-même et approfondie. Kant énumère soigneusement tous les caractères de l'une et l'autre science, et le résultat semble être qu'il faut opter entre elles ; mais il n'a garde de tirer cette conclusion. Il est clair que l'une lui tient autant au cœur que l'autre. La manière dont il poursuit la conciliation est intéressante à noter.

C'était déjà, certes, l'esprit de la philosophie de Leibnitz, de concilier Hobbes et Aristote, les anciens et les modernes, Locke et Descartes, Bayle et Spinoza. Mais la méthode de Leibnitz est une méthode d'analyse qui, sous la diversité apparente, conduit à démêler une identité réelle. Chacune des deux doctrines en présence risquait ainsi de perdre une part plus ou moins grande de son originalité. Kant suit une méthode très différente. Il voudrait au contraire conserver à chacun des deux contraires ses caractères propres. Il écarte l'idée de concessions mutuelles, il juge téméraire de chercher l'identique sous le divers. Sa méthode n'est pas analytique, mais synthétique. Etant données des thèses en apparence contradictoires, la tâche du philosophe est de leur laisser leur signification propre et de trouver moyen de les unir entre elles, grâce à un principe supérieur qui en fait la synthèse.

Nul doute que la découverte des antinomies en 1769 ne soit un événement considérable. Les historiens sont d'accord pour admettre que cette découverte eut une influence décisive sur le cours de ses méditations.

Elle détermina la doctrine de l'idéalité de l'espace, qui est la base de la critique. Mais il suit de ce que nous venons de voir qu'il y eut là une évolution, non une révolution.

Par contre, ne semble-t-il pas que cette constatation de l'antithétique de la raison pure doive bouleverser de fond en comble les croyances morales et religieuses de Kant ? Dans un esprit autre que le sien, elle eût pu avoir ce résultat ; mais l'ensemble de son histoire intellectuelle montre que, pour lui, les antinomies ne pouvaient avoir une telle signification.

La pensée de Kant avait été gouvernée de tout temps par la double croyance à la certitude scientifique et à la certitude morale. Ces deux convictions subsistent après comme avant la découverte des antinomies, et le problème qui se pose maintenant pour lui, d'après la direction de son esprit, est la conciliation de la science et de la morale sous les auspices de la critique elle-même. Et il n'y a nulle raison de douter de sa sincérité, lorsqu'il dit que, par une sorte d'harmonie providentielle, l'abolition de la métaphysique théorique, en distinguant, au monde des phénomènes, la loi de l'enchaînement nécessaire des causes et des effets, ouvre, dans un autre monde, un champ à la liberté et à la vraie moralité : « *Ich musste das Wissen aufheben, um zum Glauben Platz zu bekommen:* je dus abolir la science théorique de l'absolu, afin d'obtenir une place pour la croyance pratique. »

Ainsi, considérée au point de vue historique, la dialectique ne constitue nullement un bloc erratique plus ou moins isolé de l'ensemble. Elle se concilie aussi naturellement avec la partie postérieure de l'œuvre de Kant qu'avec la partie antérieure. Mais nous avons envisagé jusqu'ici l'histoire de la pensée de Kant et son intention. Que faut-il penser du rapport de la dialectique à l'ensemble de l'œuvre critique, en se plaçant à un point de vue théorique ?

II

La dialectique est-elle, en fait, par rapport à ce qui précède, un complément nécessaire ou un appendice inutile ?

Certains critiques, parmi lesquels Trendelenburg, ont soutenu que l'esthétique transcendentale, à elle seule, n'atteint pas son but, qui est de prouver l'idéalité de l'espace, et que les antinomies viennent à ce sujet lui fournir un complément de preuve nécessaire.

L'esthétique transcendentale, dit Trendelenburg, se résume dans cette proposition : « *A priorité* implique *idéalité* ». Or cette conséquence n'est pas nécessaire. L'*a priorité* se concilierait parfaitement avec l'objectivité aussi bien qu'avec la subjectivité ou idéalité.

Il n'est pas sûr que nous trouvions dans l'esthétique transcendentale de quoi lever complètement l'objection, mais nous ne croyons pas non plus que la dialectique transcendentale joue ici le rôle d'un complément de preuve. Elle fournit une démonstration par l'absurde, qui est une confirmation de la démonstration de l'esthétique transcendentale. Mais, comme les choses y sont considérées à un autre point de vue, elle ne saurait combler une lacune de la première partie, s'il en existe une. L'intention de Kant fut certainement que l'esthétique se suffît. Examinons d'où venait à ses yeux la force de l'esthétique transcendentale.

Kant admettait parfaitement que l'*a priorité* pût en elle-même se concilier avec l'objectivité transcendentale ou universalité absolue. Il est si loin d'identifier *a priorité* et *subjectivité* qu'il admet que les catégories, en elles-mêmes, ont une valeur absolument universelle. C'est quand nous voulons les appliquer à des intuitions pour obtenir une connaissance concrète, que nous ne pouvons les entendre en un sens transcendentalement objectif.

Mais l'esthétique transcendentale ne démontre pas seulement que l'espace et le temps sont des éléments *a priori*, elle démontre que ce sont des *formes*, des *intuitions a priori*. C'est là, pour Kant, le point décisif. Un tel caractère est inexplicable, si l'espace et le temps sont autre chose que des formes de la sensibilité. Ce qui caractérise l'espace et le temps, c'est que leurs propriétés ne peuvent en aucune façon se déduire des catégories de l'entendement. La mathématique ne peut pas être considérée comme une simple promotion particulière de la logique générale, comme le voulait Leibnitz. Ainsi dans l'amphibolie de la Raison pure, Kant montre que, si l'on considère les choses du point de vue de l'entendement pur, on trouvera que deux indiscernables ne font qu'un, parce qu'ils sont l'objet d'un seul concept. Mais il n'en est pas ainsi dans l'espace, dans le monde de l'intuition. L'espace intervient donc comme une condition de la réalité des phénomènes sensibles. Ainsi les qualités fondamentales de la nature sensible ne se ramènent pas aux catégories de l'entendement. Mais celles-ci représentent l'universel. Donc le sensible ne se ramène pas à l'universel. Il est relatif à la constitution de l'esprit humain. C'est parce qu'il s'agit de l'*a priorité* d'une forme qui n'est concevable que comme un fait métaphysique, comme quelque chose de donné et d'irréductible à l'universel, que nous n'avons pas le droit d'ériger l'espace et le temps en réalités transcendentales.

Une comparaison aidera peut-être à saisir la pensée de Kant.

Si un homme se propose d'accomplir un acte d'après des motifs purement intérieurs, sans aucun égard aux circonstances extérieures, cet acte lui appartient en propre et il est inconcevable que les autres êtres l'accomplissent également. De même, l'espace est une manière d'être que nous ne connaissons que comme une dépendance de la constitution de l'esprit humain, sans pouvoir le ramener à rien d'universel. Nous n'avons donc aucune raison de supposer que l'espace existe en dehors de nous. Nulle intuition non intellectuelle ne peut fournir une connaissance véritablement universelle. Toute l'universalité que comporte notre intuition de l'espace, c'est une universalité relative à l'esprit humain.

Il y a donc des raisons plausibles d'admettre que l'esthétique transcendentale se suffit. Il en est de même pour l'analytique.

L'analytique transcendentale veut démontrer que, pas plus que la sensibilité, quoique pour une raison différente, l'entendement ne peut nous faire pénétrer dans le monde des choses en soi. Ici encore il semble que la dialectique, en démontrant que la prétendue connaissance des choses en soi conduit à des antinomies insolubles, apporte un complément de preuve indispensable. Mais, au point de vue de Kant, la démonstration se suffit. Les catégories universelles de l'entendement, considérées en elles-mêmes, ne constituent pas des connaissances, mais simplement des modes de liaison ; elles supposent donc une matière. Il faut, pour qu'elles fournissent des connaissances effectives, qu'elles soient jointes à des intuitions ; en elles-mêmes elles sont vides.

Si nous disposions d'intuitions intellectuelles ou universelles, alors nous obtiendrions des connaissances objectives, portant sur l'absolu, mais cette intuition nous fait défaut. Quelle preuve en donne Kant ? Il semble le plus souvent qu'il se borne à une simple constatation. Cependant il y a en maints endroits une sorte de démonstration. Kant expose que nous avons beau travailler pour tirer de nos concepts des connaissances positives, développant une multiplicité analogue à celle de l'intuition sensible, nous n'y pouvons parvenir. Essayez de tirer du *Cogito* de Descartes, véhicule de tous les concepts, une définition de l'âme, vous vous perdrez dans l'abstraction.

En revanche, pour que je puisse dire : *Cogito* (et c'est tout ce que me fournit mon entendement), il faut et il suffit que mes catégories s'appliquent à mes intuitions sensibles, car il faut et il suffit que je m'oppose à un objet, et un objet pour moi ne peut être constitué que par mes intuitions reliées par les lois de mon entendement.

Mais si la démonstration de l'idéalisme transcendental a été donnée complètement par l'Esthétique et l'Analytique, là dialectique transcendentale n'est-elle pas un simple appendice ou une simple confirmation par voie d'examen contradictoire ? Il n'en est pas ainsi.

La méthode générale de Kant, nous l'avons vu, consiste à partir des faits intellectuels selon lui absolument acquis, et à en chercher la signification et les rapports : l'existence de la science, sous ses deux formes mathématique et physique, est un de ces faits ; l'existence de la métaphysique en est un autre. Il faut expliquer l'existence de la métaphysique, comme l'esthétique transcendentale a expliqué la possibilité de la physique pure. Cela rentre dans le plan général de l'ouvrage. « Comment la métaphysique est-elle possible » ? tel est le titre de la troisième partie des *Prolégomènes*.

Mais, d'après ce qui précède, la métaphysique n'est qu'une maîtresse d'erreur. Quand cela serait vrai, c'est la tâche du philosophe d'expliquer cette illusion. Une illusion aussi persistante doit avoir ses racines dans la nature humaine, elle-même.

En cherchant la cause de l'existence de la métaphysique, qui sait si nous n'acquerrons pas une connaissance plus profonde de notre raison? Nous ne découvrirons certes pas en elle la faculté de connaître les choses telles qu'elles sont en soi, mais peut-être démêlerons-nous en elle sinon des connaissances, du moins des besoins que ne nous a pas révélés l'analyse des conditions de l'expérience et de la science. Le mot raison prendrait ainsi, à côté des termes entendement et sensibilité, un sens spécial conservant quelque analogie avec celui que lui attribuaient les métaphysiciens.

Examinons maintenant le rapport de la dialectique transcendentale à la doctrine morale. La doctrine morale y est-elle intéressée ? Kant a-t-il à se préoccuper, comme moraliste, des conséquences de la théorie ?

Selon certains critiques, Kant moraliste est un autre homme que Kant savant. Il a été élevé dans le piétisme, au fond il est demeuré un mystique. Les doctrines morales reposent pour lui sur des principes spéciaux entièrement étrangers à la science. N'a-t-il pas écrit en 1782 :

« Ce que nous devons faire, voilà la seule chose dont nous soyons certains. *Was uns zu thun gebührt, des sind wir nur gewiss.* » Mme de Staël, dans le livre *De l'Allemagne*, voit dans le kantisme une réaction du sentiment contre le rationalisme. Mais Kant a protesté avec énergie contre une telle interprétation de sa doctrine. Il combat sans relâche la « Schwärmerei », c'est-à-dire le sentiment exalté, le rêve, la fantaisie, mis à la place de la raison. De très bonne heure il a cherché pour ses doctrines morales un fondement plus solide que le sentiment. Il a subi l'influence de Rousseau, mais il a refusé de le suivre dans son panégyrique du sentiment. Dans le traité *Du beau et du sublime*, où il s'inspire de Rousseau, il y scrute le sentiment moral pour y découvrir de véritables principes. Il ne faut pas confondre toutes les doctrines qui cherchent pour la morale un point d'appui en dehors de la science physique avec le mysticisme. Kant cherche le principe de la morale en dehors du savoir théorique, mais il le cherche exclusivement et expressément dans la raison. C'est que, pour lui, la raison dépasse la science, et c'est précisément la dialectique transcendentale qui nous en donne la démonstration, en distinguant la raison proprement dite de la sensibilité et de l'entendement. La raison, dégagée par cette partie de la critique, est la pierre d'attente de la morale.

Mais cette morale ne s'accommoderait-elle pas beaucoup mieux du dogmatisme ? Une morale qui doit conserver les idées de liberté, de Dieu, de l'immortalité, n'exige-t-elle pas que ces objets soient connaissables ?

De bonne heure, Kant s'est défié du dogmatisme. Ce système démontre les dogmes de la morale, mais il démontre aussi bien le matérialisme, le naturalisme, le fatalisme. Toutes ces démonstrations ne se ruinent-elles pas entre elles ? N'est-il pas dangereux de suspendre la morale à des doctrines aussi fragiles ? N'est-ce pas subordonner le plus certain au moins certain ? La morale n'a-t-elle pas plus à perdre qu'à gagner à faire dépendre son sort de celui de la métaphysique ? Puis, quand même on admettrait comme valables les seuls arguments de la métaphysique dogmatique, on serait embarrassé de leur évidence même. Dieu et l'éternité, avec leurs majestés redoutables, seraient comme placés devant nos yeux, et, écrasés par leur immensité, nous serions comme des marionnettes en qui tout gesticule bien, mais qui ne pensent ni ne vivent. La liberté, l'autonomie, telle est la condition de la bonne volonté, du mérite, de la vie morale. Cette condition ne saurait être assurée par le dogmatisme, qui soumet la totalité des choses à la nécessité. Elle est sauve, au contraire, dans une doctrine qui subjective le monde de la nécessité et réserve la nature absolue des choses.

Mais, s'il en est ainsi, la dialectique transcendentale ne va-t-elle pas se rattacher si étroitement à la morale qu'elle paraisse composée précisément pour la rendre possible ? Kant l'a-t-il conçue avec une pleine liberté scientifique ou seulement pour les besoins de la cause ?

Il serait étrange, si Kant n'avait ruiné la métaphysique dogmatique qu'en vue de la morale, que tant de critiques eussent jugé les négations métaphysiques de Kant incompatibles avec ses affirmations morales. La marche de la pensée de Kant consiste certainement à réfléchir séparément sur la science et sur la morale et à chercher ensuite comment elles se concilient.

Or, arrivé à ce point de sa recherche, quelle ne fut donc pas sa joie, quand il lui sembla que la critique, conduite jusqu'au bout d'une façon rigoureusement scientifique, aboutissait précisément à jeter un pont entre la science et la morale, à fonder la morale sur la raison même ? On dira qu'en cela il cédait à une disposition d'esprit très répandue chez les hommes de son temps, la disposition à croire que les choses ont été bien arrangées par une Providence paternelle. Il est certain que la constatation de cet accord de la science et de la morale fut à ses yeux la meilleure preuve de l'existence de cette Providence. « La sagesse inépuisable par laquelle nous existons, dit-il, n'est pas moins digne de vénération pour les choses qu'elles nous a refusées que pour celles qu'elle nous a données en partage. »

Ce fut par-dessus tout à la vue de cette harmonie merveilleuse qu'il trouva que tout était bien ; cette pensée fut pour lui une conviction intime, car, à la fin de sa vie, à l'heure où ses facultés l'abandonnaient, ses dernières paroles furent : « *Es ist gut :* c'est bien ! »

CHAPITRE III

____

De l'Illusion transcendentale

____

I

L'*illusion transcendentale* est une erreur propre à la raison proprement dite, que Kant se propose de dénoncer. Mais, selon une méthode déjà employée par Descartes, Spinoza, Leibnitz, il ne se contentera pas de signaler l'erreur et de la réfuter, il en scrutera la raison, il cherchera si, au fond, elle ne recèlerait pas une âme de vérité. C'est ainsi que Descartes avait ramené l'erreur aux rapports naturels de l'entendement et de la volonté, que Spinoza avait expliqué l'illusion du libre arbitre par l'ignorance des causes de nos déterminations, et que Leibnitz, en même temps qu'il réduisait les choses extérieures à n'être que des phénomènes, s'efforçait d'établir que ce sont des phénomènes bien fondés.

On dit, dans la vie pratique, qu'un homme est philosophe, s'il sait en chaque chose trouver le bon côté. D'une manière analogue, dans l'ordre de la connaissance, le philosophe est celui qui trouve une raison et par suite quelque justification à toute croyance de l'esprit humain. Il est antiphilosophique d'être absolu dans ses réfutations, comme aussi peut-être dans ses affirmations.

Nous avons vu que Kant, homme de son temps, part des faits, des choses données dans l'expérience. Les théories de l'*Esthétique transcendentale* et de l'*Analytique transcendentale* ont leur point de départ dans la constatation de l'existence de la mathématique et de la physique pures comme fait. De ce fait, elles fournissent l'explication, elles disent à quelles conditions il peut être intelligible. La métaphysique, elle aussi, doit avoir quelque fondement, car c'est un fait qu'il existe une métaphysique ; elle est une réalité au même titre que la mathématique ou la physique pures, au même titre que tous les phénomènes que nous percevons. Il faut donc la considérer comme telle et en rechercher la nature et la raison comme nous rechercherions celles d'une donnée quelconque de l'expérience.

II

Si nous examinons en elles-mêmes les affirmations de la métaphysique, nous devons, de la doctrine établie dans l'*Esthétique* et l'*Analytique*, conclure qu'elles sont des illusions.

La métaphysique a la prétention de saisir des objets qui sont tout à fait en dehors du monde de l'expérience. Elle ne se borne pas à relier les choses qui tombent sous nos sens à des essences suprasensibles, telles que des substances, des causes particulières : elle prétend atteindre des objets inconditionnés, absolus, tels que l'âme comme sujet en soi, le monde comme réalité absolue, Dieu comme fondement de toute réalité. Ce sont là des objets tout à fait distincts des phénomènes : par définition même, ils dépassent toute expérience possible. Ils ne sont que s'ils sont inaccessibles aux sens tant interne qu'externes.

De tels objets sont-ils connaissables pour l'homme ? Telle est la question que soulève la critique.

La réponse doit être négative. Il s'agit ici d'objets déterminés et individuels, non pas de généralités : de lois ou de types, susceptibles de se réaliser dans une infinité d'individus. Or, pour pouvoir acquérir la connaissance d'une réalité ainsi déterminée, une intuition est indispensable. Les concepts de l'entendement n'y sauraient suffire, puisqu'ils ne fournissent que des règles abstraites, des généralités vides. Nous connaissons les objets d'expérience par des intuitions sensibles. La question est de savoir si nous possédons une intuition intellectuelle correspondant, pour les objets suprasensibles, à l'intuition empirique.

Kant nous refuse constamment cette intuition supérieure, ce mode de connaissance qu'avait admis Platon, par lequel nous entrerions en rapport avec des objets inétendus et intemporels. C'est, dit-il, un fait, que nous n'avons pas cette faculté. Mais n'y a-t-il chez lui que cet appel au fait ? S'il se bornait à nier en psychologue que nous possédions cette intuition, d'autres philosophes pourraient objecter qu'ils constatent, eux, que l'homme en est doué, et le débat ne pourrait aboutir. Cette sorte de faits ne s'impose pas comme les faits physiques.

Mais Kant ne se borne pas à une simple négation. Déjà cette intuition sensible elle-même, dont l'existence semble évidente, Kant ne l'admet pas purement et simplement comme un fait donné. Il croit au contraire devoir déduire, et en un sens métaphysique et en un sens transcendental, l'intuition *a priori* de l'espace et du temps, qui doit faire le fond de l'intuition sensible. Et la base de cette déduction, c'est l'existence des mathématiques, comme science apodictique.

Or, selon lui, une déduction analogue pour l'intuition suprasensible n'est pas possible. En effet, nous ne trouvons pas ici une science apodictique universellement admise, analogue à la géométrie. La métaphysique existante ne peut être, quant à la certitude, mise en parallèle avec la géométrie. Telle est la raison pour laquelle Kant déclare que l'intuition intellectuelle n'appartient pas à l'esprit humain. Si celui-ci la possédait, il aurait fondé une science métaphysique aussi solide que la géométrie.

Mais ne serait-ce point en nous servant du monde sensible comme d'un point de départ et d'une sorte de tremplin, que nous aboutissons au monde suprasensible, comme à sa cause ou à son principe ? Kant n'a garde de nier, en thèse générale, la possibilité de démontrer par le raisonnement des existences et non pas seulement des rapports. Il eût admis que l'existence de la planète Neptune ne serait pas moins certaine lors même que nous n'eussions pas vu l'astre lui-même. Mais il s'agit dans cet exemple d'un passage de l'homogène à l'homogène. On part d'existences empiriques pour conclure, par le raisonnement, à d'autres existences également empiriques. La métaphysique, elle, passe d'existences empiriques à des existences transcendentales. C'est là une μετάβασις εἰς ἄλλο γένος que rien ne garantit.

Peut-être des objets comme ceux que suppose la métaphysique existent-ils, mais il n'y a pas, dans notre constitution intellectuelle, de faculté qui puisse les atteindre. La métaphysique, en tant qu'elle prétend connaître un monde suprasensible, demande à l'esprit humain ce qu'il ne peut donner.

III

Mais Kant ne croirait pas avoir accompli sa tâche s'il se bornait à manifester l'erreur sans en rendre compte. Une illusion aussi persistante ne peut pas se produire d'une manière fortuite et sans raison sérieuse. Quelle est l'origine, le fondement de cette illusion ?

Nous avons analysé jusqu'ici la sensibilité et l'entendement. L'esprit humain possède en outre la raison proprement dite. La raison peut être appelée la *faculté des principes* : en effet, sa fonction est de raisonner, et dans tout raisonnement nous cherchons des principes capables de coordonner les règles éparses trouvées par l'entendement. Nous remontons de principe en principe jusqu'à un premier principe qui explique tout. Cette raison ne serait-elle pas la source de l'illusion métaphysique ?

Analysons cette faculté, et voyons comment elle peut s'appliquer à la connaissance de la réalité. Il en est de la raison comme de l'entendement. Celui-ci, nous l'avons vu, a deux usages : l'un logique, l'autre transcendental : l'usage logique consiste à former des propositions sans se demander si elles sont objectivement vraies ou fausses ; l'usage transcendental consiste à former des propositions ayant pour sujet ce qui effectivement joue le rôle correspondant dans la réalité. De même pour la raison. — Elle consiste à subsumer une intuition sous une règle, de manière à ramener une connaissance particulière à une connaissance générale, comme à sa condition. Or, l'usage logique de la raison consiste à ne pas se contenter d'une raison immédiate, mais à chercher la raison de la raison, et ainsi de suite à l'infini. On remonte ainsi de conditions en conditions, sans jamais atteindre un inconditionné. Cet emploi de la raison laisse indécise la question de savoir si le conditionné est tel relativement ou absolument. L'emploi transcendental, au contraire, tend à donner du conditionné une démonstration complète. Pour que cela ait lieu, il faut que la série des conditions de la chose que l'on considère soit envisagée comme totalité achevée. Ἀνάγκη στῆναι, disait Aristote : il faut, dans l'ordre des réalités, qu'il y ait un premier principe.

Ainsi, il faut un inconditionné, pour que le conditionné soit posé comme réel. Mais, d'autre part, cet inconditionné dépasse nécessairement le monde entier de l'expérience. Si donc il doit m'être donné, ce ne pourra être que dans un monde autre que celui de l'expérience, dans un monde suprasensible. Voilà comment naissent les idées métaphysiques.

Mais le principe, en vertu duquel l'esprit s'élève ainsi de tout objet conditionné à un inconditionné absolu, est nécessairement un principe synthétique. En effet, tout ce qui est analytiquement certain, c'est qu'un conditionné suppose une condition. Or, le principe en question pose, non plus une condition, mais un inconditionné, une condition qui, elle-même n'a pas de condition. Ceci dépasse la sphère de la logique, et suppose une addition au concept. De plus, ce jugement synthétique est en même temps *a priori*, car nulle expérience ne peut donner un premier principe. A quelle condition un jugement synthétique *a priori* est-il recevable ? Il faut que nous disposions d'un troisième terme, exigeant la liaison des deux autres, tandis que, dans les jugements analytiques, on n'a que deux termes dont le second est extrait du premier.

Quand il s'est agi des synthèses de l'entendement, le troisième terme nécessaire a été fourni par la possibilité de l'expérience, par l'ensemble des conditions requises pour que quelque chose pût être donné comme objet. Trouverons-nous ici un terme analogue ? Non, car si nous ne pouvons nous dispenser de penser les choses comme objets d'expérience, — et autrement nous ne penserions pas et ne pourrions dire : je, — rien n'exige que nous pensions les choses comme existant nécessairement en soi, ce qui est l'objet qu'a en vue la raison. Un monde de phénomènes suffit à notre pensée. Rien ne l'oblige à s'attribuer la connaissance d'un monde de noumènes. La science et la conscience n'en ont que faire.

Dans ces conditions, que se passe-t-il, lorsque nous affirmons l'existence d'objets transcendentaux ? L'impossibilité d'effectuer la synthèse totale des conditions n'en saurait supprimer le besoin, qui tient à la constitution même de la raison; dès lors, ce besoin même, nous le projetons hors de nous, par une sorte d'hallucination métaphysique, et le réalisons sous la forme d'un être. De ce qui est un problème, nous faisons une solution ; d'une tendance, nous faisons un objet. Cette opération est inévitable ; elle est naturelle, nécessaire, alors que la critique n'a pas encore été accomplie. C'est le mouvement spontané de l'esprit humain, de croire que les lois qu'il trouve en lui sont en même temps celles des choses ; comment pourrait-il en douter, tant qu'il n'a pas réfléchi sur les conditions de l'objectivité ?

Mais, ajoute Kant, cette illusion subsiste même après que la critique a fait son œuvre. Car c'est une illusion vraiment naturelle et instinctive. On sait que la mer nous semblera toujours plus élevée à l'horizon qu'au rivage, la lune plus grosse à son lever que lorsqu'elle est au zénith. De même on démontrera en vain l'illusion transcendentale : elle survivra à la démonstration. C'est qu'en effet, une image ne saurait être détruite par un raisonement, mais seulement par une autre image. Or, où est l'intuition qui pourrait entrer en conflit avec cette hallucination de la raison et la réduire à néant ? L'hallucination antécritique demeure après la critique. Nous retrouvons dans cette explication une trace des idées exposées par Kant en 1766 dans « *les rêves d'un visionnaire éclaircis par les rêves de la métaphysique.* »

IV

Quelle fut la signification de cette doctrine, soit dans l'œuvre de Kant, soit dans l'histoire générale de la philosophie ?

Elle a, chez Kant, une double signification, négative et positive. Elle doit ruiner définitivement toute métaphysique dogmatique. Une doctrine n'est vraiment réfutée que quand l'erreur qu'elle recèle est expliquée. Nous tenons à nos erreurs tant qu'on ne nous en a pas démontré non seulement la fausseté, mais la raison. Kant, ayant donné cette double démonstration, estime avoir tranché par la racine toute métaphysique dogmatique.

Est-ce à dire que dès maintenant toute métaphysique dogmatique puisse être condamnée en bloc, et qu'il soit inutile d'en critiquer un à un les arguments essentiels ? En aucune façon.

L'illusion transcendentale subsiste, avons-nous dit, alors même qu'on en connaît le fondement. Il faut donc réfuter les raisonnements des métaphysiciens. Mais, grâce à l'étude à laquelle nous venons de nous livrer, nous ne serons pas dépourvus de direction dans cet examen. Il pourrait sembler que nous ne faisons autre chose qu'opposer subtilité à subtilité, à la manière des éristiques, si nous n'avions pas critiqué sous sa forme générale l'illusion transcendentale. Mais, grâce à cette critique, nous savons quel est le sophisme que nous devons retrouver sous tous les raisonnements de la métaphysique dogmatique. Nous savons sur quoi nous orienter dans l'étude de détail que nous allons entreprendre.

Ce n'est pas tout, et notre théorie de l'illusion transcendentale a une utilité positive. Nous disions, au début, que le vrai philosophe trouve presque toujours qu'il y a quelque chose à garder de la doctrine de ses adversaires. Kant, dans cet esprit, au moment même où il semble qu'il ait réfuté toute métaphysique, nous avertit qu'il vient en réalité de fonder la véritable métaphysique. *Prolégomènes à toute métaphysique future qui voudra pouvoir se présenter comme science,* tel est le titre de l'opuscule qu'il publia entre les deux premières éditions de la *Critique.* Et, en effet, la métaphysique ontologique s'évanouit, mais le besoin métaphysique demeure. C'est là un fait, non un pur néant, c'est un fait qui se ramène à l'existence de notre raison elle-même, avec son idée d'absolu, d'inconditionné. Ce fait est le sûr garant de la légitimité et de la pérennité de la métaphysique. En maint endroit de la *Critique,* et dans les dernières pages des *Prolégomènes*, Kant dit éloquemment qu'il est impossible à l'homme de renoncer à la métaphysique ; que la mathématique, la physique, le droit, ne suffisent pas à remplir l'âme, et que l'attrait de la métaphysique est, pour une âme vraiment philosophique, supérieur à celui de toute autre recherche théorique.

Et, non seulement, la doctrine de l'illusion transcendentale laisse subsister la légitimité des recherches métaphysiques, mais elle dégage le terrain commun qui doit permettre à l'homme de passer, dans une certaine mesure, du monde des phénomènes dans celui des noumènes. Le monde des noumènes sera, selon Kant, postulé par la pratique. Or, la *Critique*, en montrant dans la raison proprement dite une faculté qui, en un sens, dépasse la théorie, ouvre à la pratique le champ dont elle a besoin. La dialectique transcendentale est ainsi véritablement, par le concept de la raison pure qu'elle établit et justifie, le trait d'union entre la *Critique* de la raison pure et celle de la raison pratique, le point d'attache de la doctrine du devoir et de la liberté dans la doctrine de l'universelle et nécessaire liaison des objets d'expérience.

Cette doctrine, importante dans l'œuvre de Kant, tient en outre une place considérable dans l'histoire générale de l'esprit humain.

Lessing avait dit que la recherche d'une vérité toujours incomplète est préférable à la possession d'une vérité achevée où s'éteint l'activité de l'esprit. Dans cette direction s'élancèrent la plupart des grands esprits du xviiie et du commencement du xixe siècle : c'est ce qu'on appela la philosophie du progrès. On célébra la marche en avant vers le mieux, dût cette marche ne jamais atteindre le terme. On jugea que la grandeur était dans l'activité, l'effort, la capacité de se dépasser, non dans une perfection immobile, si complète qu'on la suppose. C'est là une tendance opposée à celle des anciens. Etaient-ils plus soumis aux influences orientales ? Le désir du repos est-il plus primitif que celui de l'activité ? Toujours est-il que les Grecs eux-mêmes, ce peuple si vivant, mettaient l'immobile au-dessus de l'action. Le dieu d'Aristote est immobile, et toute l'activité changeante, qui mène vers lui le monde, réside dans le même monde ; la proportion du changement est celle de l'imperfection.

Au changement d'orientation qui se manifeste à cet égard chez les modernes, Kant, par la doctrine que nous étudions, a largement contribué. A un objet donné, en effet, il substitue une tâche à accomplir. L'absolu ne nous est pas donné (*gegeben*), il nous est assigné comme fin (*aufgegeben*). Toutefois, Kant ne va pas si loin que ceux qui mettent la recherche au-dessus de la possession. Ce qu'il signale, c'est la disproportion des besoins de l'âme et de ses facultés. Et, en même temps qu'il dénie à l'homme la possibilité d'atteindre à l'absolu, il n'a garde de diviniser le mouvement éternel auquel l'homme, en tant qu'homme, est condamné ; il maintient que le besoin de l'homme c'est la possession de l'inconditionné, et c'est dans la croyance même à cet inconditionné qu'il place le ressort de l'activité humaine. C'est la disproportion qu'il constate dans l'âme humaine qui le porte à se demander s'il n'y a pas pour l'âme deux existences, dont l'une, la plus haute, est entravée par l'autre, l'existence sensible.

Il est, certes, commode d'écarter les principes qui s'accordent mal avec ceux qu'on a une fois admis. La logique donne son suffrage aux systèmes bien clos. Mais il ne faut pas se hâter d'affirmer et d'exclure, si l'on veut saisir la réalité. C'est en exagérant les contradictions de notre nature que Pascal pensait nous en donner une idée vraie. C'est la vue même de ces contradictions qui provoque la réflexion du travail critique. L'œuvre des philosophes, de Zénon d'Elée, à Hegel, a peut-être surtout consisté à signaler des contradictions, là où une pensée moins éveillée ne voit que des choses simples et homogènes. Ne nous hâtons donc pas d'accuser la pensée de Kant de timidité et d'inconséquence, si Kant a maintenu l'existence d'un absolu substantiel, en même temps qu'il interdisait à l'homme d'y jamais atteindre. Cette doctrine, qui respecte l'aspiration de l'homme tout en limitant ses facultés, est plus philosophique que celle qui met l'absolu à sa portée, ou que celle qui érige sa recherche même en absolu. C'est une pensée analogue à celle de Kant qu'exprima Lamartine dans les vers célèbres :

> Borné dans sa nature, infini dans ses vœux,
> L'homme est un dieu tombé qui se souvient des cieux.

CHAPITRE IV

Les Idées Transcendentales

Il résulte de la dernière leçon que l'illusion dont nous sommes dupes au point de vue métaphysique consiste à transformer un besoin de l'esprit et une activité purement interne de la raison en chose existant en dehors de nous. Deux questions se présentent dès lors à notre examen : 1° que se forme-t-il dans notre esprit grâce à l'exercice de cette activité ? 2° par quelles opérations arrivons-nous à réaliser ces phénomènes purement internes sous forme de choses existant en soi ? Ce qui se forme dans notre esprit, ce sont des concepts d'une nature spéciale ; et les opérations par lesquelles nous transformons ces concepts en choses sont ce que Kant dénoncera comme raisonnements dialectiques. Nous étudierons aujourd'hui les *concepts de la raison pure*.

I

La question que nous nous posons est-elle artificielle, ou nous est-elle imposée par certaines formes données de la connaissance humaine ?

Les problèmes traités dans l'*Esthétique* et l'*Analytique transcendentales* nous étaient posés par l'existence des mathématiques et de la physique pures. C'est l'existence de la métaphysique qui provoque nos recherches actuelles. C'est un fait qu'il existe une science, ou une prétendue science, du moi, du monde, de Dieu, considérés comme des réalités indépendantes de nos représentations. Ces objets dépassent, par définition même, toute expérience, non seulement actuelle, mais possible. La connaissance que nous nous en attribuons tient du concept, mais n'est pas un simple concept. En effet, les catégories de l'entendement, qui sont de purs concepts, peuvent être réalisées dans l'expérience : telle la causalité. Mais le concept de Dieu ne peut pas être donné dans l'expérience. Les concepts proprement dits sont de pures formes. Au contraire, les objets dont nous nous occupons en ce moment ont une forme et une matière ; ce sont des composés de concept proprement dit et de quelque chose d'analogue à l'intuition. Ils représentent des choses, des réalités, des êtres.

Quel nom convient-il de leur donner? Kant désire, à ce sujet, remettre en honneur le mot « idée » dans un sens analogue à celui où l'employait Platon. L'idée, pour le sublime philosophe, n'était pas l'objet d'une intuition sensible, mais ce n'était pas non plus un simple concept de l'entendement, une simple notion de rapport. C'était une réalité complète, déterminée, achevée, et en même temps inaccessible à toute expérience. Et ces choses suprasensibles, selon Platon, ont un rôle actif, une efficace. Que cela soit juste, c'est ce qui n'est pas douteux en ce qui concerne les idées pratiques de devoir, de justice, de liberté. Dans l'ordre scientifique même, quand il s'agit d'expliquer des objets tels qu'une plante, un animal, ou encore l'ordre de l'univers, on est obligé de recourir à des idées irréalisables sous leur forme propre, mais modèles actifs des réalités sensibles.

Les idées, ce seront, pour Kant, des concepts déterminés, propres à la raison et distinguant cette faculté de l'entendement comme de la sensibilité. Nous allons nous demander s'il existe effectivement de tels concepts et quels ils sont.

Ne suffit-il pas de constater l'existence de ces idées au moyen de l'expérience dite psychologique ? Une telle constatation varierait avec les individus, serait superficielle, illusoire peut-être, incapable de fonder la science de ces idées. Le problème est plus difficile : connaître scientifiquement quelles sont les idées, ce n'est pas simplement en constater l'existence, c'est démontrer qu'elles sont telles, en tel nombre et dans tels rapports entre elles. La détermination doit être une déduction métaphysique. Qu'est-ce à dire ?

L'*Analytique* a institué une recherche laborieuse pour déterminer les catégories ; analogue est le problème qui se pose maintenant. Pour découvrir les catégories, Kant a pris pour principe la table logique des jugements. Il s'est demandé quelles modifications il fallait faire subir aux lois logiques du jugement, pour les rendre applicables non plus aux simples possibilités, mais aux existences, pour leur assurer un usage concret. La logique en elle-même est une simple forme acceptant toute matière qu'on y jette, illusoire ou réelle ; elle l'élabore mécaniquement, sans en modifier la nature. Les catégories, ce sont les formes logiques combinées avec la notion générale d'existence. La méthode qu'a suivie l'*Analytique* pour déterminer les catégories est celle qu'il faut reprendre, *mutatis mutandis*.

L'existence dont il était question dans l'*Analytique*, c'est simplement l'existence objective, l'objectivité pure et simple. Ici, il s'agit de l'existence absolue, de l'objectivité transcendentale. Dès lors, la partie de la logique qu'il nous faut considérer, ce n'est plus la théorie du jugement, c'est celle du raisonnement qui, faisant rentrer les lois moins générales dans de plus générales, cherche à ramener les choses à l'unité, le relatif à l'absolu. Le syllogisme nous fournira donc notre fil conducteur.

Le problème à résoudre, c'est l'application des lois de la syllogistique à la notion d'existence absolue. En déterminant les lois du raisonnement de manière à les adapter à cet objet, nous obtiendrons les idées que nous cherchons.

En quoi consiste essentiellement le syllogisme ? A rattacher une proposition particulière à une proposition générale comme à sa condition. Dans tout raisonnement, je conçois une règle au moyen de l'entendement, puis je subsume une connaissance sous la condition de la règle au moyen de l'imagination. Enfin je détermine ma connaissance par le prédicat de la règle au moyen de l'imagination. Enfin, je détermine ma connaissance par le prédicat de la règle au moyen de la raison. Soit le syllogisme : tous les hommes sont mortels ; Caius est homme, donc Caius est mortel. — Sous la condition de la mortalité, qui est l'humanité, je subsume cette connaissance que Caius est homme. Pour que la démonstration existe, il faut que je puisse dire : tous les hommes sont mortels. Or, à cette universalité logique correspond, dans la synthèse des intuitions, la totalité. Si la conclusion doit avoir une vérité absolue et non pas seulement conditionnelle, il faut que la totalité des conditions soit donnée. Voilà l'objet que nous cherchons, le type des idées de la raison pure. C'est l'*inconditionné* comme *totalité des conditions* du conditionné donné.

Combien y a-t-il d'idées ?

Il y a trois espèces de syllogismes : le syllogisme catégorique, le syllogisme hypothétique, le syllogisme disjonctif.

Le syllogisme catégorique est le syllogisme dont la majeure est une affirmation simple, le syllogisme hypothétique part d'un jugement hypothétique ; le syllogisme disjonctif part d'un jugement disjonctif tel que : l'homme est mortel ou immortel.

Le syllogisme catégorique tend, par voie de prosyllogismes, à un sujet qui ne soit plus prédicat. La logique n'a pas besoin d'un sujet relatif. Mais, si vous considérez l'enchaînement des conditions dans la réalité, vous n'aurez de série effective que si vous avez un sujet absolu. Une première idée est donc celle du sujet absolu.

Le syllogisme hypothétique poursuit, par voie de prosyllogismes, une supposition qui ne suppose rien avant elle. Peu importe à la logique que cet idéal soit réalisé. Mais, dans la réalité, il faut qu'il y ait en effet un inconditionné, que la série des choses dépendant les unes des autres forme une totalité. De là, une seconde idée, celle de la synthèse totale des membres d'une série, ou de cause absolue.

Enfin, le syllogisme disjonctif poursuit, par voie de prosyllogismes, l'agrégat complet des membres de la division. Transportée de la logique dans la métaphysique, la disjonction devient opposition et solidarité de termes aussi réels les uns que les autres, d'où une troisième idée, celle de la synthèse totale des parties dans un système, ou de raison absolue.

C'est ainsi que la logique nous sert de fil conducteur, mais nous ne pouvons la suivre purement et simplement. La logique procède à la fois par prosyllogismes et par épi-syllogismes, c'est-à-dire qu'elle remonte du conditionné à la condition et descend de la condition au conditionné, et cela sans fin, dans les deux sens.

Mais, si de la considération du possible nous passons à celle de l'être, nous trouverons que la raison n'exige pas du tout que la série soit complète du côté du conditionné : nous pouvons nous représenter une série d'effets se continuant indéfiniment. Mais la raison exige que la série soit complète *a parte ante*, du côté des conditions. La raison, en ce qui concerne l'existence, exige la totalité par rapport à la régression, non à la progression. C'est en ce sens qu'elle requiert un sujet absolu, une cause absolue, et un fondement ou raison absolue de la solidarité des choses. Mais ces termes sont encore bien abstraits. Nous n'avons pas encore rejoint les concepts, donnés par la raison commune, de Dieu, du moi, du monde. L'achèvement de la déduction va nous y conduire.

Nous n'avons fait appel jusqu'ici qu'à l'idée générale d'existence absolue. Mais ce n'est pas un absolu quelconque que nous cherchons, c'est l'absolu par rapport à ce qui nous est donné, et ce qui nous est donné, ce sont nos représentations. Nous cherchons donc l'absolu en fonction de la représentation. Or, que sera le sujet absolu par rapport à nos représentations, sinon le moi comme substance ? Que sera la cause

absolue par rapport à nos représentations, sinon la totalité des membres
de la série des phénomènes ou le monde comme chose en soi ? Enfin
que sera, déterminée en fonction de la représentation, l'idée du fondement un et commun de toutes les existences, sinon Dieu, comme être
et personne suprême ? C'est ainsi que se construisent naturellement et
nécessairement dans notre esprit, en vertu des lois mêmes de la logique
générale, nos idées du moi, du monde et de Dieu.

II

Cette doctrine paraît bien artificielle et bien arbitraire. Pourquoi
le sujet ne serait-il pas l'atome aussi bien que le moi ? Pourquoi. le
fondement commun ne serait-il pas la matière aussi bien que Dieu ?

Remarquons d'abord que rien ne saurait être plus conforme à l'ensemble du système que la déduction qui nous occupe. Kant n'admet
pas la doctrine de l'innéité, qui lui paraît impropre à expliquer la nécessité objective que nous attribuons à nos concepts. Il veut démontrer les
principes de la connaissance, et les points essentiels de sa démonstration sont les suivants : les principes de notre connaissance n'ont pas
une valeur absolue ; ils ont cependant une valeur, une universalité
véritables, parce que les lois que nous appliquons aux existences sont,
au fond, des adaptations des lois générales de la logique, lesquelles
jouissent d'une universalité absolue.

C'est ce rapport à la logique générale qui fonde l'autorité de la
logique transcendentale. Détachée de ce fonds de toute pensée, elle
est sans base et sans légitimité.

Le détail de la doctrine est remarquable par sa cohérence avec les
autres parties du système. Le premier moment de la démonstration
aboutit aux concepts de la substance absolue, cause absolue et fondement
absolu de la communauté des choses. Or le concept de la substance
déterminé par l'Analytique, schématisé par la permanence, se traduit
naturellement en celui de sujet. La théorie de la causalité a fait de la
succession réglée la condition de réalisation de cette catégorie. Il y a
donc un rapport entre la causalité kantienne et la relation de conditionné
à condition dans une série.

La déduction du troisième concept, surtout, paraît artificielle. Dans
le syllogisme disjonctif il y a un rapport d'exclusion mutuelle, tandis
que dans l'inconditionné de communauté. tous les membres coexistent.

Mais c'est là une suite du passage de l'ordre logique pur et simple á l'ordre transcendental. La négation, sur le terrain de l'existence, devient une opposition de termes aussi réels l'un que l'autre. C'est ce que Kant exposait dès 1763 dans sa *Tentative d'introduire dans la philosophie le concept des quantités négatives*.

Mais substance, dira-t-on, ce n'est pas encore sujet, ce n'est pas moi. On peut répondre que Kant, avec Descartes, avec les modernes, estime que la seule chose qui nous soit donnée immédiatement ce sont nos représentations, et qu'ainsi la substance, pour nous, c'est le sujet de nos idées, c'est-à-dire le moi. Et pourquoi le concept du monde est-il identifié avec celui d'une série totale de conditions ? C'est que Kant considère le monde dans la manière dont nous le connaissons. Or, nous ne le connaissons que comme série, parce que les perceptions externes ne nous arrivent qu'à travers les perceptions internes, et que celles-ci ont dans le temps leur forme nécessaire. Mais pourquoi Dieu est-il iden-tifié avec le principe de la communauté des existences ? Dès 1755, dans sa *Nouvelle explication des premiers principes de la connaissance métaphysique*, Kant voyait en Dieu le principe de l'action et de la réac-tion mutuelle des choses. Une substance créée ne peut, par elle-même, agir sur une autre. Or le nexus des substances entre elles est véritable. Extrinsèque à leur égard, il a son principe en Dieu. Toute la théorie des idées est donc conséquente aux travaux antérieurs de Kant. Il est remar-quable de voir comme Kant, dans la période critique, utilise ses études de la période antécritique.

Nous ne saurions nier, toutefois, le caractère systématique de ses définitions. Car, pour concevoir Dieu, le moi, le monde, il est certain que nous faisons appel à des idées que la déduction kantienne en exclut, comme les idées de finalité, d'activité, de volonté. Kant n'aboutit pas aux idées du moi, de Dieu et du monde, telles qu'elles sont effectivement dans notre esprit, mais à la conception de ces trois objets que compor-tait son système.

III

Au point de vue historique, cette théorie marque une phase nouvelle et très importante dans l'histoire du problème de l'absolu. Considérez les idées de Platon : elles préexistent au νοῦς, à l'intelligence ; elles subsistent en elles-mêmes, achevées, éternelles. L'intelligence n'a qu'à les contempler, elle ne contribue pas à les former. Ce sont les êtres dont les objets, que nous voyons en ce monde, sont les ombres. Elles sont l'être absolu lui-même.

Chez Descartes, on ne sait trop, en ce qui concerne les idées supérieures, si elles sont simplement données ou si elles sont formées par le travail de l'esprit ; elles sont l'un et l'autre ; la doctrine cartésienne de l'innéité est fuyante. Certaines idées sont des natures éternelles et immuables, par conséquent antérieures à l'esprit humain. Mais où éclate la différence entre Descartes et Platon, c'est dans la nécessité d'une opération spéciale, intuition de l'entendement ou déduction, pour passer de l'essence à l'existence.

Chez Locke, les idées métaphysiques n'ont en elles-mêmes aucune consistance, elles sont les produits d'une fabrication artificielle opérée par l'esprit humain, les effets d'un travail d'assemblage et de séparation, purement volontaire et arbitraire. Tandis que, chez Descartes, toute idée véritable comporte une possibilité d'existence substantielle ; chez Locke, il n'y a pas de raison pour croire qu'à une idée métaphysique correspond une réalité, et l'on ne voit pas comment il a pu assigner une portée transcendante à l'idée de cause.

La doctrine de Kant, qui retient de Platon le concept d'idée, mais en séparant l'idée de l'existence, est une synthèse originale des doctrines de Descartes et de Locke.

Comme Locke, il admet un travail de l'esprit, mais il ne veut pas que ce travail soit arbitraire et sans valeur. Comme Descartes, il voit dans les idées des objets liés intimement à la nature de la raison et par là-même ayant leur vérité et leur réalité. Il les fait résulter d'un travail de l'esprit déterminé par les lois et les conditions de la raison humaine. Et il diffère de Descartes en ce qu'il ne voit qu'une illusion transcendentale dans la tendance que nous avons à les ériger en réalités.

Cette dernière thèse vient de ce qu'il place encore la vérité objective dans la conformité des idées avec des choses. En abolissant les choses, les successeurs de Kant trouveront le moyen, sur la voie qu'il a tracée, de faire du travail de l'esprit la condition suffisante de toute connaissance.

IV

Que vaut, en elle-même, la doctrine de Kant sur les idées transcendentales ? Le principe est cette idée, que notre connaissance est une synthèse de la logique générale et les conditions de la connaissance concrète. Et cette idée est très solide et féconde.

Mais, selon Kant, les synthèses fondamentales sont entièrement *a priori*. L'esprit les forme pour lui-même, à lui tout seul, du dedans, par son activité interne. C'est là le point contestable. La doctrine de Kant repose sur une séparation de la connaissance et de l'existence. Il pose la connaissance avant l'existence, comme quelque chose qui se suffit, et se demande ensuite si de la connaissance on peut aller à l'être. Or, il paraît bien que cette séparation soit légitime et nécessaire dans la science proprement dite, mais peut-être le vice de la métaphysique de Kant est-il d'avoir été construite sur le modèle de la science. Kant reproche aux dogmatistes d'avoir pris pour patron la science mathématique. Mais lui-même a eu constamment présent à l'esprit l'exemple de la science de Newton conçue comme une physique entièrement *a priori*.

Pour former des idées telles que l'idée du moi, du monde et de Dieu, l'esprit humain ne se suffit pas. Ces idées sont le fruit d'une collaboration de l'esprit humain et des choses, où l'esprit apporte ses lois, mais aussi sa souplesse, sa faculté d'adaptation, au besoin l'abnégation, l'humilité, qui sont nécessaires dans la vie intellectuelle comme dans la vie morale. Cette participation des choses s'imposera toujours à l'homme, et ainsi ses concepts de l'absolu ne seront jamais achevés.

Nous n'avons pas, comme le veut Kant, à chercher l'être en dehors de nos concepts, comme si ceux-ci y étaient étrangers. L'être n'est pas si loin. *In illo vivimus, movemur et sumus.* Nos idées naturelles et données, c'est l'être même, tel que nous l'apercevons, et c'est la science qui est l'abstraction. La métaphysique part des concepts vivants, et, à l'inverse de la science, elle cherche à prendre conscience de ce qu'ils renferment d'être et de réalité. Elle ne les adopte donc pas indifféremment. Elle les critique. Ce travail consiste à les confronter avec les résultats des sciences positives et avec les lois générales de l'esprit. Elle retiendra ceux qui résisteront à cet examen ; elle tiendra les autres pour de simples phénomènes subjectifs et relatifs. Elle dira, d'une manière générale, le mouvement de l'être, action et pensée, vers la connaissance, et non de la connaissance vers l'être.

CHAPITRE V

Les Paralogismes de la Raison pure

Il résulte du livre Ier de la *Dialectique transcendentale* qu'il y a dans l'esprit humain, indépendamment des formes de la sensibilité et des catégories de l'entendement, d'autres concepts, également *a priori*, qu'il convient de rapporter à la raison, comme à une faculté distincte, spéciale, *sui generis* : ce sont les *idées transcendentales*. Elles consistent dans l'exigence de l'absolue totalité des conditions du conditionné donné dans l'expérience. Il y a trois sortes d'idées transcendentales. Les premières concernent le rapport de nos représentations au sujet qui les supporte ; elles exigent un sujet absolu. Les secondes concernent le rapport de nos représentations aux conditions objectives des phénomènes ; elles exigent que le monde de l'expérience soit un absolu. Les troisièmes concernent le rapport de nos représentations à toutes les choses en général, et exigent l'unité absolue des conditions objectives de toute existence.

Ces idées sont fondées, en ce sens qu'elles reposent sur la nature et les lois de la raison : c'est ce qu'a démontré la déduction métaphysique. Mais ces idées prétendent à représenter les réalités existant en dehors de nous. C'est ainsi que nous sommes portés à concevoir le monde comme existant indépendamment de notre perception, Dieu comme l'auteur du monde, et nous-mêmes comme des substances dont la pensée ne serait qu'un attribut. Or, l'esprit humain a-t-il le droit d'affirmer que les idées transcendentales répondent ainsi à des êtres ? C'est la question qui se pose maintenant. C'est le problème central de la *Dialectique transcendentale*, l'objet du second livre, de beaucoup le plus étendu, et dont le premier n'a été que l'introduction.

En quoi consiste au juste ce problème ? Les idées ne sont ni des intuitions ni des concepts proprement dits. Ce ne sont pas des concepts, car ce ne sont pas de pures généralités, des règles, des abstractions comportant une infinité de réalisations analogues. Les idées représentent des êtres, des individus. Pourtant, ce ne sont pas non plus des intuitions, pour nous du moins, car elles ont pour contenu une totalité achevée, et nos intuitions ne portent que sur des touts partiels. Que sont-elles donc et que signifie ce problème : concevoir les idées transcendentales comme représentant des réalités ?

Les idées ne sont ni des concepts ni des intuitions. Donc elles ne représentent rien de réel. Pour qu'elles eussent une valeur objective, il faudrait qu'elles fussent à la fois intuition et concept, car ce n'est que par l'union de ces deux éléments que nous connaissons des objets. Et comme l'intuition que nous avons étudiée jusqu'ici, l'intuition sensible, est impuissante à les saisir, il faudrait que nous puissions les appréhender au moyen d'une intuition intellectuelle, allant du tout aux parties et non des parties au tout. Jamais, en allant des parties au tout, on ne peut arriver à une totalité déterminée comme telle. Il faut que la totalité soit donnée, pour qu'elle soit déterminée, et elle ne peut être donnée qu'à un entendement intuitif. Mais notre entendement n'a pas cette propriété. Il n'opère que discursivement, en reliant les unes aux autres des intuitions sensibles nécessairement limitées. Donc nos idées transcendentales sont sans objet.

Il n'en est pas moins vrai qu'il existe des sciences telles que la psychologie, la théologie et la cosmologie rationnelles, qui prétendent ériger nos idées transcendentales en réalités. Nous sommes ici en présence d'une illusion qui renaît à propos de chaque objet et qu'il faut analyser sous toutes ses formes si l'on veut, non pas la détruire, ce qui est impossible, mais en démontrer le caractère.

Kant va donc étudier un à un les arguments classiques de la métaphysique. En fait, Kant se référera surtout à l'enseignement qu'il a reçu, aux doctrines soutenues autour de lui. Le dogmatisme qu'il critiquera, ce sera principalement celui de Wolff, de Baumgarten, de Mendelssohn, de Reimarus. Il voit d'ailleurs dans les doctrines précises et claires de ces habiles dialecticiens la forme la plus parfaite sous laquelle on puisse présenter le dogmatisme.

Mais Kant ne peut pas s'en tenir au point de vue historique pour déterminer les doctrines qu'il se propose de critiquer. Il estime qu'une simple exposition empirique serait sans ordre, surabondante ou incomplète, et insuffisante à donner aux arguments leur vrai sens et toute leur valeur. Il va donc soumettre les arguments des philosophes à sa déduction, les définir et les classer d'après les principes qui les dominent, en constituer le système définitif. Il débute par la *psychologie rationnelle*.

I

La psychologie rationnelle est cette partie de la métaphysique qui prétend connaître la nature absolue de l'âme, dépasser la connaissance de ses états, de ses fonctions, de son activité, et atteindre ce qu'elle est en soi, abstraction faite du point de vue de sa propre perception interne.

La critique de cette science a, aux yeux de Kant, une importance capitale. Ce serait, dit-il, dans la seconde édition (Barni, II, 12), une grande pierre d'achoppement pour notre *Critique*, la seule en réalité qu'elle ait à redouter, si l'on pouvait prouver *a priori* que tous les êtres pensants sont en soi des substances simples, et que par conséquent ils ont conscience de leur existence comme séparée de toute matière. Car on prouverait ainsi que l'homme peut faire au moins un pas en dehors du monde sensible. Et dès lors qui pourrait lui interdire d'étendre de plus en plus ses conquêtes dans le champ du suprasensible ?

Cette partie de la critique est une de celles que Kant a remaniées dans la seconde édition. Les deux éditions coïncident-elles ici quant au fond ? C'est notamment à propos de ce chapitre des *Paralogismes de la raison pure* que Schopenhauer a accusé Kant de palinodie et d'hypocrisie. Il constate, dans la seconde édition, l'absence d'un passage considérable de la première, et en revanche il y trouve des pages qui sont, selon lui, en contradiction complète avec l'ensemble de l'ouvrage. Le second texte comparé au premier serait comme un amputé à qui on aurait mis une jambe de bois.

Le point sur lequel porte le débat, c'est la déclaration idéaliste faite dans la première édition. Selon Schopenhauer, Kuno Fischer et quelques autres, Kant, dans la première édition, serait essentiellement idéaliste et ne ferait jouer aucun rôle à la chose en soi, tandis que, dans la seconde édition, il aurait réintégré la chose en soi comme cause des phénomènes par une porte de derrière.

A notre avis, dans la première édition, la chose en soi n'est pas absente, elle est le fondement nécessaire du divers de l'intuition ; et, dans la seconde, comme dans la première, elle reste inconnaissable. Certes, des textes de la première édition (1) disent que, si l'on supprime la représentation, toute réalité extérieure disparaît du même coup. Mais la seconde édition ne répugne nullement à cette proposition. Si l'on

______

(1) Edit. Kehrbach, p. 314, 318.

supprime la représentation, il n'y a plus rien dans l'espace ; donc, il n'y a plus d'objet extérieur, d'objet empirique. Mais la réalité trenscendentale demeure, et cela, dans la première édition comme dans la seconde (1). C'est de l'expression de réalité extérieure que vient la confusion. Celle qu'abolit, dans la première édition même, la suppression de la représentation, n'est que la réalité empirique. En réalité, la différence des deux éditions ne porte que sur la forme, plus concise, plus nette dans la seconde édition.

II

Quel est le problème général de la psychologie rationnelle, et quelle est la critique générale à laquelle elle donne lieu ?

Le point de départ nécessaire de toute psychologie rationnelle, c'est, selon Kant, le *cogito* de Descartes. En effet, « je pense » : c'est là, de l'âme, tout ce qui nous est donné. Tout autre point de départ serait imaginaire. Le problème ne peut donc consister en définitive qu'à établir en un sens transcendental le *cogito, ergo sum* de Descartes. Toute la psychologie rationnelle n'est qu'une série de variations sur ce thème unique.

Il s'agit, partant du *cogito*, d'y relier l'idée d'existence : *sum*, — d'arriver à poser la pensée non pas comme un simple phénomène, mais comme quelque chose qui existe en soi. Il faut donc trouver un moyen terme entre ces deux termes *cogito* et *sum*. Quel sera ce trait d'union ? Ce sera nécessairement, à travers les différences de forme, celui qui figure chez Descartes : la pensée accompagne nécessairement toutes mes représentations. Il est donc impossible d'éliminer la pensée, elle subsiste alors même que je doute de tout. Or, ce qui ne peut être connu comme n'existant pas, doit nécessairement exister.

Cet argument présente un vice radical. En effet, nous voulons affirmer que notre pensée possède une réalité objective. Or, qu'est-ce que l'objectivité ? C'est l'application de telle ou telle des catégories à une intuition. Donc objectivité suppose intuition. Mais pouvons-nous dire que le *cogito* en contienne une, que nous ayons l'intuition de nous-mêmes, comme sujets pensants ? Selon Kant, c'est impossible. Nous percevons bien notre pensée unie aux objets auxquels elle s'applique, mais non séparée de tout objet. Il n'y a pas d'intuition du *moi*, et ainsi

---

(1) V. édit. Kehrbach, p. 306, 310, 320-321, 324, 402, 403, 432, 445.

l'application des catégories au *moi* est une opération purement logique sans valeur objective.

Il suit de là que ce moyen terme : la pensée, est pris en deux sens différents dans le principe et dans l'application qu'on en fait. Le raisonnement consiste essentiellement dans le syllogisme suivant : — Ce qui pense est. Or *je pense*. Donc je suis. Le syllogisme paraît rigoureux. Mais quand je dis : ce qui pense est, je veux dire : ce qui *en soi* pense, ce qui, non seulement pour soi, mais absolument est un être pensant. Dans la mineure, je pense veut dire : je me *connais comme pensant*, je suis, pour moi, un être pensant. Donc la conclusion est illégitime, car le syllogisme a quatre termes. C'est le sophisme appelé *quaternio termi-norum*.

Ce vice radical est exposé par Kant dans les termes suivants : Il y a, dit-il, un paralogisme qui domine tous les procédés de la psychologie rationnelle. Il est représenté par le syllogisme suivant : ce qui ne peut être pensé que comme sujet, n'existe non plus que comme sujet et est une substance ; or, un être pensant ne peut être pensé que comme sujet ; donc un être pensant n'existe que comme sujet et est une substance. Dans la majeure, « ce qui est nécessairement pensé comme sujet » signifie ce qui est nécessairement sujet, non seulement au point de vue du concept, mais encore au point de vue de l'intuition, ce qui ne peut être donné que comme sujet, non seulement pour moi, mais pour tout esprit, non seulement vu du dedans, mais encore vu du dehors. Mais, dans la mineure, quand je dis : un être pensant ne peut être pensé que comme sujet, je veux dire : ne peut se penser lui-même que comme sujet. Il ne s'agit ici que d'un sujet logique, que d'une forme nécessaire de mes représentations. Dans la majeure, il est question d'une unité en soi ; dans la mineure, il n'est question que de l'une des catégories, de leur principe commun, en lui-même tout à fait vide.

Tel est le type de tous les raisonnements de la psychologie rationnelle et de toutes les réfutations que ces raisonnements comportent.

III

Comment se développe cette prétendue science ? Il s'agit d'appliquer au moi, « je pense », les catégories susceptibles de le déterminer comme une réalité objective. Ces catégories nous fourniront l'idée : 1° d'âme substance, 2° d'âme réelle ou simple, 3° d'âme une dans le temps ou identique ; 4° d'âme possédant une existence distincte de celle des choses matérielles.

Comment essaye-t-on d'établir que le moi âme pensante possède ces quatre qualités ?

1° Comment prouve-t-on que l'âme pensante est sujet absolu ou substance ? On raisonne ainsi : ce qui est sujet absolu est une substance ; or le moi est sujet absolu, donc le moi est une substance.

Mais le mot « sujet absolu » n'a pas le même sens dans les deux prémisses. Dans la majeure, il s'agit d'un sujet absolu, qui serait tel à tous les points de vue, au regard de l'intuition comme du concept, d'un sujet-objet en un mot. Mais, dans la mineure, il n'est question que du sujet déterminant du rapport qui constitue le jugement. C'est le moi, comme sujet latent de toutes mes propositions. Il n'y a là qu'un sujet logique, et je n'ai pas le droit de l'ériger en substance.

Mais, dira-t-on, je puis du moins considérer comme substance l'ensemble de mes états de conscience en tant qu'ils sont liés entre eux nécessairement. Pourquoi le moi, en ce sens, ne serait-il pas une substance au même titre que les corps ? Raisonner ainsi serait oublier la condition de l'application de la catégorie de substance. Les catégories ne s'appliquent pas directement aux intuitions. Chaque catégorie veut un signal, qui indique que c'est bien elle qu'il faut appliquer, et non telle autre. A chaque catégorie correspond un schème comme indication de son légitime emploi. Or, quel est le schème de la substance ? Quel caractère doivent présenter des phénomènes pour qu'on puisse à bon droit les subsumer sous le concept de la substance ? Ce caractère est la permanence dans le temps. Et permanence implique simultanéité. Il faut que de deux phénomènes donnés comme simultanés, l'un subsiste, tandis que l'autre disparaît pour être remplacé par un nouveau phénomène venant coexister avec le premier. Mais le temps à lui seul n'admet pas que deux phénomènes soient simultanés ; ce n'est que dans l'espace que cette condition peut être réalisée. Il n'y a que ce qui est dans l'espace qui puisse être affecté du schème de la permanence. Or, pour Kant, les phénomènes psychiques ne sont donnés que dans le temps et nullement dans l'espace. Ils ne comportent donc aucune permanence. La conséquence, c'est qu'il n'y a point de psychologie scientifique possible ; la psychologie ne peut être que descriptive.

2° L'âme peut-elle être connue comme simple ? Le syllogisme, à cet égard, est le suivant : — Un être dont l'action suppose un sujet simple est lui-même une substance simple ; or l'âme est un être dont l'action suppose un sujet simple ; donc l'âme est une substance simple.

Quelle est l'action de l'âme ? La pensée. Or la pensée, c'est là un argument classique, ne peut s'expliquer que par un sujet simple ; un être composé devrait, pour penser, ramener ses représentations à l'unité, ce qu'il ne peut faire en tant que composé.

C'est ici l'Achille des raisonnements de la psychologie pure. Mais le vice y est le même que dans l'argument précédent. Le mot « simple » n'a pas le même sens dans la majeure et dans la mineure. Dans la majeure il s'agit d'une chose simple, d'un être aperçu comme simple dans l'intuition. Dans la mineure, il s'agit de la simplicité effectivement requise pour nos pensées, c'est-à-dire tout simplement d'un être s'apparaissant à lui-même comme sujet simple. Il suffit, pour que nous pensions, que nous nous considérions comme un sujet simple ; il n'est pas nécessaire que nous le soyons réellement.

En vain, selon Kant, on torturera le concept de *sujet* simple, on n'en tirera pas celui de *substance* simple. Toute pensée sans doute est simple par un côté ; mais elle est multiple par un autre. C'est toujours la pensée de quelque chose, c'est-à-dire d'un objet où il y a du divers. Où trouver l'intuition d'un sujet simple comme tel ? Il est inutile d'invoquer l'expérience, qui ne nous donne ce sujet que dans son rapport avec l'objet. Il faudrait ici une intuition intellectuelle, qui nous fait défaut.

Kant ajoute qu'à spéculer sur la nature de la substance que suppose la pensée, on se découvre et fait le jeu de l'adversaire, car il n'est nullement évident qu'une substance composée ne puisse pas penser aussi bien qu'une substance simple. Du moment qu'il ne s'agit plus de sujet, mais de substance, rien n'empêche qu'une substance composée ne possède la pensée comme attribut. Il y a ici, très certainement, un souvenir de Locke et de sa célèbre théorie, d'après laquelle il est concevable que Dieu ait donné à quelques amas de matière, convenablement disposés, la puissance de percevoir et de penser. Pourquoi Dieu ne pourrait-il pas ajouter cette faculté à la matière, aussi bien qu'à l'esprit ? Ce doute élevé par Locke semble planer sur toute la critique kantienne de la psychologie rationnelle.

3° L'identité et la personnalité de l'âme se démontrent ainsi : ce qui a conscience de l'identité numérique de son moi en différents temps est une substance identique, c'est-à-dire une personne. Or l'âme a cette conscience ; donc le moi est une substance identique et une personne.

La réponse de Kant est analogue aux précédentes. La conscience, la mémoire, ne nous garantissent nullement la permanence d'une substance. Ce qui subsiste, c'est notre moi, permanence logique. Il suffit pour cela que des substances qui se succèdent se transmettent intégralement les unes aux autres un même état de conscience. L'identité d'état pourrait ainsi être obtenue à travers le changement du substratum.

4° Enfin la psychologie rationnelle démontre que l'âme se suffit, existe indépendamment du corps et peut, par conséquent, lui survivre ; c'est là plus spécialement le fondement métaphysique des démonstrations de l'immortalité de l'âme.

Ce qui est perçu immédiatement a une existence distincte de celle de l'être qui n'est connu que médiatement. Or l'âme se perçoit directement elle-même, tandis que le corps n'est perçu que médiatement, par l'intermédiaire de l'âme ; donc l'âme est distincte du corps.

La psychologie rationnelle conclut ici du mode de connaissance au mode d'existence : une chose peut être connue sans qu'intervienne l'idée de l'autre ; on en conclut qu'elle peut exister sans l'autre.

Mais la confusion est toujours la même. Je connais mon moi comme distinct du non-moi. Mais cette connaissance suppose-t-elle que le moi existe effectivement comme distinct du non-moi ? Ne se peut-il pas, au contraire, que cette connaissance même ne soit possible que par le concours de l'âme et des choses extérieures, et qu'elle exige que je sois, non seulement une âme, mais un homme composé d'une âme et d'un corps ? Nous retrouvons ici l'analogue de l'argument renouvelé de Locke au sujet de la simplicité. Descartes peut bien supposer qu'il n'a pas de corps ; mais peut-être a-t-il besoin de son corps pour faire cette supposition. Nous n'avons pas besoin de faire des hypothèses sur la nature transcendentale de l'âme, pour nous expliquer que dans ses représentations elle se distingue de son corps. Il nous suffit de comprendre la différence du sujet et de l'objet.

Voyons d'ailleurs ce qui arrive si l'on suppose que l'âme et le corps sont des substances distinctes, dont la première peut exister sans la seconde.

Si l'âme et les choses matérielles sont ainsi séparables, l'existence de ces dernières est pour l'âme forcément douteuse. A considérer les choses de ce point de vue, on tombe nécessairement, soit dans l'idéalisme empirique des cartésiens, pour qui l'existence de la matière ne peut qu'être conclue par un raisonnement imparfait, soit dans l'idéalisme dogmatique de Berkeley, qui juge contradictoire la notion de la matière, soit dans l'idéalisme sceptique de Hume, qui fort raisonnablement révoque en doute l'existence de la matière parce qu'il la tient pour indémontrable.

Puis comment expliquer les rapports des deux ordres de substances que l'on admet ? La philosophie issue de Descartes s'est épuisée en vains efforts pour résoudre ce problème. Ni l'influx physique, ni l'harmonie préétablie, ni l'assistance surnaturelle ne sont démontrables.

Or tous ces problèmes tombent si l'on admet le point de vue de l'idéalisme transcendental.

L'idéalisme transcendental, en même temps qu'il refuse à l'homme la connaissance des choses en soi, lui assure celle de la réalité empirique des phénomènes, car il tient le sujet et l'objet pour rigoureusement solidaires, et prouve que la perception du moi suppose celle de la matière comme substance. Or de quelle autre réalité que de la réalité empirique peut-il être question quand il s'agit des phénomènes extérieurs? Et, en ce qui concerne le rapport de l'âme et du corps, le problème de la communication des substances est remplacé, dans l'idéalisme transcendental, par celui de la coexistence, au sein même d'un sujet, de représentations qui s'extériorisent dans l'espace, et de représentations qui ne prennent que la forme du temps. La racine de ce fait nous est sans doute inaccessible. Mais il n'offre, en lui-même, rien que d'intelligible.

Kant résume toute son argumentation dans cette formule que donne la seconde édition : le jugement, *je suis*, thème de la psychologie rationnelle, peut être considéré, soit comme analytique, soit comme synthétique. Analytique, il est légitime ; mais du *je* qui nous est donné et qui n'est que le « je pense » accompagnant toute représentation, le fonds commun de toutes les catégories, il n'affirme qu'une existence logique, l'existence d'une forme vide.

Ou bien l'on donne au mot *sum* un sens transcendental. On veut qu'il désigne l'existence d'une chose en soi, d'un objet absolu. Alors le jugement est synthétique, et, comme tout jugement synthétique, il exige un point d'appui, une intuition où deux termes soient donnés ensemble. Cette intuition, où est-elle ?

Est-ce à dire que toute la psychologie rationnelle soit vaine ? Non, ainsi qu'il résulte de la critique même à laquelle elle donne lieu. Cette critique, en effet, engendre des conséquences soit négatives, soit positives, qui donnent satisfaction aux besoins de l'âme auxquels devait répondre la psychologie rationnelle.

La critique, en somme, ne nous prive de rien, car ce ne sont pas sur des arguments subtils comme ceux de la psychologie d'école qu'est fondée la croyance de l'humanité à la personnalité humaine et à la vie future. Les preuves qui en réalité s'imposent à l'esprit, et qui sont d'ordre moral, ne sont nullement atteintes par le renversement des preuves métaphysiques.

La critique de la psychologie rationnelle abolit cette psychologie comme science, mais la maintient comme discipline, marquant à la raison spéculative, sur ce terrain, une borne infranchissable. Et cette discipline est pour nous du plus haut intérêt. Certes, nous ne pouvons pas démontrer que l'âme soit immortelle ; mais le matérialisme ne démontrera pas davantage qu'elle ne l'est pas. Le matérialisme n'est pas moins illégitime que le pneumatisme mystique ou fanatique.

La critique a en outre une véritable utilité positive. En effet, elle laisse subsister le « je suis » en tant que *sum* représente l'existence en général d'une substance ou d'un sujet. Les prédicats posés par la psychologie rationnelle subsistent, non pas dans leur sens concret, mais dans le sens universel des catégories, applicables, en elles-mêmes, à des choses en soi aussi bien qu'à des phénomènes. Nous ne pouvons pas, dans les conditions où se trouve placée notre raison théorique, appliquer ces catégories à notre moi. Mais, si, dans un autre domaine, la raison réclamait la personnalité et l'immortalité du *moi*, la critique a montré que ces affirmations n'auraient rien de contradictoire. Un commandement de la raison pratique, par exemple, pourrait suppléer, en un sens, l'intuition absente. C'est ainsi que la critique, d'une manière générale, en même temps qu'elle rabat les prétentions d'une science présomptueuse, se trouve, par une sorte d'harmonie providentielle, préparer les voies à la morale et à la religion.

CHAPITRE VI

Examen de la Critique de la Psychologie rationnelle

I

Avant d'examiner si la réfutation de Kant est concluante, voyons dans quelle mesure il a conservé aux arguments qu'il critiquait leur forme historique et authentique. Kant reproduit-il fidèlement les arguments de la psychologie rationnelle classique ? Selon lui, cette argumentation peut se résumer ainsi : la psychologie rationnelle, c'est-à-dire la prétention de connaître notre âme telle qu'elle est en elle-même, a pour point de départ nécessaire le *cogito* de Descartes, le « je pense », conçu comme quelque chose de donné, comme un fait dominant tous les faits de la vie intérieure.

Quel doit être le point d'arrivée ? Quel but se propose-t-on d'atteindre? On veut arriver à montrer dans l'âme quelque chose d'inconditionné, de premier en soi, par rapport à tous les phénomènes de la vie psychique.

Enfin comment s'accomplira le passage du point de départ au point d'arrivée ? Au moyen d'un raisonnement ; plus précisément, d'un syllogisme.

Ce résumé de la marche suivie par la psychologie rationnelle est-il exact ? Est-ce bien ainsi que se présente la métaphysique de l'âme chez ses principaux avocats ?

Considérons d'abord la philosophie contemporaine de Kant : celle de Wolff, Mendelssohn, Reimarus, Knutzen, qui paraissent être les auteurs présents à la pensée de Kant. A ce point de vue, nous ne saurions dire que Kant soit en défaut. Il reproduit surtout la méthode de Wolff. Ce philosophe, en effet, n'admet plus, comme Leibnitz, que la pensée et l'être soient donnés ensemble et qu'il n'y ait point de substance sans perception et appétition. Pour lui perception et substance ne s'impliquent plus réciproquement ; un raisonnement est donc nécessaire pour réunir la pensée et l'être. Partant du fait de la conscience, Wolff en tire d'abord l'existence de l'âme. Puis il prouve que de l'union de perception et d'aperception, qui fait de l'âme une essence pensante, on doit conclure que l'âme est incorporelle et simple, par conséquent une substance primitive. Il doit donc exister dans l'âme une faculté de se modifier constamment. Il appartient à la psychologie rationnelle de dériver des changements de cette *vis repræsentativa* toutes les facultés de l'âme comme modifications de cette faculté fondamentale.

L'exposition de Kant ne trahit pas la psychologie wolffienne. Mais si, au lieu de considérer les contemporains de Kant, nous remontons à Descartes, l'auteur même du *cogito, ergo sum*, trouverons-nous de même que la doctrine du philosophe est fidèlement reproduite ? La chose est moins évidente.

Dans les syllogismes que Kant attribue à la psychologie rationnelle, le *cogito* est un fait qui ne contient en lui-même aucune existence transcendentale. Cette existence n'y doit être liée que par un raisonnement. Or est-ce là le cas du *cogito* cartésien ? Si nous analysons, notamment, d'après la fin de la deuxième *Méditation*, la nature du *cogito* de Descartes, nous verrons qu'elle est moins simple que ne le suppose Kant. Après qu'il a révoqué en doute toutes ses connaissances, Descartes considère qu'une chose ne peut être supprimée en pensée : la puissance de suspendre son jugement, en d'autres termes, son libre arbitre. Le *cogito* est l'affirmation de cette puissance qui subsiste malgré tout ; le *cogito* enferme à la fois une opération de l'entendement et une opération de la volonté. Il y a donc déjà de l'être dans le *cogito*, car l'être, chez Descartes, est représenté par la volonté. Le problème, dès lors, ne consistera pas à aller d'un simple fait à une substance, mais à s'élever de ce qui ne renferme encore qu'un minimum d'être à un être permanent et déterminé.

Quel sera le point où tendra le *cogito* de Descartes. Sera-ce l'attribution à l'âme d'une substantialité absolue comme celle que définit Kant ? Il ne le semble pas. « Peut-être bien, dit Descartes, que, si je cessais de penser, je cesserais aussi d'être ». L'âme de Descartes doit penser toujours. C'est un paradoxe. Mais ce paradoxe signifie que Descartes ne consent pas à séparer la pensée et l'existence. L'âme, si elle doit être substance, doit penser sans relâche. Il ne s'agit donc pas ici d'une substantialité vis-à-vis de laquelle la pensée ne serait qu'une manière d'être.

Enfin le rapport entre *cogito* et *sum* sera-t-il établi par un syllogisme ? Descartes n'admet pas qu'on interprète ainsi sa doctrine. La forme syllogistique que peut revêtir le *cogito* n'est conçue qu'après coup. En lui-même il est connu par une pure intuition de l'esprit, par un acte rigoureusement un, par lequel *sum* et *cogito* sont saisis comme s'appartenant. Le syllogisme, pour Descartes, n'est pas un instrument de découverte, mais d'enseignement. Les mathématiques raisonnent, et cela par analyse et synthèse, non par syllogismes, bien qu'ici encore les démonstrations, une fois trouvées, puissent être présentées sous forme syllogistique. Rien donc, dans le *cogito* cartésien, de la subsomption qu'y veut voir Kant. L'intuition cartésienne lie entre eux des termes coordonnés.

Si du dogmatisme cartésien nous passons au dogmatisme antique, nous le trouverons encore plus différent du tableau que nous fait Kant de la psychologie dogmatique. Loin de partir de la pensée séparée de l'être pour essayer de démontrer que cette pensée est substance, la philosophie antique fait marcher de pair la pensée et l'existence. C'est l'être même, selon elle, qui nous est donné. Réciproquement, la raison d'Aristote, en tant que faculté de connaître les principes, est par là même, elle aussi, immédiatement principe et réalité absolue. Chez Leibnitz lui-même, imbu de l'esprit classique, la pensée et l'être sont intimement unis. L'existence n'est autre chose que le déploiement des virtualités qui constituent le possible. Il y a passage insensible du possible à l'être comme de l'ellipse au cercle.

II

L'exposition que fait Kant de la philosophie dogmatique est donc loin de convenir également à toutes les doctrines qu'il fait rentrer dans cette philosophie. Faut-il en conclure que sa réfutation n'est valable que pour la philosophie de Wolff et que, contre Descartes ou Leibnitz, elle ne porte que peu ou point ?

En ce qui concerne Descartes, remarquons que sa doctrine prêtait à l'ambiguïté. Le *cogito* participe du phénomène et de l'être. Où est-il au juste ? Certains textes permettraient de le considérer comme pur phénomène ; d'autres, de le traiter comme exprimant déjà une existence. Il est certain que l'acte de libre arbitre qui s'y trouve impliqué dépasse la simple réalité d'un phénomène, car la liberté, pour Descartes, est univoque en Dieu et l'homme. Pourtant, qu'est-ce que *cogito*, sinon l'élément commun à toutes les connaissances que rejette le doute méthodique ?

Il en est de même en ce qui concerne le point d'arrivée. Descartes se propose sans doute avant tout d'établir l'indépendance réciproque du monde de la pensée et du monde de l'étendue, de telle sorte qu'on ne fasse plus appel à des propriétés corporelles pour expliquer les choses de l'âme, ni à des qualités occultes, analogues à celles de l'âme, pour expliquer les choses physiques. Il n'en est pas moins vrai que, la liaison de *cogito* et de *sum* une fois accomplie par l'intuition, il en dégage cette majeure : pour penser il faut être, — laquelle semble poser logiquement la substance avant la pensée. Enfin, s'il nie que le procédé suivi pour lier *cogito* à l'existence soit le syllogisme, ne peut-on pas distinguer ici entre le mode de connaissance pour nous et le mode de liaison intrinsèque des choses, et dire que, dans le *cogito, ergo sum*, il y a, au fond, un syllogisme, puisque la réflexion en dégage un raisonnement de cette nature ?

Pour ce qui est de Leibnitz, sans doute, il a constamment rapproché et rendu solidaires l'un de l'autre le possible et l'être, le mécanisme et le dynanisme, la perception et l'appétition, la cause efficiente et la cause finale, la nécessité géométrique et la nécessité morale ; mais c'est là justement ce qui fait et fit aux yeux de Kant l'obscurité de son système. Nous voyons bien qu'il ne veut rien sacrifier, rien amoindrir, ni les mathématiques, ni la métaphysique ; mais comment établit-il le rapport entre ces deux termes ? Sur ce point, les interprètes ne peuvent se mettre d'accord. Aujourd'hui encore, les uns le tirent du côté du mathématisme, du déterminisme mécanique, du panthéïsme ; les autres, du côté de la métaphysique, du spiritualisme, de l'individualisme, voire du mysticisme moral et religieux.

Enfin, pour la philosophie ancienne, certes la pensée et l'être ne sont qu'une seule et même chose : τὸ γὰρ αὐτὸ νοεῖν ἐστίν τε καὶ εἶναι, disait Parménide. Mais ce point de vue, maintenu chez les Platon et les Aristote, au moins pour les formes les plus hautes de la pensée, est précisément ce que la plupart des modernes considèrent comme le πρῶτον ψεῦδος de la philosophie antique. En vertu de ce principe, les anciens se croyaient autorisés à déterminer *a priori* les lois constitutives de la nature, et à spéculer sur Dieu et les causes premières.

Kant a voulu dégager et définir la marche suivie par l'esprit humain pour arriver à cette doctrine de l'être saisi dans la pensée. Il admet que ce qui nous est donné en réalité, ce n'est que la pensée-phénomène, et que nous en faisons, par un raisonnement bâtard, la pensée-être, la pensée-substance. Il faut convenir que cette interprétation de l'origine du dogmatisme a été généralement adoptée par les modernes, tant par ceux qui prétendent le maintenir que par ceux qui le repoussent. Dans notre enseignement classique, c'est, aujourd'hui même, sur ce terrain que l'on se place. On situe au début ce qu'on appelle les faits psychologiques, et l'on relègue à la fin, dans un chapitre distinct, les questions relatives à l'âme, à la réalité du monde extérieur, aux existences.

Contre une psychologie rationnelle constituée dans de pareilles conditions, les arguments de Kant sont très solides. Il s'agit, en effet, quand on veut passer du moi à l'âme-substance, de faire un saut qui n'a pas d'analogue dans la connaissance proprement scientifique. Il est clair que la garantie que l'expérience confère à nos principes de substance et de cause, quand nous nous en servons pour lier un phénomène à un phénomène, ne peut plus être invoquée quand on se propose de passer du phénomène à l'être. Nous donnons ici à ces mots, substance et cause, un sens tout autre que celui qu'ils ont dans nos raisonnements scientifiques. Ainsi ce point de départ, *cogito*, fût-il accordé, on ne voit pas comment d'un *cogito* phénoménal on peut passer à un moi-substance.

Mais, il y a plus : le progrès de la psychologie expérimentale a ébranlé même la base de l'argumentation dogmatique. On partait de l'identité de conscience comme d'un fait incontestable ; le moi, à tout le moins, paraissait donné. Mais la psychologie contemporaine conteste avec force l'existence de ce fait. Le moi paraît se morceler, se dédoubler, s'aliéner ; son identité n'apparaît plus que comme un accident très fragile. Que vaut le raisonnement, si le point de départ même est si litigieux ?

III

Mais la question est de savoir s'il faut nécessairement interpréter la psychologie rationnelle ainsi que l'a fait Kant, et que le font, de nos jours même, de nombreux philosophes. Est-il juste de dire, avec Locke, avec Berkeley, avec Hume : l'entendement ne peut partir que de ses idées, de ses impressions, car c'est la seule chose qui lui soit immédiatement donnée ? Si l'on accorde ce principe, il est difficile de repousser les conséquences qu'en tire Kant, et l'on devra, sous peine de se contredire, aboutir soit au phénoménisme, soit au mysticisme, comme il arrive en effet chez ceux qui se placent à ce point de vue. Mais ce point de vue s'impose-t-il à la métaphysique ? Il semble qu'il y ait là une confusion, et que l'on place la métaphysique sur un terrain qui n'est pas le sien, mais celui de la science positive. Le défaut de Kant ne serait-il pas d'avoir été comme obsédé par l'idée de la perfection de la science newtonienne, d'avoir modelé la philosophie sur cette science ? La science sépare le phénomène de l'être ; c'est la condition de son existence et de son progrès. Elle dépouille de plus en plus son objet de tout élément métaphysique. Déjà, Descartes l'a orientée dans ce sens ; elle devient singulièrement difficile à cet égard, et chaque jour relègue au rang de simples véhicules, ou même d'*impedimenta*, des éléments que l'on prenait pour des données d'expérience, malgré leur caractère plus ou moins métaphysique. La physique a-t-elle besoin de l'idée d'atomisme ou peut-elle s'en passer ? Le professeur Ostwald, de Würzbourg, tout récemment, soutenait la négative, et ses contradicteurs mêmes ne soutenaient pas précisément que la lumière et la chaleur fussent effectivement des mouvements, mais simplement que cette conception est commode, et qu'on ne voit pas actuellement comment on pourrait s'en passer. Eux-mêmes ne voient guère là qu'une représentation symbolique de la cause inconnue des phénomènes et conviennent que tout l'effort de la science se porte vers la connaissance des lois, non des causes génératrices.

La science se fait donc par une séparation de plus en plus complète du connaître et de l'être. S'ensuit-il que la métaphysique doive partir, elle aussi, du fait rigoureusement vidé de tout contenu ontologique, pour s'élever, de là, à la différence de la science, non plus aux lois de ce fait, mais aux causes suprasensibles qui le produisent ?

Assigner à la métaphysique une telle marche, c'est peut-être en nier la légitimité. Car des faits on ne peut tirer que des lois, non des causes véritables, et, s'il n'y a pas d'autre point de départ légitime que le pur phénomène, il n'y a pas d'autre connaissance valable que la science. La science, pourtant, nous suffit-elle ? Le besoin métaphysique subsiste malgré tout, comme le dit si bien Kant, et un je ne sais quoi nous empêche d'admettre que l'être se réduise pour nous à ses rapports de grandeur et de position. Faut-il accorder à Kant que la conscience elle-même n'atteint que des phénomènes ? C'est la question que se sont posée ceux qui ont entrepris un examen méthodique de la critique. Kant lui-même n'avait-il pas dit que la négation de cette doctrine était la principale pierre d'achoppement que la critique eût à redouter ? On trouve cette question traitée avec profondeur dans un article de M. Ravaisson, intitulé : *Philosophie contemporaine*, et publié dans la *Revue des Deux-Mondes* du 1er novembre 1840. L'auteur montre que la conscience, en rentrant en elle-même, dépasse la sphère des phénomènes où l'on prétend l'enfermer, et trouve successivement l'effort, la tendance, la volonté, le désir et, finalement, l'amour.

La séparation de l'idée et de l'être n'est pas donnée, elle est notre œuvre. La science la poursuit avec méthode et sans merci. C'est une condition de son succès. Mais elle n'a pas le pouvoir d'abolir ce qu'elle laisse de côté. Elle écarte le dedans des choses, parce que cet élément ne correspond pas à sa manière de connaître. Il appartient à la métaphysique de revenir au vrai point de vue de la nature, de reconstituer l'être que dissout la science. Et elle n'a pas, pour cela, à faire appel à quelque opération spéciale, telle qu'une intuition intellectuelle sans rapport avec notre expérience. L'être n'est pas loin de nous ; il nous pénètre : « *In illo vivimus, movemur et sumus* ».

Mais il s'agit de savoir quelle est la proportion d'être qui appartient à chaque chose. Il nous importe peu qu'il y ait de l'être partout où il y a quelque phénomène, comme il y a de l'espace partout où il y a des corps. Nous voulons savoir quelles sont les déterminations de l'être qui, comme telles, méritent le nom d'êtres. Et, pour résoudre cette question, il ne suffit pas de revenir à l'ancienne métaphysique sans tenir compte de la critique. Certes, la raison a une haute dignité et se retrouve dans tous nos jugements. Cela ne suffit pas à prouver qu'elle est un principe et une substance.

Mais, si l'on ne peut dire que la pensée suppose une substance pensante, si le raisonnement est illégitime qui remonte de la pensée à l'être, n'est-il pas permis d'admettre que la pensée est elle-même productrice d'être et de substantialité ? Ne voyons-nous pas, à la lumière des sciences positives, comment l'être, d'un état primordial d'indétermination analogue à celui que concevait Parménide, passe à un état d'hétérogénéité et de spécificité croissantes ? Avec le temps, se sont formés des types permanents, lois physiques, lois d'évolution, règnes, genres, espèces, variétés, de plus en plus déterminés. Au sein de l'humanité elle-même, les nations, les groupes sociaux acquièrent une individualité et une existence propre. Et quelle est l'origine de cette spécification de l'être ? C'est la permanence et le progrès de la fonction. La fonction crée l'organe encore plus qu'elle ne le suppose ; il faut, certes, une matière préexistante ; mais, de cette matière, on pouvait faire différents usages. La fonction détermine son substratum et lui donne des propriétés nouvelles. Dans un cerveau lésé, une partie en supplée une autre. Ce principe général, que la fonction tend à se perpétuer en se créant un organe, pourquoi ne l'appliquerions-nous pas à la pensée aussi bien qu'aux fonctions inférieures ?

Si donc la pensée ne prouve pas encore la substance pensante, elle peut la créer. Descartes a bien vu que la continuité de la pensée a un rapport avec la substantialité de l'âme. Si elle n'est pas donnée. il dépend de nous de la réaliser d'une façon croissante, et, par là, d'accroître l'être même de notre âme. Toute notre dignité consiste en la pensée. C'est de là qu'il nous faut nous relever, c'est par là que nous nous donnerons l'être. Le seul salut pour l'âme, dit Platon, c'est de devenir la meilleure et la plus sage possible. Car, dans son voyage vers l'Adès, elle n'emporte avec elle que son instruction. et sa culture, c'est-à-dire l'être qu'elle a su créer par sa science et par sa vertu.

CHAPITRE VII

L'Antinomie de la Raison pure

La doctrine que nous allons étudier a exercé une grande influence sur le développement de la pensée philosophique après Kant, surtout en Allemagne. Elle se rattache à des recherches dialectiques inaugurées dès le ve siècle avant J.-C. par Zénon d'Elée. Elles présentent au plus haut point un intérêt général. Il s'agit de savoir si, quand elle s'interroge sur la réalité et la nature intrinsèque du monde qui nous entoure, la raison humaine peut arriver à se satisfaire ou si elle s'engage nécessairement dans des contradictions insolubles. Là, peut-être, se trouve le nœud de toute spéculation métaphysique. La contradiction des opinions fut de tout temps la source principale du septicisme. Comment persister dans les recherches métaphysiques s'il est véritablement démontré qu'en ces matières on peut également prouver le pour et le contre ?

Une étude de l'antinomie kantienne a pour premier objet de déterminer à un point de vue strictement historique la manière dont Kant pose et démontre les thèses et antithèses de la cosmologie rationnelle. Il arrive souvent que, s'en tenant à l'idée générale et la développant suivant ses idées personnelles, on modifie plus ou moins le caractère des démonstrations kantiennes. C'est ainsi que l'on fera jouer, dans cette question, un rôle considérable à l'idée de nombre infini, alors que Kant dit, dans les remarques sur la première thèse, qu'il a évité à dessein de se servir du concept de l'infinité d'une grandeur ou d'une multitude donnée. Ou bien encore on dira que les thèses sont posées au nom du seul principe de contradiction, au nom de la pure logique, tandis que les antithèses sont conçues au point de vue de l'expérience. Mais Kant dit, dans la section relative à l'intérêt de la raison dans le conflit, que les affirmations de la thèse prennent pour fondement, indépendamment du mode d'explication empirique, certains principes intellectuels, de telle sorte que la maxime n'en est pas simple.

Comment se présente, selon Kant, le problème de la cosmologie rationnelle ? De la même manière que celui de la psychologie rationnelle. Il s'agit ici encore d'une idée qui est engendrée par la raison et à laquelle nous sommes portés à attribuer l'objectivité. Nous avons vu comment, en poursuivant la totalité des conditions de la représentation par rapport à leur sujet, la raison forme l'idée d'un sujet pensant absolument un, et comment nous sommes conduits à concevoir ce sujet comme existant véritablement en soi. C'est d'une manière analogue que la raison se forme l'idée du monde. Exigeant que la série des phénomènes repose sur un inconditionné, elle pose l'unité absolue de la série des conditions du phénomène. Cette unité est ce que nous appelons monde.

Nous avons à nous demander à son sujet : 1° quel est le système des idées cosmologiques ; 2° quels sont les raisonnements que forme la raison pour ériger ces idées en réalités.

I

Pour déterminer les idées cosmologiques, nous devons partir des catégories. Ce sont celles-ci, et non de prétendus concepts de la raison qui nous fourniront les idées cherchées. Car la raison ne peut être considérée comme étant, à elle seule, une source de connaissance : elle n'engendre, à proprement parler, aucun concept, elle ne fait qu'affranchir le concept de l'entendement des limitations inhérentes à une expérience possible. Etant donné un conditionné, elle exige la totalité absolue du côté des conditions, et fait ainsi d'une catégorie une idée.

Si les catégories sont le point de départ nécessaire, elles ne peuvent pas être employées indistinctement pour former les idées. Le conditionné dont il s'agit ici est essentiellement une série. Les seules catégories applicables sont donc celles où la synthèse constitue une série, et une série de conditions subordonnées entre elles.

Enfin l'inconditionné n'étant requis que du côté des conditions, non des conditionnés, la seule synthèse dont les idées cosmologiques expriment la totalité est la synthèse régressive, non la synthèse progressive.

Ceci posé, nous prendrons d'abord les deux quanta originaires de toute intuition pour nous, le temps et l'espace. Les phénomènes qui sont dans le temps forment immédiatement une série. Pour l'espace en lui même, il n'est pas une série, mais un agrégat. Mais, si nous le consi-

dérons dans la manière dont nous l'appréhendons, nous trouvons que la
synthèse de ses parties que nous accomplissons à cet égard est successive, par conséquent a lieu dans le temps et forme une série. Et, comme
chaque espace ajouté à un autre est la condition qui le limite, la progression de l'espace, au point de vue de la limitation, est une régression.
D'où suit l'existence d'une idée relative à la grandeur du monde dans
l'espace.

En ce qui concerne la qualité ou réalité du monde dans l'espace, la
raison poursuit l'inconditionné dans la division du composé, c'est-à-dire
la division complète, qui seule rend entièrement compte du composé.

Viennent en troisième lieu les catégories de relation. Ici, je ne puis
faire appel ni à la catégorie de substance, ni à celle de réciprocité, qui
ne conviennent pas à une série, mais celle de causalité implique, chez
Kant, rapport de succession entre des termes, et, par conséquent, peut
être appliquée au monde comme série.

Enfin les catégories de la modalité sont la possibilité et l'impossibilité, l'existence et la non-existence, la nécessité et la contingence.
Seuls ici le contingent et le nécessaire peuvent être considérés comme
constituant une série. La raison cherche donc, à ce point de vue, à
fonder le contingent sur la nécessité absolue.

II

Quel est le problème qui se pose maintenant devant nous ?

Celui de concevoir les idées cosmologiques, non seulement comme
des constructions de l'esprit, mais comme des expressions de la réalité.
Il s'agit de poser, comme existant réellement, la quantité, la qualité,
la causalité et la nécessité du monde, de voir ce que deviennent les
idées quand nous entreprenons de leur attribuer l'objectivité. Une telle
objectivité est-elle intelligible ? Nous avons pu établir la réalité des phénomènes, le réalisme empirique. Pourrons-nous de même démontrer la
réalité du monde comme tout, le réalisme transcendental ?

Nous pouvons prévoir les difficultés que rencontrera cette prétention
de la raison à concevoir le monde même, et non pas seulement les
phénomènes, comme existant objectivement. Nous avons ici affaire à
deux facultés distinctes, la raison et l'entendement. La raison exige
l'absolu, le tout, l'achèvement de la régression. L'entendement a pour
fonction d'objectiver les phénomènes en rattachant un conditionné phé-

noménal à une condition également phénoménale. L'entendement, qui est notre faculté objectivante, pourra-t-il remplir la tâche que lui assigne la raison, arriver à concevoir l'inconditionné même comme une réalité objective ?-Il est clair qu'il y a disproportion entre les deux facultés. De même que Descartes avait vu une disproportion radicale entre notre volonté infinie et notre entendement fini, de même Kant ne voit pas de commune mesure entre notre raison qui veut se reposer dans l'inconditionné et notre entendement qui ne peut dépasser le conditionné. D'avance nous prévoyons que l'entendement ne pourra satisfaire la raison, que, chargé d'une tâche qui le dépasse, fait pour connaître les phénomènes, et employé à poursuivre l'absolu, il s'abîmera dans la contradiction. La racine des antinomies, c'est l'antinomie de l'entendement et de la raison, constitutifs l'un comme l'autre de notre intelligence.

Comment se manifestera cette antinomie radicale ? Les concepts que l'entendement fournira sous l'empire de l'injonction qui lui est faite, seront tantôt trop grands pour lui, s'ils satisfont la raison, tantôt trop petits pour la raison, s'ils satisfont l'entendement. La raison demande la totalité des conditions, un tout achevé, se suffisant, et à cet objet l'entendement ne peut atteindre. L'entendement relie indéfiniment un conditionné à une condition, et un tel objet ne remplit jamais l'attente de la raison. Pour essayer de concilier cette double exigence, l'entendement placera l'inconditionné tantôt dans un premier nombre de la série, de manière à imiter l'achèvement de l'objet conçu par la raison, tantôt dans l'ensemble de la série, conçue comme sans fin, de manière à respecter la loi de conditionnement propre à l'entendement. Mais, dans le premier cas, il se fera violence, en admettant une condition inconditionnée ; dans le second, il donnera arbitrairement pour une explication complète ce qui ne pourra que demeurer une explication relative et provisoire.

III

Considérons maintenant le détail des antinomies.

Les thèses sont visiblement dominées par la préoccupation des conditions de l'être, par l'idée du point d'appui nécessaire aux phénomènes pour qu'ils acquièrent une véritable réalité, par l'ἀνάγχη στῆναι d'Aristote. Dans les antithèses domine l'idée de l'explicabilité empirique nécessaire de toute donnée de l'expérience. Aux yeux de Kant, les arguments relatifs aux thèses ont véritablement autant de force que les arguments relatifs aux antithèses.

PREMIÈRE ANTINOMIE. — *Thèse*. — Le monde a un commencement dans le temps, et est limité dans l'espace.

Antithèse. — Le monde n'a ni commencement dans le temps, ni limite dans l'espace, mais il est infini dans le temps comme dans l'espace.

L'idée directrice de la thèse est, avons-nous dit, la conception du monde comme réel. Je dois considérer comme réelle l'existence dont j'ai conscience actuellement. Or, supposez que le monde n'ait pas un commencement dans le temps. Alors l'existence actuelle a été précédée par une série infinie de phénomènes, laquelle est actuellement achevée. Mais il est contradictoire qu'une série infinie soit finie, close. Le moment actuel ne peut donc être considéré comme entièrement déterminé, ainsi qu'il serait nécessaire pour que la réalité transcendentale en fût établie. Si le monde n'a pas eu de commencement, peut-on dire, la série des phénomènes n'aboutira jamais au moment actuel. Supposez un coureur qui part de l'infini : il n'arrivera jamais à un point donné, car, si vous admettez qu'il y va arriver, je n'ai qu'à supposer qu'il est parti d'un point plus éloigné, pour montrer qu'il n'y arrivera pas, et ainsi de suite à l'infini.

Kant fait remarquer au sujet de cette preuve, qu'elle n'invoque pas l'impossibilité d'une grandeur infinie donnée. Elle n'a que faire du concept d'un maximum. Elle ne considère le tout que dans son rapport à une unité que l'on peut prendre telle que l'on veut. Mais l'espace n'est-il pas donné ? Les parties de l'espace ne sont-elles pas simultanées ? Il faut considérer que nous parlons, non de l'espace, mais du monde comme totalité. Ce monde ne peut faire pour nous l'objet d'une intuition. Le monde comme totalité n'est concevable que par une synthèse successive complète de ses parties. Or, si le monde est infini en étendue, il faudra un temps infini pour faire cette synthèse, et nous retombons dans la difficulté relative à la durée infinie du monde dans le passé.

Telle est la démonstration de la thèse. En vertu du principe de contradiction, nous devrions pouvoir conclure à la fausseté de l'antithèse. Mais il se trouve que celle-ci se démontre aussi rigoureusement que la thèse.

La démonstration sera, ici encore, une *reductio ad absurdum* de la proposition contradictoire.

Supposez que le monde ait un commencement dans le temps. Alors, avant qu'il commençât, il existait un temps vide. Mais un pareil temps est parfaitement homogène. Or, dans un tel milieu, il n'y a pas de

raison pour qu'un phénomène se produise à un moment plutôt qu'à
un autre, et ainsi le monde ne commencera jamais. Le temps, en soi,
d'ailleurs, ne peut pas être considéré comme quelque chose de réel.
Le temps n'est que la forme vide des phénomènes : séparé d'eux, il
n'est rien, nous ne pouvons trouver la raison de l'apparition des choses.

Le rapport d'un monde fini à l'espace présente une difficulté ana
logue. Un tel monde sera limité par l'espace vide, c'est-à-dire par un
non-être, c'est-à-dire par rien ; il ne sera pas limité. L'espace ne saurait
être une limite : une limite doit être quelque chose de matériel et l'espace
n'est rien, séparé des phénomènes dont il est la forme. Il n'y a de
rapport de limitation concevable qu'entre choses de même nature, entre
phénomènes et phénomènes situés dans l'espace les uns comme les
autres.

Deuxième antinomie. — Pouvons-nous concevoir sans contradiction
le monde comme réel dans les éléments qui le composent ?

Thèse. — Toute substance composée est composée de parties simples, et il n'existe rien qui ne soit simple ou composé de parties simples.

Antithèse. — Nul composé n'est composé de parties simples, et il
n'existe rien de simple dans l'univers.

Dans la thèse, il s'agit essentiellement d'assurer la réalité du composé ou de la matière. Supposez que la matière soit divisée, c'est-à-dire
composée à l'infini. Qu'est-ce, dans une substance composée, que la
composition ? Est-ce une partie intégrante de la substance ? Evidemment, non. La composition est, à l'égard de la substance, un accident.
quelque chose d'extrinsèque : les substances conserveront leur réalité si
elles sont dissociées. Donc supposez que, d'une substance composée à
l'infini, on supprime toute composition : il ne restera rien. C'est ainsi
que l'espace disparaît totalement si l'on en retranche la composition,
la synthèse des parties. Que si vous niez qu'il en soit ainsi de la matière,
c'est que vous admettez qu'en elle la composition a un terme, et qu'elle
est composée de parties simples. Et comme tout ce qui n'est pas simple
est composé, il suit immédiatement de ce qui précède que tout, dans la
nature, est simple ou composé de parties simples.

L'antithèse insiste sur ce point qu'il s'agit, dans notre assertion sur
la réalité de la matière, du monde de l'expérience ; toute substance
composée est nécessairement donnée dans l'espace (autrement elle n'ap-
partiendrait pas à notre monde), et les éléments en sont également dans
l'espace. Or supposez que la matière soit composée de parties simples :

ces parties sont dans l'espace, elles sont nécessairement divisibles, comme l'espace qu'elles occupent. Elles ne sont donc pas simples, et la conception d'un composé donné dans l'expérience et composé de parties simples est contradictoire.

Mais, dira-t-on, il faut distinguer entre le point mathématique et le point physique. Certes, le point mathématique n'est simple que parce qu'il est abstrait. Mais le point physique peut être à la fois simple et réel. C'est là, dit Kant, une conception que la critique renverse. Physique, le point doit être phénoménal, et, phénoménal, il est soumis aux conditions de la sensibilité qui exige, non seulement des éléments en général, mais des éléments situés dans l'espace comme dans leur forme constitutive, Un monde intelligible peut se composer de monades leibnitzienne; un monde phénoménal se compose de parties étendues et divisibles, composées elles-mêmes de parties analogues, et ainsi à l'infini.

TROISIÈME ANTINOMIE. — Quelle est la nature du monde, au point de vue de la causalité ?

Thèse. — Il doit nécessairement exister dans le monde, outre les causes naturelles, une causalité libre.

Antithèse. — Il n'existe dans le monde que des causes naturelles ; une causalité libre est chose impossible.

La thèse montre la nécessité d'admettre une causalité libre pour pouvoir considérer le monde, non comme une chose abstraite, un possible, mais comme quelque chose qui existe réellement. Cela seul existe qui est complètement déterminé ; tant qu'une chose est incomplètement déterminée, elle n'est qu'un possible. Mais s'il n'y a que des causes naturelles dans l'univers, alors jamais un phénomène ne peut être considéré comme complètement déterminé. En effet, soit le phénomène A que je me propose d'expliquer. Il suppose comme cause une condition antérieure B, et, dans l'hypothèse, il en est ainsi à l'infini. Il suit de là qu'en expliquant A par B, je ne donne qu'une explication partielle, et ainsi de suite à l'infini ; jamais je n'arrive à l'explication totale. Je viole ainsi la loi de la nature qui veut que rien n'arrive sans une cause suffisamment déterminée *a priori*. Il faut que la série des causes soit complète, c'est-à-dire achevée, c'est-à-dire finie. Il faut qu'à l'origine il y ait une cause dont l'action ne soit déterminée par rien d'antérieur, une cause capable de poser spontanément le commencement d'une série de phénomènes, une causalité libre. Résultant d'une telle cause, la série phénoménale

des causes et des effets est pleinement déterminée et véritablement existante.

Dirons-nous qu'il y a dans la conception d'une telle causalité quelque
chose d'étrange ? Mais il doit nous suffire que la nécessité d'admettre
une liberté soit prouvée, sans qu'il nous soit nécessaire de comprendre
comment la liberté est possible. La science doit souvent se contenter
d'établir l'existence des choses sans en comprendre le comment. Com-
prenons-nous le comment de la causalité naturelle, qui lie entre eux,
d'une manière nécessaire, des termes hétérogènes, irréductibles l'un à
l'autre ? Si la causalité naturelle n'est pas plus compréhensible que la
liberté, comment l'opposer à la causalité libre ? Or, une fois que l'on
a admis une spontanéité originelle présidant à toute la série des phénomènes, rien n'empêche d'admettre qu'il puisse y avoir d'autres sponta-
néités, commençant des séries particulières. Tout être intelligent peut
être conçu comme doué d'une telle spontanéité.

L'antithèse répond, en se plaçant au point de vue de l'unité de
l'expérience, que causalité libre et causalité naturelle sont termes contradictoires, incompatibles absolument. La causalité naturelle produit un
enchaînement continu entre tous les phénomènes, tandis que la causalité
libre vient créer des hiatus.

C'est la causalité naturelle qui engendre l'objectivité empirique des
phénomènes. Nous n'avons, en définitive, qu'un moyen de distinguer le
monde du rêve de celui de la réalité, (le rêve pouvant certes avoir autant
de vivacité que les images des choses réelles), c'est de remarquer que le
monde des rêves n'a pas la même cohérence que le monde réel. Or, par
l'admission de la causalité libre, nous détruisons cette cohérence, nous
supprimons le critérium de la réalité. Il se peut que la série infinie des
causes naturelles soit une chose incompréhensible, elle ne l'est pas plus
qu'une spontanéité libre commençant une série, au mépris de la loi
de l'expérience.

Quatrième antinomie. — Quelle est la nature du monde au point
de vue de l'existence ?

Thèse. — Il existe dans le monde, soit comme sa partie, soit comme
sa cause, un être nécessaire.

Antithèse. — Nulle part, ni dans le monde ni hors du monde, il
n'existe un être nécessaire, cause de ce monde.

Tout changement, dit la thèse, est soumis à une condition qui le
précède dans le temps et dont il est l'effet nécessaire. Mais tout condi-

tionné suppose, quant à son existence, une série complète de conditions, de manière à reposer sur le nécessaire. Il faut donc qu'il y ait un être nécessaire. Et il faut que cet être appartienne au monde sensible pour qu'il puisse déterminer la série des changements en la précédant dans le temps ; situé hors du temps, il ne pourrait fonder l'existence du contingent.

Pour l'antithèse, l'argumentation est analogue à celle qui combattait la liberté. Supposez que cet être nécessaire soit une partie du monde, alors il rompt l'unité du système des phénomènes. Supposez qu'il soit la série entière : les parties du monde étant contingentes, il est inconcevable que leur somme soit nécessaire. Et, quant à supposer un être nécessaire hors du monde, du moment qu'il commencerait d'agir, il admettrait en lui-même un commencement, il serait dans le temps, donc dans le monde, ce qui est contraire à l'hypothèse.

IV

Quelle est l'originalité de cette argumentation en ce qui concerne le développement historique de la philosophie de Kant lui-même ? De longue date, Kant a opposé la mathématique et la philosophie transcendentale. Dans la *Monadologie physique*, il disait qu'il serait plus facile d'unir des griffons à des chevaux que la philosophie transcendentale à la géométrie. Dans la *Recherche sur l'évidence des principes de la théologie naturelle et de la morale* (1764), il donne une théorie complète de l'opposition de la philosophie et des mathématiques. Cette antithèse est évidemment le point de départ historique des antinomies.

L'idée maîtresse, c'est qu'il ne faut pas reléguer la géométrie dans le domaine de l'abstrait, sous prétexte que ses concepts de continu et d'infiniment petit sont impénétrables à la raison, et que, d'autre part, le droit de la métaphysique à chercher l'absolu subsiste, en face de la synthèse sans fin des mathématiques.

Mais, avant la *Critique*, il ne s'agissait que de maintenir la légitimité des deux points de vue, malgré leur opposition apparente ou réelle. Kant ne cherchait pas à les concilier, à les ramener à l'unité. Le problème de leur conciliation est celui qu'il se pose dans la *Critique*. L'*Esthétique* et l'*Analytique transcendentales* ont opéré la conciliation en ce qui concerne la connaissance empirique. La question est maintenant de savoir si la conciliation est encore possible quand il s'agit de la connaissance des choses en soi. La théorie des antinomies résout la question par la négative. Elle constitue bien quelque chose de nouveau par rapport aux travaux antérieurs à la *Critique*.

La méthode suivie est également nouvelle, originale. Précédemment Kant se bornait à déterminer, par l'observation de la métaphysique traditionnelle et de la géométrie, les principes qui président à ces sciences. Maintenant, il part de l'idée d'un monde en soi, réalisé soit d'après les principes de la métaphysique, soit d'après les principes de la géométrie ou de l'expérience, et confronte entre elles les assertions qui suivent de ces données. Il les démontre les unes et les autres, d'une manière apago-gique, par l'absurdité de leur contradictoire, laquelle est précisément la thèse de l'autre partie ; seule la quatrième thèse est démontrée direc-tement, mais il n'y a là qu'une différence de forme.

Au point de vue des résultats, précédemment il n'avait présenté qu'une opposition simple entre la géométrie et la métaphysique. Main-tenant il établit entre elles une véritable contradiction dans la nature même de notre faculté de connaître.

En présence de ce résultat, quelle marche suivra la *Critique* ?

Trois partis sont possibles. On peut renoncer à résoudre cette contra-diction : ce sera le scepticisme, solution paresseuse.

On peut ériger cette contradiction en loi des existences, soutenir que chaque fois que l'on voudra dépasser le possible et atteindre à des choses en soi, on devra admettre, comme substance de ces choses, une nature contradictoire : c'est le parti que prendra Hegel.

Kant ne songe pas à cette solution, qui renverserait le principe de contradiction, et il ne peut s'endormir dans le septicisme. Pour lui, toute contradiction est un problème qui se pose et qui exige de nouvelles recherches. Nous sommes en présence de deux thèses contradictoires : le principe de contradiction veut que si A est vrai, non-A soit faux, et que, si A est faux, non-A soit vrai. Or ici les deux termes de l'alternative sont également faux. C'est peut-être que la question qu'il s'agissait de résoudre a été mal posée ; c'est peut-être que nous ne devions pas chercher à concevoir comme absolu un monde constitué par une série de phénomènes.

CHAPITRE VIII

Solution des Antinomies

La raison pose naturellement l'unité de la série des conditions des phénomènes. En d'autres termes, elle considère, non seulement les phénomènes comme tels, mais le monde ou la nature comme ayant une réalité véritable. La cosmologie rationnelle n'est autre chose que l'effort de la philosophie pour se rendre compte de cette croyance naturelle à l'homme. Or, ce concept, si inoffensif en apparence, de la réalité du monde ou de l'objet empirique, engendre, quand on le développe, des propositions contradictoires qui se démontrent les unes et les autres avec la même rigueur. Il y a là deux termes : réalité et objet d'expérience. Les thèses naissent de la prépondérance attribuée au concept de réalité ; les antithèses, de la prépondérance accordée au concept d'objet d'expérience.

Cette antinomie met la raison dans une situation étrange. Elle suit des lois de la raison, et elle contredit la loi première de la raison, qui est le principe même de contradiction. Selon ce principe, en effet, de deux propositions contradictoires, si l'une est vraie, l'autre est nécessairement fausse ; si l'une est fausse, l'autre est nécessairement vraie. Et voici que, dans ce cas, les deux contradictions sont également vraies, ou, étant donné la marche des démonstrations, également fausses.

En présence d'un tel résultat, une première attitude est concevable : le scepticisme. De tout temps la contradiction en a été le principe. Mais cette attitude ne peut convenir à Kant. L'objet qu'il se propose, c'est de délimiter rigoureusement la sphère du connaissable. Il ne saurait sur aucun point rester flottant. Et ce n'est pas là, chez lui, un simple sentiment ; il sait que le scepticisme est faux, car la critique ne vise qu'à mettre la raison d'accord avec elle-même, et un tel objet ne peut manquer d'être accessible à la raison. La critique kantienne est, en somme, l'explication de la mathématique, de la physique pure et de la métaphysique comme faits. Or *ab actu ad posse valet consecutio*. Ces sciences sont possibles puisqu'elles existent, à savoir dans la mesure où elles existent. Objecter à Kant qu'on ne fait pas au scepticisme sa part, c'est méconnaître l'esprit de son système.

Une autre solution serait concevable : admettre qu'il y a un principe de contradiction au sein de la réalité elle-même. Ce sera le parti que prendra Hegel. Eût-elle traversé l'esprit de Kant, cette solution n'aurait pu lui convenir. La règle inviolable, à ses yeux, c'est précisément le principe de contradiction. Chaque fois qu'il se pose cette question : comment telle opération de l'esprit est-elle possible ? cela signifie : comment cette opération est-elle concevable sans contradiction ? Les antinomies, auxquelles Kant est arrivé, ne sont pas pour lui une conclusion, mais un problème.

I

Avant d'en rechercher la solution, Kant se demande s'il se trouve en présence d'un objet de curiosité spéculative ou d'une question vitale. C'est bien, dit-il, un problème du plus haut intérêt pour la raison, qui s'offre à nous. C'est un problème où sont engagées les conditions de la science, de la morale et de la religion. Et, dans une page éloquente, il montre comment le mathématicien lui-même donnerait volontiers toute sa science pour posséder la réponse à ces questions : Le monde est-il fini ? Le moi pensant est-il une unité impérissable ? Suis-je libre ? Y a-t-il une cause suprême du monde ? D'où vient la dignité propre aux mathématiques elles-mêmes, sinon de la possibilité qu'elles nous donnent de dépasser l'expérience pure et simple, dans la connaissance de la nature, et de la voie qu'elles semblent nous ouvrir pour aborder les hautes questions dont il s'agit ?

Que si l'on considère une à une les thèses et les antithèses, on verra que l'ensemble des premières présente pour la raison un intérêt de tout autre nature que l'ensemble des secondes. Le principe des antithèses est purement empirique. C'est l'expérience qui y règne en maîtresse. Les thèses joignent au mode d'explication empirique certains principes rationnels que ne requiert pas l'expérience.

Dans ces conditions, quel est l'intérêt, soit pratique, soit théorique, des thèses et des antithèses ?

Les thèses présentent, en premier lieu, un intérêt pratique considérable. En effet, à leur sort paraît lié celui des idées d'âme, de liberté, de cause première du monde, qui sont autant de pierres fondamentales de la morale et de la religion.

En second lieu, elles présentent un intérêt spéculatif, car, en dérivant le relatif de l'absolu, elles nous donnent du premier une explication complète, et fournissent à la raison ce point d'appui dont elle a besoin pour penser quelque chose comme absolument réel.

Enfin les thèses ont pour elles l'intérêt de la popularité. Le commun des hommes ne trouve aucune difficulté à concevoir un commencement absolu, tandis que le progrès à l'infini fatigue leur imagination et leur fait l'effet du provisoire érigé en définitif.

En ce qui concerne les antithèses, Kant déclare que leur intérêt pratique est nul. Cette rigueur nous étonne. Beaucoup pensent aujourd'hui que de la science on peut extraire une morale. Kant repoussait absolument cette idée. Il ne pouvait séparer l'idée de morale de l'idée de liberté, ni faire une place à l'idée de liberté dans l'idée de science de la nature.

Au contraire, l'intérêt spéculatif des antithèses est considérable. Ce sont elles qui vraiment satisfont l'entendement, car l'entendement n'est satisfait que s'il lui est permis de rester constamment sur son terrain propre. Expliquer, pour lui, c'est relier une chose à une autre de même nature, un phénomène à un phénomène, suivant une règle fixe et universelle. Il ne peut avouer une explication tirée d'un objet qui ne fait pas partie de la chaîne naturelle des phénomènes.

Enfin, examinées au point de vue de la popularité, les antithèses ont ceci de remarquable qu'elles sont entièrement dépourvues d'intérêt de ce genre. Elles répugnent à l'instinct de l'homme, parce que la raison humaine est architectonique de sa nature, c'est-à-dire que l'homme a besoin de construire des systèmes clos. L'ensemble des choses, dans l'empirisme, est un édifice sans fondement, un nombre sans unités composantes. La raison humaine ne voit là que des abstractions irréalisables. Elle ne se retrouve que dans le défini et l'achevé.

II

Ces antinomies, si intéressantes à des titres divers pour la raison humaine, doivent-elles comporter une solution, ou se peut-il qu'elles soient pour nous irréductibles ?

Nous sommes en droit d'admettre *a priori* que les antinomies cosmologiques comportent pour nous une solution, car il ne s'agit pas ici de choses qui nous dépassent. Nous sommes en présence de problèmes qui ne viennent pas du dehors, mais de notre raison. Il doit lui être possible de se mettre d'accord avec elle-même.

Tout problème mathématique légitimement posé est nécessairement soluble, parce que l'esprit n'y a affaire qu'à lui-même. Il en est de même ici. Les concepts d'inconditionné comme d'objet d'expérience viennent de nous. Nous devons être en mesure de les concilier.

En quoi consistera la solution ? Considérons-la d'abord dans ses termes généraux. Nous l'appliquerons ensuite à chacune des quatre antinomies.

Les objets de la raison proprement dite sont, avons-nous dit, des idées, c'est-à-dire des objets qui dépassent toute expérience possible, mais que nous sommes néanmoins portés naturellement à considérer comme des réalités. Et il s'agit ici de l'idée du monde comme totalité de pénomènes. La tâche, proposée par la raison, de considérer ce monde comme une réalité objective, c'est à l'entendement qu'il appartient de la remplir. Nous n'avons en effet d'autre base d'objectivité que celle qui nous est fournie par notre entendement. C'est proprement l'entendement qui en nous pose un objet en face du sujet. Il s'agit donc de savoir si notre idée du monde pourra s'accorder avec les concepts de notre entendement. Or c'est là une chose impossible. L'idée est caractérisée par deux termes, synthèse et achèvement. Essaie-t-on de la réaliser, elle apparaît nécessairement ou comme trop grande, ou comme trop petite pour l'entendement. Elle est trop grande : en effet, l'entendement, qui va du conditionné à une condition analogue et ainsi de suite à l'infini, ne réalise jamais cette synthèse totale et achevée que lui demande la raison, mais reste toujours en deçà. D'autre part, si nous posons un tout fini, l'entendement le déclare trop petit pour lui, car, au delà d'une condition donnée, si reculée qu'on la suppose, il réclame une condition antérieure dans laquelle la condition donnée ne serait pas posée comme phénomène.

De cette disproportion de la raison et de l'entendement, laquelle des deux facultés doit être rendue responsable ? Ne pourrait-on accuser l'entendement ? Une philosophie mystique pourrait tenir pour illusoires les principes de l'entendement, comme une philosophie idéaliste sacrifierait les principes de la sensibilité. Mais, pour Kant, la faute est à la raison. Nous ne sommes pas dans un cas analogue à celui d'une boule qui ne peut passer par un trou : alors on ne peut dire si c'est la boule qui est trop grosse ou le trou qui est trop petit. Nous sommes dans le cas d'un homme à qui son habit ne va pas : c'est l'habit qui n'a pas les dimensions requises.

La conséquence de ce rapport de l'idée et du concept, c'est que, dans les antinomies, il est vraiment nécessaire que thèse et antithèse soient également démontrables pour la réfutation de la proposition contradictoire. Mais alors, n'est-ce pas le scepticisme qui sera la seule solution possible ?

Il en serait ainsi, le problème serait radicalement insoluble, car nous serions en présence d'une violation formelle du principe de contradiction, s'il n'y avait d'autre point de vue possible que celui du dogmatisme, c'est-à-dire du monde de l'expérience, comme chose en soi. Le monde étant posé comme chose en soi, les questions traitées dans les antinomies doivent nécessairement comporter une réponse ; et, puisque la réponse est, avec une valeur égale, le oui et le non, il ne reste à la raison qu'à avouer sa défaite.

Mais sommes-nous forcés de n'admettre qu'un seul mode d'existence, à savoir l'existence en soi, l'objectivité transcendentale, l'existence des choses conçue comme entièrement indépendante de la perception que nous en avons ? L'analytique transcendentale a démontré au contraire que l'existence pouvait et devait être prise en deux sens différents : l'existence intelligible et l'existence empirique.

Appliquons cette distinction au problème qui nous occupe, et voyons si elle ne nous donnerait pas la solution cherchée.

Les syllogismes sur lesquels reposent à la fois thèses et antithèses peuvent se ramener au suivant :

Si le conditionné est donné, l'inconditionné l'est également.

Or le conditionné est donné.

Donc l'inconditionné est également donné.

Ce syllogisme paraît irréprochable, et il le serait s'il n'y avait qu'un seul mode d'existence. Mais il devient un paralogisme, un syllogisme à quatre termes, s'il arrive que la majeure et la mineure n'entendent pas le fait d'être donné dans un seul et même sens. Or, d'après la théorie de l'*Analytique*, nous devons dire que, dans la majeure, il est question de l'existence absolue, de l'objectivité transcendentale. En ce sens il est incontestable que, si le conditionné est donné, l'inconditionné l'est également. Mais la mineure affirme-t-elle que le conditionné soit ainsi donné comme chose en soi, indépendamment de nos facultés de connaître ? En aucune façon. La critique démontre au contraire que les choses qui nous sont données ne le sont que grâce à leur combinaison avec nos facultés.

Le syllogisme comprenant quatre termes, la majeure — si le conditionné est donné, l'inconditionné l'est également — ne s'applique pas légitimement au sujet de la mineure, au conditionné qui nous est effectivement donné, et la conclusion est fausse. C'est le sophisme de l'*ignoratio elenchi*.

S'ensuit-il que les idées qui ont donné naissance aux antinomies doivent être rejetées comme n'ayant aucune valeur ?

Elles ne sont pas des principes constitutifs de notre connaissance ; elles ne répondent pas à des objets, mais elles jouent un rôle capital, dans le développement de notre science, comme principes régulateurs. Si nous étions bornés à l'entendement, si nous n'avions pas la raison pour le stimuler, nous pourrions être tentés de nous contenter d'explications prochaines et provisoires. C'est ainsi que l'atome du chimiste, jugé à la fois étendu et indivisible, pourrait être considéré comme une explication suffisante des choses. La raison nous avertit de ne jamais considérer comme définitives en droit les explications que nous avons trouvées. De là, découlent des conséquences scientifiques et métaphysiques considérables. C'est en effet le ressort de la science de rechercher toujours quelque chose de plus fondamental, de plus simple, de plus universel, sans jamais croire qu'elle puisse être en possession de l'absolu. Et, en philosophie, les idées de la raison nous interdisent de jamais trouver dans les théories scientifiques une explication totale, et suffisante de la réalité. En même temps donc qu'elles ouvrent devant la science un champ d'étude infini, les idées de la raison nous avertissent des bornes infranchissables, inhérentes à l'idée de science.

III

Appliquons maintenant ces principes généraux à chacune des quatre antinomies.

La première porte sur la question de savoir si le monde est fini ou infini. La thèse et l'antithèse supposent également le monde comme chose en soi : dans l'une comme dans l'autre, le monde n'est pas simplement la collection des phénomènes, mais un tout dont les phénomè nes sont les parties. Or, il ne pourra être conçu comme réalité que s'il est objet d'intuition au moins possible. Il est clair qu'il ne peut être saisi par une intuition unique. Il exigera donc une multiplicité d'intuitions. Mais nos intuitions se produisent dans le temps, d'une manière successive ; et ainsi, le tout, qui doit être achevé, ne pourrait être saisi que par une suite infinie d'intuitions, ce qui est contradictoire.

S'il en est ainsi, thèse et antithèse, dans la première antinomie, sont également fausses. Si le monde n'est pas, ne peut pas être donné, il n'y a pas lieu de demander s'il est fini ou infini. En réalité, cette antinomie doit être énoncée ainsi. — Si le monde existe comme chose en soi, il est à la fois fini et infini. Or, cela est impossible. Donc, le monde n'existe pas comme chose en soi.

Ce qui reste de cette antinomie, c'est la démonstration d'un *regressus in indefinitum* comme possible et nécessaire dans la détermination des rapports des phénomènes. Cela revient à dire que le monde n'a pas de grandeur absolue, c'est notre intuition même qui quantifie les choses. C'est d'ailleurs simplement une régression de phénomène à phénomène, non de phénomène spécifié à phénomène de même espèce, qui nous est imposée par la raison. Nous ne sommes pas obligés, par exemple, de prolonger indéfiniment la relation d'enfants à parents.

La seconde antinomie se résout comme la première. Thèse et antithèse y sont également fausses. Le monde existant en soi, que l'une et l'autre supposent, est une illusion, et c'est cette illusion même, transformée en réalité, qui a donné naissance à l'antinomie. Ce qui reste de cet examen, c'est la connaissance que la division de la matière n'est pas quelque chose d'absolu, que c'est notre intuition même qui introduit la division dans le monde matériel, et que nous ne pouvons considérer aucune division comme définitive.

Ne concluons pas de là que l'organisation proprement dite, comme le voulait Leibnitz, doive indéfiniment se retrouver dans les éléments des choses, si loin qu'on pousse la division. Tout ce que nous savons *a priori*, c'est que nous trouverons toujours une multiplicité d'éléments matériels et divisibles dans une matière donnée. Mais il se peut fort bien qu'à partir d'un certain moment, la matière organisée fasse place à l'inorganique et à la matière brute. C'est l'affaire de l'expérience de déterminer jusqu'à quel point va l'organisation dans les profondeurs de l'être vivant. Ainsi, les deux premières antinomies reposent sur une hypothèse fausse, celle du monde donné comme chose en soi, et se résolvent par l'égal rejet des thèses et des antithèses

En sera-t-il de même des deux dernières antinomies ? Les deux premières portent sur des synthèses mathématiques, c'est-à-dire sur des synthèses de conditions nécessairement homogènes entre elles. Les éléments d'une grandeur ne peuvent être que des grandeurs. Dès lors, il est de toute nécessité, si le principe de contradiction doit être respecté, que thèses et antithèses soient également fausses, de la manière que nous avons dite, parce qu'elles se rapportent nécessairement au même objet.

Mais les deux dernières antinomies ne sont pas mathématiques. Il s'agit maintenant, non plus de la quantité des choses, exigeant l'homogénéité du conditionné et de la condition, mais de leur existence. Dès lors, nous n'avons plus affaire au rapport mathématique d'homogène à homogène, mais au rapport de condition à conditionné, dans le sens dynamique de ce rapport, c'est-à-dire dans un sens suivant lequel la condition et le conditionné peuvent être hétérogènes l'un à l'égard de l'autre. Certes, la succession est le schème de la causalité, mais elle n'en est que le schème ; c'est seulement pour l'appliquer aux objets d'expérience que nous devons combiner la causalité avec le temps. En elle-même, elle en est indépendante. Elle n'est pas un rapport mathématique.

Par suite, tandis que, dans les deux premières antinomies, thèses et antithèses étaient nécessairement fausses, dans les deux dernières, il est concevable que thèses et antithèses soient également vraies, en des sens différents toutefois. On pourrait rapporter les thèses au monde des choses en soi, et les antithèses au monde des phénomènes. La contradiction serait ainsi levée par une distinction de point de vue. Et la condition serait d'autre nature que le conditionné.

La troisième antinomie porte sur le problème de la liberté. Le concept de la liberté est celui d'une cause non déterminée dans son action par une cause antérieure, et qui commence par elle-même l'action. Ce concept est irréalisable s'il n'y a qu'une sorte d'existence, celle que nous connaissons théoriquement, c'est-à-dire s'il faut considérer les phénomènes comme des choses en soi. Mais on peut concevoir que l'homme, tout en appartenant dans son existence au monde de l'expérience, à l'ordre des choses sensibles, tout en étant, en ce sens, un anneau de la chaîne de la causalité physique, possède en outre une causalité libre dans le monde des choses en·soi.

Cette conception paraît étrange : comment cette double causalité peut-elle coexister ? Kant remarque que nous trouvons dans notre vie pratique des raisons de croire que cette coexistence est possible. Nos jugements moraux paraissent bien déterminés par cette double conception d'une causalité sensible et d'une causalité libre. Quand il s'agit de juger les actes de nos semblables, nous nous plaçons à deux points de vue, et des deux côtés, nous cherchons une explication totale.

Soit, par exemple, un mensonge. D'une part, nous cherchons quelles circonstances l'ont amené et comment il s'est produit nécessairement. Mais, notre conscience l'innocente-t-elle pour cela ? En aucune façon. Par une sorte de contradiction, qui est précisément celle que semble exhiber la troisième antinomie, notre conscience prononce que l'auteur est coupable, sans considérer les causes physiques, du moment où l'auteur a agi comme personne. *A priori* donc, nous ne devons pas juger impossible cette double causalité.

C'est d'une façon analogue que se résout la quatrième antinomie. Elle est insoluble si l'on tient les phénomènes pour des choses en soi. Mais, admettez qu'il y ait deux mondes : le sensible et le suprasensible, et le premier pourra être le domaine du contingent ou du dépendant, le second celui de l'indépendant et du nécessaire. Ce ne sera plus seulement ici, comme à propos de la troisième antinomie, une causalité, sensible par un côté, suprasensible par un autre. Ce seront des êtres entièrement distincts.

Cette méthode de résolution, tout en réconciliant la raison avec elle-même, ouvre un champ libre aux croyances morales et religieuses de l'humanité.

____

CHAPITRE IX

Rôle historique de l'Antinomie Kantienne

____

Deux questions se posent à propos de la doctrine des antinomies :
Quel en est le rôle historique ? Quelle en est la valeur théorique ? C'est
du premier point que nous allons nous occuper aujourd'hui, en comparant la doctrine kantienne à ses antécédents et en déterminant l'influence
qu'elle a exercée sur le développement ultérieur de la philosophie.

Ces rapprochements ont leur utilité. Ils nous mettent en garde contre
la disposition fâcheuse à croire que les divers philosophes ne font guère
que dire la même chose en termes différents, et que la métaphysique
piétine sur place. Certes, il est bon de rechercher les analogies des
systèmes, mais il serait injuste de supposer *a priori* que tant de grands
esprits, si originaux d'ailleurs, n'ont pu, en philosophie, que se répéter
les uns les autres, et se faire illusion quand ils croyaient trouver du
nouveau. Une connaissance vraie, disait Leibnitz, c'est une connaissance
distincte, une connaissance ou se marquent les caractères distinctifs des
choses. D'un autre côté, ce serait rabaisser l'histoire de la philosophie
que de la réduire à une suite de monographies sans lien entre elles.

C'est un triomphe trop facile que d'accuser de métaphysique et
d'arbitraire quiconque essaie de comprendre la suite des événements.
Sans affirmer d'avance, avec Leibnitz, l'existence d'une *perennis philo-
sophia*, nous ne saurions méconnaître que chaque philosophe se propose
de développer ou de réfuter quelque doctrine de ses prédécesseurs, et,
qu'ainsi, il ne peut manquer d'y avoir un lien historique entre le présent
et le passé. Y a-t-il même une dialectique immanente, comme le voulait
Hegel ? C'est une autre question. Nous cherchons analytiquement les
phases de l'évolution, sans la préjuger.

I

La doctrine de la contrariété, de l'antinomie, comme inhérente à
la nature des choses, est aussi ancienne que la philosophie classique.

Sans remonter aux Pythagoriciens, qui mettaient à l'origine de l'être l'un comme pair-impair (ἀρτιοπέρισσον), ni à Héraclite, qui disait que la guerre est la mère et la reine de toutes choses (πόλεμος πάντων μὲν πατήρ ἐστι, πάντων δὲ βασιλεύς), chez Zénon d'Elée, nous trouvons de véritables antinomies, parfaits modèles de la méthode que Kant devait suivre. Par exemple : si le multiple existe (εἰ · πολλά ἐστὶ), il est à la fois infiniment grand et infiniment petit.

Il est infiniment grand. En effet, soit un multiple *a b*. Puisque c'est un multiple, *a* est distinct de *b* ; il y a donc un intervalle entre *a* et *b*. Par quoi est formé cet intervalle ? La donnée πολλά ne comporte qu'une réponse : par un troisième terme *c*. Mais pour que *c* opère cette séparation, il faut que lui-même soit distinct d'*a* et de *b*. Il faut notamment qu'il y ait un intervalle entre *a* et *c*. Cet intervalle sera constitué par un quatrième terme *d*, et ainsi de suite à l'infini. Donc, entre *a* et *b*, il y a une infinité de termes ; donc, le multiple *a b* est infiniment grand.

D'autre part, il est infiniment petit. En effet, tout composé est composé de simples. Mais un terme *a* ne peut être simple que s'il est indivisible. S'il est indivisible, il n'a aucune grandeur. Dès lors, on peut l'ajouter à lui-même autant de fois que l'on voudra : il n'engendrera jamais un composé doué de grandeur.

De même, si le multiple existe, le nombre des éléments en est à la fois limité et illimité. Il est limité : car un nombre qui n'est pas déterminé n'est pas réel ; et, qui dit déterminé, dit fini. Il est illimité : car, pour que les éléments forment un nombre, il faut qu'ils soient séparés les uns des autres ; ils ne peuvent l'être que par d'autres éléments, et ainsi de suite à l'infini.

Que fut au juste l'objet de Zénon d'Elée ? C'est un point controversé. D'après le *Parménide* de Platon (ch. 2), nous pouvons penser que son dessein était de venir en aide à son maître Parménide, qui disait que l'un seul existe, et cela en montrant que l'hypothèse du multiple conduit à des absurdités encore plus ridicules que l'hypothèse de l'un. L'objet de Zénon, d'après ce texte, fut surtout polémique.

En tout cas, Zénon montre excellemment qu'étant donné le seul concept du multiple arithmétique, c'est-à-dire étant donné la conception de la grandeur, du nombre, des mouvements réels comme somme d'unités, si l'on part du tout, on ne peut arriver à l'élément ; si l'on part de l'élément, on ne peut arriver au tout.

Chez Platon, nous trouvons de très beaux modèles d'antinomies, particulièrement dans le *Parménide*. Il examine les conséquences qui se produisent, si l'on admet que l'un existe ou qu'il n'existe pas. Supposez que l'un existe. D'une part, il ne comporte aucun prédicat, puisqu'un prédicat ajouté à l'un détruirait son unité. D'autre part, il comporte des prédicats, puisqu'il existe et que l'être n'est pas la même chose que l'un (*Parm.* 137-155.) — Si l'on admet que l'un n'est pas, on tombe également dans la contradiction. En tant qu'il est un, il a quelque qualité : l'unité, la différence, etc. Il est donc, en quelque manière, en même temps qu'il n'est pas. Mais, d'autre part, en tant qu'il est posé comme n'étant pas, il ne peut recevoir aucun prédicat, il n'est absolument pas (*Parm.* 160-164).

Non seulement nous trouvons chez Platon des raisonnements antinomiques en règle, mais la notion de contrariété joue un rôle considérable dans sa philosophie. La considération de la contrariété de l'héraclitéisme et de l'éléatisme en est le point de départ. Elle représente le double aspect des choses, à la fois multiples et unes, changeantes et immuables. Et ainsi la dialectique platonicienne ne fait pas seulement sortir les contradictions d'une opinion donnée, comme la dialectique éléatique discutant la thèse des adversaires de Parménide, elle trouve la contradiction au sein des choses elles-mêmes, telles qu'elles s'offrent à nous.

La dialectique de Platon a pour objet de lever ces contradictions. Pour y parvenir, il emploie successivement deux méthodes. Pour résoudre la contradiction présentée par les choses sensibles, par le monde tel qu'il s'offre à nous, il emploie une méthode de substitution. A la chose (πρᾶγμα) qui est à la fois grande et petite, il substitue le grand et le petit en soi, dont chacun est un et identique lui-même ; aux êtres sensibles il substitue les êtres intelligibles ou idées. Mais les idées elles-mêmes, si elles sont simplement posées dans leur identité, engendrent des antinomies. La solution, cette fois, a lieu, non plus par substitution, mais par conciliation. Platon admet, entre les idées, une participation déterminée, μέθεξις. Elles sont légitimement unies, quand elles sont ordonnées d'après les éléments communs (κοινωνία). Le symbole de ces rapports, ce sont les rapports musicaux. Pour former une harmonie il faut assembler non seulement des sons divers, mais des sons définis par certains nombres. Le rapport 1/2 donne l'octave ; le rapport 2/3 la tierce, etc. Certaines idées se conviennent, comme certains nombres.

Ce système, par un côté, rentre bien dans la philosophie de la contrariété.

Pour Leibnitz, la contrariété n'est pas immédiatement donnée comme pour Platon. Un peu de réflexion au contraire nous fait croire que tout se ramène à l'unité. C'est ainsi que les mécanistes croient tout expliquer par les atomes. Mais une réflexion plus profonde nous montre, sous l'unité, la contrariété. Derrière l'atome il y a la force, et la question est d'accorder le dynamisme avec le mécanisme. L'objet suprême de la réflexion est de retrouver l'unité, non par voie d'exclusion, mais par voie de conciliation.

Comment se fait cette conciliation ? Elle comporte des moments successifs. Tout d'abord le philosophe pose comme coexistants séparément les deux principes contraires. Tels l'âme et le corps présentés comme deux substances qui se développent parallèlement, et comparés à deux horloges. Dans un second moment, Leibnitz subordonne l'un à l'autre les deux principes : c'est ainsi qu'il met les causes efficientes sous la dépendance des causes finales. Dans un troisième moment, il s'efforce de pousser la conciliation le plus loin possible, en attribuant à l'un et à l'autre principe une essence telle que leur différence puisse être rendue plus petite que toute différence donnée. C'est ainsi que les âmes et les corps, ramenés les uns et les autres à des monades, comportent des degrés qui les rapprochent indéfiniment les uns des autres. D'une manière générale, la conciliation a lieu en dégageant de chaque chose l'élément positif qu'elle renferme et en rapprochant et coordonnant ces éléments positifs. L'être s'accorde nécessairement avec l'être. Dieu, l'être absolument réel, est en même temps l'harmonie universelle.

II

Tandis que, chez Platon, l'antinomie est simplement donnée par les choses, tandis que, chez Leibnitz, elle résulte de la réflexion philosophique, chez Kant, elle a sa racine dans la nature même de l'esprit humain. Elle consiste, en définitive, dans la disproportion de la raison par rapport à l'entendement.

Mais, en même temps qu'elle est déclarée nécessaire, sa portée est restreinte. Chez Platon, elle affectait l'être tout entier en tant que vu du dehors ; chez Leibnitz, elle allait s'atténuant à mesure qu'on s'approchait des premiers principes, mais n'était complètement résolue qu'en

Dieu. Chez Kant, les éléments opposés des choses se laissent concilier tant qu'il ne s'agit que de concevoir la possibilité des objets d'expérience. L'intuition *a priori* se laisse concevoir sans contradiction comme forme de la sensibilité. La connaissance *a priori* des lois d'existence des objets d'expérience se laisse concevoir sans contradiction comme reconnaissance des catégories mêmes de notre entendement, que l'esprit a dû imposer aux intuitions pour en faire des objets. Ce n'est qu'à propos du monde et de la nature, conçus comme choses en soi, que l'entendement se trouve engagé dans des antinomies insolubles à son point de vue.

La résolution des antinomies est rigoureusement guidée par le principe de contradiction.

En ce qui concerne les deux premières, l'hypothèse qui leur a donné naissance : si le monde existe en soi, — est déclarée fausse. C'est ainsi que Zénon concluait de ses antinomies que l'hypothèse initiale, εἰ πολλά ἐστι, doit être rejetée. Pour les deux dernières, la méthode est différente. Kant ne supprime pas, il sépare. Les thèses peuvent être maintenues appliquées au monde des choses en soi, les antithèses au monde phénoménal. Il faut remarquer que, dans cette opération, thèses et antithèses ne sont pas conservées dans le sens que leur attribuaient les antinomies. Car, dans les antinomies, elles se rapportaient les unes et les autres à un monde de phénomènes considéré comme monde de choses en soi. La solution restreint les thèses à l'ordre des choses en soi ; les antithèses, à l'ordre des phénomènes.

Trois choses caractérisent ce système : respect scrupuleux du principe de contradiction, synthèse des contraires, en ce qui concerne les objets d'expérience ; solution négative ou simplement analytique, en ce qui concerne le monde comme chose en soi. Cette doctrine était-elle bien homogène ? Etait-il possible de s'y tenir ?

III

Fichte généralise l'antinomie. Kant l'avait restreinte au concept du monde comme synthèse complète des phénomènes. Fichte la trouve au cœur même du moi, de la conscience, et, comme toute connaissance suppose le « Je pense », à la base même de toute philosophie, le moi se pose originairement comme absolu. Au moi s'oppose un non-moi absolu. Telle est la contradiction initiale.

Le principe de contradiction n'est pas moins inviolable aux yeux de Fichte qu'aux yeux de Kant. Il s'agit donc pour lui de lever cette contradiction, et sa philosophie est une suite de théorèmes destinés à la faire disparaître. La méthode consiste à rapprocher synthétiquement les termes contraires en les considérant, non plus comme absolus et infinis, mais comme limités l'un par l'autre. La première synthèse est ainsi : le moi pose dans le moi un moi indivisible en face d'un non-moi divisible. De cette synthèse Fichte tire analytiquement une antinomie nouvelle, dont il cherche la résolution suivant la même méthode de rapprochement synthétique par limitation réciproque, et ainsi de suite, jusqu'à ce qu'il arrive à des contraires qui ne se laissent plus réunir parfaitement. Le domaine qui comporte l'exacte réunion des contraires est celui de la théorie. Les déductions de la réciprocité, de la causalité et de la substantialité y conduisent à celle de l'objectivité. Avec l'impossibilité de la synthèse est donné l'ordre de la pratique. Il s'y agit de réaliser le moi infini, ce qui ne peut donner lieu qu'à une tâche, non à un objet.

Ainsi développée, la doctrine de l'antinomie se trouvait en face d'une bifurcation. L'opposition du théorique et du pratique, représentant le relatif et l'absolu, était plus radicale que jamais. Si l'on avait à cœur de rétablir l'unité et l'homogénéité de la science, devait-on étendre à l'absolu la loi du relatif, ou au relatif la loi de l'absolu ?

Les deux voies furent suivies, la première par Hegel, la seconde par Herbart.

Pour Hegel, la contradiction est une loi fondamentale, une condition indispensable de l'existence. Dans tout ce qui est, des contraires coexistent. Cette loi se déduit de l'application des principes fondamentaux de la logique à la réalité, de la manière dont Kant avait déduit les catégories des formes de jugement. Et ce n'est pas la simple application des catégories à l'inconditionné qui engendre l'antinomie. Celle-ci a sa source dans le contenu même des catégories de l'entendement. Tout concept est une contradiction, et l'ordre des choses n'est que celui des concepts. Mais la contradiction n'est que le point de départ, non la forme de la marche de l'être. Le principe de contradiction reste suprême. Il exige que la contradiction soit levée. Elle s'efface quand les deux contraires, au lieu de prétendre l'un et l'autre à l'existence absolue, se reconnaissent l'un et l'autre comme éléments solidaires d'un même tout. C'est ce qui se réalise dans le concret, par opposition à l'abstrait qui pose les contraires en face l'un de l'autre comme contradictoires et incompatibles.

Il n'y a point là de sacrifice mutuel : il y a substitution du rapport vrai à un rapport faux.

Hegel donne, à ce sujet, l'exemple de la famille. D'abord, les enfants y sont entièrement sous la dépendance de leurs parents, et l'ordre y règne, grâce à cette subordination. Grandis, les enfants entrent en lutte avec leurs parents. La nature, livrée à elle-même, créerait l'état de guerre, car la guerre est la suite naturelle de l'égalité. Mais cet état est mauvais et contraire au principe même de la famille. Alors intervient le sentiment de pitié qui fait disparaître l'antagonisme, sans que ni parents. ni enfants aient rien sacrifié des conditions du perfectionnement de leur nature. Ainsi se fait par synthèse, selon Hegel, la conciliation des contraires. Mais nulle synthèse n'est définitive. Toujours de nouvelles contradictions s'en dégagent, qui appellent de nouvelles synthèses. La vie n'est autre chose que cet effort pour remporter sur la guerre des victoires toujours plus difficiles, toujours plus hautes et plus belles. Certes, il serait faux de dire que le système de Hegel abolit le principe de contradiction. Car c'est ce principe qui est la providence du monde. Mais il lui oppose une contradiction radicale, inhérente aux choses, et ne voit en lui que l'idéal dont l'action, tout en limitant de plus en plus le domaine du principe rival, ne saurait jamais être pleinement victorieuse.

Le système de Herbart est, par certains côtés, l'inverse de celui de Hegel. Comme Hegel il voit dans la contradiction interne le caractère de tout ce qui est donné. Ainsi les choses nous sont données comme douées d'une pluralité de qualités. Elles apparaissent donc comme à la fois unes et multiples. Le moi est à la fois sujet et objet. Le changement est à la fois être et non être. Mais, tandis que Hegel introduit cette contradiction dans l'essence même de l'être, Herbart réduit tout ce qui est contradictoire à n'être qu'une pure apparence et y substitue, comme fond véritable des choses, une multiplicité de substances absolument simples et immuables. Tout ce qu'il accorde pour expliquer l'illusion du devenir, c'est une connexion, d'ailleurs obscure, entre ces substances simples. Appuyé sur sa doctrine, il ne craint pas de dire : il n'y a point en réalité d'événements : *es gibt keine Ereignisse.*

Quel est le mobile de cette doctrine ? La résolution de n'entamer à aucun degré le principe de contradiction.

A côté de ces doctrines, on en pourrait citer d'autres où la considération d'antinomies plus ou moins voisines des antinomies kantiennes joue un rôle important. Telle la doctrine de Hamilton déclarant que l'inconditionné était nécessairement, soit absolu, soit infini, ce qui, en réalité, est contradictoire : penser, pour nous, c'est conditionner. Telle la doctrine de M. Vacherot, ne réussissant à réconcilier l'infini et le parfait qu'en tenant le premier pour l'attribut du réel, le second pour l'attribut de l'idéal. C'est encore dans le sens de Kant que notre poète philosophe, M. Sully-Prudhomme, écrivait, dans *Que sais-je* : « L'invincible résistance de l'être à mes tentatives d'effraction m'a rejeté violemment dans le monde accidentel. »

Le développement historique auquel nous venons d'assister aboutit à un résultat étrange. Chez Herbart, le principe de contradiction demeure un souverain absolu, et le multiple et le changement ne sont plus que des illusions. Chez Hegel, le monde de l'expérience conserve la pleine réalité, mais le principe de contradiction est réduit au rôle d'un monarque constitutionnel qui règne, et concilie, et encore dans une certaine mesure seulement, mais n'a aucune initiative. Ce nouvel antagonisme sera-t-il comme une antinomie nouvelle, dont vainement nous chercherons la solution ?

Remarquons que le développement, auquel nous venons d'assister, a pour point de départ, l'opinion qu'en tel ou tel sens les antinomies kantiennes sont réelles. Hegel les a consacrées comme loi de l'être, Herbart n'a reculé devant aucune extrémité pour y échapper. Mais, ne se pourrait-il pas que ce point de départ fût une illusion, et que, de la thèse et de l'antithèse, l'une seulement étant vraie, tandis que l'autre serait fausse, l'antinomie, à y regarder de près, tombât d'elle-même ? C'est ce que soutiennent des philosophes considérables. Il convient d'examiner leurs arguments.

CHAPITRE X

Examen des Antinomies mathématiques

Nous avons vu, dans la dernière leçon, à quelles résolutions extrêmes se sont arrêtés, en sens inverse, Hegel et Herbart, en parlant des antinomies de Kant. L'un croit devoir universaliser la contradiction, l'autre dénie l'être à tout ce qui présente multiplicité et changement. Faut-il nécessairement choisir entre ces deux doctrines, aussi paradoxales l'une que l'autre ?

La question dépend de la valeur des antinomies elles-mêmes. Or, un grand nombre de philosophes soutiennent qu'en réalité, l'antinomie kantienne n'existe pas. Il est vrai qu'ils le soutiennent en sens inverse.

Selon les uns, il n'y a point d'antinomie, parce que les thèses sont absolument vraies et rigoureusement démontrables, tandis que les antithèses ne sont jamais démontrées qu'incomplètement. Les thèses, disent-ils, se démontrent par la réduction à l'absurde des antithèses ; elles suivent de ce que les antithèses sont démontrées contradictoires... Au contraire, la démonstration des antithèses établit simplement que les thèses sont incompréhensibles. Il n'y a donc pas parité entre les deux démonstrations. L'esprit humain ne peut accepter le contradictoire, mais il peut accepter l'incompréhensible, s'il est contradictoire du contradictoire en soi. Les thèses s'appuient sur l'entendement ; les antithèses, sur l'imagination. Telle est, à des points de vue différents, la doctrine de M. Renouvier et de M. Evellin.

Mais, selon d'autres philosophes, en tête desquels est Schopenhauer, les antithèses seules se fondent sur les formes de notre faculté de connaître, lesquelles veulent que tout ce qui est conditionné ait une condition. Au contraire, les thèses sont fausses, parce qu'elles reposent uniquement sur la faiblesse et les sophismes de l'individu. C'est l'imagination qui, fatiguée de remonter indéfiniment en arrière, met un terme à sa course au moyen d'hypothèses arbitraires.

Ainsi naît une nouvelle antinomie, mais chacun des deux partis triomphe trop aisément

Le finitiste, dans sa réfutation des antithèses, les montre, en réalité, contradictoires, non en elles-mêmes, mais avec une certaine loi de la pensée, qui veut que le réel soit entièrement déterminé. M. Renouvier fait appel à la loi de la représentation. M. Evellin invoque l'ἀνάγκη στῆναι d'Aristote, lequel n'est pas purement logique. Il n'en est donc pas de l'argumentation du finitiste autrement que celle de l'infinitiste. Des deux côtés, on dénonce chez l'adversaire, non une contradiction en soi, mais l'incompatibilité avec une loi constitutive déterminée. Thèses et antithèses sont, à ce point de vue, sur le même plan.

D'autre part, on ne peut dire, avec Schopenhauer, que les thèses reposent sur la seule imagination, car ce que donnerait bien plutôt celle-ci, livrée à elle-même, c'est un monde conçu comme un tout fini dans un milieu infini. L'imagination réalise l'espace et le temps par analogie avec le milieu où nous voyons circuler les astres. Qu'est-ce à dire, sinon que l'imagination se représente encore un être au-delà du fini, qu'elle ne sait borner une chose que par une autre chose ? Les objets, pour l'imagination, n'ont pas de grandeur absolue. Elle les agrandit ou les rapetisse à son gré ; pour elle, donc, rien n'est arrêté, fini, premier ou dernier. Quant à la loi de l'entendement qu'invoque Schopenhauer, c'est, en somme, le principe de raison suffisante. C'est sur lui que reposent les antithèses. Or, ni ce principe, ni surtout l'application déterminée qu'en font les antithèses, ne s'imposent d'une manière absolue.

Un examen sommaire du mode d'argumentation des thèses et des antithèses ne peut donc suffire. Il nous faut entrer dans le détail. Nous examinerons aujourd'hui les deux premières antinomies.

I

Une manière assez répandue de lever l'antinomie consiste à dire que les antithèses valent pour l'abstrait ; les thèses, pour le concret ; que l'étendue abstraite est divisible à l'infini, mais que les choses réelles sont composées d'unités physiques indivisibles. C'est la manière de voir qu'adopte M. de Freycinet dans ses récents *Essais sur la philosophie des sciences*. Mais, sans aller, avec Descartes, jusqu'à faire de l'étendue la substance même des corps, on ne peut nier que l'espace soit, non pas une loi abstraite, mais un élément intégrant de la nature corporelle. C'est pourquoi les propriétés de l'espace doivent se retrouver dans les choses, et, pour que celles-ci soient finies, il faut que l'espace puisse être fini. La prétendue solution que nous venons de mentionner ne fait que poser le problème.

II

On se rappelle l'énoncé des thèses finitistes. Le monde a un commencement dans le temps et dans l'espace ; toute substance composée l'est de parties simples. A l'appui de ces thèses, l'argument capital, auquel on a coutume de ramener tous les autres, c'est l'impossibilité du nombre infini actuel, comme contradictoire.

Que vaut cet argument ? Il n'est pas douteux que l'idée du nombre, sous sa forme première, n'emporte avec elle l'idée de fini ; à plus forte raison le nombre actuel est-il conçu tout d'abord comme un certain nombre, comme une quantité finie. Mais, s'ensuit-il que l'on doive nier la possibilité du nombre infini conçu comme extension du nombre fini ?

Pour établir l'absurdité du concept d'infini actuel, on prouve : 1° que le caractère fini est inséparable du concept du nombre réel ; 2° que le réel doit nécessairement avoir un nombre. En effet, dit-on, un nombre réel est un nombre formé avec l'unité. S'il est réel, la synthèse est achevée ; s'il est infini, la synthèse est inachevée. Un nombre réel infini est une synthèse à la fois achevée et inachevée. Et, pour prouver que le réel est un nombre, on allègue qu'il nous est donné sous forme de parties, qu'un ensemble de parties est une collection et qu'une collection est un nombre. Du moment où l'homme, par exemple, est donné comme unité, l'ensemble des hommes forme nécessairement un nombre.

On peut se demander si les choses forment, en effet, des nombres. Leibnitz, quant à lui, ne voyait pas de difficulté à concevoir une multitude qui ne serait pas un nombre. Cette idée se justifiait, dans son système, de la manière suivante : pour que des choses puissent être additionnées, il faut qu'en un sens elles soient homogènes, et extérieures entre elles. Mais, dans le fond, il n'y a pas deux choses qui soient sur le même plan, il n'y a pas deux choses qui soient extérieures, c'est-à-dire étrangères l'une à l'autre. Donc, les éléments, les monades, peuvent former des multitudes, non des nombres, à proprement parler. En dehors même du système de Leibnitz, il y a des raisons plausibles en faveur de l'infini actuel. Spinoza distingue entre la quantité telle que l'imagination la donne, laquelle est finie, divisible et composée de parties, et la quantité conçue par l'entendement seul, laquelle est substance, infinie, unique, et indivisible. Et c'est cette seconde idée de l'infini qui est la vraie.

Mais, dira-t-on, il s'agit d'un infini qui n'a plus aucun rapport avec le nombre. Sans doute, mais, si nous voulons traduire cet infini par des nombres, il faudra nécessairement admettre le concept de nombre infini. Car il ne s'agit pas ici d'une quantité inachevée, susceptible de devenir toujours plus grande ou plus petite, mais d'une quantité fixe, qui est ce qu'elle est ou n'est pas du tout.

C'est ce qui a lieu à propos des incommensurables. Si je veux exprimer par un nombre le rapport du diamètre à la circonférence, je ne puis me contenter du concept d'indéfini. Le nombre en question est parfaitement déterminé, et, puisqu'il n'est pas fini, il est infini. Il n'y a qu'un polygone inscrit d'un nombre infini, indéfini de côtés qui se confonde effectivement avec le cercle.

D'où vient cette conception ? Supposez qu'on veuille exprimer le sens d'une œuvre musicale par des paroles. La langue, composée de mots, dont chacun exprime un concept fini, séparé, abstrait, se travaillera et brisera ses cadres pour rendre un objet pour lequel elle n'est point faite. La fidélité de la traduction est à ce prix.

De même, on demande au nombre ce qui est contraire à son essence. Lui qui a été fait pour exprimer ce qui comporte augmentation ou diminution, on lui demande de signifier quelque chose d'absolu qui ne peut subir d'augmentation ou de diminution sans disparaître. Il faut, ou le rejeter, ou lui imposer une extension qui lui donne la propriété nouvelle qu'on attend de lui. Et l'expérience vient légitimer cette seconde opération. Le concept nombre change alors de sens. Il devient un genre dont fini et infini sont les espèces (1).

La conception du nombre infini peut donc être bizarre, extraordinaire, elle n'est pas contradictoire ; elle se traduit par des rapports réels. Elle est l'expression arithmétique de ce qui, en soi, n'est pas arithmétique. Pascal dit que c'est une grande erreur de l'homme de supposer qu'il peut trouver d'emblée la vérité : depuis le péché il ne connaît naturellement que le mensonge, et la vérité est pour lui ce qui reste, quand il a réfuté le faux. C'est ainsi que les mathématiciens ne peuvent établir

---

(1). V. notamment : Mario Novaro, *Il concetto di infinito e il problema cosmologico*, Roma, 1895.

leurs propositions fondamentales que par la réduction à l'absurde des propositions contraires. Si nous considérons directement l'infini, nous le trouvons inconcevable ; mais, l'absurdité d'un espace infini nous force à le reconnaître comme véritable.

Ainsi, le nombre infini n'est pas nécessairement contradictoire. Il est suffisamment légitimé par la manière dont nous sommes amenés à le concevoir. La thèse contraire est celle des infinitistes. Ils accusent les thèses d'arbitraire et de violation du principe de raison. Le monde, certes, a des limites s'il est une totalité. Mais qui prouve qu'il soit une totalité ? On veut qu'il ait eu un commencement, qu'il soit composé de parties simples. Mais, on ne peut pas dire pourquoi il a commencé à tel moment plutôt qu'à tel autre, pourquoi le simple apparaît à tel moment de la régression plutôt qu'à tel autre. Il y a là un arbitraire inéluctable.

Enfin, dit Schopenhauer, comment borner le monde dans l'espace ? Si grand que vous le supposiez, il y sera infiniment petit. Métrodore a raison de trouver absurde que dans un grand jardin il n'y ait qu'un épi.

Au contraire, les antithèses sont en conformité avec les lois de la perception, qui veulent que tout objet situé dans le temps et l'espace soit contigu à d'autres objets de même nature.

L'espace et le temps ne font qu'un avec les choses, et leur nature s'y retrouve nécessairement.

Comment les conditions du nombre, quelles qu'elles soient, pourraient-elles être imposées à ce qui est dans l'espace ? Le nombre lui-même doit à l'espace la forme dans laquelle il se présente. En effet, si nous écartons l'espace, il ne nous reste que le temps ; et avec le temps, nous ne pouvons former que des nombres *ordinaux* entre lesquels existent des intervalles quelconques. Concevoir 2 comme nombre *cardinal*, c'est concevoir une collection, une addition effectuée. Mais le temps ne permet pas l'addition, car le passé y fait place au présent. Au contraire, étant donnée une droite *a b*, je puis la prolonger d'une quantité égale à elle-même ; j'ai alors comme actuels, 2 *ab*, et je puis convenir que le nombre 2, au lieu d'exprimer le second segment, exprimera la droite toute entière : je convertis ainsi le nombre ordinal en nombre cardinal. De même, si je veux concevoir le nombre 3, comme donné en tant que carré, il me faut supposer que je compte un à un les 9 carrés égaux dans lesquels peut se décomposer un carré de côté = 3 et convenir que le numéro 9 auquel j'arrive, signifiera ce carré même. C'est l'espace qui guide l'arithméticien dans l'évolution qu'il fait subir au concept de nombre. Comment donc opposer aux propriétés de l'espace les propriétés du nombre, et l'espace n'est-il pas essentiellement infini ?

Cette démonstration des antithèses est-elle péremptoire ? Nous ne le croyons pas.

Les infinitistes ont tort en ce que l'infini, le continu, est bien plutôt pour nous un problème qu'une solution. Certes, l'infini s'impose à nous, mais, comme quelque chose d'étrange et d'inexplicable, et notre effort tend à le considérer d'un biais qui le rapproche du fini, seule forme de la quantité qui soit pour nous aisément maniable. L'infini, comme tel, n'est jamais pour nous qu'une donnée à résoudre ; il n'est clair que dans la mesure où nous le réduisons au composé. C'est le nombre qui est pour nous le principe de la science, comme disait Pythagore. Le nombre infini n'est pas le principe, il est une extension du nombre fini. Nous allons, comme disait Descartes, du simple au composé, en supposant le simple là où nous ne le connaissons pas. Et, quand nous trouvons moyen de pousser la régression plus loin, nous supposons encore des unités comme éléments de nos combinaisons, et ainsi de suite à l'infini.

III

Ainsi, ni les partisans du fini ni ceux de l'infini ne paraissent démontrer leur thèse d'une façon péremptoire. Que conclure de là ?

Ne sommes-nous pas amenés à penser que les démonstrations kantiennes, dont le principe est maintenu par les philosophes dont nous avons parlé, sont, les unes et les autres, radicalement fausses et qu'ainsi le problème est à reprendre sur nouveaux frais ?

C'est ce que soutient Riehl dans son *Philosophischer Kriticismus*. Selon lui, dans les thèses, on suppose à tort une limite fournie par l'instant présent, par une partie du monde prise pour point de départ de la régression. Le moment présent n'est pas une réalité, un point isolable ; il n'y a pas de moment dans la nature, πάντα ῥεῖ : le moment n'est qu'une conception de l'esprit. Ainsi les thèses reposent sur une pétition de principe.

La démonstration des antithèses est également vicieuse. En effet. Kant y applique aux choses elles-mêmes des essences, espace et temps, qui sont, selon lui, de simples formes de notre sensibilité.

Riehl conclut que les arguments kantiens sont insuffisants pour prouver l'existence de l'antinomie. Mais cette réfutation radicale, à son tour, comporte des objections. Certes le présent n'est pas ; il s'écoule ; sans doute aussi il se peut que les choses en soi ne participent pas de l'espace et du temps, et Kant ne cesse de le répéter. Mais Kant se place ici exclusivement au point de vue de la connaissance humaine. Si nous posons un monde comme existant, dit-il, c'est que nous le posons comme connaissable à notre point de vue. Or qu'arrive-t-il quand nous supposons qu'un être semblable à nous entreprend d'en prendre connaissance ?

Il y a dans notre pensée deux lois qui, lorsqu'on veut les appliquer à des choses, donnent des résultats contradictoires. D'une part notre raison affirme que ce qui existe est déterminé, achevé, complet. Mais nous ne pouvons, nous, trouver le complet que dans le fini. D'autre part, notre entendement veut que toute chose ait sa raison, et que cette raison soit une autre chose de même nature.

On peut dire que dans les démonstrations, tant des thèses que des antithèses, il y a un cercle vicieux : les thèses prouvent le fini en le supposant, et de même les antithèses supposent l'infini. Ainsi la seconde thèse part de l'idée d'une substance composée. Or, une substance composée, c'est quelque chose de fini. Et du moment qu'on pose une totalité, on pose une unité. Tout ce que démontre la thèse, c'est que, étant donné le fini, si on veut en tirer l'infini, on tombe dans la contradiction. Et de même, en ce qui concerne les antithèses, quand une fois on a supposé l'infini de l'espace et du temps, on se contredit en mettant une borne à la série des phénomènes par qui seuls ils existent.

Malgré ce vice radical, les thèses et les antithèses sont fondées, parce qu'elles reposent sur deux puissances de l'esprit humain, la pensée et l'intuition, que nous ne pouvons ramener à l'unité. Quand on croit lever l'antinomie, c'est qu'on ne considère que l'une de ces deux puissances et que l'on ferme les yeux sur l'existence et les caractères propres de l'autre. Mais, en face des représentants de l'un, se dressent les représentants de l'autre, et l'antinomie reparaît entre les écoles. La marche même de la science en rend témoignage. Elle ne consiste qu'en un compromis entre des faits et des idées qu'on ne peut amener à la coïncidence.

IV

Comment devons-nous conclure ?

Kant a bien montré comment le monde est pour nous à la fois infini et fini. Mais faut-il se hâter, comme lui, de nier l'existence d'un tel monde, au nom du principe de contradiction ? Est-il certain que l'infini et le fini, qui pour nous s'opposent, ne puissent, dans l'absolu, se concilier ?

La contradiction signalée par Kant n'est pas un accident dû à une erreur de philosophe. Elle est notre vie même. Nous ne faisons autre chose qu'essayer de grouper, fixer, enfermer dans des limites ce qui nous est donné comme indistinct, mobile, infini. C'est la vue ou l'instinct de cette différence de nature entre l'homme et les choses qui est l'origine du progrès humain. L'homme veut connaître les choses et se les approprier. Et cette ambition exige qu'il élabore ses concepts de manière à les rendre applicables à l'être, et qu'il considère l'être du biais qui le fera paraître analogue aux concepts humains.

Sous les thèses et antithèses kantiennes se cachent les deux principes que l'analyse retrouve toujours au fond des choses, la pensée et l'activité. Comprendre les rapports de ces deux principes ne peut être l'affaire d'un simple raisonnement, fût-il aussi savamment conduit que la résolution kantienne des antinomies. C'est bien plutôt une tâche dont l'accomplissement graduel développe et ennoblit la nature humaine. La science essaie de ranger sous les lois de l'entendement les produits de l'activité de l'être ; et la métaphysique, recueillant les résultats de la science et les confrontant avec le sens immédiat de l'être que nous trouvons en nous, essaie de démêler la vraie nature des choses que la science n'a pu s'assimiler qu'en les transformant d'une manière plus ou moins artificielle.

Nous tenons donc les antinomies mathématiques de Kant pour réelles, mais non résolues. C'est le premier moment de la réflexion de démêler les contradictions apparentes des choses ; le second, de s'appliquer à les résoudre. L'un et l'autre travail dureront sans doute autant que l'esprit humain.

CHAPITRE XI

Examen des Antinomies dynamiques

Malgré l'effort tenté pour maintenir soit les thèses à l'exclusion des antithèses, soit les antithèses à l'exclusion des thèses, il nous a paru que l'antinomie mathématique subsiste. En revanche, la solution de Kant nous a semblé trop sommaire. Il faut, croyons-nous, tenir la question ouverte : elle ne peut être résolue par la simple substitution de l'indéfini au fini et à l'infini. A l'inverse de ce que nous propos, Kant, nous croyons qu'il faut maintenir chacun de ces deux principes, et que c'est la tâche de la science et de la métaphysique de les rapprocher de plus en plus l'un de l'autre, de rendre le fini de plus en plus capable d'exprimer l'infini, et de sonder les raisons qui font que l'être nous apparaît à la fois comme fini et comme infini.

L'examen des antinomies dynamiques nous conduira-t-il à des conclusions analogues ?

Ces antinomies portent sur la question de la liberté et sur celle de l'être nécessaire.

Troisième antinomie. — *Thèse.* — Il faut admettre, outre la causalité naturelle, une causalité libre ; autrement nulle causalité n'est posée comme existant en acte. — *Antithèse.* On ne saurait admettre d'autre causalité que la causalité naturelle ; car causalité libre c'est en réalité absence de cause, ce qui est contraire au principe de causalité.

Quatrième antinomie. — *Thèse.* — Le monde implique une existence nécessaire. Sans un tel être, en effet, rien n'existe véritablement, les choses ne sont que possibles ; il n'y a pas de garantie qu'elles soient données comme réelles. — *Antithèse.* Mais, d'autre part, on ne peut admettre, à propos du monde, qu'il existe quelque part un être nécessaire ; car ni le monde lui-même ne peut être nécessaire, étant une somme d'êtres contingents, ni un être soi-disant nécessaire ne pourrait entrer en relation avec lui sans commencer à agir, donc sans tomber dans le temps et devenir phénomène.

Que faut-il penser de ces arguments ?

I

Une première objection consiste à soutenir qu'il n'y a là qu'une seule antinomie, que la dernière se ramène à la troisième. Telle est l'opinion de Schopenhauer et de Wundt (*Philosophische Studien, II*). Selon ce dernier, ce qui fait la force de la dernière antinomie, ce sont uniquement les arguments qui se rapportent à la causalité ; on ne peut nier cependant qu'il y ait une différence sensible entre ces deux antinomies. La troisième se rapporte à la causalité, à la production ; la quatrième, à l'être même. Production et être ne sont pas synonymes. La quatrième même touche déjà à l'existence de Dieu. Il reste toutefois que, dans le détail, la quatrième n'ajoute que peu de chose à ce qui est dans la démonstration de la troisième. Et c'est à celle-ci surtout que nous nous attacherons.

Une objection grave de Riehl, dans son *Philosophischer Kriticismus*, consiste à soutenir qu'au point de vue de Kant lui-même on ne peut pas voir là des antinomies. Ce n'est que pour la symétrie et l'apparence que les deux dernières antinomies succèdent aux deux premières, c'est uniquement parce qu'il y a quatre catégories.

Dans les thèses, dit Riehl, Kant procède selon une méthode ontologique : on y analyse purement et simplement le concept, en faisant abstraction de l'intuition. Dans les antithèses, au contraire, Kant se place au point de vue de l'expérience, c'est-à-dire des conditions de l'intuition et d'un monde phénoménal. Il y a donc là deux points de vue, non deux thèses contradictoires. Et lui-même s'en est aperçu. Car il résout ces antinomies en conservant à la fois les thèses et les antithèses.

Au point de vue même de Kant, il ne peut y avoir là d'antinomie véritable. Qu'on se reporte à la deuxième analogie de l'expérience : elle pose en principe que tout ce qui arrive suppose nécessairement quelque chose d'antérieur dont il résulte suivant une règle. Donc le principe de causalité, tel qu'il a été établi dans l'*Analytique*, exclut les thèses. Les antithèses seules sont compatibles avec la doctrine.

Si l'on s'étonne de cette contradiction de Kant avec lui-même, on en trouvera l'explication dans la date de la découverte des antinomies. Une lettre de Kant à Garves, citée par Albert Stein (*Uber die Beziehungen Ch. Garves zu Kant*, Leipzig, 1884), prouve qu'il a trouvé les antinomies avant même d'avoir conçu les idées maîtresses de sa *Cri-*

tique. Peut-être même fut-ce surtout ces antinomies qui le réveillèrent du sommeil dogmatique (v. *Prolégomènes*, § 50).

Tels sont les arguments de Riehl. Il est certain que la thèse et l'antithèse sont conçues à deux points de vue différents : cela est inévitable. Pour aboutir à des conclusions contradictoires, il faut bien s'appuyer sur des principes distincts. Ce qui est identique dans la thèse et l'antithèse, c'est l'objet, à savoir le monde de l'expérience conçu comme chose en soi. A cet objet l'esprit s'applique de deux manières différentes, aussi légitimes l'une que l'autre, selon Kant. Le fondement des thèses, c'est la loi de l'entendement pur ; celui de l'antithèse, c'est la loi de l'entendement uni aux sens. Certes, la solution que donne Kant maintient à la fois les thèses et les antithèses, mais non dans le sens qui résultait des démonstrations de la dialectique. Dans celles-ci, il était question de la nature comme chose en soi ; dans la solution, la thèse qui est maintenue comme s'appliquant aux choses en soi, ne concerne plus les phénomènes de la nature ; les antithèses au contraire ne s'appliquent plus désormais qu'aux phénomènes dépouillés de toute réalité transcendentale.

Mais, ajoute Riehl, l'*Analytique transcendentale* réfute d'avance la thèse, et établit que, seule, l'antithèse est conforme aux lois de l'esprit. Sans doute ; mais il ne faut pas oublier que, dans la *Dialectique transcendentale*, Kant s'attaque au dogmatisme. Il se contente d'en réfuter les arguments de la façon la plus précise et la plus forte. Mais il en maintient le principe, puisqu'il veut montrer que ce principe engendre des antinomies. Il faut bien qu'il en soit ainsi pour qu'il puisse dire (7e section, s. f.) que l'antinomie a l'avantage de démontrer indirectement l'idéalité transcendentale des phénomènes. Il n'a sûrement pas oublié ce qu'il a écrit dans l'*Analytique*, car il y fait constamment allusion dans les chapitres sur la solution du troisième problème. Selon son habitude, il utilise des travaux antérieurs à la *Critique* proprement dite, en les adaptant à son œuvre actuelle.

II

Les antinomies dynamiques ont donc bien leur existence distincte et sont une pièce intégrante de son système. Mais quelle en est la valeur ?

A propos de ces antinomies, comme des antinomies mathématiques, certains philosophes soutiennent que, des thèses et des antithèses, seules les unes sont vraies, tandis que les autres sont fausses.

C'est surtout l'école criticiste qui, ici encore, soutient que, seules, les démonstrations des thèses sont valables. M. Renouvier fait de nouveau appel à la loi du nombre. Dans les antithèses il retrouve le nombre infini, considéré comme actuel, lequel est pour lui une contradiction dans les termes. Les antithèses sont donc inadmissibles. Au contraire, les thèses sont la vérité. Sans doute, elles sont incompréhensibles ; mais elles sont les contradictoires de propositions contradictoires en elles mêmes, et, entre la contradiction et l'incompréhensibilité, l'esprit ne peut que choisir cette dernière.

A cela, on peut répondre, ainsi que nous avons fait à propos des antinomies mathématiques, que les choses ne sont peut-être pas soumises à la loi du nombre ; qu'on peut concevoir des grandeurs qui ne soient pas des nombres, du moins au sens premier de ce mot.

Mais ce n'est pas tout. Peut-être la causalité, comme le voulait Kant, ne concerne-t-elle que les rapports qualificatifs des choses, et ainsi une cause, comme telle, n'est pas même une grandeur. Comme le nombre symbolise la grandeur, ainsi la grandeur peut symboliser la causalité ; mais on ne peut appliquer purement et simplement la loi du symbole à la chose symbolisée ; c'est, au contraire, au symbole à se modeler sur la nature de la chose.

Telle serait notre réponse aux partisans des thèses.

Selon Schopenhauer, ce sont les antithèses qui sont seules vraies. Les thèses ne sont que des sophismes. Tout ce qui est nécessaire, dit Schopenhauer, c'est qu'un phénomène donné, a, soit expliqué ; mais il se peut très bien qu'il le soit entièrement par un phénomène antérieur, b. Il n'est pas nécessaire, pour que l'explication soit suffisante, que j'aie l'explication du phénomène b lui-même, et de tous ceux dont il dépend.

A cela, on peut répondre que cette argumentation serait sans doute légitime s'il s'agissait de purs phénomènes, parce que l'esprit pourrait alors être considéré comme le rapport commun de a et de b. Mais il s'agit, dans l'antinomie kantienne, d'expliquer, dans un monde de choses en soi, la causalité de phénomènes donnés. Pour que a soit réellement posé, il faut que la cause de a possède réellement l'existence, et que je le sache. Mais comment le saurai-je, si cette cause est elle-même un effet ? Il faut que je sache que l'existence a été donnée à b. Il faut donc que je remonte à la cause de b, et ainsi de suite jusqu'à ce que j'aie trouvé une cause d'existence, et non pas seulement de détermination.

Je conclus de cette argumentation que les antinomies dynamiques sont bien réelles, et que les tentatives d'exclusion, soit des thèses, soit des antithèses, sont infructueuses. C'est qu'il s'agit ici de l'antique opposition de la liberté et de la nécessité, déjà si bien mise en relief par les stoïciens. Il faut bien que cet éternel conflit repose sur quelque chose de réel. La forme donnée par Kant à ses antinomies peut prêter le flanc à la critique, mais non sans doute le fond, qui n'est autre que la situation que l'homme s'attribue dans la nature.

III

Mais, si les antinomies existent bien réellement, la solution de Kant est-elle satisfaisante ? Selon Schopenhauer, la solution de Kant est contradictoire avec ses propres principes. Schopenhauer admire, plus que toute autre partie du kantisme, la doctrine à laquelle lui paraît ici arriver Kant, la doctrine de la volonté comme chose en soi. Mais il trouve que la voie par laquelle y arrive Kant est impossible en soi, et en particulier contradictoire avec le système. C'est par le principe de causalité que Kant établit les thèses. Or, cela est étrange, puisque les thèses portent précisément atteinte au principe de causalité. C'est le résultat le plus important de la *Critique* de prouver que les principes de l'entendement ne peuvent s'appliquer aux choses en soi, et n'ont d'usage légitime qu'appliqués aux phénomènes. Or, ici, nous attribuons la causalité aux choses en soi. Tel est, en effet, ce caractère intelligible que Kant conçoit comme la cause, en chaque homme, de son caractère empirique.

Riehl et Wundt souscrivent à cette objection, et certes, elle paraît très convaincante .

Voyons si l'on ne pourrait pas y répondre du point de vue de Kant lui-même.

Il n'est pas exact que, selon Kant, la catégorie de causalité, prise en elle-même, ne puisse s'appliquer qu'aux phénomènes. Soutenir cette thèse, c'est confondre la pure catégorie de causalité avec le principe résultant de l'union de la catégorie avec le schème correspondant de l'imagination. Les catégories ne peuvent s'appliquer immédiatement aux intuitions, celles-ci étant toutes particulières, tandis qu'elles-mêmes sont de pures généralités, et un terme ne pouvant être subsumé sous un autre que si tous deux expriment des objets de même nature. Le schème, produit de l'imagination *a priori*, qui participe de la catégorie et de l'intuition sensible, vient servir de trait d'union, et la catégorie, sensibilisée par le schème, peut désormais s'appliquer aux intuitions. C'est uniquement de cette modification de la catégorie qu'il est vrai de dire qu'elle n'a qu'un usage empirique. La catégorie, comme telle, est tout à fait générale, et peut s'appliquer à tout. Ce n'est que pour fournir une connaissance qu'elle a besoin de s'unir à cette intuition. Là où l'intuition manque, elle peut encore fournir une conception, un objet possible. Or, c'est précisément dans ce sens que Kant a entendu attribuer la causalité à un noumène. Il s'agit d'une causalité toute métaphysique, d'une causalité pure. La liberté ne peut ni ne doit être assimilée à une causalité physique.

Toutefois, pouvons-nous considérer la solution kantienne comme définitive et nous y reposer ?

IV

Elle ne va pas sans difficultés. Selon Kant, nous appartenons à deux mondes réellement distincts. Il y a deux êtres en nous, entre lesquels il nous est impossible de percevoir un trait d'union. Nous ne pouvons nous connaître comme étant uns.

Au point de vue phénoménal, nos actes, comme tout dans la nature, sont entièrement déterminés par les phénomènes antérieurs. La chaîne des phénomènes ne saurait être rompue, est absolument inflexible. Mais, d'un autre côté, nous sommes comme responsables de chacun de nos actes, comme s'il ne faisait pas partie de la trame des phénomènes.

Comment se concilie cette absolue liberté avec cette absolue nécessité ? Voilà ce qui est généralement jugé l'une des parties les plus obscures du kantisme. Nous comprenons donc bien les raisonnements ; mais nous ne pouvons admettre la conclusion. Il semble qu'ici Kant n'ait pas reculé devant une solution contradictoire, lui qui avait tant redouté la contradiction dans la résolution des antinomies mathématiques.

Cette conclusion s'impose-t-elle véritablement ? Partant d'une nécessité et d'une liberté absolues, Kant conclut à un dualisme radical et partage l'homme en deux. Ne pourrait-on pas procéder en sens inverse, et dire : ce qui est réellement, c'est l'unité de notre être ? Si donc on y discerne deux éléments contradictoires, c'est que l'analyse les rend tels en les isolant l'un de l'autre. Mais, dans la réalité de notre être, ils n'ont pas ce caractère absolu que leur prête le raisonnement. Il n'y a ni liberté entièrement indépendante des phénomènes, ni causalité physique absolument impénétrable. Liberté et nécessité ne sont, en définitive, que des abstractions. L'être vivant possède une nature souple que nos concepts sont impuissants à exprimer.

La marche qui a conduit Kant à ces concepts est-elle nécessaire ? Il nous semble que, d'une manière générale, le défaut du kantisme est de partir d'une idée abstraite *a priori* de la science. Cette idée fut suggérée à Kant par la mécanique céleste de Newton, dans laquelle il voyait un exemplaire de la science parfaite. Il conclut à la nécessité absolue de la relation causale dans les phénomènes. Il est plus conforme à l'état actuel de la science de partir des diverses sciences concrètes et réelles qui nous sont données. Or ces sciences manifestent-elles, exigent-elles cette nécessité absolue que supposait Kant ?

Cela n'est nullement évident. Kant voyait dans la continuité absolue du fil de l'expérience, la condition de l'objectivité même des phénomènes. Mais qui peut affirmer que cette continuité existe ?

Savons-nous si les principes des sciences se peuvent réduire à l'unité? Ce que nous possédons, est-ce la Science, une et universelle, ou des sciences, ayant chacune sa méthode et ses postulats ? Au sein d'une même science aujourd'hui l'on admet des principes différents, hétérogènes, peut-être contradictoires. Il suffit qu'ils réussissent. Les sciences sont un ensemble de concepts construits de manière à résumer l'expérience et à représenter pour nous les forces de la nature. Elles sont pleines d'hiatus, de concepts obscurs, qu'on admet parce qu'ils sont commodes. Sans doute on nourrit l'espérance de simplifier et coordonner toujours davantage. Mais comme, d'autre part, l'homme a désormais le parti pris bien arrêté de voir la nature telle qu'elle est, et non de lui dicter des lois, il ne préjuge plus rien, non pas même qu'il y a des lois dans la nature.

Dans ces conditions, les concepts que suppose la science n'apparaissent plus que comme l'expression des besoins de notre esprit. Ils ne sont plus inhérents aux choses. Les faits seuls sont donnés ; les véritables causes échappent à la science. Nous découvrons des lois-faits, nous ne savons si nous sommes en présence de lois absolues.

Ces deux concepts, loi et nécessité, ne sont pas nécessairement indissolubles. La constance suffit à constituer une loi. Elle peut dépendre d'une activité spontanée. Ne voyons-nous pas la volonté libre se transformer d'elle-même en habitude et en nécessité apparente ?

Cependant, tant que nous regardons les choses du dehors, nous ne pouvons faire aucune hypothèse de ce genre.

Mais ne disposons-nous que de la connaissance sensible et de la science qui la systématise ? Nous sentons l'être que nous portons en nous, d'une manière vague et confuse sans doute. Mais nous avons le droit de mettre cette donnée en présence de la science et de voir si la critique la plus sévère n'en laissera pas subsister quelque chose. C'est la réflexion sur la science réelle et sur nous-même qui doit être l'instru-ment de la métaphysique. « Ce monde que tu as détruit, essaie main-tenant de le reconstruire dans ton sein, de le refaire plus beau qu'il n'était :

> Mächtiger
> Der Erdensöhne,
> Prächtiger
> Baue sie wieder,
> In deinem Busen baue sie auf. »

Ce défi de l'esprit railleur, peut-être le philosophe osera-t-il l'accep-ter. Peut-être son effort est-il précisément de reconstruire le monde dissous par la science, d'après le sens de l'être que nous trouvons en nous.

CHAPITRE XII

L'Idéal transcendental

I

Kant s'est occupé de bonne heure de la question de l'existence de Dieu. Dans la *Théorie du ciel* (1755), et dans son traité des *Premiers principes de la connaissance métaphysique* (1755), il admet sans restriction la preuve classique des causes finales ; il partageait même à cet égard le sentiment de beaucoup de penseurs et de philosophes du xviiie siècle. La transformation de l'astronomie, loin d'infirmer les antiques preuves de l'existence de Dieu tirées de la grandeur, de l'ordre, de la beauté de l'univers, avaient paru leur donner une force nouvelle. Toute sa vie, Kant parla avec enthousiasme de la magnificence du ciel étoilé ; mais, à l'origine, il y voyait, en un sens dogmatique, une preuve rationnelle de l'existence de Dieu.

Il n'a pas attendu la découverte du point de vue critique pour révoquer en doute la valeur théorique des arguments de la théologie rationnelle.

En 1763, dans la dissertation sur *l'unique fondement possible d'une démonstration de l'existence de Dieu*, il les soumet à un examen qui n'en laisse presque rien subsister. Il les ramène à quatre preuves fondamentales.

On peut partir soit d'un concept, d'une abstraction ou d'une généralité, soit des choses existantes, de ce qui nous est donné. Dans le premier cas, l'argument est *a priori* ; dans le second, il est *a posteriori*.

Si l'on se place au premier point de vue, deux arguments sont possibles. Le premier c'est l'argument cartésien, la preuve ontologique. Elle va du possible à l'existence, non d'un possible quelconque, mais de Dieu comme possible, à l'existence de Dieu. Dans cet argument, le possible, le concept, l'idée de Dieu est considérée comme fondement (*Grund*), et l'existence comme conséquence (*Folge*).

La seconde preuve part encore d'un possible, mais non pas du possible qui est Dieu : elle part du possible en général pour conclure à un être nécessaire et à un être parfait. La marche de cette preuve n'est pas la même que celle de la preuve cartésienne, qui descend du principe à la conséquence ; dans celle-ci, au contraire, on remonte de *Folge* à *Grund*, du possible comme conséquence à l'être nécessaire et parfait comme condition. Cette preuve, selon Kant, n'a pas été encore donnée par les philosophes. Elle est issue de sa réflexion sur le système de Wolff. Le possible peut être considéré au point de vue de sa forme et au point de vue de sa matière. La forme du possible n'est qu'un rapport ; mais un rapport suppose des termes, c'est-à-dire une matière. Or il est impossible que rien n'existe, car alors les *data* ou matière du possible seraient supprimés, et le possible serait impossible, ce qui est contradictoire. Le possible, même logique, suppose l'existence d'un être nécessaire. Kant ajoute que l'être nécessaire ainsi établi ne peut être que le parfait, parce que seule la perfection peut satisfaire au concept de nécessité. Seul l'être parfait, *ens realissimum*, *das allerrealste Wesen*, possède en soi la raison de son existence.

La considération des existences donne lieu à deux autres preuves.

La première part de l'existence en général, et de cette existence s'élève à la cause de toute existence : c'est la preuve de Wolff. Si quelque chose existe, il faut de toute nécessité, en vertu du principe de contradiction, qu'il existe un être nécessaire et parfait.

La quatrième preuve part, non plus de l'existence en général, mais d'une existence déterminée, à savoir de l'ordre et des perfections du monde. C'est la preuve dite des causes finales ; Kant en prend l'exemplaire dans Reimarus.

Ces quatre preuves sont les seules possibles. Les ayant ainsi classées, Kant les soumet à une critique sévère.

Il réfute la première par la raison suivante : l'existence y est tirée comme prédicat de l'idée de Dieu comme sujet. Or l'existence n'est pas un prédicat, mais une absolue position. La logique est impuissante à tirer le réel, comme conséquence, du possible ou de l'abstrait comme principe.

La preuve de Wolff est également illégitime. Elle prétend nous faire passer, par un procédé purement logique, d'une existence à une autre existence, de l'existence de quelque chose à celle d'un être nécessaire et parfait. Mais passer d'une existence à une autre n'est pas une opération purement logique. Le principe de causalité, qui est le principe des existences, ne se ramène pas au principe de contradiction. De plus. lors même qu'on accorderait le raisonnement qui va d'un être donné à l'être nécessaire, l'argument de Wolff serait encore illégitime, car il a la prétention de nous élever de l'être nécessaire à l'être parfait. Mais ici l'argument de Wolff devient nécessairement ontologique et rejoint celui de Descartes, car le concept d'un être absolument nécessaire n'est pas empirique, mais pur, et la liaison de l'existence nécessaire à la perfection est précisément l'objet de l'argument ontologique. L'argument de Wolff suppose ainsi celui de Descartes, qu'il était destiné à remplacer.

Comme l'argument de Wolff, celui de Reimarus n'est efficace que s'il cache en lui l'argument ontologique. En elle-même la perfection toute relative du monde ne saurait prouver l'existence d'un premier être absolu et parfait. Il n'en reste pas moins que c'est cet argument qui offre le plus de valeur pratique. C'est l'argument efficace par excellence : c'est toujours par cette porte que la croyance en Dieu est entrée dans l'âme humaine.

Reste le second argument, celui qui part du possible comme conditionné et remonte à Dieu comme à sa condition. Kant, en 1763, le considère comme valable. Et si, dit-il, on fait de cet argument la base de tous les autres, ils redeviendront légitimes ; mais c'est à lui seul qu'appartient en propre la valeur logique et théorique.

L'impression que nous laisse la dissertation de 1763 n'est-elle pas que l'œuvre de la *Critique* était dès cette date à moitié faite ? Les arguments que Kant y oppose à l'argument cosmologique et à l'argument ontologique seront ceux-là mêmes qu'il leur opposera plus tard. Il conserve, il est vrai, un argument, mais il ne semble pas qu'il soit nécessaire de dépasser le point de vue de 1763 pour le faire tomber. Ce possible en général, qui doit servir de base à l'argument, n'est qu'un concept mal défini, hybride, qui doit, si on veut le préciser, se résoudre soit dans le concept purement abstrait d'où part, selon Kant, l'argument ontologique cartésien, soit dans le concept cosmologique de Wolff.

Ce principe, selon Kant, doit être logique, doit être concept ; mais comment considérer comme un simple concept un principe dont les *data*, les matériaux, doivent être donnés ? Il s'agit là de la possibilité logique ou non-contradiction. Ou il s'agit d'un pur concept, et il est indifférent que la matière en soit donnée ou non, ou la matière doit être donnée et l'on n'a pas affaire à un pur concept.

C'est une opinion souvent émise que, dans la *Critique de la raison pure*, Kant n'a guère fait, en ce qui concerne la réfutation de la théologie rationnelle, qu'insérer les discussions du traité de 1763, et que cette partie de l'ouvrage est composée pour l'essentiel de pièces de rapport. Il est intéressant de voir si en effet la *Critique* ne nous offre qu'une reproduction du traité de 1763, sauf l'abandon du deuxième argument.

II

Comment est posé le problème dans la *Critique* ? D'une façon tout autre que dans le traité de 1763. Kant le fait consister en deux points : 1° comment se forme dans notre esprit l'idée de Dieu ? 2° que valent les arguments au moyen desquels la théologie rationnelle prétend démontrer qu'à cette idée correspond un être réellement existant ? Nous examinerons aujourd'hui le premier point.

La méthode qu'emploiera Kant est celle que nous avons vu régner dans toute la *Critique de la raison pure*, et qui est l'âme de tout son système. C'est le passage rationnel de la logique abstraite à la philosophie transcendentale, de ce qui est pensé comme possible à ce qui est pensé comme existant.

Comment s'effectue ce passage ? Kant a certainement été conduit par la philosophie de Wolff à s'élever ainsi du possible à l'être, de la logique à la philosophie proprement dite. Mais il modifie profondément le procédé. Wolff prétendait aller du possible à l'existence par une marche purement analytique, purement logique. La logique, selon lui, suffisait à nous faire sortir du point de vue logique. C'est ce qui est apparu à Kant comme une impossibilité. Le passage qu'il s'agit d'effectuer, Kant va l'accomplir, comme il l'a déjà fait plusieurs fois, en intercalant comme intermédiaires entre les deux termes, les lois propres de l'esprit, les lois constitutives de la nature humaine, lesquelles sont autre chose que le simple principe de contradiction, qui est absolument universel. C'est ainsi que Kant pense pouvoir obtenir, non plus seulement une possibilité logique, mais un jugement d'existence, valable à tout le moins pour l'esprit humain.

Comment s'opère ce passage ? Il faut ici distinguer deux moments. D'abord l'esprit s'élève à l'idée de Dieu comme être parfait ; dans un second moment nous réalisons cette idée, nous en faisons un être existant en lui-même et par lui-même.

Le premier moment est la construction que nous faisons de l'idée de Dieu comme idéal.

Si nous analysons le contenu de notre raison, nous y trouvons tout d'abord l'intuition. Mais, étant sensible, elle ne peut nous fournir les éléments de l'idée de Dieu. Viennent ensuite les catégories, lesquelles peuvent être exhibées dans les intuitions, c'est-à-dire auxquelles les intuitions peuvent être conformes : ainsi la catégorie de causalité se trouve réalisée dans les phénomènes. Les catégories, ainsi proportionnées aux choses sensibles, ne sont pas encore l'idéal ou l'unité du tout que cherche la raison. Au-dessus des catégories se trouvent les idées au sens platonicien du mot, à savoir des unités systématiques, modèles des choses sensibles et supérieures à tout ce qu'elles peuvent exhiber. Les idées ont encore une relation avec le sensible. Au-dessus d'elles il y a l'idéal ; c'est une unification des idées, de même que les idées étaient une unification des formes et des lois de la nature. Un idéal est un individu, non plus une généralité comme une idée ou une loi. Le sage, l'homme vertueux est un idéal, tandis que la sagesse, la vertu sont des idées. L'idéal qui contient en lui toutes les perfections et les ramène à l'unité, c'est l'idée de Dieu.

Comment sommes-nous conduits à concevoir un tel idéal ? Si nous considérions le possible uniquement au point de vue logique, c'est-à-dire comme concept, nous n'aurions pas besoin d'un autre principe que le principe de contradiction. Car, au point de vue logique, il n'est question que de rapports et non de la matière de la connaissance. Il en est autrement si nous cherchons le principe de la possibilité des choses. Une foule de choses, logiquement possibles, ne le sont pas en réalité. C'est quelque chose comme le principe de la compossibilité de Leibnitz qu'il faut ajouter au principe de contradiction, si on veut rendre compte de ce qui est effectivement possible. La condition de l'existence, c'est l'entière détermination, ainsi que le disait Wolff. Or une telle détermination n'implique pas seulement une comparaison logique entre des prédicats, mais une comparaison transcendentale entre la chose même et l'ensemble des prédicats possibles. La détermination complète suppose ainsi un concept qui ne peut être représenté *in concreto*, une idée de la raison. Si donc le possible, considéré dans sa forme, ne requiert que la loi logique de contradiction ; considéré dans sa matière, il suppose un premier être, comme principe de détermination. C'est ainsi que nous nous élevons à l'idée d'être nécessaire.

Reste à s'élever de l'être nécessaire à l'être parfait. Kant s'efforce de démontrer que, si nous voulons, au point de vue de l'existence et non pas seulement de la possibilité logique, déterminer la nature de l'être nécessaire, il nous faut le considérer comme parfait. Quand il s'agit de détermination logique, la négation est aussi réelle que l'affirmation. Mais, au point de vue transcendental, il n'y a pas de négation absolue. Une négation n'est jamais qu'une limitation. C'est là une suite de la doctrine déjà exposée par Kant dans l'*Essai sur l'introduction du concept des quantités négatives en philosophie* (1763), et qui lui est chère. Une quantité négative, en algèbre, est parfaitement positive en elle-même : elle est seulement qualifiée en sens inverse. De même, une négation, dans l'ordre de l'existence, est encore une réalité. Et ainsi l'être, qui a en lui le principe de toutes les déterminations, est entièrement positif ; il est *ens realissimum, das allerrealste Wesen,* c'est-à-dire, en langue cartésienne, l'être parfait.

Mais l'esprit humain se tiendra-t-il à ce premier moment ? Non.

C'est en vertu des lois de notre raison que nous nous sommes ainsi élevés à l'idée de Dieu. Or, avant la *Critique,* il nous est impossible de savoir que nous n'avons pas le droit d'ériger les lois de notre esprit en lois absolues. Notre premier mouvement est de croire que nous sommes la mesure des choses, que ce qui nous apparaît comme vrai est vrai pour toutes les intelligences, que le raisonnement qui nous a conduits à l'être parfait est absolument valable, et que, par conséquent, cet être existe.

Ce mouvement naturel de l'esprit humain détermine le second stade du développement théologique. Nous sommes amenés d'abord à considérer Dieu comme réel, c'est-à-dire comme susceptible d'être donné dans une expérience, sinon sensible, du moins suprasensible. Puis nous le considérons comme une substance. En effet, il est absolument un, et ce qui est un est une substance ; Dieu est ainsi hypostasié. Enfin nous en venons à le considérer, non seulement comme une réalité et comme une substance, mais comme une personne, parce qu'étant entièrement déterminé, il est l'être individuel par excellence.

Ce n'est pas tout. Nous sommes poussés à croire que nous pouvons connaître, au sens propre du mot, le rapport qui unit Dieu au monde à un point de vue véritablement historique. Voici comment s'opère, en vertu des lois de notre nature, cette démonstration. Nous partons du monde qui nous est donné, de l'existence qui s'impose à nous. De cette existence nous nous élevons à une existence nécessaire, et de celle-ci à une nature parfaite.

D'une telle argumentation et de tout processus de réalisation de l'idée de Dieu, la *Critique* nous a montré d'avance l'illégitimité. Elle suit des résultats de l'*Esthétique* et de l'*Analytique transcendentales*. Selon ces résultats, pour atteindre à la connaissance d'un être, un procédé purement logique est insuffisant ; il faut une intuition. Or il faudrait ici une intuition intellectuelle. Mais la *Critique* a montré, et c'est sa pierre angulaire, qu'entre notre sensibilité et notre entendement, il y a un hiatus. Par suite notre intuition est purement sensible et nos concepts entièrement vides. Notre monde de phénomènes est une île escarpée et sans bords, où nous sommes enfermés. Pour en sortir, il n'y a à notre disposition que l'élan aveugle du mysticisme (*Schwärmerei*), nul procédé rationnel.

La *Critique* a donc démontré d'avance que les arguments sont illégitimes ; mais ils se produisent par une illusion inévitable, comme un bâton enfoncé obliquement et à demi dans l'eau nous paraît forcément brisé malgré toutes nos connaissances. Les raisonnements de la théologie rationnelle ne sont pas des jeux de logicien, ils sortent du fond même de notre intelligence ; ils sont l'application de ses lois et l'effet de son instinct. Il faudra donc les considérer à part ; ce sera l'objet de la *Critique de la théologie rationnelle*. L'esprit humain, dans son progrès naturel, va du concret à l'abstrait, de la preuve physico-théologique à la preuve cosmologique, et de celle-ci à la preuve ontologique. La philosophie suit l'ordre inverse, à savoir, l'ordre logique. Elle va du concept à l'existence, commençant par l'argument ontologique, finissant par l'argument cosmologique. C'est dans cet ordre que les trois preuves devront être examinées.

III

Cette doctrine ne fait-elle que reproduire, en laissant tomber la seconde preuve, celle du traité de 1763 ?

Une chose à noter d'abord, c'est que l'argument dont Kant est l'inventeur, celui qui va du possible commun conditionné à Dieu comme condition, n'a pas disparu purement et simplement : il a été utilisé d'une manière originale. Cet argument fait le fond de l'exposition que nous venons d'étudier. Ce qui, en 1763, était l'unique fondement possible d'une démonstration de l'existence de Dieu représente aujourd'hui, selon

Kant, le processus par lequel l'esprit s'élève, conformément aux lois de la nature, de la notion du possible à celle de l'idéal transcendental et de l'existence de cet idéal. Cette construction, en même temps qu'elle perd toute valeur apodictique, acquiert une valeur critique : elle est rattachée, comme un effet naturel, aux lois générales de l'esprit humain.

Les autres arguments donnent lieu à une observation analogue. Le traité de 1763 les réfutait purement et simplement tant qu'ils n'étaient pas fondés sur la preuve proposée par Kant. Il n'en est plus de même ici. Ces arguments sont réfutés sans condition comme fondements d'une connaissance théorique de l'existence de Dieu. Mais Kant ne s'en tient pas à ce résultat négatif. Les arguments sont maintenant érigés en faits normaux fondés sur la constitution de l'esprit humain. Ils reprennent ainsi une valeur. Kant, qui fait profession d'aller *ab actu ad posse*. ne pourra plus les supprimer purement et simplement, les écarter comme de pures illusions. La philosophie critique n'admet pas ces erreurs absolues que condamnaient les philosophies dogmatiques. Elle trouve à l'erreur même une raison d'être, c'est-à-dire encore quelque vérité, si on sait l'interpréter correctement. C'est ainsi que la marche du soleil autour de la terre n'est pas une illusion absolue, mais une apparence relative au point de vue où nous sommes placés.

Certes la *Critique* kantienne aboutit tout d'abord à une doctrine néga-tive ; elle nie la valeur objective des démonstrations par lesquelles nous croyons pouvoir acquérir la connaissance théorique de l'existence d'un être parfait. Mais elle ne nous précipite pas pour cela dans le phéno ménisme. Si elle enlève à nos jugements le point d'appui que nous croyions trouver pour eux dans un absolu transcendant, en revanche. elle leur assure une garantie dans la nature de notre raison. Kant a établi avec plus de force qu'on ne l'avait jamais fait, la réalité et la valeur de l'esprit humain, comme élément intégral et fondement de la connaissance humaine. Certes, il nous apprend à nous défier de toute assertion qui prétend à une connaissance du suprasensible. Mais il ne condamne pas moins énergiquement toute philosophie qui ne laisse rien subsister des croyances morales et religieuses dont se nourrit l'humanité. Ces croyances ont tout d'abord un point d'appui inébran-lable dans leur rapport à la raison. Dire qu'elles sont humaines, c'est déjà dire qu'elles possèdent quelque vérité. Kant applique à la philo-sophie la célèbre maxime de Térence : « Je suis homme et je ne consi-dère rien d'humain comme m'étant étranger. »

CHAPITRE XIII

La Critique de l'Argument ontologique

Nous avons vu que Kant ramène à trois tous les arguments possibles
de la théologie rationnelle : l'argument ontologique, tel qu'il se trouve
dans Descartes ; l'argument cosmologique, tel qu'il se trouve dans
Wolff ; enfin l'argument physico-théologique ou des causes finales, tel
qu'il se trouve dans Reimarus.

L'argument ontologique est, au point de vue logique, selon Kant,
la condition de tous les autres. C'est donc de lui qu'il va tout d'abord
s'occuper.

La critique de cet argument se trouve déjà fort bien faite dans le
traité de 1763 : *De l'unique fondement possible d'une démonstration
de l'existence de Dieu.*

Kant y dénonce cette erreur, de traiter l'existence comme un prédicat, comme un attribut, alors qu'elle est quelque chose de tout à fait
spécial, d'irréductible à un concept.

Cette objection n'est-elle pas celle-là même que nous allons trouver
dans la *Critique* ? Et Kant a-t-il fait autre chose que de transporter telle
quelle, dans l'ouvrage de 1781, une théorie déjà formée avant la découverte des principes de son système définitif ?

I

Lors même que Kant se serait borné à reproduire cette argumentation,
il aurait été dans son droit. La *Dialectique transcendentale*, en effet,
doit, dans sa pensée, être une confirmation de l'*Analytique* et de l'*Esthétique transcendentale*, une démonstration indirecte de l'idéalité transcendentale de l'espace et du temps et de la relativité de notre connaissance.
qui, dans l'*Esthétique* et l'*Analytique*, sont démontrées directement. Or,
il y aurait cercle vicieux à prétendre confirmer les raisonnements de
l'*Analytique* et de l'*Esthétique* en les supposant. Kant doit, dans la

Dialectique, fournir des preuves qui s'imposent à ceux-là mêmes qui n'admettraient pas les conclusions des deux premières parties. Mais il serait imprudent d'accuser Kant de s'être répété purement et simplement avant d'avoir attentivement comparé la doctrine de 1781 sur l'argument ontologique avec celle de 1763.

L'argument ontologique consiste essentiellement dans un passage discursif du concept d'être parfait à l'existence de cet être. La raison prend pour point de départ une définition, celle de l'être parfait ; et. de la même manière que le mathématicien fait d'une définition donnée sortir les conséquences qu'elle renferme, ainsi la raison, selon le dogmatisme, de la définition de l'être parfait tire son existence.

Cet argument se peut-il soutenir ? On peut, dans la critique à laquelle Kant le soumet, distinguer deux moments.

Kant se demande d'abord si, d'une manière générale, on peut concevoir une démonstration possible de l'existence de l'être nécessaire. Etant donné le concept d'être nécessaire, la raison peut-elle en tirer l'existence ? Cela ne se peut d'après Kant. Qu'est-ce, en effet, que l'idée d'être nécessaire? C'est l'idée d'un être qui ne peut pas ne pas exister, dont la non-existence est impossible. Mais comment de cette idée passer à l'existence effective de l'être nécessaire ? Le concept ne nous apprend pas qu'effectivement il y a dans l'être nécessaire quelque chose qui en rend la non-existence impossible. Il porte simplement que, si la non-existence d'un être est impossible, cet être est nécessaire. Ce concept n'est qu'une détermination logique, supposant une donnée et ne posant rien par elle-même.

On allègue des exemples. L'existence, dit-on, est contenue dans le concept d'être nécessaire, comme, dans la définition du triangle, l'égalité de ses trois angles à deux droits. Mais, dans les deux cas, il s'agit d'un jugement. Or, il est, à coup sûr, contradictoire, étant donné un sujet, d'en nier l'attribut qu'il contient ; mais, si je supprime du même coup sujet et prédicat, où est la contradiction ? Il faudrait démontrer qu'il est nécessaire que le sujet soit posé.

Mais n'y aura-t-il pas précisément un cas, un seul, où le concept, le point de départ du raisonnement doit nécessairement être posé, et ce cas n'est-il pas celui de la possibilité de l'être parfait ? A la différence des définitions mathématiques qui peuvent être supprimées sans contradiction, le concept de l'*ens realissimum* (et non plus seulement de l'être simplement nécessaire) ne se pose-t-il pas nécessairement de lui-même ?

L'*ens realissimum*, ou réunion de toutes les réalités, de toutes les perfections est d'abord possible au point de vue logique, car, dans ce concept, il n'entre que des affirmations, et une contradiction suppose à la fois une affirmation et une négation. D'autre part, parmi les prédicats qu'il embrasse, se trouve l'existence nécessaire, laquelle est une perfection aussi bien que toute autre qualité. Enfin, comme conséquence, l'être parfait existe.

En effet, s'il n'existait pas, son concept contiendrait en même temps et ne contiendrait pas l'existence nécessaire, serait contradictoire, par conséquent impossible. Le possible serait impossible.

Kant objecte : 1° que la possibilité que l'on démontre est une possibilité purement logique. Cet être peut être conçu, il n'enferme pas de contradiction. Mais possibilité logique n'est pas possibilité réelle. Celle-ci implique l'accord avec les conditions de l'existence, lesquelles sont autre chose que les conditions de l'intelligence ; — 2° que l'existence n'est pas un prédicat, une généralité, un concept contenu dans un concept ; c'est quelque chose d'unique, c'est une absolue position. Dans cent thalers réels, il n'y a pas plus d'essence que dans cent thalers conçus. L'existence n'est pas quelque chose qui puisse se coordonner aux attributs, c'est l'ensemble des attributs posé en dehors de la pensée; — 3° enfin, l'on soutient qu'étant donné le possible qui est Dieu, l'existence, ici, suit nécessairement du concept. Mais, objecte Kant, en quel sens entend-on cette conséquence ? On peut concevoir le rapport du concept à l'existence d'abord comme analytique, en ce sens que l'existence serait tirée du concept de l'être parfait comme d'un tout se tire une partie. Mais, dans ce cas, l'existence est de même nature que le concept ; le concept n'existe que dans notre esprit, donc l'existence qu'on affirmera est une existence purement idéale. C'est l'idée de l'existence, non l'existence réelle. On peut encore concevoir que l'existence doive être ajoutée au concept suivant un rapport synthétique. Il y a en nous une faculté de liaison synthétique qui nous permet de lier entre elles les choses hétérogènes. C'est ainsi que nous formons l'expérience. Mais admettre une telle liaison entre le concept et l'existence de l'être parfait est, selon Kant, chose impossible. L'esprit humain n'opère de synthèses légitimement qu'à l'aide d'un point d'appui d'une valeur démontrée. Or il n'existe pour lui qu'un seul point d'appui qui satisfasse à cette condition, c'est la possibilité de l'expérience. Si une synthèse ne nous est pas donnée par l'expérience réelle, il faut qu'elle soit une condition de l'expérience possible. Et, pour que nous puissions exercer sans arbitraire notre faculté de synthèse *a priori*, il faut que l'imagination présente à l'entendement un schème qui lui serve de signal. Ainsi, le schème de l'existence nécessaire, c'est l'existence dans tous les temps. Mais l'être parfait ne nous est pas donné comme présent dans tous les temps. Nous ne pouvons donc lui appliquer la catégorie d'existence nécessaire. Ainsi la condition d'une liaison synthétique garantie n'est pas remplie en ce qui concerne les deux termes : être parfait et nécessaire. Ce cas est unique et les règles générales de la connaissance ne s'y peuvent appliquer sans arbitraire.

II

Comme on voit, l'argumentation de la *Critique* n'est, par un côté, que le développement de l'argumentation de 1763. On peut rapporter au traité de l'*Unique fondement possible d'une démonstration de l'existence de Dieu*, toute la partie de la *Critique* qui repose sur l'impuissance de l'analyse à nous donner l'existence. En 1763, c'est au seul point de vue de la contradiction logique que Kant se plaçait pour discuter les arguments de Descartes, Wolff, Reimarus. Et cela était naturel. Il se trouvait en présence d'arguments présentés à ce point de vue : il se plaçait sur le terrain même des adversaires. Que cette argumentation reparaisse purement et simplement dans la *Critique*, c'est ce qui est non seulement légitime, mais nécessaire.

Kant, toutefois, ne s'en tient pas là. Il y a une partie nouvelle dans son argumentation : c'est celle qui concerne l'illégitimité d'une liaison synthétique du concept d'être parfait avec l'existence.

Dans le traité de 1763, il prétendait maintenir, au nom du seul principe de contradiction, une certaine forme de l'argument ontologique, à savoir l'argument qui va du possible, considéré comme conséquence ou conditionné, à l'existence nécessaire, comme principe ou condition. Ici cet argument n'est pas reproduit. Nulle liaison analytique ne peut nous donner l'existence de l'être parfait. En revanche, Kant indique une nouvelle manière de considérer l'argument classique. Il fait appel à ses propres découvertes, à la théorie de la synthèse *a priori*, qui résulte de sa *Critique de la Raison pure*. Or, en considérant l'argument comme synthétique, il lui donne une chance de se relever après qu'il a succombé comme preuve d'une liaison analytique. Qu'à ce second point de vue il le renverse au nom de sa propre doctrine, c'est ce qui est encore parfaitement légitime. La critique de l'argument comme démonstration d'une liaison synthétique, voilà ce que la *Critique* contient de nouveau.

III

La manière dont Kant présente l'argument ontologique est-elle historiquement fidèle ?

Selon Kant, cet argument consiste essentiellement à passer du concept de l'être parfait à l'existence de cet être. Or, chez saint Anselme, qui passe pour l'inventeur de l'argument, le point de départ est-il un pur concept, au sens que Kant donne à ce mot ? Il ne le semble pas. Outre que, chez saint Anselme, une sorte de dialectique platonicienne mystique se mêle intimement à la démonstration syllogistique, c'est l'existence dans l'entendement, *esse in intellectu*, non un simple concept, qui est le point de départ. Et le point où le théologien philosophe veut arriver, c'est l'existence dans la réalité, *esse in re*. Il ne se propose pas de passer du subjectif à l'objectif, mais de l'existence dans l'entendement à l'existence en dehors de l'entendement. Ce qu'il pose est déjà une existence, et ainsi n'est pas hétérogène par rapport à ce qu'il s'agit d'atteindre. Et c'est à l'aide du concept d'existence maxima qu'Anselme passe d'un terme à l'autre. Comme il est plus grand d'exister à la fois dans l'entendement et dans la réalité, l'être le plus grand, Dieu, doit exister et dans l'entendement et en effet.

Il est vrai que c'est proprement chez Descartes que Kant considère cet argument. Or, chez Descartes, le point de départ est-il un pur concept ? On ne peut le dire. Descartes argumente précisément pour démontrer qu'il ne s'agit pas là d'un pur concept formé par l'esprit humain. Il analyse l'idée de parfait, et il trouve qu'elle présente des caractères qui l'élèvent au-dessus d'un pur concept. Cette idée représente quelque chose d'absolu, d'unique, notamment la liaison nécessaire entre l'essence et l'existence immédiatement unies. Ce n'est donc pas quelque chose de feint ou d'inventé par moi, mais bien l'image d'une vraie et immuable nature ; c'est une idée innée, dont l'esprit humain est plutôt le réceptacle que l'auteur. Si Descartes a pu dire que les idées mathématiques sont des créatures de Dieu et non de purs concepts, à plus forte raison l'idée de Dieu doit-elle être, à ses yeux, une chose distincte de notre entendement. Elle est ce qu'il appelle une essence. La question est de passer de cette essence à son existence. De cette philosophie, qui participe encore du réalisme du moyen âge, une essence n'est pas un simple produit de l'activité de l'homme, c'est déjà une sorte de réalité, c'est ce qui existe sinon en soi, du moins en autre chose. La question de l'existence est celle de savoir si une essence donnée existe en autre chose et ainsi n'est qu'un attribut, ou existe en soi, et est une substance.

Comment Descartes opère-t-il, en ce qui concerne le parfait, le passage de l'essence à l'existence ? Ce n'est, semble-t-il, ni par un procédé purement analytique, ni par un procédé purement synthétique, comme le suppose Kant. C'est ici le point délicat du cartésianisme. En quoi consiste, dans cette philosophie, la liaison à la fois nécessaire et réelle ? Cette liaison, Descartes l'affirme au nom de son critérium de la certitude, lequel est la clef de voûte de son système. Tout ce que nous concevons clairement et distinctement appartenir à la nature d'une chose lui appartient en effet. Descartes applique cette règle à l'idée de l'être parfait. Nous concevons clairement et distinctement que l'existence appartient à la nature du parfait. Donc elle lui appartient effectivement. Cette liaison est-elle analytique ? Non, puisqu'elle a pour condition un critère de la vérité. Descartes n'a jamais dit, comme Spinoza : *Verum index sui.* Tout au contraire, il tient que l'idée, comme telle, n'enveloppe jamais l'affirmation, pour laquelle une autre faculté que l'entendement, la volonté, est requise. Cette volonté a besoin d'un signe pour se déterminer à affirmer, à poser une existence, et ce signe est la clarté et la distinction de l'idée. Le jugement, pour Descartes, n'est donc pas purement analytique, il ne suit pas purement et simplement du concept donné. L'essence de l'être parfait lui-même ne se lie à l'existence que par l'action de la volonté se déterminant d'après les caractères de l'idée d'être parfait. D'autre part, ce que nous sommes amenés à affirmer, c'est bien que l'existence appartient au parfait, ce qui ressemble autant que possible à une liaison analytique. Donc l'opération de l'esprit qui prononce : le parfait existe, — tient de l'analyse et de la synthèse, sans être, à la rigueur, ni l'une ni l'autre, au sens que Kant donne à ses mots.

Leibnitz considère Dieu tout d'abord comme un possible. Mais les possibles, pour Leibnitz, ne sont pas non plus de simples concepts ; ils ont une prétention à l'existence, une tendance, un commencement de volonté, en même temps qu'une essence. Notre entendement donc les contemple, mais ne les crée en aucune façon. Le possible possède déjà l'existence, quoique à un degré infiniment petit. Le possible qui est l' n'a besoin du concours d'aucun être pour exister. Il passe à l'exis le lui-même, immédiatement. Cela résulte de la loi qui veut que les possibles prétendent à l'être dans la mesure de la perfection qu'ils enveloppent. Ici encore nous trouvons un mélange et comme une pénétration de processus analytique et de processus synthétique. Pour rencontrer une exposition de l'argument ontologique qui justifie pleinement celle que fait Kant, il faut en arriver à Wolff.

IV

Ainsi, envisagée simplement au point de vue historique, l'argumentation de Kant pourrait sembler peu décisive. D'où vient pourtant qu'elle ait produit généralement une impression si profonde et que tant de critiques la jugent définitive ? Cette quasi-unanimité dans l'approbation a son fondement. Kant a très bien réfuté ce qu'il se proposait de réfuter. Ce n'est pas tout à fait l'argument que lui offrait l'histoire ; mais on ne peut nier que chez ses principaux interprètes cet argument ne soit resté obscur. Kant l'a ramené à des termes parfaitement clairs et intelligibles, et il a clairement réfuté une question clairement posée. Si l'argument ontologique doit avoir une valeur scientifique, il faut qu'il revête la forme que lui a donnée Kant, et alors la critique de Kant est valable.

Mais la question est de savoir s'il n'y a que la science qui ait droit de cité dans l'esprit humain et s'il est légitime de prétendre ramener les preuves de l'existence de Dieu à des raisonnements strictement scientifiques.

Kant suppose que l'esprit débute par de purs concepts. Mais, en fait, en est-il ainsi ? Qu'est-ce qu'un concept ? Ce n'est pas quelque chose de donné, c'est le produit d'une élaboration du donné par l'esprit humain, d'un travail destiné précisément à rendre possible ce que nous appelons la science ; c'est une certaine manière de nous assimiler la réalité. Et, en dépit de tous nos efforts, nous n'arrivons jamais à posséder un véritable concept, conforme à la fois à la nature des choses et aux exigences de notre esprit. Le concept n'est qu'un idéal, nous ne l'atteignons jamais. Le mathématicien seul en approche. Mais il s'éloigne d'autant de la réalité.

C'est donc la science sous sa forme abstraite et supérieure qui débute par des concepts ; ce n'est pas l'esprit humain.

Ce qui nous est donné, c'est quelque chose d'obscur, d'infini, que le concept ne peut étreindre. Il y entre de la pensée, du désir, des ten-

dances, des sentiments. Cet infini ne peut être réduit à des idées claires
que par une traduction qui est un appauvrissement. Cependant c'est là
la réalité, et il doit être permis au métaphysicien de partir de cette
donnée immédiate et non pas seulement de ce symbole destiné au calcul
et au raisonnement qu'on nomme le concept.

Kant veut ensuite que, pour nous élever de l'idée de Dieu à son
existence, nous n'ayons à notre disposition que le procédé analytique
ou le procédé synthétique. Et, entre les deux, il admet un rapport de
milieu exclu. Certes, ce sont là les procédés de la connaissance parfaite,
et c'est en nous en rapprochant autant que possible que nous constituons
les sciences. Ce sont pourtant des méthodes plus idéales que réelles.
L'analyse est un merveilleux instrument de démonstration ; mais où
trouver un raisonnement purement analytique ? Dans tous les raisonnements réels il y a quelque progrès. La pure synthèse que conçoit
Kant n'est pas moins artificielle. Toujours dans les données nous
cherchons quelque chose qui nous mène à la conclusion. Dans la réalité,
ce n'est jamais ni par pur syllogisme, ni par pure induction que nous
raisonnons ; c'est par analogie. Or la liaison par analogie n'est en réalité
ni analytique, ni synthétique. Elle participe de l'un et de l'autre caractère. Dans toutes nos conclusions il y a, par rapport aux prémisses, du
nouveau et du même.

Toutes ces réflexions s'appliquent, semble-t-il, particulièrement à
la manière dont se forme dans l'esprit lui-même la croyance à l'existence de Dieu. Peut-on dire que Dieu soit pour nous l'objet d'un concept?
Il est bien plutôt le sentiment de quelque chose qui nous dépasse infiniment, qui est en nous pourtant et où nous puisons la force de perfectionner notre nature. Et quant à la manière dont nous passons ici de
l'idée à la croyance en la réalité de son objet, c'est également un processus que nous ne reconnaissons guère dans la simplicité mathématique de l'argument ontologique. Il semble que ce soit plutôt une action
et une réaction de l'idée et de la croyance l'une sur l'autre qu'une déduc
tion simple allant de l'idée à l'existence.

Kant a décomposé, dans l'intérêt de la science, les éléments dont se
compose notre croyance en Dieu. Il en a posé d'abord l'idée, ensuite
l'affirmation, et déterminé, suivant les types que lui offre la science, le
passage de l'un à l'autre. Peut-être la science, ici, ne peut-elle offrir
qu'un schème imparfait de ce qu'il s'agit de représenter. C'est ce qui
arriverait, par exemple, si la source de notre croyance à l'existence de

Dieu se trouvait, non seulement dans notre intelligence, mais encore dans notre activité, et, plus précisément, dans ce mélange intime d'intelligence et d'activité, qui constitue notre nature. Les mathématiciens représentent sur un tableau noir, par des figures individuelles, les figures universelles sur lesquelles portent leurs démonstrations : cela leur est commode ; mais ils savent bien que le schème est inadéquat à l'objet véritable. La musique s'unit volontiers à la parole. Celle-ci lui communique sa clarté. Mais à son tour elle prête à la parole l'infini et la vie qui lui sont propres et que le langage, avec sa précision, ne comporte pas. Ainsi l'argument ontologique est une traduction claire, appropriée à l'entendement, du mouvement de l'esprit humain qui s'élève vers Dieu. Mais il tient en réalité sa valeur et il reçoit sa véritable signification de ce mouvement même, dont il est le symbole.

CHAPITRE XIV

La Critique de l'Argument cosmologique

A la critique de l'argument ontologique succède celle de l'argument cosmologique. L'histoire de ces deux critiques est analogue. Déjà, dans le traité de 1763, *De l'unique fondement possible d'une démonstration de l'existence de Dieu*, Kant avait analysé et réfuté l'argument cosmo logique. Il en empruntait l'expression à Wolff. L'argument, disait-il, consiste essentiellement à s'élever de la considération d'une existence en général à celle d'un être nécessaire et parfait comme cause de cette existence.

Dès son traité de 1763, Kant distingue deux moments dans la démonstration. Le premier consiste à s'élever de quelque chose de donné comme existant à l'être nécessaire, et le second à s'élever de l'être nécessaire à l'être parfait. Kant expose qu'on ne peut s'élever de l'existence en général, comme donnée, à l'être nécessaire par un procédé purement logique, c'est-à-dire sans faire appel à l'intuition, démontrer des existences, à plus forte raison, passer d'une existence contingente à une existence nécessaire. De plus, le concept d'un être nécessaire n'est nullement un concept empirique, mais un concept pur ; et ainsi, pour aller du nécessaire au parfait, il me faut raisonner purement *a priori*, c'est-à-dire revenir à l'argument ontologique, dont je prétendais me passer.

Kant va-t-il se contenter de transporter, telle quelle, dans sa *Critique*, cette argumentation ?

I

Kant commence par comparer l'argument cosmologique à l'argument ontologique. Il remarque que ce dernier argument a été avec raison regardé généralement comme artificiel. Il ne représente nullement la marche naturelle de l'esprit humain. Nous ne débutons pas par des concepts aussi abstraits et aussi difficiles à saisir que celui de l'*ens realissimum*.

D'ailleurs, ce concept existât-il dans notre esprit, d'où vient-il ? Que vaut-il ? Nous n'en savons rien. Le raisonnement fût-il bien conduit, comme la base n'en est pas éprouvée, la conclusion ne peut s'imposer. Elle n'énonce qu'une chose possible. La marche naturelle de l'esprit humain est de partir de ce qui est, non de ce qui est simplement possible. En fait, dans notre marche vers Dieu, nous partons de ce qui existe, et nous en venons à poser une cause nécessaire de cette existence, nous nous élevons ainsi de l'être donné à l'être nécessaire. Ensuite de cet être nécessaire nous nous élevons à l'être parfait. Nous n'allons pas du concept à l'être nécessaire, comme dans l'argument ontologique. Nous ne procédons pas du pouvoir à l'acte, mais nous allons de l'être au concept, *ab actu ad posse* : l'argument ontologique, sous prétexte de procéder avec une rigueur absolue et de partir de ce qui est premier en soi, manque son but, parce qu'il s'appuie sur une pure idée, sur une abstraction, au lieu de reposer sur l'être, la réalité, le donné. Nous pouvons donc espérer que la preuve cosmologique, qui respecte l'ordre naturel de la connaissance humaine, soutiendra mieux la critique que l'argument ontologique.

Le premier moment consiste à s'élever d'une existence donnée à l'être nécessaire. Ce passage s'effectue au moyen du principe de causalité. Ce principe nous oblige à chercher une cause à tout ce qui existe. Mais, tant que nous restons enfermés dans le monde des choses sensibles, nous n'arrivons jamais à trouver une cause qui soit inconditionnée et n'exige plus elle-même une cause antérieure. Toute cause phénoménale sensible est cause par un côté, effet par un autre, et, comme telle, incapable de résoudre entièrement la question de la cause. Ce n'est qu'en admettant l'existence d'une cause suprasensible que nous pouvons trouver une cause qui se suffise et ne réclame pas une cause supérieure.

Mais cet être nécessaire, quel est-il ? Quelle en est la nature ? Est-ce la nature ? Est-ce la force ? La réponse à cette question est le second moment de l'argument. La méthode que nous suivons pour joindre, en ce sens, le concept à l'être, consiste à chercher quel est le concept qui réunit les conditions à l'être nécessaire, quel doit être l'être premier pour être considéré comme nécessaire. Or, il n'y a que l'être entièrement déterminé qui puisse être conçu comme nécessaire, car les choses existent dans la mesure où elles sont déterminées. Et qu'est-ce que l'être entièrement déterminé, sinon l'être souverainement réel, *das allerrealste Wesen, ens realissimum*, ce que les Cartésiens appelaient l'être parfait. Donc la perfection est la condition de l'existence nécessaire. L'être nécessaire est en même temps parfait.

Cet argument, dit Kant, a essentiellement pour objet d'esquiver la nécessité de l'argument ontologique. Systématiquement, il procède *ab actu ad posse*, non du possible à l'acte.

Kant examine d'abord le second moment, celui qui consiste à passer de l'être nécessaire à l'être parfait. C'est là le triomphe de l'argument cosmologique : atteindre à l'existence de l'être parfait sans avoir besoin de supposer le parfait comme possible. On échappe ainsi à l'objection classique de Leibnitz, demandant que l'on démontre d'abord la possibilité de l'être parfait. L'objection tombe, si, au lieu de supposer le parfait, nous y arrivons, si nous procédons effectivement *ab actu ad posse*.

La thèse très ingénieuse de Kant, c'est qu'on est ici dupe d'une illusion et qu'on emploie l'argument ontologique sans s'en douter. Sans doute, dans les cas ordinaires, il ne revient pas au même de raisonner *ab actu ad posse* ou de raisonner du possible à l'existence. De ce qu'une figure géométrique, par exemple, suppose l'espace, il ne s'ensuit pas que l'espace doive nécessairement engendrer cette figure, qui n'est qu'une de ses déterminations possibles. D'une manière générale, la conversion simple d'une proposition universelle affirmative, est illégitime. Mais dans ce cas unique, selon Kant, la proposition universelle affirmative est convertible non par accident, mais par conversion simple. La proposition : l'être nécessaire est parfait, est solidaire de la proposition : « L'être parfait est nécessaire »...

« Tout être nécessaire est parfait », voilà ce qu'on se propose de démontrer. Or, convertissons d'après les règles ordinaires de la logique. Nous obtenons : « Quelque être parfait est nécessaire ». Mais il ne peut y avoir de différences entre des êtres parfaits ; il n'y a pas plusieurs manières d'être parfait. « Quelque être parfait est nécessaire » équivaut à : « Tout être parfait est nécessaire ». Dans ce cas la conversion par accident entraîne la conversion simple, et l'on se retrouve en face de la proposition de l'argument ontologique. La vérité de l'une des thèses est liée à la vérité de l'autre. Vainement donc on a essayé de prendre une autre voie, de se passer de l'argument ontologique. Cet argument se cache sous les formules de l'argument cosmologique. Le second moment de l'argument est ainsi illégitime.

Le premier moment consiste à s'élever, au moyen du principe de causalité, de l'existence en général à l'existence d'un être nécessaire. Mais le principe de causalité dit simplement que tout fait suppose une cause, non pas que les causes supposent une cause première, qui ne soit que cause. Les effets qu'il s'agit d'expliquer, ce sont les effets donnés dans le monde sensible. Ils trouvent leur explication dans des causes également sensibles. Or, on allègue la nécessité de s'arrêter, et cela dans un monde suprasensible. Le principe de causalité ne comporte nullement cette conclusion. Ni il n'exige un arrêt, ni il ne nous permet de passer du monde donné à un monde qui n'est ni ne peut être donné... La question de la causalité, dit Kant, est vraiment l'abîme de la raison humaine ; c'est un sujet troublant pour l'esprit humain, de considérer que ce Dieu qu'il admet comme cause première de toutes choses ne peut se répondre à lui-même s'il se demande : « Moi qui suis de toute éternité, d'où suis-je donc ? » L'absolue perfection ne peut ni écarter la question de la causalité ni la résoudre.

Cet argument n'a-t-il donc aucune valeur ? Deux principes régissent ici la pensée humaine. 1° Je ne puis concevoir la régression comme achevée que dans une cause suprasensible. 2° Je ne puis commencer par une telle cause, car la possibilité transcendantale de cette cause est pour nous indémontrable.

Il y aurait là une condition inextricable, et le scepticisme aurait gain de cause, si le mot *cause* avait nécessairement le même sens dans les deux cas. Mais il nous est loisible d'admettre que, dans le premier cas, il s'agit d'un premier être idéal, et dans le second d'une cause empirique.

L'être auquel la raison nous force à remonter pour nous expliquer l'unité systématique des choses, c'est une idée et une hypothèse. Il nous faut dire : tout se passe comme si, au sommet des choses, il y avait un être unique, suprasensible, qui en embrasse tous les principes. Mais, d'autre part, nous ne pouvons partir d'aucun des êtres que nous connaissons, c'est-à-dire d'aucun être sensible, comme d'un être absolument premier. Toute cause sensible, en même temps qu'elle est cause est effet, et elle appelle la recherche d'une cause antérieure. Ainsi se lève l'antinomie. L'idée d'une cause première conserve une signification. C'est un principe régulateur que nous devons toujours avoir en vue dans la coordination de nos idées. Nous n'avons pas le droit de nous en tenir à un système donné des choses. La science se développe sous l'idée que tout système est incomplet et provisoire. La systématisation totale nous est donnée à la fois comme impossible et comme problème inéluctable.

Il suit de là que, s'il y a un Dieu, il ne peut pas être immanent au monde, et le panthéisme est réfuté. Ne demandons pas à connaître l'existence de Dieu. Ce serait demander à le concevoir comme sensible, comme imparfait. Mais ne croyons pas arriver à nous satisfaire jamais par la connaissance. Elle ouvre un gouffre qu'elle ne peut remplir, et elle nous invite à admettre qu'il y a en dehors d'elle une croyance légitime. Dénué de valeur dogmatique, l'argument cosmologique a une valeur critique.

Et l'on s'explique comment l'homme en vient à le prendre pour une démonstration parfaitement valable. Une erreur absolue serait quelque chose d'incompréhensible. Mais on conçoit une erreur relative. L'idée de cause première suit nécessairement de nos raisonnements, et est une condition de la connaissance des choses. En soi ce n'est qu'une hypothèse, mais c'est une idée indispensable, parfaitement légitime. Notre erreur consiste à réaliser cette hypothèse, à faire d'un principe régulateur un principe constitutif. Pour nous tirer de cette erreur, la critique est nécessaire. Mais l'esprit humain ne débute pas par la critique : celle-ci ne s'exerce que sur ses démarches naturelles. Et il est naturel qu'il commence par universaliser les données de ses facultés.

II

Passons à l'examen de cette doctrine.

Kant ne fait-il que reproduire l'argumentation de 1763 ?

En 1763, il s'était borné à démontrer que l'argument n'est pas valable, parce que l'analyse ne peut nous permettre de passer d'une existence à une autre, à plus forte raison de l'existence contingente à l'existence nécessaire. Il n'avait pas alors examiné le cas où le principe de causalité serait envisagé comme principe synthétique. C'est à ce nouveau point de vue qu'il est maintenant placé. Dès lors la réfutation de 1763 n'apparaît plus que comme provisoire. Seule, celle-ci est définitive.

De plus, la dissertation de 1763 concluait à la nullité absolue de l'argument. Cette fois, Kant, en même temps qu'il réfute, explique et justifie dans une certaine mesure. C'est le rôle de sa critique.

L'argument cosmologique constitue un fait naturel de la raison humaine, un fait fondé, comme tous les faits donnés par la nature. Il ne prouve pas l'existence de Dieu. Mais il prouve que le monde ne se suffit pas. Et il nous avertit de ne pas chercher dans les objets de notre connaissance proprement dite l'être que nous voulons concevoir comme premier. Ce n'est plus là une théorie purement négative. La raison humaine, de simple témoin qu'elle était jadis, est devenue elle-même un fondement qui a sa réalité, sa solidité. La critique lui enseigne ses titres, en même temps que ses limites.

Quelle est maintenant la valeur des objections de Kant ? Ce qui les caractérise, c'est l'interdiction que nous fait Kant d'ériger l'hypothèse en réalité, de croire que nous pouvons arriver à la connaissance de l'être en remontant du conditionné aux conditions. Il reconnaît que Dieu est nécessaire comme hypothèse ; mais, démontré par voie indirecte, il ne peut être qu'une idée. Pascal disait : c'est un effet du péché originel de prétendre aller directement aux principes. L'homme ne connaît naturellement que le mensonge. Il ne trouve le vrai que par un détour, en posant le contraire de ce qu'il juge faux (*De l'esprit géométrique*, 1). C'est à cette nécessité que Kant refuse de se résigner. La méthode apagogique ne peut, à ses yeux, dépasser l'hypothèse.

A quoi tient ce point de vue de Kant, ce refus de considérer une hypothèse, fût-elle nécessaire, comme équivalant à une vérité ? A sa théorie de la causalité. Il considère la liaison causale comme synthétique, c'est-à-dire comme reliant entre elles des choses étrangères l'une à l'autre. Mais une telle liaison, qui est faite du dehors, doit être garantie par quelque principe distinct des termes entre lesquels elle a lieu... Nous ne possédons d'autre garantie que l'expérience. Or la liaison dont il s'agit dans la preuve cosmologique dépasse l'expérience et est seule de son espèce. Elle ne peut donc être qu'hypothétique. Rien ne la saurait transformer en réalité transcendentale. Juger de la cause du monde par la causalité dans le monde, c'est sortir de notre atmosphère pour nous élancer dans le vide. Nous n'y trouvons plus rien qui puisse nous soutenir.

Cette conception de la causalité n'était pas celle des anciens, ni celle de Descartes ou de Leibnitz. La causalité, pour employer le langage de Kant avait toujours été considérée comme une liaison à la fois analytique et synthétique. Dans le rapport de cause à effet était toujours impliquée une certaine identité de nature, une liaison intrinsèque, en même temps qu'une certaine différence ou hétérogénéité. Chez Aristote la cause c'est l'acte ; l'effet, c'est le mouvement de l'être en puissance. Or, entre l'acte ou forme, et la puissance ou matière, il y a parenté, identité foncière. Chez Descartes, lui aussi, la cause doit contenir pour le moins autant de réalité que l'effet. L'un n'est donc pas étranger à l'autre, encore que l'un diffère réellement de l'autre.

Mais, si l'on admet cette conception classique de la causalité, on ne peut plus dire que, dans la preuve cosmologique de l'existence de Dieu, le principe de causalité est employé d'une façon qui n'a point d'analogue dans la connaissance commune. Ici comme là, nous allons à la fois du même au même et de l'autre à l'autre, sous l'influence de l'expérience sans doute, mais non pas sous sa seule garantie.

Nous concluons de là que l'argument que réfute Kant n'est pas exactement celui qu'offrait la philosophie classique. Mais il ne s'ensuit pas encore que Kant soit dans son tort. Il s'est justement proposé de réformer la notion de la causalité, qui chez ses prédécesseurs lui paraissait confuse. Son œuvre consiste essentiellement à séparer d'une manière radicale l'analytique et le synthétique. Il a achevé ce que Hume et Wolff avaient commencé, chacun de son côté. Hume tendait à ramener l'analytique au synthétique, Wolff à faire évanouir la synthèse dans l'analyse. Kant délimite avec précision et sépare le champ de l'analyse et celui de la synthèse.

Sa théorie est-elle inattaquable ? Elle est parfaitement claire et distincte. A quoi donc se rapporte-t-elle ? A la connaissance claire et distincte, c'est-à-dire à la science proprement dite. Kant a formulé en perfection le principe de causalité qu'emploie la science expérimentale. Il a prouvé une chose qui n'est pas sans intérêt : c'est que, si l'homme peut s'élever à la connaissance de Dieu, ce n'est pas au moyen des procédés proprement scientifiques.

S'ensuit-il que l'homme ne dispose en effet d'aucun moyen de dépasser le monde du relatif ? Il en sera ainsi, si la science représente tout ce que peut l'esprit humain, si elle résume tout ce qu'il y a dans la raison humaine fécondée par le contact du réel. Mais voilà peut-être ce qu'il est permis de se demander.

Le principe kantien de la causalité, consistant à lier entre elles, du dehors, des données expérimentales, à aller des termes aux rapports,

du multiple à l'unité, est-il bien le principe que nous trouvons en nous ?
A considérer l'homme tout entier, dans sa vie réelle, dans son activité
vivante, aussi bien que dans son effort pour s'expliquer scientifiquement
les choses, pouvons-nous dire que la causalité ne soit pour lui que cette
liaison imposée après coup à des entités données ? Si cette théorie est
vraie, nous ne sommes que spectateurs des actes qui s'accomplissent
en nous. La cause d'un acte, c'est une modification antérieure. Les phénomènes de notre activité se produisent suivant des lois : là se borne
notre connaissance de nous-mêmes.

Or il est certain que les choses nous apparaissent tout autrement et
que nous croyons poser nous-mêmes les phénomènes entre lesquels le
savant observe des rapports, aller, en un mot, du pouvoir à l'être, du
concept à l'existence, et non pas seulement des faits à la connaissance
de ces faits.

Mais, dira-t-on, ce n'est là qu'un sentiment obscur. La science a
précisément pour fonction de dissoudre ce sentiment, d'en extraire les
principes qu'il implique. Certes, la science a cette fonction ; mais ce
qu'elle obtient est-il de tout point le substitut légitime de la réalité donnée
par la nature ? Plus d'un mathématicien en convient sans peine. Nous
réduisons, disent-ils, la force, la masse, à des formules algébriques.
Mais ces formules embrassent-elles tout ce qu'il y a dans la force réelle ?
Que devient, dans ces formules, l'effort, sans lequel pourtant la force
ne peut nous être donnée ? De même la notion scientifique de la causalité enveloppe-t-elle tout ce qu'il y a de réel et de vrai dans le sentiment
que nous avons d'agir et de produire ?

Le système de Kant est très conséquent, si l'on admet cette dualité
irréductible de la connaissance et de l'action qui en est le dogme essentiel. Mais, si l'on prend l'homme tel qu'il est, connaissance et action,
dans un rapport de pénétration mutuelle, on se demande si ce système
est bien l'expression de la vérité complète et absolue. Il nous semble
que la métaphysique, à la différence de la science, cherche à saisir
l'homme, non seulement dans ceux de ses éléments qui comportent
pour nous une connaissance claire et distincte, mais dans la réalité et
dans les principes profonds de sa nature.

Or s'il se trouvait qu'il y a en nous autre chose que des faits et
des rapports extrinsèques entre ces faits, et que le pouvoir d'agir
dont nous avons conscience fût quelque chose, peut-être l'argument cosmologique reprendrait-il quelque force en tant qu'il nous conduirait

de la conscience de ce pouvoir, qui est borné, à l'idée d'un pouvoir infini comme fonds commun de notre pouvoir et de tous ceux qui peuvent exister dans la nature. Argument issu d'ailleurs du sentiment autant que de la raison, ce qui est naturel si c'est le sentiment, plus encore que l'intelligence, qui confine à l'être et au dedans des choses.

CHAPITRE XV

La Critique de l'Argument physico-théologique

I

L'argument qui, selon Kant, vient logiquement après l'argument ontologique et l'argument cosmologique, est celui des causes finales, que
Kant appelle physico-théologique, d'un terme inventé par le philosophe
anglais Durham, dans sa *Physico-théologie*, ouvrage de 1713, qui obtint
un succès considérable.

Cet argument, comme les précédents, avait déjà été examiné par
Kant dans la période anté-critique. La finalité était alors à l'ordre du
jour. Dans ses *Dissertations sur les principales vérités de la religion
naturelle*, 1754, Reimarus insistait principalement sur la finalité qui
paraît dans les êtres vivants, et montrait comment l'organisation de ces
êtres rend impossible d'en placer la cause dans la matière. Et il assignait le bien de tous les vivants comme fin à toute la nature. Or c'est
à Reimarus que Kant rapportera la forme la plus excellente de l'argument dit physico-théologique.

Lui-même, en 1755, dans son *Histoire naturelle du ciel*, se préoccupe
des conséquences de ses théories scientifiques sur la théologie naturelle.
Sa doctrine scientifique repose sur l'idée d'un mécanisme universel ;
c'est une généralisation des principes de Newton. Or, après avoir ainsi
expliqué non seulement l'ordre et l'harmonie des phénomènes célestes,
mais leur origine par des causes purement mécaniques, Kant se demande
s'il n'a pas compromis par là l'antique preuve de l'existence de Dieu
tirée des causes finales. Il lève ainsi la difficulté. Si l'ordre de la nature
ne vient pas de causes naturelles, il n'est qu'extrinsèque, accidentel,
et Dieu n'est qu'architecte. Au contraire, si la nature elle-même, même
à l'état de chaos, ne peut procéder que régulièrement, c'est qu'elle est
dans son fonds, l'œuvre d'un Dieu. Et comment n'être pas saisi d'admiration devant l'infinité des mondes, comment ne pas conclure à la toute-

puissance de son auteur ? D'ailleurs, quand même on pourrait expliquer, sans faire appel à une intelligence, les merveilles du monde matériel, il n'en serait pas de même des êtres vivants. Le philosophe a le droit de dire : « Donnez-moi la matière, et j'en construirai le monde ». Mais comment dire : Donnez-moi la matière, et je vais vous montrer comment avec cette matière on peut faire une chenille ?

II

Telles étaient les idées de Kant en 1755. Il admettait encore pleinement l'argument des causes finales, et cet argument lui semblait confirmé, non infirmé, par le progrès de l'explication mécanique des choses.

Mais, en 1763, il soumet l'argument à la critique, et le juge insuffisant. Certes, dit-il, s'il est absolument nécessaire que nous soyons convaincus de l'existence de Dieu, il ne l'est en aucune façon que nous puissions le démontrer. En ce sens l'argument des causes finales a une grande valeur, car il est très persuasif. Cependant il importe au philosophe de savoir si cette preuve, si efficace pratiquement, soutient la discussion.

Or, analysée de près, elle fait appel, à un certain moment de son développement, à cette preuve cosmologique dont elle prétendait se passer, et, par suite, elle implique cette preuve ontologique qui n'est qu'une subtilité d'école.

L'argument fût-il admis, il ne permettrait pas de conclure à l'existence d'un Dieu créateur et parfait. En effet, qui peut prouver que l'ordre sort bien du fond des choses et ne leur est pas imposé du dehors ? Qui peut nier surtout que cet ordre ne soit très imparfait ?

Nous ne pouvons donc conclure qu'à l'existence d'un architecte très intelligent.

Dans quelle mesure la *Critique de la raison pure* va-t-elle perfectionner ou modifier cette critique ?

Ce n'est pas sans une véritable émotion philosophique que Kant aborde, dans la *Critique de la raison pure*, l'examen de l'argument physico-théologique. Il est saisi d'une crainte religieuse à l'idée de discuter cet argument comme il a discuté l'argument ontologique et l'argument cosmologique. Ceux-ci sont des inventions de dialecticiens, des abstractions ; mais l'argument physico-théologique est celui de la raison spontanée, celui dont vit l'humanité. Kant a de belles et éloquentes paroles sur le prestige et la grandeur de cet argument, sur le crédit que le philosophe doit lui conserver. Pourtant est-il vraisemblable que, par cette voie plus que par les autres, la raison puisse, partant des choses sensibles, s'élever à un être existant dans un autre monde ?

Le point de départ de l'argument, c'est la considération de l'ordre qui existe dans la nature. On entend par là qu'on constate dans la nature des manières d'être qui ne s'expliquent pas par la simple relation causale. Ainsi, les mêmes antécédents se reproduisent, il y a des analogies, de l'uniformité dans le cours des choses. Cette régularité n'est pas impliquée dans la notion de cause. De plus, les lois convergent vers une certaine fin. Elles sont de nature à rendre possible l'existence de certains êtres d'une perfection singulière, tels que les êtres vivants. Que suppose un pareil ordre ? Il ne s'explique pas par la matière dont les choses sont faites. On doit donc admettre que l'ordre qui règne dans la nature ne vient pas d'elle, mais d'un ouvrier, d'une cause extérieure, d'une cause qui est, non seulement nature, mais intelligence.

Ce n'est pas tout. Les choses de la nature forment un système, convergent vers une unité suprême. Donc l'être qui préside à leur disposition ne doit pas être multiple mais un, il doit contenir le principe de la systématisation universelle.

Tel est l'argument. Que vaut-il ?

Remarquons d'abord que, pour l'admettre, il faut faire une concession qui peut-être ne s'impose pas : il faut concevoir les choses de la nature comme analogues aux produits de l'art. Cette assimilation est-elle fondée ? Dans l'art, la dualité de la matière et de la forme est donnée. Mais les œuvres de la nature sont-elles des œuvres d'art ? Comment prouver que, dans l'œuvre de la nature, il y a deux éléments, réellement séparables, tels que l'un ne puisse engendrer l'autre ? Ce fut le point de vue des Grecs, peuple artiste, de distinguer ainsi, dans la nature, la matière et la forme, assimilant *a priori* ses œuvres à des œuvres d'art. Mais la nature n'est-elle pas la condition de l'art et peut être de la raison même ? Dès lors, il est peut-être téméraire de présumer que ses œuvres supposent déjà un art et une raison.

Admettons pourtant que les œuvres de la nature soient comparables à des œuvres d'art. Nous n'aboutissons pas pour cela à la connaissance à laquelle on veut aboutir. Car, précisément en raison de cette assimilation, nous arrivons, non à un Dieu créateur, mais à un Dieu artiste, c'est-à-dire à un Dieu qui ne peut agir sans avoir devant lui une matière fournie du dehors, et dont l'action se borne à imposer à cette matière une forme qu'elle n'aurait pu se donner par elle-même.

Et maintenant, du Dieu architecte comment s'élève-t-on au Dieu parfait ? On considère l'argument physico-théologique comme se suffisant, comme n'exigeant pas de l'homme ces spéculations abstraites, subtiles et souvent peu convaincantes, sur lesquelles reposent l'argument ontologique et l'argument cosmologique. Mais en est-il ainsi ?

Le philosophe, pour s'élever de la considération de l'ordre du monde à l'idée d'un Dieu parfait, fait appel à l'idée d'un être nécessaire, comme trait d'union entre l'ordre du monde conçu comme contingent, et l'être parfait qui doit en être l'auteur. Mais ce passage du contingent au nécessaire n'est autre chose que l'argument cosmologique, et à son tour le passage du nécessaire au parfait implique l'argument ontologique. Les physico-théologiens ont donc tort de traiter si dédaigneusement la preuve transcendentale.

Que dirons-nous de cet examen de la preuve physico-théologique tel qu'il se trouve dans la *Critique de la raison pure* ?

Kant ne nous paraît pas y dépasser d'une manière importante ce qu'il avait dit dans le traité de 1763. Comme alors, il dit que l'argument est pratiquement très persuasif, mais ne mène tout au plus qu'à un Dieu architecte, et suppose les arguments métaphysiques qu'il prétendait rendre inutiles.

Pourtant, à y regarder de près, il y a quelque chose de nouveau dans cette critique, c'est le soupçon émis par Kant sur la légitimité de l'assimilation des œuvres de la nature aux œuvres d'art. L'argument physico-théologique part de l'ordre de la nature comme d'une chose donnée. Mais cela est-il effectivement donné ? Un jugement de finalité est-il un jugement empirique ? Qu'est-ce que le jugement de finalité ? Que vaut-il ? Ces questions devaient naître du doute que nous avons signalé. En 1781 Kant ne se les pose pas encore. Mais elles feront l'objet de la seconde partie de la *Critique du jugement*, publiés en 1790. Et lorsque Kant recherchera ainsi les conditions de la finalité, il trouvera un point d'appui dans les *Abhandlungen* de Reimarus. Sous son influence, il distinguera deux espèces de finalité : la finalité extrinsèque et la finalité interne, se montrera prêt à sacrifier la première, mais trouvera la seconde réalisée dans l'être vivant. Par là, la notion de finalité se trouvera garantie, comme nécessaire pour expliquer, sinon la possibilité de l'expérience en général, du moins certaines productions données de la nature.

Ainsi la *Critique* de 1781, sans dépasser ici sensiblement les ouvrages antérieurs, contient pourtant quelques germes du progrès de la critique elle-même qui devait se manifester dans l'ouvrage de 1790.

III

Kant tire maintenant la conclusion de sa critique de la théologie spéculative. Suit-il de cette critique que toute théologie rationnelle soit sans valeur et impossible ?

Notre critique, dit Kant, a définitivement condamné et le déisme ontologique ou cosmologique et même le théisme (ou théologie naturelle) physique (s'appuyant sur les causes finales).

Mais ne reste-t-il aucune forme possible de théologie rationnelle ?

« Deux choses, aimait à répéter Kant, remplissent mon cœur d'une admiration profonde et toujours croissante : le ciel étoilé au-dessus de nos têtes, et la loi morale au fond de nos cœurs. »

Le ciel étoilé nous persuade, mais ne peut nous fournir une véritable preuve. Il en est autrement de la loi morale. L'idée du devoir est le fondement, non d'une connaissance, mais d'une croyance légitime, relativement à l'existence de Dieu. Ainsi subsiste une forme de la théologie rationnelle, le théisme moral.

Rien, selon la Critique, ne rend impossible une pareille théologie. Le devoir, c'est une loi universelle conçue comme s'adressant à tous les êtres intelligents en même temps que sensibles. C'est la raison comme commandement. Or, la Critique n'a nullement aboli la raison ; tout au contraire, elle en a rétabli le rôle indispensable dans l'achèvement de la connaissance.

Puisque cette raison a une existence et une nature propres, pourquoi ne pourrait-elle pas être un principe d'action ? Nous savons qu'elle systématise les intuitions sensibles : pourquoi ne pourrait-elle être un principe de systématisation pour les déterminisations de la volonté ? L'universalité de la raison érigée en loi non plus théorique, mais obligatoire et morale, c'est toujours la raison, s'exerçant tantôt après, tantôt avant l'intuition sensible. Pourvu que dans ce dernier cas nous ne prétendions pas à une connaissance théorique, il n'y a rien là qui soit interdit par les résultats de la Critique.

Et maintenant, qui nous empêche d'appliquer à cette donnée le raisonnement pris en lui-même dans sa forme universelle, sans mélange des schèmes que réclame la connaissance sensible ?

Partis d'une donnée certaine, le devoir, si nous cherchons ainsi par le raisonnement les conditions de cette donnée, nous obtiendrons, sinon des connaissances, du moins des croyances, qui seront également certaines, des postulats ou croyances rationnelles pures pratiques. Telle est la croyance à l'existence de Dieu. Elle est présupposée par la croyance à la réalisation possible de la loi morale.

La Critique, en nous montrant que la raison ne peut pas remplir en ce monde toute sa destination, y trouver un objet qui lui soit adéquat, nous incite à chercher ainsi dans un autre monde la pleine réalisation de ses puissances.

Et non seulement la Critique déclare possible une telle théologie, mais elle lui vient directement en aide. En effet, si elle prouve qu'on ne peut démontrer spéculativement l'existence de Dieu, elle ne prouve pas moins l'impossibilité de démontrer qu'il n'y a pas de Dieu. Elle réfute l'athéisme et le matérialisme. Eriger la matière, par exemple, en absolu est spéculativement aussi illégitime qu'ériger l'intelligence en absolu, car la faute n'est pas de conclure à une intelligence, mais de passer du relatif à l'absolu par un raisonnement théorique.

Ce n'est pas tout. La Critique a même une efficacité encore plus positive. Elle nous dit que nous ne pouvons connaître Dieu ; mais pour nous, hommes, qu'est-ce que connaître ? C'est soumettre un objet aux formes d'espace et de temps. En nous interdisant de connaître Dieu, la Critique nous interdit de lui attribuer aucune manière d'être qui touche à la matérialité. Si Dieu existe, il est supérieur à l'espace et au temps : voilà le résultat où elle aboutit.

Kant a résumé lui-même d'une façon très lumineuse son argumentation dans ce dilemme :

Ou Dieu fait partie de la chaîne des phénomènes et il est lui-même un phénomène, il est conditionné et matériel, il n'est pas Dieu.

Ou il existe en dehors de la chaîne des phénomènes, et, avec les facultés dont nous disposons, nous ne pouvons l'atteindre.

IV

Que vaut cette argumentation ? Elle suppose que nous ne pouvons raisonner qu'en prenant pour point de départ des intuitions sensibles et en reliant, au moyen des catégories de notre entendement, d'autres intuitions de même nature. Notre raisonnement ne peut aller que du même au même, non pas sans doute uniquement de l'homogène à l'ho mogène, mais du phénomène au phénomène.

C'est là, certes, le raisonnement scientifique proprement dit, et le type de la connaissance théorique parfaite. Mais cette connaissance est-elle pour nous un idéal ou une réalité ? Remarquons d'abord qu'en tout ce qui concerne la vie, le monde des réalités pratiques, nous n'y atteignons jamais. Jamais nous ne réussissons à avoir pour point de départ des intuitions précises, définies comme des atomes d'Epicure. Et plus nous réfléchissons, plus nous fuient de telles données. L'analyse psychologique recule indéfiniment le simple et le donné immédiat. La science, pas plus que la conscience commune, n'a à sa disposition des données rigoureusement définies. Puis notre raisonnement est-il bien cette déduction exacte, allant toujours du même au même, que suppose Kant ? C'est bien à cela que nous tendons. Mais Pascal n'a pas dit vainement qu'il faut en ce monde et de l'esprit de géométrie et de l'esprit de finesse. Ces deux formes de l'intelligence ne sont pas seulement nécessaires l'une comme l'autre. Il nous faut, quand nous voulons raisonner sur des choses réelles et vivantes, les unir intimement l'une à l'autre. Jamais le raisonnement ne dispense du jugement. Le raison nement réel, dans les sciences de la nature comme dans la vie, ainsi que l'ont vu les psychologues anglais, c'est l'analogie, c'est-à-dire un effort pour se rapprocher de la déduction, en prononçant que les différences, qui en effet existent entre les objets considérés, sont pratiquement négli geables.

Notre raisonnement n'est ainsi jamais rigoureusement immanent : toujours il est transcendant par quelque endroit. La certitude qu'il nous donne relativement aux choses réelles est toujours morale dans quelque mesure en même temps que théorique. C'est pourquoi le raisonnement que nous faisons pour nous élever à l'existence de Dieu n'est pas aussi extraordinaire, aussi unique dans son genre que le suppose Kant. Il n'y a entre ce raisonnement et nos raisonnements habituels qu'une différence de degré, considérable d'ailleurs.

Si le champ de l'expérience sensible n'est pas délimité dans la réalité aussi nettement que dans le système de Kant, si toute expérience sensible enveloppe peut-être quelques expériences métaphysiques, qui nous dit que l'âme humaine est aussi dépourvue d'intuition intellectuelle que le suppose Kant ?

Peut-être saisissons-nous déjà de l'éternel, du divin dans les choses qui nous sont données ; et ainsi il ne s'agirait pas de faire un bond dans l'inconnu, mais d'arriver à concevoir dans sa pureté ce que nous ne percevons d'abord qu'enveloppé et dissimulé dans les choses sensibles.

D'après ces considérations, ni l'argument physico-théologique ni les autres ne seraient sans valeur. Mais aucun d'eux ne pourrait suffire. Ce qui fait leur valeur, c'est au fond quelque chose de supralogique qui s'y trouve naturellement mêlé. Notre dialectique est en quelque sorte pipée. Livrés au seul raisonnement, nous nous égarons, parce que les définitions d'où nous partons ne sont jamais à la fois parfaitement exactes et réelles. Mais, guidés par l'idée du divin, nous éclaircissons notre pensée par ces raisonnements que recueille la métaphysique.

C'est ainsi que la parole de l'écrivain, dans le livre où elle est figée, perd sa force, son efficacité, sa puissance d'agir sur les âmes. Mais que cette même parole soit exprimée par un homme qui revive la pensée de l'auteur, et soudain elle redevient pleine et infinie, et retrouve sa vie et sa vérité.

Qui nous dit d'ailleurs que la vie n'est pas antérieure à la logique et à la science ? S'il en était ainsi, il ne serait pas surprenant que l'être ne pût tenir dans un raisonnement, mais fît en quelque sorte éclater nos cadres logiques.

Kant estime, d'autre part, qu'il peut, partant de la considération du devoir, remonter à Dieu comme à la condition de sa réalisation. Mais ici deux objections paraissent possibles. D'abord Kant voit en Dieu un postulat nécessaire. Mais n'y a-t-il que cette explication possible de la valeur pratique de la notion de devoir ? Kant lui-même enseigne que, si l'on remonte du conditionné à la condition, on n'arrive qu'à une hypothèse, non à un principe certain. Dieu, ainsi prouvé, n'est peut-être qu'une hypothèse commode.

Enfin, qu'est-ce que le devoir ? Le kantisme ne nous présente comme claires que deux choses : l'intuition sensible et le concept. Or le devoir n'est ni l'un ni l'autre, puisqu'à l'idée d'universel y est jointe l'idée d'obligation. De l'aveu de Kant, le devoir implique un acte de foi. Est-il donc un fait, ou un objet posé par la volonté libre, c'est là un point que Kant lui-même n'a jamais réussi à bien élucider.

Peut-être les difficultés seraient-elles moindres, si, conformément aux données immédiates de la conscience, on réunissait en un seul tout vivant la pratique et la théorie, que le philosophe s'est efforcé de séparer le plus possible.

CHAPITRE XVI

Conclusion à l'étude de la Dialectique transcendentale

Le premier résultat de la dialectique transcendentale, c'est l'illégitimité de tous les raisonnements par lesquels nous essayons d'attribuer une réalité objective aux idées de la raison. Nous trouvons dans notre raison des idées qui dépassent absolument l'expérience. Telles l'idée du moi, du monde des phénomènes comme réalité absolue, de Dieu. Notre premier mouvement, c'est de considérer ces idées, dont la portée nous dépasse, comme venant, non de notre faculté de connaître, mais d'existences offertes en objets à cette faculté. Nous pensons que ces idées expriment, représentent des réalités.

La dialectique transcendentale a examiné un à un tous les raisonnements par lesquels nous essayons de prouver l'objectivité de ces idées de la raison, et les a dissous un à un. C'est par une pure illusion que nous rapportons ces idées à des existences.

Mais cette conclusion négative à laquelle on borne parfois le résultat de la Critique de la raison pure est-elle effectivement tout ce qui en dérive ? En aucune façon. L'œuvre de Kant est également positive. Il convient d'insister sur ce point.

Descartes distinguait entre l'idée de Dieu et l'existence de Dieu. Il établissait d'abord la réalité propre de l'idée de Dieu, prouvant qu'elle n'était pas une simple modification de notre esprit, mais une entité innée en nous, une vraie et immuable nature, une essence éternelle et infinie. Puis, par un ensemble de raisonnements, il s'élevait de l'essence à l'existence.

De ces deux moments, Kant supprime entièrement le second, mais retient quelque chose du premier. Il n'admet pas que la raison passe par un raisonnement de l'idée à l'existence, mais il maintient comme légitime l'idée de Dieu. Toutes ses discussions tendent à anéantir les démonstrations d'objectivité ; mais elles ne portent pas atteinte à la réalité des idées comme telles. Les idées de la raison demeurent, sinon des entités éternelles comme chez Descartes, du moins des faits naturels et nécessaires, des données immédiates et irréductibles.

Non seulement les idées de la raison subsistent après que la Critique a fait évanouir l'existence transcendentale de leur objet, mais, dans sa conclusion, Kant en opère la déduction comme il a opéré celle des caté gories de l'entendement. Il entreprend de démontrer qu'elles ont une légitimité, qu'elles ont un rapport à la connaissance et une utilité.

Cette déduction est conduite dans le même esprit que la déduction des catégories. Dans celle-ci Kant établissait que les intuitions de la sensibilité ne pourraient pas fournir à l'esprit un objet, si les catégories ne leur avaient par avance prêté leur unité. Les catégories doivent s'ap pliquer aux objets, puisque, sans elles, il n'y aurait pas d'objet. Par un raisonnement analogue, Kant déduit maintenant les idées de la raison. Ces idées sont légitimes parce que la connaissance, pour acquérir toute l'étendue qu'elle comporte, a besoin de ces idées. Elles doivent s'appliquer à la connaissance, puisque la connaissance les suppose.

La connaissance tend à l'unité ; mais, par la seule application des catégories, l'esprit n'obtient que des séries parallèles. C'est une unité distributive. Pour obtenir une unité systématique et parfaite, il faut maintenant faire converger les séries. Cela ne serait pas possible avec les seules catégories, celle de la causalité, par exemple. Rien, dans la notion de causalité, ne dit que les séries causales devraient aboutir à un point commun. Il faut pouvoir classer les phénomènes au moyen du raisonnement syllogistique, lequel suppose des genres et des espèces. Mais, pour que cette opération logique soit applicable à la nature, il faut que trois conditions s'y trouvent réalisées : 1° qu'il y ait entre les choses une certaine homogénéité permettant de les rapprocher les unes des autres ; 2° qu'il y ait en chacune d'elles une certaine spécificité, empê chant de les rapporter toutes à un seul et même genre ; 3° qu'il n'y ait pas de lacunes, qu'il y ait une continuité de formes. Homogénéité, spé cificité, continuité des formes, telles sont les trois conditions fonda mentales de la classification des phénomènes.

Mais ces trois caractères ne doivent pas être des lois absolues, car alors ils deviendraient contradictoires. Supposez l'homogénéité absolue : elle exclurait toute spécificité, et réciproquement. Et si la continuité était absolue, les choses formeraient une série indistincte qui ne per mettrait pas la classification. C'est donc que ces caractères ne doivent pas être des principes constitutifs de la nature, mais simplement des principes régulateurs de la connaissance. Il ne faut pas se demander si les choses sont homogènes, spécifiées, etc.; elles le sont et ne le sont pas. Mais nous devons indéfiniment chercher à grouper, à spécifier, à rapprocher : voilà la vérité. Nul genre qui soit le genre le plus général, nulle espèce qui soit le terme de la spécification. Nulle continuité qui ne présente des lacunes, nulle lacune qui n'appelle des intermédiaires.

Or ces trois principes ne sont que l'application à la nature de l'idée de finalité, d'ordre, de système, c'est-à-dire des idées de raison. Parmi ces idées, l'idée du monde occupé une place à part. Le monde des phénomènes ne peut être conçu sans contradiction comme absolu. Il n'y a donc pas, à proprement parler, d'idée cosmologique. Mais l'idée du moi et celle de Dieu subsistent comme points de départ, comme foyers imaginaires d'où sont censés partir tous les concepts de l'entendement. Tout se passe comme si derrière nos pensées il y avait un moi, comme si au-dessus de la nature il y avait un Dieu. Jamais certes, en groupant les phénomènes, je n'arriverai à l'unité ; mais jamais non plus je n'aurai le droit de m'arrêter à une multiplicité.

C'est ainsi que Kant opère la déduction des idées de la raison. Remarquons l'intérêt de cette solution en ce qui concerne la science. L'être absolu des dogmatiques continue à y jouer un rôle indispensable, pourvu qu'au lieu d'être considéré comme objet il soit considéré comme simple idée, c'est-à-dire pourvu que de principe et cause il devienne terme et unité idéale. La science va vers Dien, elle n'en peut partir, D'avance nous savons qu'il y a dans la nature de l'unité, des lois, de l'ordre ; mais sous quelle forme ? dans quelle mesure ? en quel sens ? C'est ce que seule l'expérience peut nous dire. *A priori*, nous savons que la nature se prêtera à nos classifications ; mais nous ne pouvons dire *a priori* en combien d'espèces et en quelles espèces la nature se divise. La métaphysique ne fournit à la science aucune solution. Mais elle pose les questions que la science cherche à résoudre.

II

De cette conclusion se dégage une image assez nette de l'ensemble du système.

Au seuil de la connaissance une multiplicité chaotique est donnée à l'esprit humain : ce sont les impressions, le divers de l'intuition, *ein mannigfaltiges*. Ces données sont absolument sans lien entre elles. La

connaissance consiste à les ordonner à peu près comme l'art consiste
à rapprocher les matériaux et à en faire un tout harmonieux.

Elle se fait au moyen des éléments d'unification que l'esprit porte
en lui : à savoir les formes de la sensibilité, les catégories de l'entendement et les idées de la raison. Les formes de la sensibilité sont l'espace
et le temps ; elles sont relatives à notre intelligence, à notre constitution, elles n'appartiennent pas à toute intelligence, c'est notre manière
de voir les choses, notre point de vue. Les catégories de l'entendement,
ce sont les principes au moyen desquels nous formons des séries de
phénomènes liés nécessairement dans le temps. Enfin les idées de la
raison nous servent à faire converger les séries vers l'unité.

Les catégories de l'entendement ne peuvent nous fournir une connaissance que si elles sont appliquées à des intuitions de la sensibilité.
Leur matière, ce ne sont pas les choses, mais les intuitions de la
sensibilité. D'une manière analogue, la matière des idées de la raison,
ce ne sont pas des objets transcendentaux, tels que le moi, le monde et
le Dieu, mais les concepts de l'entendement. L'entendement s'applique
à la sensibilité et la raison s'applique à l'entendement.

Tel est le premier aspect du système. Il y en a un autre, celui qui
résulte de la traduction transcendentale. A ce point de vue, nous voyons
les données de la sensibilité supposer celles de l'entendement et les
concepts de l'entendement supposer les idées de la raison. Nous ne
pouvons savoir *a priori* que les intuitions de la sensibilité se prêteront
à l'application des catégories de l'entendement que si déjà les objets de
la sensibilité ont été informés par les lois de l'entendement. Et de même
les objets de l'entendement ne se prêtent à la classification rationnelle
que si déjà ils ont subi l'influence des idées de la raison. Ces deux
courants distincts coexistent dans la critique kantienne.

De ces principes résultent, selon Kant, les conséquences suivantes.
Il nous est impossible de connaître les choses telles qu'elles sont en soi.
En effet, notre entendement et notre raison n'ont d'autre matière que
les intuitions de notre sensibilité, lesquelles sont relatives à notre nature.
Mais d'autre part, les déductions qui montrent la sensibilité solidaire
de l'entendement, et celui-ci solidaire de la raison, garantissent l'objectivité de notre science.

Ce n'est pas tout : l'entendement déborde la sensibilité, encore que
les concepts puissent être exhibés par des intuitions sensibles, et la raison déborde l'entendement. Il suit de là qu'il y a un usage de l'enten-

dement et de la raison concevable et possible en dehors de la sphère de la sensibilité. Un tel usage ne saurait fournir ce qu'on appelle une connaissance, puisqu'en eux-mêmes les concepts ne sont que des abstractions et des généralités vides. Mais si, en dehors des intuitions, nous trouvons en nous quelque fait qui s'impose avec certitude, l'application des catégories à un fait pourra fournir des croyances.

Pour apprécier ce système, il importe de se demander sous l'empire de quelles idées il a été fondé, quelle en fut la genèse.

Kant est parti de deux idées qui ont déterminé toutes ses réflexions : de l'idée de la science et de l'idée de la morale comme réalités données. Tandis que les anciens se mettaient en communication directe avec l'être, la matière des réflexions de Kant est essentiellement la connaissance et l'activité humaines. La science lui est donnée comme représentant une certitude absolue et portant en elle la garantie de cette certitude, comme se suffisant. Il en est de même de la morale. La critique ne peut pas porter sur la vérité de ces deux disciplines, laquelle est la donnée fondamentale.

Quelle est donc l'œuvre de la Critique ? Elle consiste à déterminer le fondement et le rapport de la science et de la morale. Ajoutons que la science qu'il considère, c'est avant tout la philosophie de Newton, et la morale, celle qui se dégage du christianisme.

Etant donnée cette manière de poser le problème philosophique, on ne peut nier que Kant ne l'ait résolu avec une grande profondeur. La difficulté était la suivante. La science, telle que Kant la conçoit, suppose la nécessité; la morale suppose la liberté. Comment donc peut-on démontrer que la science et la morale sont compatibles entre elles ?

Kant avait des raisons *a priori* de juger la démonstration possible. Il croyait à la bonté de la nature, à l'action de la Providence divine. Il pensait qu'étant donnée cette providence, deux vérités aussi certaines ne pouvaient manquer de s'accorder. Il n'en eut pas moins la volonté arrêtée d'analyser impartialement les conditions de la science et de la morale. Il accomplit ce double travail séparément et il trouva que les résultats s'en conciliaient sans peine.

La raison fut le fondement commun sur lequel s'édifièrent les deux disciplines. La raison apparut comme fournissant à la science ses principes fondamentaux, en tant qu'elle s'unit à l'entendement et à l'intuition, et comme commandant à la volonté sensible. Dans la science, la raison s'applique à quelque chose de plus petit qu'elle. Dans la morale, c'est son universalité propre qui devient la loi du devoir.

Le système est donc très bien construit. Si la contradiction qu'il s'agissait de résoudre n'y est qu'incomplètement levée, ce n'est pas parce que Kant aurait relevé d'une main ce qu'il avait renversé de l'autre: chercher l'harmonie de la théorie et de la pratique fut à toute heure la fin dernière de ses spéculations. Et l'examen de la dialectique trans cendentale montre que ce fut précisément la raison elle-même qui fut chargée de constituer la base commune. Cette dialectique est la véritable introduction de la *Critique de la raison pratique*.

Si nous ne pouvons nous défendre d'admirer l'effort et la profon deur de la pensée kantienne, nous devons nous demander si le problème philosophique se pose bien dans les termes où il l'a posé.

Kant admet avec Descartes et surtout avec Locke que nous ne sommes en contact immédiat qu'avec nos idées. C'est pourquoi nous devons prendre pour matière de nos réflexions le monde de nos idées, notre connaissance. De plus, cette connaissance avait reçu à ses yeux, dans la science newtonienne, sa forme définitive. C'était la connaissance *a priori* de l'enchaînement des phénomènes comme nécessaire, une connaissance *a priori* absolue des choses de la nature. De même la morale chrétienne, telle qu'il l'entendait, était à ses yeux une vérité indiscutable.

Mais, en se plaçant à ce point de vue, Kant rompt avec toute la philosophie antique et même avec une bonne part de la moderne. Les anciens et la plupart des modernes avaient eu l'idée de se placer en face des choses, de la réalité. La philosophie, c'était la connaissance de l'être. Les uns voyaient la réalité dans l'esprit. D'autres la plaçaient dans la matière. Quelques-uns étaient dualistes, d'autres panthéistes.

Mais voici que, entre l'esprit et les choses, Kant interpose, comme seules données immédiatement, la science et la morale. L'objet de la philosophie, ce sera de comprendre comment ces deux disciplines sont possibles, c'est-à-dire à quel principe il faut les rattacher pour y introduire l'unité et l'intelligibilité, comme le principe de Newton introduit l'ordre dans les phénomènes célestes.

Doit-on admettre comme seule légitime cette nouvelle manière de poser le problème métaphysique ? La philosophie des modernes, en tant qu'elle ne voulait admettre pour la connaissance d'autre point de départ que nos idées, a conduit à des difficultés inextricables, lorsqu'il s'est agi d'opérer le passage de la pensée à l'être.

Même abstraction faite de ces difficultés, une raison nous empêche de considérer comme nécessaire la position adoptée par Kant. Il partait de la science et de la morale, et non plus des choses. Mais la science est-elle quelque chose d'immuable et de parfaitement déterminé ? La science telle que la concevait Kant, c'était la philosophie newtonienne, avec sa croyance à l'accord exact de l'expérience avec les mathématiques. Cette philosophie est-elle définitive ? On en peut dire autant de la morale que Kant prend pour thème de ses réflexions.

De plus, Kant estime qu'on peut, par l'observation, constater ce que science ou morale contiennent en elles d'universel et de nécessaire ; mais le même Kant admet, et l'on admet communément, que toute donnée d'observation est relative et contingente. Comment ce caractère de l'expérience se concilie-t-il avec ce qu'on demande ici à l'expérience ? Comment l'expérience nous apprendra-t-elle qu'un objet d'expérience est nécessaire ? Il y a là, ou cercle vicieux, ou obscurité. Si le fait de se donner comme unique point de départ la science et la morale peut paraître arbitraire, le fait de se les donner comme des connaissances *a priori* présente de grosses difficultés.

La philosophie ne peut-elle être que l'explication de tel ou tel produit de l'activité humaine ? La philosophie antique, avons-nous dit, s'appliquait directement aux choses ; ce fut la philosophie scolastique qui substitua aux choses des doctrines, des dogmes, et se donna pour tâche de coordonner ces dogmes, de les ramener à leurs principes, de les rationaliser. La devise de saint Anselme était : *Fides quærens intellectum*. Kant ne fait-il pas pour la science ce que les scolastiques faisaient pour la foi ? N'institue-t-il pas une nouvelle scolastique : la systématisation rationnelle des principes de la science et de la morale telles qu'il les trouve devant lui ?

Fût-ce à l'égard de la science qu'elle prit le rôle de servante, la philosophie resterait-elle fidèle à sa mission ? La philosophie, c'est avant tout la liberté de l'esprit. Elle prend son bien où elle le trouve : dans la science, certes, en première ligne, mais partout aussi où elle peut trouver des éléments de réflexion et des indications sur la nature des choses. Pour elle, tout est instrument entre les mains de la raison : c'est là sa raison d'être. La philosophie a son autonomie, qu'elle ne peut abdiquer sans se diminuer ou se renier elle-même.

Certes, plus que jamais, la science, avec ses acquisitions définitives et ses méthodes de plus en plus sûres, est pour la philosophie une base indispensable. Mais le travail philosophique ne peut consister uniquement dans la critique de la science et dans la construction de la métaphysique que cette critique peut autoriser.

La tâche de la philosophie est plus complexe : elle doit avoir les yeux fixés à la fois sur le connaître et sur l'être, sur la théorie et sur la pratique, sur les choses et sur les manifestations diverses du rapport de l'homme avec ces choses. C'est par une action et une réaction de l'intuition spontanée et de la réflexion que se forme peu à peu le trésor des idées philosophiques. Certes, les idées claires sont les idées que poursuit le philosophe ; mais il ne fait pas fi des idées confuses, qui, comme disait Leibnitz, contiennent souvent plus de réalité que les idées claires. La préoccupation de Kant fut d'analyser, de définir et d'éclairer : en quoi il développa admirablement une philosophie de l'entendement, une philosophie ambitieuse de connaître à la manière de la science.

Mais la philosophie, pour être complète, doit aussi regarder en face ce qui ne se laisse pas ramener aux concepts de l'entendement : l'unité vivante, l'action, le sentiment, la volonté. Si on envisage ainsi la philosophie, on conçoit pour elle une autre méthode que celle qu'employait Kant. D'une manière générale, Kant part de termes définis considérés comme donnés en dehors les uns des autres, et cherche à en faire la synthèse. Son système est, dans son ensemble, la synthèse de la science et de la morale, dans le détail, la synthèse de la sensibilité et de l'entendement, de l'entendement et de la raison, de la loi morale et du bonheur. — Mais cela, c'est l'œuvre de la pensée réfléchie, pour qui les choses sont données, comme à l'architecte les pierres dont il doit faire un édifice. La pensée réfléchie part du multiple et va à l'unité ; les termes précèdent pour elle le rapport. C'est là notre manière de voir clairement les choses. Mais l'originalité de la philosophie, c'est au contraire d'aller de l'un au multiple. La science prend l'être comme existant, comme donné.

En cela elle est dans son rôle. Mais la philosophie demande : d'où viennent ces éléments donnés ? Ne peuvent-ils être autres qu'ils ne sont ? Disposons-nous de quelques moyens de pénétrer jusqu'aux sources de l'être ? La philosophie, en tant qu'elle veut accomplir toute sa mission, pose forcément ces questions du dedans des choses, de leur production, de leur création, qui ne sont pas du ressort de la science. Et pour étudier ces problèmes, nécessairement elle regarde, non seulement en dehors de nous, dans les choses ou dans les sciences, mais en nous mêmes, dans les profondeurs de notre conscience. C'est en ce sens que Leibnitz disait : « Je voudrais bien savoir comment nous pourrions avoir l'idée de l'être, si nous n'étions des êtres nous-mêmes, et ne trouvions ainsi l'idée de l'être en nous ? »

La philosophie a pour tâche d'arriver, en interprétant les résultats de la science et de l'observation extérieure au moyen de ce que nous trouvons en nous, à nous faire une idée aussi claire et profonde que possible de ce qui constitue l'intérieur des choses.

Et de fait, c'est à ce point de vue que sont revenus les philosophes postérieurs à Kant. Il s'en faut d'ailleurs du tout au tout que cette philosophie ait été inutile. Elle a institué une critique à laquelle il n'est plus permis de se soustraire, et s'il est sans doute possible de la dépasser, c'est à la condition de la traverser d'un bout à l'autre.

La philosophie est comme un fleuve qui peu à peu s'est grossi d'affluents venus de toutes les directions. Par instants il semble qu'un nouveau fleuve commence à couler, dont la destinée est de rester entièrement étranger au fleuve antérieur. Peu à peu cependant, par une série de pentes inaperçues tout d'abord, le nouveau fleuve infléchit son cours, se détourne, se rapproche, et finit par verser ses eaux dans le fleuve royal. Telle fut la destinée du système de Kant comme de toutes les grandes créations de l'esprit humain.

M. Boutroux, terminant son cours sur Kant au milieu des marques de sympathie chaleureuse de ses auditeurs, les remercie de leur assiduité et de leur fidélité. Le sujet de cette année était particulièrement abstrait et difficile. Mais l'effort accompli pour s'en rendre maître ne saurait être que fructueux. Non seulement, c'est, comme on le dit communément, une utile gymnastique pour l'esprit ; mais nous y puisons un précieux enseignement moral. D'abord une leçon de modestie. Il est important de constater par soi-même que les problèmes de philosophie, envisagés de près, sont à la fois très réels et très complexes, de telle façon qu'on ne peut ni les écarter ni les résoudre par de vagues formules. C'est une leçon que l'on recueille toutes les fois qu'on lit les œuvres des grands philosophes eux-mêmes au lieu de s'en tenir à celles des vulgarisateurs.

Cette leçon n'est pas la seule. Nos réflexions, vous l'avez vu, nous ont amené à contredire Kant sur plusieurs points essentiels. Mais, en même temps, nous avons reconnu que ce philosophe n'a pas travaillé en vain, qu'il a critiqué très solidement et enrichi de mainte découverte le patrimoine intellectuel de l'humanité. A la leçon de modestie se joint donc une leçon de confiance dans les forces de la raison humaine. Double leçon dont la portée dépasse l'acquisition de quelques connaissances philosophiques. Car, certainement, un juste tempérament de modestie et de confiance en ses forces est la disposition la plus salutaire dans l'exercice de la pensée et dans la conduite de la vie.

TROISIÈME PARTIE

La morale de Kant

CHAPITRE I

Introduction

Le sujet que je me propose de traiter pourrait être considéré comme rebattu. Que d'ouvrages, en effet, ont été écrits sur la morale de Kant ! Cependant trois ordres de considérations me paraissent conserver à l'étude de cette question un intérêt capital.

D'abord, bien des points de la doctrine de Kant prêtent à des interprétations divergentes ; il est donc important d'en bien fixer la signification.

De plus, cette morale a donné lieu à des critiques nombreuses ; il sera bon de voir ce que valent ces critiques et ce qui doit en rester.

Enfin il me semble que la morale de Kant n'appartient pas seulement au passé et à l'histoire, mais qu'elle présente aussi un intérêt actuel et pratique.

*
* *

Je vais d'abord donner quelques exemples de points de la doctrine, qui sont diversement interprétés.

Kant est-il bien resté fidèle au principe du formalisme, qu'il a posé et qui doit caractériser l'ensemble du système ? La morale formelle consiste en ceci, qu'elle détermine le *comment* de l'action, mais en laisse indéterminé l'objet, la fin. Or, dès son ouvrage sur les *Fondements de la Métaphysique des Mœurs*, nous voyons Kant osciller entre deux morales : celle de l'obligation pure et simple, et celle de la personnalité, c'est-à-dire celle qui donne comme fin à nos actions le respect de la personnalité. Bien plus, il nous recommandera, dans la *Métaphysique des Mœurs*, de travailler au bonheur de nos semblables. Ne sont-ce pas là des fins ? Et Kant ne s'est-il pas éloigné de ses principes ?

(18

La chose n'est pas évidente. Sans doute, dans sa célèbre maxime :
« Agis de telle sorte que tu traites toujours l'humanité, soit dans ta per
sonne, soit dans la personne d'autrui, comme une fin, et que tu ne t'en
serves jamais comme d'un moyen » Kant joint la morale de la personnalité à celle de l'obligation ; mais sa thèse est que cette matière
idéale se déduit de la forme pure qu'il a posée tout d'abord. Quant au
bonheur d'autrui et à la paix perpétuelle, ils ont une place, il est vrai,
dans la morale de Kant, mais ils n'y entrent que parce qu'ils doivent
être des suites du développement de la moralité, et non parce qu'ils sont,
en eux-mêmes, des fins que nous devons proposer ; ils seront la récompense de nos efforts, mais n'en doivent pas être le but.

La doctrine des postulats de la morale nous offre un autre exemple
de points controversés. Les postulats de la morale sont, on le sait, la
liberté, l'existence de Dieu et l'immortalité de l'âme. Kant les présente
comme joints nécessairement à l'idée du devoir. On s'est demandé qu'elle
a pu être, sur ce point, la pensée exacte de Kant, et si sa doctrine était
bien cohérente. Ces postulats, en effet, sont-ils nécessaires ou même
utiles, une fois le devoir établi et rigoureusement démontré ? Que si,
considérant le soin et la force avec lesquels Kant en démontre la nécessité, on en vient à penser qu'ils sont, au fond, une pièce maîtresse du
système, on peut alors se demander s'il n'y a pas une réaction de ces
idées sur celle du devoir, et si, dominé par les dogmes de Dieu et de
l'immortalité, l'impératif moral peut demeurer strictement catégorique,
excluant tout désir et tout intérêt. Donc, ou ces postulats sont inutiles,
ou ils viennent altérer la doctrine.

A cela on peut répondre que, lorsqu'il passe du devoir aux postulats,
Kant considère, non plus l'activité morale isolée, mais la création d'un
règne moral, d'une nature entièrement rationnelle, d'une sorte de
royaume de Dieu résultant de la réalisation de l'idéal moral, et c'est pour
concevoir cette création comme possible, qu'il fait intervenir les postulats. De plus, les postulats sont, en effet, démontrés avec rigueur en
partant de l'idée de devoir ; mais qu'est-ce que le devoir ? C'est la conception de quelque chose qui *doit* être, mais n'est pas encore et ne sera
peut-être jamais ; et cela est affaire non de connaissance proprement
dite, mais de croyance. « Je devais écarter le savoir, dit Kant, pour faire
une place à la croyance. » — Ainsi, la doctrine des postulats est un
ensemble de croyances suspendu à une conviction initiale, ce n'est pas
une science justifiant et fondant l'assertion première. Ainsi elle ne con-

tredit pas nécessairement la doctrine de l'obligation morale comme se suffisant à elle-même.

Mais, alors, ne tombons-nous pas dans une nouvelle difficulté ? Qu'est au juste ce système de morale ? Est-il philosophique, ou mystique ? N'est-ce pas une doctrine de sentiment plutôt que de raison ? Plusieurs voient ainsi, dans le kantisme, une sorte de traduction en langage rationaliste d'une doctrine, au fond, toute mystique et religieuse.

Cette interprétation est contestable. Kant, en effet, prend bien soin de dire que ce qu'il appelle *ein reiner praktischer Vernunftglaube*, ce n'est pas la foi qui croit sans preuves, mais une croyance fondée sur la raison même, et non sur quelque raison extérieure, dont la raison serait simplement juge.

Voici un quatrième point : quel rapport devons-nous concevoir entre la *Critique de la Raison pure* et la *Critique de la Raison pratique ?* C'est une des parties les plus discutées de la philosophie de Kant. Trois interprétations sont possibles à ce sujet.

La première a été plaisamment indiquée par Heine racontant que Kant a écrit la *Critique de la Raison pratique*, où il démontre l'existence de Dieu et de l'immortalité de l'âme, pour consoler son domestique Lampe, qu'avaient affligé les négations de la *Critique de la Raison pure*.

C'est la thèse de la contradiction entre les deux *Critiques :* la première rendrait impossible toute croyance à un monde suprasensible ; la deuxième restaurerait, au mépris de ces démonstrations, les principes de la religion et de la morale.

On peut douter que cette contradiction existe, car les deux *Critiques* ne se placent pas sur le même terrain. La première se place sur le terrain de la connaissance proprement dite, constituée par l'union de l'intuition et du concept ; tandis que, pour la deuxième, il ne s'agit plus de saisir l'objet, mais simplement de conclure, d'une manière abstraite, que cet objet doit exister. Les deux *Critiques* auraient donc des domaines distincts, et les résultats pourraient être différents sans qu'il y eût contradiction. Cette thèse peut être caractérisée par ces mots : indépendance de la théorie et de la pratique.

Enfin, on peut aller plus loin, et soutenir, non seulement la légitimité respective, mais la solidarité entre la théorie et la pratique dans la philosophie de Kant. Kant, en effet, n'admettait pas que la raison théorique et la raison pratique fussent deux raisons différentes. De plus, les pierres d'attente ne manquent pas dans la *Critique de la Raison pure* pour là *Critique de la Raison pratique*. Kant nous y montre, en effet, comment sont possibles, compatibles avec les objets de notre connaissance, appelés en quelque sorte par l'idée d'une connaissance parfaite, les objets dont la raison pratique affirmera la réalité.

Voilà quelques exemples des difficultés d'interprétation que présente la morale de Kant.

*
* *

Je vais maintenant considérer quelques-unes des principales critiques qu'on adresse à cette morale, et voir si elles sont définitives.

C'est Lange qui, le premier, a déclaré que l'œuvre morale de Kant était bien inférieure à son œuvre proprement critique, et ne méritait pas d'être reprise et développée. Cette condamnation n'a pas été définitive ; et, de nos jours, ce système occupe grandement l'attention.

Voici quelques-uns des points sur lesquels on discute.

Le principal mérite de Kant, dit-on, est d'avoir fait la *Critique de la Raison pure*. Or, au début de la *Critique de la Raison pratique*, il nous avertit qu'il ne fera pas la critique de cette raison en tant que pure, mais seulement en tant que raison pratique donnée. Mais alors son œuvre n'est-elle pas incomplète ? Quelle garantie avons-nous de la solidité des principes qui lui servent de base ? Si l'on prouvait que l'idée d'obligation morale n'est qu'un effet de l'habitude et de l'hérédité, toute la morale de Kant ne serait-elle pas atteinte dans son fondement même et ne s'écroulerait-elle pas ?

Kant, toutefois, répond, semble-t-il, à cette objection. Il nous avertit qu'il y a une grande différence entre la raison spéculative et la raison pratique ; la première applique ses principes à des objets donnés, distincts d'elle-même. Il faut donc rechercher si c'est à bon droit qu'elle prétend ainsi juger, par elle-même, de ce qui n'est pas elle. Mais, l'activité morale, selon Kant, c'est la raison pure se suffisant à elle-même et produisant son objet ; c'est quelque chose comme la grâce des théologiens, qui est une initiative absolue. Or, si l'on peut démontrer qu'en fait la raison a cette efficacité, comme il n'est plus ici question de rapport avec des choses extérieures, la légitimité de l'opération est prouvée du même coup, de la même façon que Diogène prouvait le mouvement en marchant. — Pour ce qui est de l'explication par l'habitude et l'hérédité, elle se trouve écartée implicitement, si nous saisissons la volonté comme se déterminant d'après la raison pure, et non pas seulement sous la pression des choses extérieures. — C'est donc parce qu'elle a un domaine propre et se suffit, que la raison pratique, en tant que pure, n'a pas besoin d'être soumise à l'épreuve de la critique, et ne saurait l'être.

Une autre matière à discussion, c'est le formalisme de Kant. On s'est demandé ce que peut bien être une morale purement formelle, qui nous enseigne que nous sommes obligés, mais qui ne nous dit pas à quoi. Cette objection a été formulée avec force par Schopenhauer et par Hegel ; peut-être n'est-elle pas décisive.

Kant, en effet, dans cette partie de sa doctrine, ne s'occupe que du motif (*Beweggrund*) de nos actions ; il considère l'intention proprement dite, la source de détermination, non sa matière. Du reste, il ne nie en aucune façon que la volonté, pour produire une action véritable, ne doive s'appliquer aux choses extérieures ; il n'est pas ascète, détaché du monde ; il veut que nous travaillions à modifier la nature, de manière à la rendre conforme aux exigences de la raison.

Mais on insiste, et on remarque que sa morale est très dure, qu'elle veut que nous agissions, non seulement en dehors des inclinations naturelles, mais contre ces inclinations, en un mot, que c'est un rigorisme, et non pas seulement un rationalisme. Et on se demande si ce rigorisme était bien contenu dans son rationalisme. Cette critique a été savamment développée par H. Schwartz dans les *Kantstudien*, t. II.

Voici, peut-être, ce qu'on pourrait répondre. — Il est vrai que la morale de Kant s'annonce comme très austère. Il va presque jusqu'à dire que le devoir, c'est ce qui nous coûte ; mais, néanmoins, sa morale n'est pas foncièrement rigoriste, si nous considérons, non plus le point de départ, mais l'idéal auquel nous devons tendre. Au début, le sentiment, purement naturel, irrationnel, égoïste, n'a pas de place dans la vie morale. Mais Kant a cru distinguer un intermédiaire entre la sensibilité et la raison : c'est le *respect*, sorte de sentiment intellectuel. Et, sous l'influence de ce sentiment, il doit se produire, selon lui, une adaptation progressive de notre sensibilité à notre raison. La morale de Kant ne serait donc rigoriste que dans son point de départ. Le terme où elle vise, ce serait l'harmonie de la nature et de la moralité.

Enfin, disent de nombreux critiques, le grand paradoxe de la morale de Kant, c'est une révolution analogue à celle dont il se flatte dans sa *Critique de la Raison pure spéculative*. Il distingue, en effet, en morale, deux notions essentielles : le devoir et le bien. Or, tandis que, jusqu'à lui, on avait fait dépendre le devoir du bien, Kant, au contraire, prétend déterminer le bien par le devoir. Mais, objecte-t-on, comment, alors, le devoir se justifie-t-il ? N'est-il pas sans fondement ? Il est naturel que j'obéisse quand l'action que l'on me commande m'est démontrée bonne. Mais si, comme dans la doctrine de Kant, on écarte toute considération de bien, pour ne retenir que l'idée de commandement, par quoi seront justifiées les ordres qu'on me donne ? Le devoir ne devient-il pas une consigne que l'on exécute par obéissance passive ? *Sic volo, sic jubeo, sit pro ratione voluntas.*

Cette critique, certes, ne manque pas de force. Pourtant, si on la renouvelle de génération en génération, c'est apparemment qu'elle n'a pas encore eu raison de la doctrine de Kant. Kant, il est vrai, part de ce fait, que nous ignorons d'abord en quoi consiste le bien ; une seule chose est certaine : c'est que nous sommes obligés. Il est donc rationnel de chercher à déterminer le bien, que nous ne connaissons pas, par le devoir, qui, immédiatement, s'impose à nous de toute évidence. Que cette tâche présente de grandes difficultés, c'est possible ; mais, si telle est bien la condition humaine, Kant n'est pas répréhensible pour n'avoir pas, artificiellement, simplifié le problème. Que celui qui sait ce qu'est le bien, et peut le définir, jette la première pierre à la morale du devoir.

*
* *

Il est aisé de montrer par quelques exemples l'intérêt actuel que présente l'étude de la morale kantienne.

Parmi les questions qui préoccupent la conscience morale de notre époque se trouve celle des rapports de la métaphysique et de la morale. D'un côté, il semble difficile de maintenir l'ancienne métaphysique ontologique ; de l'autre, la morale paraît manquer de base, si elle ne s'appuie pas sur quelque notion métaphysique : car celui qui se contente d'étudier les faits, n'a rien à faire qu'à attendre qu'ils se produisent et à les enregistrer. Cette attitude lui permet de connaître ce qui a été et ce qui est actuellement, mais là se borne sa compétence ; il ne peut parler de possible, d'obligatoire, de devoir. Or, Kant a été, en fait, l'un de ceux qui ont le plus contribué à ruiner la méthaphysique dogmatique. Et, en même temps, il a maintenu et exalté la morale. Il est intéressant de voir comment il a pu concilier cette affirmation avec cette négation. C'est qu'il a cru discerner, dans l'homme même, un point de contact avec un monde suprasensible ; et c'est sur ce rapport entre le sensible et l'intelligible, non plus sur l'intelligible comme objet donné, qu'il a fondé la morale.

Un autre problème, qui fait l'objet de nos recherches, est celui des rapports de la morale et de la science. L'antinomie paraît flagrante, car la science exige le déterminisme, et la morale postule la liberté. Telle est du moins la manière classique de poser le problème.

Or, Kant l'accepte dans ces termes. Et son système aboutit à montrer comment la morale et la science ne peuvent se contrarier, parce qu'elles ont des domaines différents, et que la liberté est d'un autre ordre que les réalités sensibles. Plus la science et la morale se développeront librement, selon le principe propre à chacune d'elles, plus elles seront sûres de ne pas interférer, et de garantir leur indépendance mutuelle.

Nous nous demandons aussi quel est le rapport de la moralité et de la religion. Ici encore la difficulté est grande. On ne voit plus guère soutenir que toute morale soit solidaire des religions positives et révélées ; mais, d'autre part, on persiste à admettre un vague rapport entre la morale et la religion, rapport difficile à définir. Ceux-là même qui s'en tiennent à la morale, lui donnent comme une teinte religieuse. Il semble donc que la morale conserve quelque lien avec la religion. Or, c'est justement sous cette forme que la morale nous apparaît chez Kant. Car, d'un côté, il écarte les religions positives pour établir sa morale sur la seule idée d'une raison pure pratique ; et, de l'autre, il fait découler de sa morale une religion rationnelle. Cette religion n'est point un hors-d'œuvre. En effet, Kant remarque qu'on ne peut se borner à considérer le commandement moral ou l'action morale isolée, car la raison exige que, par l'action des êtres raisonnables, il se crée dans le monde un ordre moral. Or, cette création n'est pas en notre pouvoir ; car nul n'est le maître des conséquences éloignées ni même prochaines de ses actions. Pour concevoir comment peut se réaliser, au moyen d'actes individuels et discontinus, l'ordre moral stable et général que postule la raison, il faut croire à l'intervention régulatrice et bienfaisante d'une Providence morale. « Tu peux, car tu dois », n'est vrai jusqu'au bout que si Dieu existe.

Enfin, disons aussi, et ce n'est pas une des moindres raisons qui la recommandent à notre intérêt, que la philosophie de Kant ne mérite pas le reproche, qu'on a voulu lui faire, d'être étrangère aux questions sociales, à la politique, à tout ce qu'on appelle aujourd'hui d'un seul mot : la sociologie. Hermann Cohen appelle Kant « le vrai père du socialisme allemand », et Karl Vorländer, dans une étude très approfondie (*Kantstudien*, t. IV), montre l'étroite affinité de mainte doctrine de Kant avec cette théorie sociale. N'est-ce pas un principe de socialisme, que cette idée directrice de Kant, qu'il faut travailler à créer une communauté morale, un règne de l'égalité et de l'union dans la liberté ? Kant, peut-on dire, nous offre une solution remarquable de la principale difficulté que présente le socialisme, tel qu'on le conçoit en général : voici quelle est cette difficulté. Le socialisme part de cette idée : tous les individus, sans exception aucune, doivent être des fins. Or, qu'arrive-t-il si l'on essaie de réaliser cette idée ? Le danger, c'est que pour un atome de liberté chaque individu ne subisse une oppression sans limite. Point de socialisme, semble-t-il, sans une solidarité universelle et inflexible, où disparaît l'individu. — De plus, à mesure que se réalisera l'égalité cherchée, la société risquera de s'abîmer dans la médiocrité. — La théorie de Kant résout ces antinomies par la manière dont elle conçoit la fin de la société. Cette fin est morale, et consiste dans la réalisation de la personnalité humaine et d'une nature conforme à cette personnalité. Or cette fin ne peut être réalisée que par la liberté des individus eux-mêmes. De sorte que la liberté est à la fois fin et moyen. L'égalité ne peut être réalisée que dans la grandeur, et non dans la médiocrité et l'esclavage.

Ainsi les doctrines morales de Kant se rapportent directement à nos préoccupations actuelles. Certes, une morale du devoir, de l'obligation, est bien d'accord avec cette idée qui se fait jour de plus en plus dans les esprits et qui est une des plus belles du siècle, l'idée que nous avons une dette, non seulement, comme on se bornait souvent à le dire, vis-à-vis de nous-mêmes et de notre honneur individuel, mais aussi vis-à-vis de nos semblables, de la société, de la patrie, de l'humanité tout entière. Cette idée du devoir que l'on reprend aujourd'hui en l'élargissant, Kant s'est attaché à la dégager de tout ce qui s'y mêle dans l'imparfaite réalité, et il en a présenté l'expression la plus forte et la plus saisissante qu'ait encore trouvée l'esprit humain.

CHAPITRE II

Les Idées morales de Kant devant la *Critique*

Nous nous proposons d'étudier la morale de Kant telle que nous la présentent le *Fondement de la Métaphysique des Mœurs*, la *Critique de la Raison pratique*, et, d'une manière générale, les ouvrages postérieurs à 1781.

Mais, pour être en mesure de bien entrer dans la pensée de Kant et nous rendre compte de la manière dont il pose les problèmes et démontre ses solutions, il nous faut demander quelles ont été ses idées en matière de morale avant l'invention de la *Critique*. A vrai dire, cette étude est elle-même considérable, et aurait pu faire l'objet du cours de toute une année. Aussi l'exposé qui va suivre n'est-il qu'une introduction très abrégée à l'étude de la doctrine définitive de Kant, que nous avons en vue.

La lecture des textes antérieurs à la *Critique*, en tant qu'ils se rapportent à la morale, provoque un certain étonnement. Il ne serait pas difficile de montrer, par des citations, que tous les principes de la morale définitive de Kant se trouvent déjà dans les ouvrages antérieurs à la *Critique*, si bien qu'on pourrait se demander si la *Critique* exerce une influence importante sur les idées morales de Kant, comme sur ses idées métaphysiques. Il convient d'y regarder de près, pour ne pas attribuer à la *Critique* des points de vue et des doctrines qui en sont, en réalité, indépendants.

*
* *

On a coutume, dans l'étude de la morale de Kant, d'attribuer une grande importance à la personne et à l'éducation du philosophe. On dit souvent que cette morale n'est qu'une traduction en langage philosophique des principes de l'éducation piétiste qu'il avait reçue. Il y a, certes, du vrai dans cette opinion. L'éducation de Kant fut, en effet, foncièrement piétiste : sa mère, Anna-Regina Reuter, était piétiste ; au Collège Frédéric, Kant trouva en Franz-Albert Schulz, directeur, un piétiste ; enfin, à l'Université, son maître Martin Knutzen était piétiste lui aussi. Le piétisme était une réaction contre le protestantisme dogmatique, logique et théologique qui avait suivi la Réforme ; c'était une exaltation du cœur, du sentiment, de la vie intérieure. Au-desus du savoir on mettait la piété, la pureté de l'intention, *die fromme Gesinnung*. Kant ne cessa, durant tout le cours de sa vie, d'exprimer une très vive reconnaissance à la mémoire de son père, de sa mère, de ses éducateurs, pour les principes qu'il en avait reçus.

Quel était le trait dominant du caractère de Kant ? Il semble que ce fut une disposition à se donner sa loi soi-même, et à considérer comme inviolable et sacrée la loi qu'on s'est ainsi donnée. Indépendance, individualisme, liberté intérieure, et, en même temps, respect, besoin, culte de la loi ; l'universel dans l'individuel : ce caractère se retrouve dans toutes les manifestations de l'activité de Kant. Dans les grandes comme dans les petites choses, il allie la règle et la liberté, la discipline et l'émancipation. Il raconte qu'il eut toujours du goût pour le latin, parce que les Romains avaient le culte du devoir et de la discipline. Il répétait sans cesse ces vers de Juvénal :

> Summum crede nefas animam præferre pudori,
> Et, propter vitam, vivendi perdere causas.

En 1782, dans une poésie qu'il composa à l'occasion de la mort de Lilienthal, le pasteur qui avait marié ses parents, Kant écrivit ces vers, qui se trouvent traduire, sans qu'il s'en doute, un mot de Socrate dans l'*Apologie* : « *Ce qui suit la vie, d'épaisses ténèbres le couvrent ; une seule chose est certaine : le devoir.* »

> Was auf das Leben folgt deckt tiefe Finsterniss :
> Was uns zu thun gebührt, dess sind wir nur gewiss.

*
* *

Quelle fut l'évolution des idées morales de Kant avant 1781 ? Je considérerai d'abord une première période antérieure à l'acquisition par Kant du titre de privat-docent, c'est-à-dire à 1755.

Dans cette période, nous ne voyons pas que Kant porte spécialement son attention sur les questions morales. Quand il y touche, il exprime des convictions personnelles plutôt que des théories, et manifeste une disposition d'esprit éthico-religieuse.

Dans un grand ouvrage publié en 1755, intitulé *Histoire universelle de la nature et théorie du ciel*, où il prélude à la théorie de Laplace sur la formation des astres, il s'occupe du rapport de sa doctrine cosmologique avec la morale et la religion, et n'hésite pas à dire que, si l'on venait à prouver qu'elle leur fût contraire, il faudrait la sacrifier sans hésiter. Mais il estime qu'il n'en est rien; et il s'efforce de montrer qu'une doctrine qui élargit le plus possible le mécanisme, c'est-à-dire qui explique l'ordre du monde physique par les seules lois de la matière, est plus conforme à l'idée de la toute-puissance de Dieu, qu'une doctrine étroitement finaliste, faisant intervenir Dieu à chaque progrès. L'ordre était en germe dans le chaos même, et c'est ce qui prouve que les lois mécaniques sont l'œuvre d'une suprême sagesse. La fin de cet ouvrage est tout à fait remarquable. On y voit Kant exprimer avec un enthousiasme presque mystique l'admiration que lui inspire le ciel tel que la science le révèle, multipliant à l'infini les mondes et l'harmonie. Puis, après avoir exalté la sublimité de l'univers, il l'anéantit à la façon de Pascal, devant l'âme humaine, qui pense et se soumet au devoir ; et il conçoit l'âme immortelle comme digne, non pas d'avoir pour destinée d'aller d'astre en astre, mais plutôt de s'affranchir des liens de ce monde pour s'unir à Dieu. C'est dans cette union qu'elle doit trouver son bonheur et sa perfection. Il y a là l'idée d'une doctrine de transcendance et de renoncement, et il sera intéressant de rechercher ce qui reste de ces vues dans la doctrine définitive.

*
* *

En 1755-56, il professe à l'Université ; et, pour l'année 1756-57, il annonce des cours sur la morale. Pour préparer ces cours, il s'adresse surtout aux Anglais : Shaftesbury, Hutcheson, Hume. Cette lecture le frappa : il trouva, en effet, chez ces philosophes, une morale détachée de toute religion.

Leur méthode était l'analyse psychologique.

Les résultats auxquels ils aboutissaient étaient remarquables. Par exemple, il avait vécu dans cette pensée, que la vie morale est nécessairement une lutte ; que la nature humaine est corrompue, et qu'il faut lui faire violence. Or, Shaftesbury, au contraire, fait consister la vie morale dans une harmonie à établir entre nos penchants personnels et nos penchants bienveillants ; la vertu peut donc être agréable et douce, et non dure et pénible. Avec Hutcheson, Kant voit tout homme également doué du sens moral. La moralité pourrait donc être universelle ; elle ne serait pas, comme chez les anciens, une supériorité, une exception, un privilège. Enfin Hume s'efforce de distinguer, en morale, la part du sentiment et celle de la raison, et montre que le sentiment a une influence sur nos actions, tandis que les idées pures sont froides, sans vie, et ne peuvent être des mobiles de notre conduite.

La méthode de ces philosophes et les résultats auxquels ils arrivaient intéressèrent Kant, qui, jusque-là, avait surtout étudié la philosophie dans Wolff et Baumgarten. Il goûta la méthode d'observation intérieure des moralistes anglais, mais ne fut qu'à demi-satisfait des résultats. Il se demandait notamment si, dans ces philosophies, la moralité avait bien le double caractère de sublimité sans égale et d'accessibilité la plus humble, qu'il jugeait devoir lui attribuer. Or Kant lut alors Rousseau, et cette lecture le remplit d'enthousiasme, à tel point qu'il en oublia ses habitudes et dérangea l'heure de ses promenades. « J'étais, dit-il, naturellement curieux et avide de science ; j'y plaçais l'honneur de l'homme, et je méprisais la plèbe ignorante. Rousseau m'a rappelé à l'ordre. Il m'a appris à négliger un vain avantage, et à placer dans la bonté morale la vraie dignité de l'homme. Rousseau a été, en quelque sorte, le Newton de l'ordre moral ; il a découvert, dans l'élément moral, ce qui fait l'unité de la nature humaine, de même que Newton a trouvé le principe qui relie entre elles toutes les lois de la nature physique. De plus, il a eu cette idée, que les volontés peuvent et doivent agir les unes sur les autres, que les hommes doivent travailler à leur éducation mutuelle. La vertu, dès lors, n'est plus placée dans la perfection individuelle, mais dans les justes rapports des hommes entre eux. Il doit se former une république des volontés. »

Mais Rousseau lui-même ne satisfit pas Kant entièrement. Car ses principes moraux ne sont pas formulés avec précision ; il y a plutôt chez lui le sentiment de la loi morale, que sa définition. Il ne dépasse guère l'idée de la conscience, qui est plutôt l'organe de la loi que la loi elle-même.

Un ouvrage de 1764, *Observations sur le sentiment du beau et du sublime*, nous montre Kant sous l'influence des Anglais et de Rousseau, et essayant de les dépasser. Il distingue les vertus adoptives, déterminées par un simple sentiment, et les vertus proprement dites, déterminées par un principe. Ce principe, il le définit le sentiment universel de la beauté et de la dignité de la nature humaine. Il est à prévoir que ce mélange de sentiments et de concepts ne pourra longtemps le satisfaire.

Dans la même année 1764, il concourut pour un prix de l'Académie de Berlin, sur l'*Evidence des principes de la théologie naturelle et de la morale*. Il médita, à ce sujet, les théories morales de Wolff et de Crusius. Pour Wolff, la morale a ces deux caractères : l'obligation comme forme et la perfection comme objet ; et Wolff fonde l'obligation sur l'accroissement de perfection qui doit résulter d'une action donnée. Cette conception d'une obligation conditionnelle ne satisfait pas Kant, qui estime que l'obligation doit être indémontrable.

Dans Crusius, Kant trouva cette doctrine que, pour toute connaissance, il faut deux sortes de principes : 1° des principes formels ou logiques, 2° des principes matériels ; les uns et les autres étant également primitifs et indémontrables. Cette doctrine parut à Kant devoir être appliquée à la morale. Il essaya alors d'une formule complexe de la loi morale, qui réunit les deux sortes de principes : 1° une maxime correspondant aux principes formels de la pensée (principes d'identité et de contradiction) : « *Réalise toute la perfection qui est possible par toi ; évite les actes contraires à la perfection qu'il est en toi de réaliser* »; 2° des maximes déterminant la matière de l'action au moyen du sentiment.

A ce moment, on le voit, Kant professe précisément la doctrine qu'on lui oppose d'ordinaire, celle de l'union d'un principe formel avec des principes matériels, puisqu'il rapproche, en ce sens, le principe anglais du sentiment et de l'expérience, et le principe rationnel de Wolff. Mais il lui parut bientôt que ces principes étaient hétérogènes, et qu'il ne suffisait pas de les rapprocher mécaniquement pour obtenir une doctrine intelligible.

Si l'on fonde l'activité morale sur le sentiment, l'obligation n'a plus de sens ; et si on la fonde sur l'obligation, comment le sentiment peut-il démontrer le principe ?

Il lui sembla donc que cet assemblage d'obligation et de sentiment était un mélange éclectique de choses disparates. Il eut alors l'impression que les problèmes moraux étaient d'une complexité non encore soupçonnée, et il en vint à une sorte de scepticisme. Il disait à ce moment, dans un programme de cours (1765), que la philosophie morale n'existait pas, qu'on n'avait su jusqu'ici que rassembler des matériaux, que les fondements de l'édifice n'avaient pas encore été posés. Cependant il ne pouvait s'en tenir à cette pensée, car le scepticisme répugnait à sa nature et à son esprit philosophique.

Ce dialecticien si austère avait une brillante imagination métaphysique. Vers l'époque où nous le considérons, il écrivit les *Rêves d'un visionnaire comparés aux rêves d'un métaphysicien*, 1766. Dans cet

ouvrage, Kant s'applique à traiter les problèmes de la métaphysique sur
un ton léger et spirituel, à la façon de Voltaire. Il établit un rapprochement entre les visions de l'imagination sensible et les doctrines métaphysiques ; il se demande si la raison n'aurait pas ses hallucinations comme
les sens ; et il esquisse une hallucination de ce genre. Il suppose qu'écou
tant avec complaisance les récits des visionnaires, on admette l'exis
tence des esprits séparés des corps. De tels esprits, n'étant pas empêchés
par l'impénétrabilité de la matière, pourraient communiquer directement
entre eux, s'unir véritablement et former une volonté commune et uni
verselle. Si ce royaume des esprits, si cette volonté universelle existaient,
ne pourraient-ils pas nous donner la solution des problèmes moraux ?
Comment comprendre, en effet, que nous soyons obligés ? Pour que
l'obligation soit morale, il faut qu'elle vienne de nous-mêmes, et non
du dehors ; mais comment peut-on se contraindre soi-même ? Or, étant
donné le royaume des esprits, ne pourrait-on concevoir que l'obligation
morale, c'est le rapport de ma volonté individuelle à la volonté uni
verselle ? En face de cette volonté, notre égoïsme est rebelle. L'obligation
ne serait-elle pas le devoir qu'a notre volonté d'obéir à la volonté
universelle ?

D'ailleurs, pour admettre la possibilité d'une république des âmes,
les analogies ne manquent pas. La gravitation est la manifestation d'une
force inconnue, qui lie les unes aux autres les substances corporelles ;
de même, il y a peut-être une attraction morale qui unit toutes les cons-
ciences, bien qu'elles soient distinctes, et dont le sentiment d'obligation
morale est le phénomène.

Mais à peine a-t-il achevé de formuler ces hypothèses, que Kant
s'en moque lui-même comme de rêves indémontrables. Est-il bien sûr
qu'il n'y ait là, pour lui, que de brillantes imaginations ? N'y a-t-il aucune
analogie entre le *mundus intelligibilis* de 1766 et le *règne des fins* de
1785 ?

Toutefois, à cette époque, il manque complètement de théorie morale
(1766-1767).

*
* *

En 1770, Kant jeta les bases de la *Critique* dans la *Dissertation sur
les principes de la connaissance du monde sensible et du monde intelligible*, point de départ de sa philosophie définitive. La doctrine qui ouvre
sa *Critique* et qui la fonde, c'est la séparation radicale de la sensibilité

et de l'entendement. Quand il eut trouvé ce principe, alors s'imposa à lui une tâche dont il n'avait pas eu l'idée auparavant : celle de parcourir en entier le domaine de la raison pure, d'en systématiser les concepts, et d'en marquer les limites et la portée. Une pareille découverte pouvait-elle avoir un retentissement sur la morale ?

Kant n'avait pu se satisfaire dans la systématisation des concepts moraux. Mais il était en possession d'éléments puisés soit en lui-même, soit dans les raisonnements des philosophes, soit dans l'observation et l'analyse des jugements du sens commun. Ainsi Kant pensait que la moralité doit être la chose à la fois la plus haute et la plus accessible ; que tous les hommes doivent être égaux devant la morale. Universelle, la loi morale devait être, en même temps, conçue comme proprement obligatoire, c'est-à-dire comme s'imposant d'elle-même, indépendamment de toute fin matérielle à réaliser. Elle doit, en outre, être indé-montrable, comme Crusius voulait que fussent les premiers principes matériels de la science. Kant concevait encore, avec Rousseau, la raison et les principes comme devant exercer une action positive, comme devant être l'agent efficace de la vie individuelle et sociale. Il croyait aussi que la moralité avait un rapport nécessaire avec le bonheur et la vie présente, bien qu'elle ne puisât pas son principe dans la considération du bonheur La loi morale, dont la source pouvait être hors de ce monde, devait assurer à la vertu la réussite en ce monde. Enfin Kant n'avait pas renoncé à penser que la morale est intimement liée à la religion, qu'elle a quelque chose de sacré, et que, de plus, elle a un rapport nécessaire avec les notions de Dieu et de l'immortalité.

Ces diverses conditions, Kant ne savait comment les coordonner, ni même comment les définir avec précision. Or, jusqu'ici, il n'avait pu véritablement trouver le fondement de la morale. Peut-être, s'il y réussissait, pourrait-il en rattacher toutes ces conditions les unes aux autres et les définir d'une façon plus sûre et plus exacte. Mais ce problème, la *Critique* ne pourrait-elle aider à le résoudre ? C'est ce que Kant s'est demandé, dès les années 1770-1781, et il est probable qu'il entrevit de bonne heure la solution qu'il indique dans la *Critique de la Raison pure*. La *Critique* devait montrer les bornes de la raison théo-rique. Mais, si notre savoir, notre connaissance proprement dite était ainsi limitée, les rêves qu'il avait caressés dans son ouvrage de 1766 ne pourraient-ils acquérir quelque réalité ? Ne pourrait-on pas, dans les résultats même de la *Critique*, trouver le moyen de rendre rationnelle cette croyance à un royaume des esprits, si séduisante par la solution qu'elle offre du redoutable problème de l'obligation morale ?

Il serait très délicat de rechercher dans quelle mesure les préoccupations morales et les préoccupations critiques ont influé les unes sur les autres dans l'esprit de Kant. Ce qui est certain, c'est que, bien loin que son système de morale fût formé au moment où il conçut la *Critique*, il n'en avait que des éléments épars ; et, pour un esprit systématique comme le sien, des matériaux ne pouvaient constituer une doctrine.

CHAPITRE III

Le Problème moral

La méthode que suit un philosophe pour résoudre un problème, et par suite les résultats auxquels il aboutit, dépendent, en grande partie, de la manière dont il a posé le problème. C'est pourquoi, avant d'aborder le détail de la morale de Kant, nous nous demanderons comment ce philosophe pose le problème moral.

I

A ce sujet, les avis sont forts divers. Suivant les uns, le système de Kant ne serait, en somme, qu'une scolastique moderne, et son œuvre aurait consisté à donner une forme rationnelle aux dogmes de la morale chrétienne. Le commandement du Dieu de la Bible, le péché, la grâce et la rédemption : tel serait, en réalité, sous le déguisement des formules, le contenu de la doctrine. Suivant une autre opinion, Kant serait mû surtout par ses croyances intimes, et le ressort de son système serait dans sa conscience, dans son caractère, dans sa personnalité. Suivant certains interprètes, il ne faudrait pas s'en laisser imposer par l'appareil critique et dialectique du système ; ce serait, en somme, une simple analyse psychologique : Kant aurait pris pour matière de ses recherches l'âme humaine, et se serait appliqué à dégager et à décrire, parmi ses diverses manifestations, celles qui se rapportent à l'instinct moral.

Il ne semble pas qu'aucune de ces interprétations concorde véritablement avec la pensée de Kant telle qu'elle apparaît dans ses ouvrages essentiels sur la morale, tels que l'*Établissement de la Métaphysique des Mœurs*, et la *Critique de la Raison pratique*. C'est cette pensée que nous voudrions dégager.

Kant, semble-t-il, aborde les problèmes moraux à un double point de vue : comme homme et comme philosophe.

Comme homme d'abord. Kant s'est mêlé à la société et l'a curieusement observée ; il s'est occupé de littérature et de sciences morales ; il a fait avec prédilection des cours d'anthropologie. Le problème moral est donc pour lui une réalité vivante, et non une abstraction. Voici, d'après l'*Établissement de la Métaphysique des Mœurs*, comment, de ce point de vue, se pose le problème moral.

Nous pouvons discerner et recueillir les jugements que les hommes émettent sur les choses morales dans la vie commune. Ces jugements étant donnés, la question se pose de savoir quels sont les principes qui les déterminent, si ces principes, en les approfondissant, peuvent se ramener à l'unité. C'est ainsi que Socrate prenait pour matière de ses analyses les opinions communes sur les choses morales, et cherchait à en dégager des définitions universelles. Cette méthode peut-elle suffire ? Nous savons qu'en astronomie on ne s'est pas contenté des lois de Képler, qui avaient été extraites immédiatement de l'observation ; la vraie science a été constituée par Newton, qui a cherché à rendre compte de ces lois empiriques en les déduisant d'un principe tiré des propriétés essentielles de la matière en général. Kant s'est demandé si le moraliste n'avait pas à remplir une tâche analogue. Les principes que l'on peut obtenir par la méthode régressive que nous avons indiquée, ne seront jamais qu'empiriques : nous saurons que les hommes les admettent communément, à leur insu peut-être, et les appliquent ; mais nous ignorerons si ces principes sont réellement obligatoires, si nous sommes effectivement tenus de nous y conformer. Nous n'aurons fait, en somme, que l'histoire naturelle de l'esprit humain.

De plus, ces principes, si on les considère, sont d'une nature toute spéciale. Ainsi, l'une des notions essentielles auxquelles aboutira l'analyse des jugements moraux de la vie commune est celle de la dignité humaine. La valeur morale qui la constitue, doit être la plus haute de toutes ; en même temps, elle doit être la plus accessible, à la différence de celle que confèrent la science, ou la beauté, ou des avantages extérieurs, laquelle est d'autant plus inaccessible qu'elle est plus haute.

Un autre caractère des principes moraux est l'idée d'obligation qui s'y attache. Obligation étrange, qui impose l'obéissance, et qui, en même temps, s'exerce du dedans et non du dehors, comme une loi absolue qu'un être se donnerait à lui-même.

Autre caractère : la loi morale ne nous commande pas de travailler à notre bonheur ; elle nous commande d'en faire abstraction. Cependant la raison exige que celui qui a fait son devoir obtienne tôt ou tard le bonheur ; que la vertu soit, dans la nature des choses, le moyen infaillible d'y arriver.

Ces divers caractères montrent que les notions morales ne sont pas de simples produits des faits ; que dans leurs éléments caractéristiques elles ne peuvent être dérivées de l'expérience : il y a là un *Sollen* irréductible au *Sein.* Ces notions doivent donc être *a priori.* Or, que valent des notions *a priori* ? La métaphysique classique, identifiait *a priori* et absolu. Ce qui partait directement de la raison était, pour Aristote, immédiatement vrai. Pour Kant, il en est tout autrement. Pour l'auteur de la *Critique de la Raison pure,* l'origine *a priori* d'une notion est tout d'abord un motif de méfiance, en ce qui concerne la valeur de cette notion : car, si notre constitution intellectuelle est particulière et contingente, les notions *a priori,* justement parce qu'elles viennent de nous, risquent fort d'être, elles aussi, relatives.

De là, la nécessité de poser, une seconde fois et d'une manière nouvelle, le problème moral. Il faut chercher si, comme Newton l'a fait pour le monde physique, on ne pourrait trouver, dans les conditions essentielles et primordiales de la pratique, un principe d'où ces notions pourraient se déduire. C'est lorsque nous aurons ainsi fondé les notions morales sur leur vrai principe, que nous pourrons parler philosophiquement de leur valeur. De plus, la simple analyse des notions communes nous donne de la moralité une idée qui peut rester très imparfaite ; nous ne pourrons formuler ces notions avec précision qu'après les avoir critiquées et fondées objectivement. De même, le mathématicien reçoit des données courantes l'idée du cercle ou du triangle ; mais à cette idée grossière il cherche à conférer la perfection et l'exactitude, et c'est en engendrant le triangle suivant une loi parfaitement intelligible qu'il en forme une notion exacte.

C'est ainsi que Kant se trouve amené à poser d'une nouvelle façon le problème moral.

Mais ici se présente une difficulté. Kant ne se trouve pas dans le cas du mathématicien, qui est libre de construire les figures qu'il lui plaît. La *Critique de la Raison pure* a abouti à des conclusions avec lesquelles il lui faut compter. Elle a notamment établi les deux principes suivants : 1° Il nous est impossible d'arriver à la connaissance de choses suprasensibles ; la métaphysique classique est impossible ; Dieu, la liberté, et l'immortalité, sont des objets qui échappent invinciblement à nos prises. 2° La nature, qui est le théâtre de notre activité, est soumise à une loi inviolable de causalité mécanique ; les phénomènes s'y enchaînent de telle façon qu'aucune place n'y est possible pour un acte libre.

Or, ces deux résultats sont de grave conséquence pour la morale. Car les notions morales semblent requérir précisément ces objets suprasensibles dont la connaissance nous est refusée ; en admettant Dieu, la

liberté et l'immortalité, on se rend compte de la possibilité de l'obligation, de la sanction morale, de l'accord de la vertu et du bonheur. Mais,
si ces objets suprasensibles sont inconnaissables, le fondement de la
morale ne saurait plus être, semble-t-il, qu'un sentiment, non une connaissance, et la morale est nécessairement mystique dans son principe et
dans sa source. Or, Kant répugnait singulièrement au mysticisme, à
l'illuminisme, qu'il appelait dédaigneusement *Schwärmerei*. D'autre
part, d'après le second résultat de la *Critique*, on ne peut songer
à fonder la morale sur la nature. Car, puisque celle-ci nous présente
un mécanisme absolu, la morale qu'elle nous suggérerait ne pourrait
être qu'une morale de la réussite, du bonheur, de l'utilité, non du devoir
et de l'obligation, qui supposent un agent libre.

Tel est donc le dilemme : ou bien une morale purement mystique,
donc sans valeur aux yeux de la raison, ou une morale philosophiquement légitime, mais excluant toute liberté et par suite toute moralité
véritable.

Est-il impossible de sortir de ce dilemme ? Si nous examinons attentivement les conséquences de la critique, nous voyons qu'entre la connaissabilité proprement dite et l'inconnaissabilité, elle laisse place à un moyen
terme. Certes, la raison intuitive, qui serait nécessaire pour saisir en elles-
mêmes et connaître véritablement les vérités suprasensibles, passe notre
nature. La seule intuition dont notre raison dispose est l'intuition sensible,
et ainsi la raison théorique, chez nous, ne peut connaître que des phénomènes. Mais, en dehors de la raison intuitive, qu'on peut concevoir
mais qui nous fait défaut, et de notre raison théorique bornée au monde
phénoménal, nous pouvons considérer la raison en soi, qui domine la
raison théorique et grâce à laquelle on peut soumettre celle-ci à la critique sans cercle vicieux. Il s'agirait alors de savoir si la morale, que nous
ne pouvons fonder ni sur la connaissance des choses en soi, ni sur
celle de la nature, ne pourrait être fondée sur la raison en soi, sur la
raison pure, dégagée des formes de la sensibilité. La raison, dans cette
hypothèse, ne serait pas bornée à raisonner sur des objets qui lui sont
donnés du dehors, comme quand elle construit la science, mais elle ne
pourrait elle-même se donner des objets où elle retrouverait son universalité et son unité de systématisation. La morale serait, dès lors, le produit de la raison pure, forme de la pleine et suprême raison, comme
principe efficace de détermination et d'action.

Le problème moral se pose, finalement, de la façon suivante : la raison pure peut-elle, par elle-même, être pratique ? La raison, à elle seule, contient-elle les conditions nécessaires et suffisantes d'une loi originale, autre que les lois mécaniques de la nature, ainsi que d'une détermination de la volonté conforme à cette loi ? Puis, si l'on arrive à établir de tels principes, il y aura lieu de les confronter avec les lois de la nature, d'où dépend le bonheur, afin de déterminer le rapport de celui-ci avec ceux-là. Enfin les principes de la moralité et de son rapport au bonheur étant établis sur la raison pure, il reste à les confronter avec ces objets suprasensibles dont la *Critique* nous interdit la connaissance, mais nous permet la conception, afin de voir s'il n'y a pas quelque chose de vrai dans le préjugé qui établit un lien entre la morale et la religion.

II

Si, d'après ces résultats de notre examen, nous comparons le point de vue de Kant à celui des Grecs, nous apercevons une grande différence. Chez ces derniers, en effet, la morale est un art qui, comme tout art, a pour fin d'achever, dans le sens de l'action de la nature, l'œuvre dont la nature fournit les commencements. La nature tend à réaliser l'idée de l'homme. Elle n'y parvient qu'incomplètement, à cause des obstacles qu'elle-même suscite en travaillant à la réalisation d'autres idées. La morale enseigne à écarter ou à utiliser ces obstacles, de manière à amener la nature humaine à la perfection qui lui est propre. Chez Kant, au contraire, la moralité ne peut procéder de la nature, puisque celle-ci est un pur mécanisme exclusif de toute spontanéité et liberté ; la morale nous ordonne de réaliser quelque chose que la nature ne saurait produire ni en fait, ni en droit.

Le principe de la morale de Kant est, d'autre part, très différent de celui de la morale chrétienne. Celle-ci dit aux hommes : « Soyez parfaits comme votre Père céleste est parfait ». Le modèle est la perfection divine, posée d'abord. C'est à cette perfection qu'est immédiatement rapporté le devoir. Et comme l'homme, abandonné à ses propres forces, est évidemment impuissant à remplir cette tâche, la religion lui promet les secours de la grâce. Le fondement de la morale chrétienne est donc en Dieu, à la fois fin et moyen. Chez Kant, au contraire, Dieu étant déclaré inconnaissable, ne peut être le fondement de la moralité. Le point de départ de la morale ne peut se trouver que dans la raison elle-même. Moralité est nécessairement autonomie.

Est-ce à dire que la morale de Kant n'ait rien de commun, soit avec la morale des Grecs, soit avec la morale chrétienne ?

Les différences que nous avons signalées sont telles, si l'on y prend garde, que le point par où la morale de Kant diffère de la morale chrétienne, la rapproche de la morale grecque ; et celui par où elle se rapproche de la morale chrétienne, l'éloigne de la morale grecque. En effet, elle diffère de la morale chrétienne parce qu'elle est une autonomie : en cela, visiblement, elle se rapproche de la morale hellénique où la tendance vers le bien est immanente à l'homme comme être raisonnable. D'autre part, elle diffère de la morale hellénique en ce qu'elle nous prescrit de dépasser la nature, non dans une certaine mesure, mais absolument. Or, par là, elle se rapproche de la morale chrétienne, qui nous impose une vie surnaturelle.

En définitive, Kant pose le problème moral de manière à essayer de réunir l'immanence de la morale gercque et la transcendance de la morale chrétienne.

III

Quelle est la valeur de cette théorie du problème moral ? Elle consiste essentiellement à poser ce problème successivement de deux manières. En premier lieu, Kant remontera, par l'analyse, des notions morales communes au principe le plus propre à les expliquer et à les systématiser.

Ce point de vue est aujourd'hui très en faveur. On estime généralement que, pour établir la morale, il ne suffit pas de rentrer en soi-même, et de s'enfermer dans sa conscience individuelle, mais qu'il convient d'observer toutes les manifestations extérieures de la vie spirituelle et de tâcher d'en dégager les principes directeurs par analyse. Mais on trouvera singulièrement étroite la base que se donne Kant dans la *Grundlegung zur Metaphysik der Sitten*, et on élargira cette base indéfiniment par l'histoire, l'anthropologie et la sociologie.

A cette étude analytique, faut-il, avec Kant, joindre une étude synthétique, tendant à déduire les principes, à les fonder rationnellement ? Ceux qui veulent que la morale soit une simple science naturelle repousseront une telle étude. Mais, à côté de ceux-ci, beaucoup de philosophes cherchent, aujourd'hui encore, les fondements de la morale. Or, ces fondements, Kant soutient qu'on ne peut les trouver ni hors de la nature, ni dans la nature. La morale ne repose ni sur la métaphysique dogmatique, ni sur la psychologie. Point de vue étrange. Pourtant, il semble que nous soyons nous-mêmes dans une semblable situation ; car, pas plus que Kant, nous ne voulons fonder la morale sur une métaphysique qui n'a pu subsister comme science première ; et, pas plus que lui, nous ne pouvons trouver, dans la simple constatation de ce qui est, l'indication de ce qui doit être.

Il est donc naturel que nous nous demandions, comme il l'a fait, si la raison conçue comme moyen terme entre la nature et le suprasensible, ne pourrait pas nous fournir les principes spéciaux dont la morale a besoin.

Toutefois, même en se plaçant à ce point de vue, la solution de Kant s'impose-t-elle nécessairement ? Elle est dominée par la distinction de la raison et de la nature considérées comme hétérogènes en tant que la nature a pour base la sensibilité, tout extérieure à l'entendement. Cette opposition radicale établie entre la nature et la raison oblige Kant à déduire le principe de la morale exclusivement de la raison pure ; il aboutit ainsi à un rationalisme fermé, à l'exclusion du sentiment, au rigorisme.

Ce point de vue strictement dualiste est-il le vrai ?

Si l'on admettait que la doctrine de Kant sur ce point comporte une revision et qu'il est possible après avoir distingué, comme il est nécessaire, la raison et la nature, de chercher à les rapprocher et à les concilier dans une unité concrète et féconde, le problème moral ne se poserait plus, d'un bout à l'autre de la réflexion morale, de la même façon qu'il se pose chez Kant. Au lieu de chercher les principes de la morale uniquement dans la raison pure, on pourrait alors les chercher dans les rapports à établir entre la nature et la raison ; elle aurait peut-être pour objet, non seulement de régler la détermination intérieure ou même de conformer, dans la mesure du possible, la nature à la raison, mais de réaliser proprement la raison au moyen de la nature, de faire de la nature l'expression de la vie, l'être de la raison.

Cette conception entraînerait la conséquence suivante : dans le système de Kant, le sentiment est nécessairement exclu du principe de la détermination morale, parce que le sentiment, selon le dualisme kantien, confirmé, à vrai dire, par l'opinion de bien des philosophes, n'est pas soumis à l'empire de la volonté et de la raison. Le précepte : « Tu aimeras ton prochain », n'a pas de sens pour ceux qui ont posé en prin-

cipe que l'amour ne se commande pas. Mais si, au contraire, on admet
que la raison et la nature sont appelées à se réunir, ne sont, en réalité,
qu'une phase du développement d'un principe unique, alors il n'y
aurait plus incompatibilité entre la loi et le sentiment, entre le devoir
et l'amour ; l'objet de la morale serait précisément le commandement
d'amour. Contrairement aux jugements des philosophes, conformément
aux principes de la religion chrétienne et aux aspirations que trahit la
vie morale de l'humanité, la morale aurait pour objet d'établir que le
devoir complet et suprême, réalisable puisqu'il est nécessaire et intelligible, c'est d'aimer.

CHAPITRE IV

L'Analyse des Notions morales communes

Nous avons vu que Kant traite les problèmes de la morale suivant
deux méthodes différentes : d'un côté, il prend pour point de départ
les données de l'expérience, et il remonte, par analyse, de ces données
aux propositions les plus générales que l'on puisse trouver, pour les
coordonner et les expliquer ; — d'autre part, il prend pour principes
les concepts de la raison, et descend de ces concepts vers les phénomènes, le donné, l'expérience. Nous avons déjà dit que ces deux méthodes
ne se rejoignent pas nécessairement, parce qu'en partant des données de
l'expérience il se peut qu'on n'aboutisse pas aux principes véritablement
premiers, capables non seulement de systématiser, mais de fonder et
de justifier. Nous commencerons par l'étude de la théorie analytique et
régressive.

*
* *

Et d'abord, de quelle nature sera la réalité donnée que Kant prendra
comme point de départ ? Va-t-il suivre une méthode psychologique, et
rechercher comment les faits moraux se produisent dans la conscience ?
Kant se défend de le faire ; il répète souvent qu'étudier la nature humaine
à la façon des Anglais, c'est décrire la réalité, faire la géographie de
l'âme, et non expliquer, remonter aux principes.

Quel est donc le donné qui fournira à Kant la matière de son analyse ? Ce n'est pas la nature humaine prise en elle-même, mais les jugements des hommes, les notions morales communes, les manifestations
en quelque sorte extérieures de la raison dans le domaine moral.

De cette matière que va tirer Kant ? Frappé des progrès que fait
faire à l'industrie et à la science même la méthode de la division du
travail, il croit à la possibilité de trouver dans la réalité des éléments
isolables, conservant, pris à part, leurs caractères propres ; c'est une
méthode analogue qu'avait suivie Descartes, quand il cherchait à ramener la réalité à des *natures simples* considérées comme vraies. Kant
pensait que, de même qu'en mathématiques on part d'unités discrètes
et on forme la science par leurs combinaisons ; de même, on pourrait
constituer la morale en réunissant synthétiquement des éléments isolés
par l'analyse. Il se propose donc de dégager, dans sa pureté, l'élément

proprement moral impliqué dans les jugements des hommes, comme un chimiste qui isole un métal des substances avec lesquelles il était combiné.

Mais peut-on se contenter d'une analyse analogue à celle du chimiste ? Si l'on consulte l'*Etablissement de la Métaphysique des Mœurs*, on voit que Kant ajoute à cette méthode de simple analyse un autre procédé, qu'on peut appeler la déduction hypothétique ; ce procédé consiste à poser un principe hypothétiquement, à en tirer les conséquences et à confronter ensuite ces conséquences avec la réalité donnée. Cette méthode est justement celle que l'on emploie pour découvrir les lois scientifiques.

Tels sont l'objet et la méthode de l'investigation de Kant au sujet des notions morales communes ; voyons maintenant quelle est sa doctrine.

*
* *

Y a-t-il un concept qui résume toutes les notions morales, auquel l'homme s'attache de préférence quand il veut juger de la valeur proprement morale des actions et des déterminations ? Un tel concept existe, selon Kant : c'est la *bonne volonté*. La bonne volonté est la condition nécessaire et suffisante de la valeur morale ; c'est ce concept que Kant va soumettre à l'analyse.

Ce choix est remarquable. Kant ne nous dit pas par quelle considération il y a été amené ; mais, en lisant les très belles pages où il célèbre la bonne volonté, on pense à la maxime traditionnelle : « Paix sur la terre aux hommes de bonne volonté ! » Or il est intéressant le remarquer que cette maxime, si souvent répétée comme résumant l'*Evangile*, ne s'y trouve pas. On lit dans saint Luc, ch. ii, v. 14 : « Δόξα ἐν ὑψίστοις θεῷ καὶ ἐπὶ γῆς εἰρήνη, ἐν ἀνθρώποις εὐδοκία », ce qui, vu le v. 22 du ch. iii, signifie : « Gloire à Dieu au plus haut des cieux, et paix sur la terre ; voici que Dieu met dans les hommes sa complaisance ». Cette phrase, mal comprise d'après la traduction de la *Vulgate*, a joué un rôle immense dans l'histoire morale et religieuse de l'humanité, comme il est arrivé à beaucoup de maximes inauthentiques.

Quoi qu'il en soit, c'est du concept de bonne volonté, au sens ordinaire du mot, que part l'analyse de Kant. Une seule chose, dit-il, est tenue universellement pour bonne sans restriction : la bonne volonté. De la justesse de cette opinion commune, il donne d'abord une démonstration qui a provoqué l'étonnement et la critique, car elle est fondée sur des considérations de finalité. Or, nous savons que Kant n'accorde à la notion de finalité qu'une valeur purement subjective, et qu'il la bannit de la morale. Mais nous savons aussi, d'autre part, qu'il a toujours professé un grand respect pour la preuve de l'existence de Dieu tirée des causes finales, laquelle, si elle ne constituait pas, à ses yeux, une démonstration péremptoire, pouvait du moins disposer favorablement l'esprit et le préparer à recevoir la preuve véritable, la preuve morale. La démonstration de la maxime de la bonne volonté a une valeur analogue, en quelque sorte exotérique. Kant s'efforce de montrer que, si l'homme avait pour destination de travailler à son bonheur, il pourrait se plaindre de n'avoir pas été bien doué par la nature pour atteindre ce but. Pour arriver au bonheur, en effet, l'instinct est un guide plus sûr que la raison, parce qu'il fait partie lui-même de cette nature d'où le bonheur dépend ; la raison, au contraire, (et Kant montre ici qu'il n'a pas oublié Rousseau) nous éloigne de la nature. Elle se propose les fins qui lui conviennent ; et, à mesure qu'elle se développe davantage, elle a des exigences plus nombreuses et plus difficiles à satisfaire. En revanche, notre organisation est très conforme à notre fin, si celle-ci est d'atteindre à la moralité ; car la raison nous permet de dépasser la nature et de nous donner cette bonne volonté qui est tout autre chose qu'un état instinctif. La bonne volonté est la seule fin, dont la raison dont nous sommes doués soit une condition à la fois nécessaire et suffisante.

Qu'est-ce donc que cette bonne volonté ? — D'après les notions morales communes, elle est caractérisée par la résolution de faire son devoir ; c'est donc par l'idée du devoir que nous la déterminons. Kant va plus loin : il soutient que la bonne volonté n'éclate jamais plus que quand elle est en lutte avec les dispositions naturelles ; que le degré suprême de la moralité est le devoir accompli, non seulement sans le secours des penchants, mais en dépit de penchants hostiles.

Analysons maintenant l'idée du devoir, à laquelle nous sommes arrivés : le devoir est conçu comme nous imposant une obéissance, l'obéissance à une loi que nous considérons comme absolue, comme subsistant également, soit que les êtres qui y sont soumis s'y conforment, soit qu'ils la violent.

Quel est le rapport de cette loi à notre sensibilité ? Cette loi exerce sur nous une influence très remarquable : elle engendre un sentiment spécial, qui, selon Kant, n'a pas été suffisamment analysé, et qui, bien compris, ouvre une vue nouvelle sur le monde moral ; ce sentiment, c'est le respect. Le respect n'est, à proprement parler, ni une inclination vers l'objet qui l'inspire, ni une aversion. En tant que nous respectons moralement une personne ou une loi, nous ne songeons pas au châtiment que notre révolte pourrait entraîner ; ce n'est pas non plus une inclination vers l'objet, car ce que nous respectons ne nous promet, à ce point de vue, aucun plaisir, et nous commande même une sorte de sacrifice. Cependant, il semble, d'un autre côté, que le respect tienne et de l'inclination et de la crainte. Nous donnons, en effet, notre respect comme ayant de l'affinité avec notre nature ; nous sentons qu'en nous y attachant, nous nous grandissons nous-mêmes ; le respect tient, en un sens, de l'inclination. Qu'est-il donc ? Selon Kant, c'est un sentiment *sui generis*, qu'on peut appeler un sentiment intellectuel, c'est un sentiment produit par une idée pure, tandis que les autres sentiments sont produits par des objets : c'est l'impression que fait la loi sur notre sensibilité ; c'est la conscience que nous avons d'être soumis à cette loi.

Quelle doit être la loi pour produire sur nous un pareil effet ? Il faut qu'elle ait un caractère d'universalité, qu'elle s'applique à tous les êtres raisonnables, qu'elle dépasse infiniment en autorité notre volonté individuelle. Nous sommes ainsi conduits à une première formule de la loi morale : « Agis de telle sorte que tu puisses vouloir que la maxime de ton action soit érigée en loi universelle. »

Ayant trouvé cette maxime, Kant la confronte avec les notions communes, et se demande si elle peut rendre compte des jugements moraux. Par exemple, tenir ses promesses est une loi morale. Essayez de nier l'universalité de cette maxime : aussitôt les promesses cessent d'avoir aucun sens. L'idée de promesse se détruit elle-même et disparaît dans une contradiction interne, si l'obligation d'être fidèle à sa promesse est considérée comme relative et conditionnelle.

Par des exemples analogues Kant montre que les autres genres de devoirs, soit envers nous-même, soit envers autrui, sont conçus par la conscience morale commune comme essentiellement universels.

Nous avons examiné le rapport de la loi morale avec la sensibilité ; considérons maintenant son rapport avec la volonté. La loi commande à la volonté. C'est à ce propos que Kant établit sa fameuse distinction entre les *impératifs hypothétiques* et les *impératifs catégoriques*. L'impératif hypothétique est celui qui est subordonné à un certain but à atteindre. Par exemple : si vous voulez bâtir une maison, employez tels matériaux ; appliquez telles ou telles règles ; si vous voulez être bien portant, soyez tempérant, etc. Aucun impératif de ce genre ne répond à l'idée de la loi morale. Si, en effet, il s'agissait de réaliser tel ou tel résultat, la bonne volonté pourrait n'y pas suffire ; d'ailleurs, les fins hypothétiques ou sont posées par nous arbitrairement, ou se posent en nous naturellement, mais comme un fait, non comme une obligation.

La moralité consiste dans l'obéissance à des impératifs catégoriques, c'est-à-dire qui commandent des actions qui sont à elles-mêmes leur fin. Exemple : tu ne mentiras pas, tu ne tueras pas. Ce qui est commandé ici, c'est l'action même, et non les résultats qu'elle pourra produire ; l'acte moral est un indivisible.

Mais ne peut-on pas déterminer plus complètement les conditions de la moralité ? Après avoir confronté la loi avec la volonté, cherchons quelles sont les conditions de l'action de cette volonté que commande la loi morale. Puisqu'elle doit agir sous l'idée d'universalité, elle doit travailler à rendre possible un règne de lois, une nature. D'où la formule : agis comme si la maxime de ton action devait, par ta volonté, devenir loi naturelle universelle.

Mais quelle fin peut être proposée à une volonté résolue à agir sous une telle condition ? Il n'est qu'une fin qui puisse être universalisée sans contradiction, parce qu'il n'en est qu'une qui soit absolument bonne : c'est l'être raisonnable. D'où cette nouvelle formule : « Agis de telle sorte que tu traites toujours l'humanité, l'être raisonnable, soit en toi, soit en autrui, comme une fin, et jamais comme un moyen. »

Mais comment puis-je traiter les autres comme fins sans me ravaler moi-même ou rôle de moyen? Je le puis, si toutes les volontés sont d'accord et forment un règne des fins, si ma propre volonté est d'accord avec la volonté commune. D'où cette dernière formule : le fondement de toute législation pratique est l'idée de la volonté de chaque être raisonnable comme volonté législatrice universelle.

Mais comment peut s'établir ce concert des volontés, cette volonté commune dont chaque volonté individuelle doit se proposer d'être l'expression ?

Cet accord ne peut se réaliser ni sur le terrain de la recherche du plaisir ou du bonheur, ni même dans la recherche commune du bien comme objet d'intuition, toute intuition étant chez nous sensible et relative. Une seule chose peut fonder l'harmonie des volontés : l'obéissance à la raison. La volonté, d'accord avec la raison, pourra être considérée comme étant la législatrice universelle ; il ne sera plus nécessaire de considérer la loi morale comme s'imposant du dehors à la volonté ; celle-ci, en tant qu'universelle, a le droit de se dire elle-même la loi ; car elle est l'expression de la raison elle-même, source de toute loi.

Nous arrivons ainsi à ce que Kant appelle le principe suprême de la moralité : c'est le principe de l'*autonomie de la volonté*.

Mais la volonté n'est autonome qu'en tant qu'elle est, dans son fond, unie avec la raison, donc droite et bonne. Et ainsi, partis de l'idée de la volonté soumise à la raison, nous arrivons à celle de la volonté qui se donne à elle-même sa loi, volonté conforme à la raison, volonté bonne.

Kant établit que cette volonté rend compte de l'impératif catégorique et du respect. C'est en tant qu'universelle qu'elle est autonome ; en tant qu'individuelle, c'est-à-dire unie à une sensibilité, qu'elle est tenue au respect d'une loi de devoir.

Dans cette recherche du principe de la moralité, le point de départ, peut-on dire, était la *bonne volonté*, et le point d'arrivée, la *volonté* bonne. C'est celle-ci qui est la source de celle-là. La bonne volonté est le commencement de la réalisation de la volonté bonne et universelle, au sein de la volonté individuelle.

*
* *

Quels sont les caractères des principes auxquels nous sommes parvenus ?

D'abord, ils sont *a priori*. Comment une analyse qui part des notions données, des faits, peut-elle ainsi aboutir à des principes *a priori* ? Kant estime qu'il échappe à cette difficulté, parce que, ainsi que nous l'avons dit, il étudie, non pas la nature humaine, les données de l'expérience brute, mais les jugements des hommes, les faits moraux proprement dits. Et il pense qu'il n'y a aucune contradiction à conclure de certaines données expérimentales que les hommes raisonnent suivant des principes *a priori*.

Que ces principes découlent de la raison, il nous est impossible, jusqu'ici, de le démontrer directement ; mais nous pouvons le présumer pour deux raisons :

1° Ils sont universels ; il faut entendre par là, non qu'ils existent dans toutes les intelligences, mais qu'ils sont affirmés comme universels, c'est-à-dire comme valables, sans condition, pour tout être doué de raison. Or, nous ne pouvons affirmer l'universel en nous appuyant sur l'expérience qui ne nous donne que des relations relatives et particulières.

2° Ils sont nécessaires, c'est-à-dire obligatoires. Les lois morales sont nécessaires indépendamment de tout résultat à atteindre. Or, nous ne pouvons nous expliquer à nous-mêmes par l'expérience l'affirmation d'une telle obligation.

Que si, faisant la contre-épreuve, nous essayons de tirer ces principes de l'expérience, nous constatons la vanité de cette tentative. D'abord, en effet, la détermination de l'âme à laquelle ont trait ces principes, c'est l'intention. Or l'intention ne peut tomber sous l'expérience ; non seulement sous l'expérience d'autrui, mais même, dit Kant, sous notre propre expérience. La conscience n'atteint pas le fond de la conscience : c'est là ce qu'avait compris le Psalmiste, s'écriant : « Dieu ! purifie-moi de mes fautes cachées ! »

De plus, l'expérience, en matière morale, suppose les principes mêmes qu'on voudrait en tirer. Les notions de bonne volonté, de devoir, de respect, de loi, d'accord des volontés, de bien, n'ont leur signification morale qu'en tant qu'elles enferment des notions tenues pour universelles et rationnelles.

Ces principes sont donc *a priori*. En outre, ils sont synthétiques, car ils unissent des notions hétérogènes : celles de la volonté et de la loi, de l'individu et de l'universel. Quand nous affirmons que l'homme est à lui-même sa loi, nous entendons dire que la volonté individuelle doit et peut être en conformité avec la volonté universelle ; or, cette affirmation d'une union nécessaire de l'individuel et de l'universel, de la volonté et de la raison, ne se conçoit que par une opération synthétique de l'intelligence. Les principes de la moralité sont donc des jugements synthétiques *a priori*. Or la *Critique de la Raison pure* a montré que de tels principes doivent être justifiés. L'analyse ne pouvant fournir cette justification, il faut recourir à une autre méthode, à la méthode synthétique.

Mais, avant d'aborder cette deuxième partie, je crois utile de soumettre à un examen critique la doctrine que je viens d'exposer.

CHAPITRE V

L'Analyse des Notions morales communes (*suite*)

Nous avons exposé, dans la précédente leçon, ce qu'on peut appeler la doctrine morale analytique et régressive de Kant. Nous avons montré comment, prenant pour matière les notions morales communes, Kant les analyse et en cherche le principe le plus élevé, l'idée directrice, plus ou moins présente à la conscience. C'est à l'examen critique de cette doctrine que seront consacrées la présente et la prochaine leçons.

*
* *

Rappelons d'abord brièvement les résultats de l'étude à laquelle nous nous sommes livrés. Il nous a semblé que toute cette doctrine régressive consiste dans une déduction, dont voici les termes essentiels :

1° Le concept de bonne volonté ; 2° le concept du devoir ; 3° le concept de loi morale ; 4° le concept d'autonomie de la volonté ; 5° le concept de volonté absolument bonne.

Ayant posé tout d'abord comme expression adéquate de la notion de moralité le concept de bonne volonté, Kant cherche en quoi nous faisons consister cette bonne volonté, et il trouve que c'est dans la volonté de faire son devoir. Mais qu'est-ce que le devoir ? C'est le fait d'être soumis à une certaine loi. Quelle doit être cette loi pour expliquer la notion du devoir ? Elle doit prescrire d'agir suivant une maxime susceptible d'être universalisée sans contradiction. Une telle loi est ce qu'on appelle la loi morale. Mais à quelle condition la réalisation d'une telle loi pourra-t-elle être possible à une volonté individuelle, si ce n'est que cette volonté ne fait qu'un, dans son fond, avec la volonté universelle d'où émane le commandement? Nous arrivons ainsi au concept d'autonomie de la volonté. Mais il faut alors concevoir une dualité dans la volonté: la volonté individuelle faillible, et la volonté commune, laquelle, essentiellement, est bonne. Le terme de la déduction est cette volonté bonne (*unbedingt guter Wille*). Si bien qu'en dernière analyse la bonne volonté est une première expression, un pressentiment de la volonté bonne ; et l'on pourrait presque rapprocher cette doctrine abstraite et toute

métaphysique de ce mot religieux et si émouvant de Pascal : « Console-
toi, tu ne me chercherais pas si tu ne m'avais trouvé ! »

Voyons maintenant quelle est la valeur de cette doctrine. Nous examinerons successivement trois points :

1° Le problème que s'est posé Kant dans cette théorie, que nous
appelons analytique et régressive ; 2° la déduction qui fait le corps de
la doctrine ; 3° la signification que Kant attribue aux résultats de son
analyse, c'est-à-dire le caractère *a priori* et synthétique du principe
auquel il aboutit. Nous traiterons aujourd'hui des deux premiers points.

Le problème que s'est posé Kant consiste, comme nous l'avons vu,
à prendre pour matière de ses recherches, non pas la nature humaine
dans ses manifestations immédiates, ses sentiments, ses tendances, ou
des objets métaphysiques, mais les jugements par lesquels les hommes
expriment leurs idées sur la moralité. Ainsi, le problème qu'il se pose
n'est pas psychologique ; au sens dogmatique du mot, il n'est pas non
plus métaphysique, il est proprement analytique.

Or, il est certain que cette méthode, dont Kant n'est d'ailleurs pas
l'inventeur, puisqu'elle remonte à Socrate, est précise et féconde. Elle
est, de nos jours, en grande faveur. A la méthode psychologique ou
introspective on oppose volontiers, comme beaucoup plus scientifique,
l'étude des produits de l'activité humaine. En analysant ces produits, on
remonte aux lois et aux forces qui leur ont donné naissance.

Mais, à ce sujet, on reproche à Kant de s'être contenté de considérer
les notions qu'il avait sous la main, que nous offre l'observation la plus
immédiate, au lieu d'étudier l'évolution historique dont elles sont le
résultat. M. Ruyssen (*Revue de Métaphysique et de Morale*, 1898) montre qu'à la méthode de Kant, les principaux moralistes allemands, tels
que Hartmann, Wundt, Paulsen, opposent l'emploi de la méthode historique. L'histoire seule, dit-on, donne l'explication véritable et objective,
des choses : aussi toute étude morale doit-elle, au moins, commencer par
une enquête historique aussi complète et approfondie que possible.

Nous ne saurions contester la valeur de cette observation : c'est une
des gloires de notre temps d'avoir demandé au passé tout ce qu'il peut

fournir pour l'explication du présent. Mais, ceci admis, peut-on dire que la théorie de Kant soit sans intérêt, parce qu'elle n'est pas précédée d'une enquête historique sur l'évolution des idées morales ? Il faut considérer que Kant s'est posé un tout autre problème que celui que se pose l'historien. Celui-ci cherche à discerner comment et pourquoi les faits se sont produits, à découvrir les antécédents qui ont déterminé leur apparition. Le problème de Kant est le suivant : les idées morales étant données sous la forme la plus parfaite que nous leur connaissions, les analyser, non pour découvrir leurs conditions d'apparition, mais pour trouver les principes qu'elles impliquent et qui en font l'unité. Dira-t-on que cette question est insoluble et vaine ? Nous la retrouvons, si l'on y prend garde, dans d'autres domaines. Lorsqu'il s'agit de grammaire, par exemple, et de langage, on peut se demander quelles sont les formes usitées dans la langue la plus pure, la plus élégante, aussi bien que rechercher les diverses phases qu'a traversées la langue, son histoire et son évolution. Chez nous, l'Académie française a mission de se placer au premier point de vue, tandis que les spécialistes se placent plus volontiers au second.

C'est le problème analytique, non le problème historique, que se pose Kant. Pour le résoudre, l'histoire a, certes, son rôle à jouer ; mais on n'aura pas à s'en servir de la même façon que si l'on voulait étudier l'évolution des idées morales. On lui demandera des lumières, on n'admettra pas qu'elle suffise. Car qui sait, *a priori*, si, dans le présent, il n'y a rien de plus que dans le passé ? Pour chercher le principe d'où dépendent nos jugements en matière de morale, on pourra s'aider des explications historiques ; mais on ne saurait se contenter de ces données. La philosophie de l'histoire, si elle prétend en avoir une sans sortir de son domaine, n'est que l'application de la loi d'inertie; elle ne sait que nous raconter le passé subsistant dans le présent. Elle exclut, par hypothèse, toute véritable activité de l'esprit. Kant cherche, quant à lui, ce qui fait la cohérence et l'unité intelligible de nos jugements, problème tout autre que celui de leur origine historique.

Ajoutons enfin que, pour atteindre le but que Kant s'est proposé, les qualités de l'historien ne peuvent suffire. Il y faut, de toute nécessité, outre l'observation scientifique, cet esprit de finesse dont parlait Pascal, et qu'il disait indispensable à qui veut étudier les choses morales.

En résumé, le progrès des études historiques, en matière de morale, doit seconder, mais non supprimer la recherche à laquelle s'est livré Kant.

*
* *

En ce qui concerne la doctrine, on peut distinguer la déduction par laquelle Kant ramène la bonne volonté à la volonté bonne, et la signification qu'il attribue aux résultats de cette déduction.

Nous ne pouvons étudier en détail tous les moments de la déduction; nous nous bornerons à présenter des remarques qui s'appliquent à l'ensemble de la théorie.

Examinons d'abord les critiques qui s'adressent à cette déduction considérée dans sa forme. Ces critiques consistent à dire que la déduction est incorrecte, parce que Kant, au cours de ses raisonnements, introduit subrepticement des éléments qui n'étaient pas contenus dans les prémisses.

En premier lieu, on objecte que Kant a commencé par poser un principe tout formel : l'impératif catégorique, l'obéissance à l'idée d'une législation universelle, par pur respect pour la loi, sans aucune préoccupation de fin à réaliser. Or, dans la suite de la déduction, nous voyons intervenir la notion de l'humanité comme fin en soi, celles d'un royaume des fins et de la volonté absolument bonne, c'est-à-dire des éléments d'une moralité matérielle et non plus purement formelle.

Peut-être cette objection n'est-elle pas fondée, ou, tout au moins, la question est-elle plus complexe et plus délicate qu'il ne semble au premier abord. Il faut remarquer, en effet, que passer de l'impératif catégorique à une doctrine plus riche, qui fournisse à la volonté une matière idéale, c'est précisément le dessein de Kant. On dit parfois que Kant se considère comme l'inventeur de l'impératif catégorique ; il n'en est rien. Il tient la notion du devoir proprement dit pour donnée ; il pense que, si elle n'est pas dégagée par toutes les intelligences raisonnables avec la même netteté, elle fait cependant le fond de tous les systèmes de morale professés par les grands esprits, ainsi que des jugements moraux du commun des hommes. Ce qu'il a en vue, ce n'est donc pas de poser la notion du devoir, mais de chercher ce qu'elle suppose, de manière à l'enrichir et à en déduire une morale complète, possédant un contenu aussi bien qu'une forme.

Comment cet enrichissement peut-il s'opérer sans contradiction, sans addition incorrecte ? On a oublié que Kant a cru à la possibilité d'une

espèce de jugements qu'on n'admettait pas avant lui, à savoir les jugements synthétiques *a priori*, permettant de former des déductions qui ne
se bornent pas à tirer d'un concept ce qu'il contient. Or, c'est justement
ici le cas. La loi morale une fois définie, Kant la confronte avec la sensibilité et la volonté qu'il suppose données. Par la synthèse de la loi et
de la sensibilité, il obtient le concept du respect, comme impression de
la forme d'universalité sur une nature individuelle. Et le concept de fin,
qu'on lui reproche d'introduire incorrectement dans le cours de sa déduction, il l'obtient en combinant synthétiquement la notion de loi morale
avec celle de la volonté, et en cherchant comment on peut concevoir que
la volonté trouve en elle-même toutes les conditions nécessaires à l'accomplissement de la loi. Kant procède donc par déduction synthétique,
et peut, sans se contredire, établir une liaison entre son principe formel
et certains principes matériels.

Une autre critique, qui a été exposée savamment par M. Schwarz
dans les *Kantstudien* (1898), consiste dans le reproche adressé à Kant
d'être passé illégitimement du rationalisme à un rigorisme qui n'y était
nullement contenu. En effet, le devoir, tel que l'entend Kant, est le
refoulement de la sensibilité ; volontiers, il prendrait pour maxime que
le devoir, c'est ce qui nous coûte le plus. De là l'épigramme si souvent
citée de Schiller : « J'ai plaisir à obliger mes amis ; mais hélas ! mon
inclination m'y pousse. Aussi, bien souvent, suis-je pris de la crainte
de n'être pas vertueux.

> Gern dien'ich den Freunden, doch thu ich es leider mit Neigung,
> Und so wurmt es mich oft, dass ich nicht tugendhaft bin. »

Faut-il accuser Kant de n'avoir pas été conduit dans cette déduction
par la logique, mais uniquement par ses convictions personnelles ?

Il semble que, sans méconnaître la part qui, dans cette doctrine, doit,
comme le montre très bien Schwarz, être attribuée au caractère de Kant,
on peut en montrer l'accord avec l'ensemble de sa philosophie. Kant
est essentiellement dualiste ; avant tout, il oppose radicalement la raison
et la sensibilité, l'universel et le particulier. Cela posé, il croit (car cette
opinion est, sans doute, en partie une croyance, ainsi d'ailleurs que l'opinion contraire) que notre volonté, à l'origine, est engagée dans les liens
de la sensibilité et esclave du plaisir, ce qui est une traduction philosophique du dogme du péché originel. Les philosophes du xviiᵉ siècle,
sauf Leibnitz, un Hobbes, un Spinoza, considéraient ainsi, en général,

la nature humaine comme originairement mauvaise ; et, aujourd'hui encore, il n'est pas prouvé que le premier mouvement de l'homme ne soit pas l'égoïsme. Or, ces deux principes étant donnés : opposition de la raison et de la sensibilité, esclavage initial de la volonté dans les liens de cette dernière, il est tout naturel que Kant ait conçu le devoir en un sens rigoriste. Remarquons d'ailleurs qu'il ne s'agit là que du point de départ de la vie morale, et que le terme où elle tend est, au contraire, l'harmonie de la raison et de la sensibilité.

*
* *

Si, maintenant, nous considérons en eux-mêmes les principes auxquels aboutit Kant, il est certain qu'ils soulèvent des objections. Cette doctrine est un rationalisme formel. Elle place la moralité dans la volonté unie à la raison, à l'exclusion expresse du sentiment et du résultat de l'action. C'est, à la lettre, la morale de l'intention. Cette morale, considérée comme système complet, étonne. Certes, tout le monde souscrira aux beaux passages où Kant exalte la bonne volonté et la droiture de la détermination intérieure. Et pourtant, si l'on consulte ces notions morales communes que Kant prenait pour guides, on éprouvera un certain embarras à croire que toute la moralité soit dans l'intention. Car, en réalité, la conscience morale commune envisage tantôt la bonne volonté, l'intention, tantôt le sentiment de la réalisation du bien. Kant, en nous enfermant dans la forme de la moralité, choque donc, par un côté, la pensée qui se fait jour dans nos jugements.

Mais le sens commun ne suffit pas à décider de ces choses : il faut faire appel à la critique philosophique. Or, la doctrine de Kant présente cet inconvénient, qu'on ne peut la pousser à bout sans qu'elle se contredise. La réalisation croissante de la morale kantienne fait apparaître une contradiction invincible entre l'objet et le résultat de l'acte qu'elle nous prescrit. L'objet, c'est l'autonomie, la libération de la volonté, la liberté. Mais il y a une loi naturelle à laquelle l'homme ne peut se soustraire, c'est que l'activité, en s'exerçant, a pour résultat l'habitude. La pratique du devoir, comme toute pratique, créera une habitude. Or, une habitude est une inclination, et toute inclination, en tant que ressortissant à la sensibilité, est un obstacle à la moralité. Il en résulte que plus un homme obéira à la loi morale, plus il lui deviendra difficile d'être moral, ce qui est inadmissible, et peut être considéré comme une réduction à l'absurde du principe posé.

Cette doctrine, qui oppose l'inclination et la moralité, enferme une contradiction qui se manifestait déjà dans les bravades des stoïciens. Ne se trouvaient-ils pas entraînés à soutenir que le sage est plus grand que Jupiter, parce qu'il est sage volontairement, tandis que Jupiter l'est fatalement, par l'effet nécessaire de sa nature ? Et si, dans ce système, un être est d'autant plus éloigné des conditions de la moralité que sa nature et ses habitudes sont meilleures, réciproquement, la moindre bonne intention, sans aucun sentiment, sans aucun acte, l'intention à contresens des lois morales communes, suffira à justifier l'homme, ainsi que le montre Pascal dans la IVe *Provinciale*.

Est-ce à dire qu'il faille écarter le principe de Kant et revenir purement et simplement à la morale matérielle qui pose la fin d'abord ? — Cela n'est pas possible non plus, car alors on pourrait imaginer des moyens, une organisation savante, qui réaliseraient mécaniquement la fin en question, sans que l'homme eût d'effort à faire. Et il est clair que la morale suppose l'action et l'initiative de l'individu.

Faut-il donc rapprocher et assembler les deux principes : forme et matière, loi morale et fin à réaliser ? C'est difficile à qui ne se contente pas d'un vague éclectisme. Car, ainsi que l'a montré Kant, l'obligation morale est un absolu, qu'on ne peut rendre solidaire d'une autre notion sans le détruire ; et il en est de même du bien comme fin, lequel trouve dans la liberté un obstacle à sa réalisation, bien plus qu'un auxiliaire. Ce rapprochement n'est donc qu'une idée confuse, comme celles dont on se contente forcément dans la pratique.

Quel est donc le reproche qu'encourt véritablement la théorie de Kant ?

Au lieu de considérer immédiatement le résultat, considérons la façon dont Kant a procédé. En réalité, l'idée qui domine toute sa déduction, c'est le besoin de concevoir la réalisation de la loi morale comme possible universellement ; pour que cette possibilité soit assurée, il faut que les conditions de la loi morale soient à la portée de tous. Or, ce qui est à la portée de tous, c'est, du côté de l'intelligence, les idées claires immédiatement évidentes, et, du côté de la volonté, le libre arbitre pur et simple. Admettons que ce sont bien là les deux postulats présupposés par Kant, et toute sa déduction se déroule très logiquement. Placée toute dans l'intention de faire son devoir, la moralité est également accessible à toutes les intelligences, à toutes les volontés : l'égalité des hommes devant la morale est assurée. Cette attitude se comprend très bien chez l'ancien admirateur des pages où Rousseau exaltait la vertu aux dépens de la science, chez le destructeur de la métaphysique dogmatique et de la connaissance de l'absolu.

Kant, en somme, est allé de notre pouvoir à notre devoir. Or nous savons qu'un Pascal, résolument, suivait la marche inverse. Avec l'enseignement de la religion, il pose d'abord ce qui nous est ordonné, sans s'occuper de savoir s'il est en notre pouvoir de le faire. La marche que suit Pascal n'est-elle pas, même philosophiquement, — si la philosophie doit considérer les problèmes dans leur réalité vivante, et non les simplifier pour se tirer d'affaire — la marche naturelle et nécessaire ?

Qu'est-ce, en somme, que la moralité ? Qu'elle soit ou non accessible dans sa forme parfaite, c'est le devoir, non seulement de penser et de vouloir, mais d'agir, de combiner nos forces spirituelles avec celles de la nature, de manière à conformer le plus possible la nature à la raison. Ce n'est pas précisément des notions morales abstraites, c'est de la moralité comme fait, comme réalité donnée qu'il faut partir, si l'on veut être sûr de n'en laisser échapper aucun élément.

Mais, en procédant ainsi, on voit que la réalité, loin de n'impliquer autre chose qu'une forme de la volonté, est toujours une certaine manière de sentir et d'agir, une pénétration de la nature par l'esprit. Loin que la morale exclue le commandement d'aimer, aimer est le premier des devoirs. La tâche du philosophe est de comprendre le mieux possible, par une analyse infinie, l'essence de cette forme supérieure de l'être, non de la construire artificiellement avec des concepts artificiels eux-mêmes.

En se plaçant à ce point de vue, on se rend compte de ce qu'il y a de vrai et de ce qu'il y a de factice dans la doctrine de Kant. Il a bien vu qu'en analysant la notion de moralité, on y trouve, comme un élément essentiel, le concept du devoir ; mais ce concept, simple moment d'une analyse infinie, il a eu le tort de le fixer, de le définir mathématiquement, et de prétendre ensuite en déduire, comme d'un principe suffisant, toutes les conditions de la moralité.

CHAPITRE VI

L'Analyse des Notions morales communes *(fin)*

Après avoir exposé l'analyse des notions morales communes, telle qu'elle ressort principalement de la *Grundlegung zur Metaphysik der Sitten*, nous avons entrepris l'examen critique de cette partie de la philosophie de Kant.

A propos du problème qui s'y trouve posé, nous avons montré comment, bien qu'on puisse reprocher au philosophe de n'avoir pas fait à l'histoire des idées morales la place à laquelle elle a droit, il ne serait pas juste de soutenir que l'étude historique peut et doit remplacer l'analyse dialectique à laquelle il s'est livré.

Puis, examinant la déduction qui constitue proprement la théorie, nous nous sommes demandé, en premier lieu, si cette déduction est correcte, si elle est logiquement légitime.

Souvent, en effet, on voit dans le passage de l'impératif catégorique à la doctrine de l'être raisonnable comme fin en soi, une transformation incorrecte de la forme en matière ; on soutient que Kant introduit dans son principe des éléments qui en altèrent l'essence. A cette critique nous avons répondu que la marche suivie par Kant est une recherche des conditions d'intelligibilité, et non une analyse purement logique et mécanique. Pour arriver à concevoir les notions morales communes comme intelligibles, Kant opère, selon les lois de l'intelligence, les synthèses qu'il juge nécessaires. Ayant dégagé la notion de loi morale, il la rapproche, tour à tour, et de la sensibilité, ce qui lui fournit l'explication de l'idée de devoir, et de la volonté, ce qui lui fournit le concept d'autonomie, comme principe suprême de la moralité.

Une autre accusation d'illogisme consiste à demander de quel droit Kant, parti du rationalisme, aboutit au rigorisme. Nous avons répondu que Kant n'est proprement rigoriste qu'en ce qui concerne le commencement de la vie morale, mais que c'est l'harmonie de la raison et de la nature qui, selon lui, constitue le terme où elle s'achemine.

Enfin, nous avons examiné la doctrine qui résulte de cette déduction. Nous avons dit que cette doctrine consiste, en définitive, à faire résider la moralité dans la conformité pure et simple de la volonté avec la raison.

abstraction faite et du sentiment et du résultat de l'action. Nous avons montré comment cette morale de la pure intention, morale toute séparée de la nature soit intérieure, soit extérieure, n'est pas conforme, en somme, aux idées communes des hommes ; et que non seulement elle n'explique qu'une certaine face des jugements moraux, mais même que, si l'on développe son principe jusqu'au bout, on aboutit à des contradictions ; de sorte que la morale de la pure intention n'est pas encore la morale vivante et pleinement intelligible.

Pour démêler le défaut initial de cette morale, il faut rechercher comment Kant a été conduit à la professer. Il nous a paru que la doctrine de Kant résulte de deux idées constamment présentes à son esprit.

D'abord, la lecture de Rousseau lui avait suggéré cette pensée, que la vertu ne doit pas être un privilège réservé à quelques hommes mieux doués que les autres, que la plus haute valeur morale doit être accessible aux plus ignorants aussi bien qu'aux plus savants ; de là, son premier postulat : égalité de tous les hommes devant la loi morale, égale aptitude, chez tous, à la pratiquer.

Le deuxième postulat était, dans la pensée de Kant, une conséquence du premier. Pour que la moralité puisse être accessible à tous, il faut, estime-t-il, qu'elle ne requière que des puissances existant également chez tous. Or, ces puissances sont, en ce qui concerne l'intelligence, des idées claires immédiatement évidentes; en ce qui concerne la faculté d'agir, le libre arbitre, c'est-à-dire, non la faculté de modifier les choses, mais celle de produire par soi-même telle ou telle détermination de la volonté.

Ce sont ces deux principes qui engendrent tout le système ; si on les admet dans leur rigueur, la morale de Kant en découle peut-être nécessairement. Mais, si plausibles qu'ils paraissent, s'imposent-ils véritablement ? En somme, malgré la fameuse formule : *du kannst, denn du sollst*, Kant va du pouvoir au devoir, du possible à l'obligatoire. Il procède ainsi pour que le devoir soit à la portée de tous. Or il nous semble que cette marche n'est pas celle qu'il faut suivre, si l'on veut trouver les principes de la morale vivante et donnée. Le passage du possible à la règle est bien la loi de l'activité pratique commune ; ce n'est pas la loi de l'activité morale proprement dite. La loi morale demeure un impératif hypothétique, si on la subordonne aux conditions de sa réalisation. Considérons l'action morale dans la vie réelle : la moralité qu'elle présente consiste toujours dans une certaine union de l'intention et de l'action ; ce n'est pas l'intention pure, c'est là pénétration de l'intention et du fait ; c'est un sentiment agissant, en même temps qu'une idée de la raison ; c'est une idée qui est une réalité, en tant qu'elle s'exprime par un sentiment. Si l'on admet que la moralité est donnée sous cette forme, alors on trouvera que, sans doute, elle suppose certaines idées et certains pouvoirs, et que, si la moralité doit être également accessible à tous (ce que la conscience moderne affirme à bon droit), ces pouvoirs doivent appartenir à tous. Mais quels sont, au juste, ces idées et ces pouvoirs ? Au lieu de les placer d'emblée, comme fait Kant, dans des idées claires et dans le libre arbitre tout nu, nous admettrons que la détermination analytique et l'approfondissement de ces pouvoirs est proprement la tâche qui s'offre au philosophe. Si la moralité ne peut se contenter des idées claires et du libre arbitre, si elle exige, par exemple, que l'homme commande, non seulement à ses intentions, mais à ses sentiments, nous poserons, comme donnée du problème, cette obligation d'agir sur notre nature même, sur nos inclinations, sur notre amour, et nous cherchons ensuite comment cette obligation est concevable.

En résumé, Kant a opposé à la morale antique, doctrine de la supériorité réservée au philosophe, un principe très important, aujourd'hui communément adopté : la vertu n'est pas un privilège, le fruit d'une science inaccessible au vulgaire, l'excellence où peut atteindre l'homme de loisir, que d'autres déchargent des soucis de la vie matérielle ; elle est, sous sa forme la plus parfaite, également accessible à tous.

Mais, en même temps que Kant rompait ainsi avec la morale du privilège et de l'élection, il crut devoir, du même coup, rompre avec la morale concrète, et, comme on dit, matérielle. Il crut qu'il fallait opter entre le principe de l'universalité et celui de l'excellence. Les anciens, poursuivant l'excellence, sacrifiaient l'universalité ; Kant, admettant la même incompatibilité, renonce à l'excellence matérielle pour assurer l'universalité.

C'est cette logique abstraite que nous croyons devoir révoquer en doute. Nous croyons qu'il faut maintenir, à la fois, le principe de l'universalité et celui de l'excellence ; que la morale nous commande non seulement de vouloir faire notre devoir, mais de l'accomplir en effet et d'être bons, et que ce commandement s'adresse également à tous. Comment est-il réalisable ? La pratique le montre et la théorie le cherche.

Ainsi, pour se rendre compte exactement des principes qui consti-

tuent le fond de nos jugements touchant les choses morales, il faut voir,
dans la morale, non une science susceptible de se constituer synthétiquement, mais comme un problème, lequel consiste : 1° à poser dans
leur forme vivante et complexe les réalités morales ; 2° à dégager les
éléments multiples, et peut-être les oppositions qu'elles recèlent, par
exemple l'antinomie de l'universalité et de l'excellence ; 3° à s'efforcer
de concevoir ces oppositions comme réductibles à l'harmonie, en les
transportant sur un terrain convenable.

*
* *

Pour achever l'examen de la doctrine régressive de Kant touchant
les idées morales, il nous reste à rechercher ce que vaut la signification
attribuée par Kant aux résultats de son analyse. Selon lui, les principes
qu'il a dégagés sont : 1° *a priori* ; 2° synthétiques. Ce sont les deux
points que nous allons examiner.

1° *A priori.* — Selon l'objection courante des empiristes, les notions
morales, dit-il, sont présentées par le rationalisme sous un déguisement
qui fait illusion. En réalité, les notions de devoir, de loi morale, d'autonomie, telles que les décrivent les aprioristes, n'existent pas dans l'esprit
humain ; et, quant aux notions qui constituent la signification réelle et
effective de ces différents termes, elles s'expliquent aisément par l'expérience. Il n'est pas nécessaire, semble-t-il, de s'arrêter à discuter cette
forme de l'empirisme; John Stuart Mill l'a réfutée d'une façon décisive; il
a montré que nos jugements moraux supposent, en effet, les notions qu'en
dégagent les rationalistes, idées de devoir et de libre arbitre ; mais il
s'est demandé, si ces notions elles-mêmes ne seraient pas réductibles à
des données empiriques. En réalité, l'empirisme vulgaire tourne dans un
cercle vicieux : constatant que l'expérience ne suffit pas immédiatement
à rendre compte des notions morales, il en nie l'existence. Il les déforme
jusqu'à ce qu'il les ramène à des notions évidemment expérimentales.
Il transforme la question en postulat.

Mais, sans nier la réalité des notions morales que considère le rationaliste, on peut contester l'origine et la valeur que ces philosophes leur attribuent. C'est ainsi que le darwinisme commence par admettre l'existence
actuelle des espèces, mais en cherche ensuite l'origine dans la diversifica-
tion mécanique d'un petit nombre de types primitifs, et ainsi leur ôte la
valeur d'entités radicalement distinctes. On peut appliquer la même mé-

thode à l'explication des notions morales, et, sans nier leur existence spécifique actuelle, se demander si elles ne sont pas le produit d'une transformation toute mécanique d'idées purement empiriques. C'est ce que fait l'évolutionnisme, en s'efforçant de montrer comment certaines impressions psychiques, résultant exclusivement de l'expérience, ont pu, par l'action mécanique du milieu, devenir peu à peu les notions morales, telles que nous les trouvons actuellement en nous. Dans cette conception, ces notions sont des agrégats contingents de données empiriques, qu'une analyse insuffisante prend à tort pour des principes a priori.

Kant ne s'est pas trouvé en présence de la théorie actuelle de l'évolution ; si bien que, pour confronter sa doctrine avec cette théorie, nous sommes obligés d'imaginer nous-mêmes ce qu'il aurait pu dire. Il y a, sans doute, peu de témérité à supposer qu'il ne se serait pas contenté, pour résoudre le problème qu'il avait en vue, de la théorie de l'évolution.

La notion d'évolution est une notion tout d'abord historique, qui n'est claire qu'entendue dans le sens d'une succession de formes différentes. Si l'on veut attribuer à cette notion une signification philosophique, il faut l'interpréter ; or on peut le faire de différentes manières. On peut, par exemple, concevoir une série d'états régie par la seule loi mécanique de l'inertie ; ou, au contraire, on peut voir dans la suite des transformations l'effet de l'activité interne d'un être doué de spontanéité. Pour savoir quelle conception on doit choisir, il est nécessaire de comparer entre elles la forme initiale et la forme actuelle, le point de départ et le point d'arrivée. A procéder autrement, en considérant les états immédiatement voisins, on renouvellerait le sophisme du chauve ou du tas. Le fait de monter avec continuité n'empêche pas qu'on ne monte. Mais, pour que ce travail de comparaison soit possible, il faut que, d'abord, on ait considéré chacun des deux termes en lui-même : or c'est précisément ce que fait Kant. On ne peut donc renverser le kantisme par l'évolutionnisme, qu'après avoir tout d'abord traité la question du point de vue de Kant. L'évolutionnisme ne dispense pas de l'étude analytique des notions morales données ; il la suppose.

Voyons maintenant en quel sens et comment Kant établit que les notions morales sont a priori ? Il n'entend pas dire qu'elles sont innées ; on sait que tel n'est pas le sens du mot a priori, chez Kant, et qu'à ses yeux, il n'y a nulle contradiction entre a priori et acquis. Des formes a priori d'espace et de temps il dit qu'elles sont procul dubio acquisitæ.

En revanche, il admet qu'une notion psychologiquement *a priori* soit en elle-même empirique. Kant veut dire que, quand nous portons des jugements moraux, si nous nous demandons, au point de vue de la raison, quels principes ils supposent, nous trouverons qu'il ne peut en être rendu compte par la seule expérience, mais qu'ils supposent des principes dépassant l'expérience. En somme, *a priori*, ici comme partout, chez Kant, signifie, condition de l'expérience pour une raison qui veut penser sans contradiction. Il y a, certes, une expérience qui développe et même suscite en nous les idées morales, mais cette expérience est déjà imprégnée de raison.

Adopterons-nous, telle quelle, cette doctrine de Kant ?

Nous avons vu que Kant part proprement des notions morales, de la connaissance morale commune, et en tire son système. Or cette base n'est-elle pas trop étroite ? En considérant uniquement les notions morales, nous n'avons pas de réponse à cette question : sont-elles réalisables ? De plus, ne risquons-nous pas, par l'emploi de cette méthode, de nous enfermer dans des abstractions ? Il y a quelque chose de factice à considérer un concept moral isolément, sans le rapporter à un exemple, à une réalité concrète. Toute morale vraiment donnée est incarnée dans quelque représentant. La personne et la vie de Socrate sont une partie intégrante de sa morale, aussi bien que son enseignement ; de même le christianisme n'est pas uniquement une doctrine, il est une vie, et cette vie est la suite de celle de Jésus ; il ne se transmet pas de bouche en bouche : il se communique par la grâce, par la participation à l'être de l'initiateur. La morale n'est donc pas donnée dans de simples notions, susceptibles d'être conçues comme antérieures à l'expérience. C'est essentiellement quelque chose de vivant, nature en même temps qu'idée, indissolublement fait d'expérience et principe *a priori*. Ce n'est que par abstraction que nous distinguons après coup, dans la réalité morale, un élément rationnel et un élément empirique. S'il en est ainsi, le système de Kant, ici encore, est trop abstrait ; il considère un aspect de la réalité que l'esprit dégage, en effet, des choses données, mais qu'il ne doit pas isoler pour en faire un inconditionné et un point de départ. Tout concept est relatif au degré d'analyse et provisoire.

2° *Caractère synthétique*. — La synthèse dont il s'agit ici consiste à unir, dans le concept d'autonomie, la volonté individuelle et la volonté universelle. Que faut-il penser de cette théorie de Kant ?

Les opinions communes sur ce point sont assez simples. La plupart des esprits s'attachent avec ardeur soit à la notion de l'individuel, soit à celle de l'universel. Les premiers ne veulent voir, dans la loi, dans la communauté, qu'une abstraction, et traitent de mystiques ceux qui prêtent à ces objets quelque réalité autre que celle des individus. Inversement, les esprits qui partent de la considération de la communauté, de l'organisme social, refusent d'attribuer une réalité véritable à l'individu comme tel. Cependant ces deux notions de l'individuel et de l'universel, considérées comme exclusives l'une de l'autre, ne suffisent pas dans la pratique, et l'on voit chacun des deux partis essayer de donner, sans se départir de ses principes, quelque satisfaction au parti adverse. Les individualistes essaient de rétablir l'autorité de la loi par la notion du contrat ou du demi-contrat ; les universalistes essaient de montrer que la société est non une entité une, dont les individus ne seraient que les phénomènes, mais un agrégat de sociétés, ayant elles-mêmes leur réalité et leur valeur. De chaque côté, on sent la nécessité de se rapprocher. Mais ce rapprochement n'est jamais bien assuré, tant que chacun demeure dans son principe, et la logique ramène constamment l'individualiste à la tendance vers l'éparpillement et l'anarchie, l'universaliste à la tendance vers le despotisme imposant l'unité et l'uniformité. Les deux principes, l'individuel et l'universel, sont donc à la fois distincts et nécessaires l'un et l'autre.

Admettrons-nous cependant la manière dont Kant en opère la synthèse ?

. Si l'on rapproche ainsi simplement ces deux principes, entendus suivant les concepts que nous en formons, la possibilité de réaliser la moralité reste hypothétique, car la volonté individuelle est mise en présence de la loi universelle comme en présence de quelque chose d'hétérogène ; elle est alors condamnée à la simple obéissance ; elle ne peut s'incorporer à la loi ; en réalité, elle doit se soumettre purement et simplement. Le pourra-t-elle ? Kant nous dit bien que la volonté n'a à obéir qu'à elle-même. Mais ce n'est pas la même volonté qui commande et qui obéit : l'une est universelle, l'autre individuelle. Or, qui nous garantit que l'individualité, posée en face de l'universalité comme terme hétérogène, n'est pas radicalement incapable de s'y conformer ?

Ces difficultés résultent de la marche logique suivie par Kant, de ce que, comme l'a dit M. Delbos, il s'est occupé surtout de constituer une théorie de la connaissance de la loi morale. C'est en ce sens qu'il détermine des concepts et les combine. Mais, au contraire, c'est de l'action morale, et non pas simplement des idées morales qu'il faut partir, et, il ne faut pas s'imposer *a priori* la tâche de la réduire en concepts et en connaissance claire. Or l'action morale est vie et amour ; et, dans cette forme supérieure de l'existence, les deux caractères d'universalité et d'individualité sont donnés comme intimement liés.

La tâche du philosophe est d'analyser cette réalité riche et complexe. Mais, quand il se livre à cette analyse, il ne doit pas perdre de vue le caractère artificiel des résultats auxquels il arrive ; il ne doit pas oublier que les éléments de la moralité ne sont pas vraiment isolables et susceptibles de reconstituer le tout donné grâce à un rapprochement synthétique.

Nous conclurons donc que le système de Kant nous offre, très savamment isolé de la réalité morale donnée, un élément qui en est certes une partie essentielle, car l'humanité ne saurait, sans changer de nature, se passer de l'idée de devoir. Mais Kant a eu le tort d'envisager les notions plutôt du point de vue de la connaissance que du point de vue de l'action.

La moralité, définie d'après la réalité morale donnée, c'est semble-t-il, l'effort pour réaliser de plus en plus, par l'amour et par l'action, l'union de la nature et de la raison, union dont nous trouvons déjà des exemplaires ou des ébauches dans la réalité donnée.

CHAPITRE VII

La Raison pure pratique

I

Nous avons vu comment Kant, prenant pour point de départ de ses recherches les notions morales communes, s'efforce d'en dégager le principe qui les explique, qui en fait le fond commun, et constitue ainsi un système de morale analytique ou régressive. Kant va-t-il se contenter de cette doctrine, qui correspond, à peu près, aux deux premières parties de l'*Etablissement de la Métaphysique des Mœurs*, ou va-t-il instituer de nouvelles recherches relativement au principe de la morale ?

Dans les sciences physiques, lorsqu'on a découvert une loi par l'induction, on cherche si l'on ne pourrait pas rattacher cette loi à une autre plus générale et déjà connue, et à compléter l'induction par la déduction. Kant voyait un exemple remarquable de l'application de cette méthode dans l'œuvre de Newton, qui avait consisté, étant données les lois inductives de Képler, à les déduire de la loi générale de la gravitation. Kant, qui s'est inspiré de Newton, non seulement dans ses travaux de philosophie naturelle, mais aussi dans ses méditations métaphysiques, a conçu en morale une œuvre analogue. Le travail que nous avons accompli, en analysant les notions morales communes, nous a, dit-il, conduits à une formule ; mais cette formule, il reste à la justifier, à la légitimer. Une deuxième tâche s'impose donc au philosophe : c'est de chercher s'il est possible de déduire synthétiquement la loi morale en partant d'un principe supérieur, nécessaire en soi.

Mais comment procéder à une pareille déduction ? Où trouver le principe d'où il faut partir ? Comment le développer ? Cette tâche apparaît, précisément, dans le kantisme, étrange et laborieuse. Les résultats auxquels est parvenu Kant dans la *Critique de la Raison pure* lui interdisent de s'adresser, dans la présente recherche, à la psychologie. Ce serait une grave erreur de supposer que la *Critique de la Raison pratique* est, au fond, une œuvre d'observation psychologique. Déjà, dans la *Critique de la Raison pure*, il n'est pas question de psychologie, mais de critique de l'expérience, tant interne qu'externe, comme l'a vigoureusement démontré Riehl, dans son bel ouvrage sur le *Criticisme philo-*

sophique. Il en est de même dans la *Critique de la Raison pratique* ; car, ainsi que nous l'avons vu, le principe qu'il s'agit ici de justifier, de déduire, est un principe conçu comme *a priori,* c'est-à-dire condition de l'expérience morale, présupposé par les données mêmes de cette expérience. Nous ne saurions, sans tourner dans un cercle vicieux, chercher dans l'expérience la justification d'un principe qui doit seul rendre l'expérience possible.

Mais le principe que la psychologie est impuissante à nous fournir, ne le trouverons-nous pas dans la métaphysique ? Cette science fait profession de s'occuper des objets transcendants, tels que Dieu, l'Immortalité et la Liberté. Certes, ces objets pourraient offrir une base aux idées de devoir, de respect, de loi morale, de volonté bonne ; mais la *Critique de la Raison pure* nous interdit précisément toute connaissance de ces objets : elle démontre qu'ils nous sont inaccessibles. Y recourir, ce serait donc fonder l'inconnu sur le plus inconnu, l'obscur sur l'impénétrable.

Mais comment pourrons-nous résoudre le problème, si nous ne pouvons espérer aucun secours ni de l'expérience, ni de la métaphysique ? Nous sommes suspendus entre ciel et terre, comme le dit Kant lui-même, et il semble que tout point d'appui nous soit refusé.

Consultons attentivement les résultats de la *Critique de la Raison pure.* En même temps que cette critique borne notre connaissance proprement dite aux objets de notre expérience, elle montre que cette expérience même repose, comme sur des facultés qui la dépassent, sur l'entendement et sur la raison. La critique a assuré à la raison une réalité, une originalité, un contenu propre, qu'aucun système ne lui avait encore attribués. Cette raison, condition de l'expérience, Kant la définit, dans la *Critique de la Raison pure,* la faculté de ramener à l'unité les règles de l'entendement, en les subsumant sous des principes : *das Vermögen der Einheit der Vorstellungsregeln unter Principien.* La raison est donc essentiellement la faculté de l'universel et de l'organisation ; elle est le besoin de la systématisation parfaite. Tels étant ses caractères, la raison ne pourrait-elle nous fournir le principe générateur de cette loi morale, qui, elle-même, se définit par l'idée d'une législation pratique universelle ? C'est à elle, semble-t-il, qu'il convient de nous adresser. Peut-être pourra-t-elle jouer, dans le système de la morale, le rôle que joue en astronomie la loi générale de la gravitation.

Mais comment la raison pourra-t-elle fonder et justifier les principes

de la morale ? N'est-elle pas purement contemplative, réduite à mettre
de l'unité dans les éléments qui lui sont offerts, et incapable, par elle-
même, de produire des objets réels ? Pour que la raison fût en mesure
de nous fournir la solution cherchée, il faudrait concevoir que ce principe
d'unité qu'elle porte en elle, elle a la puissance de le réaliser par elle-
même, de l'exprimer dans des actions effectives, dont elle-même fournit
tous les éléments. Il faudrait concevoir, en un mot, que la raison pure
n'est pas seulement théorique, ou capable de s'appliquer à des objets
donnés ; mais qu'elle peut aussi être pratique, c'est-à-dire productrice
de réalité objective. Ainsi, le concept de raison pure pratique pourrait,
s'il était légitime, résoudre le problème.

A première vue, ce concept semble très simple et peu nouveau ; et
l'on s'étonne que Kant y voie une sorte de découverte. Ne trouve-t-on pas
déjà chez Aristote la formule de νοῦς πρακτικός ? Mais le νοῦς πρακτικός
d'Aristote n'est autre chose que le νοῦς théorique lui-même appliqué aux
actions humaines au lieu d'être appliqué aux objets de la nature, ainsi
que le montre Jul. Walter dans son important ouvrage sur la *Raison
pratique chez Aristote*. Le νοῦς πρακτικός d'Aristote n'a point de principe
spécifiquement pratique.

Quant aux modernes, il est certain qu'ils reconnaissent nettement
dans l'âme la volonté aussi bien que la raison. Mais ils se bornent à les
distinguer, et à en chercher les rapports : or ce que Kant a conçu, c'est
justement une pénétration telle de la raison et de l'action, que la raison
pure elle-même pût être conçue comme faculté pratique, comme volonté
efficace.

Une telle raison existe-t-elle ?

II

La démonstration de Kant est très difficile à suivre. Il faut voir dans
cette marche sinueuse l'effort du philosophe pour éviter de contredire
en quoi que ce soit les résultats de la *Critique*. Dans la *Critique de la
Raison pure spéculative*, le point de départ, réalité de l'expérience, de
l'objet, du « je pense », était donné : la marche pouvait donc être franchement progressive. Ici le point de départ n'est, ni ne peut être donné :
il faudrait une intuition du suprasensible, dont nous sommes privés.
C'est donc par des travaux d'approche que nous essaierons d'envelopper
la place que nous voulons prendre ; y entrer d'abord, et même y entrer
jamais, nous est interdit.

En somme, la marche de Kant est hypothético-déductive : Kant pose d'abord, à titre d'hypothèses, les propositions qu'il veut démontrer ; puis il établit la valeur de ces hypothèses par celle des conséquences qui s'en déduisent.

Considérons d'abord l'idée d'une loi pratique objective, c'est-à-dire universelle, et demandons-nous ce que doit prescrire une telle loi pour pouvoir être conçue sans contradiction. Cette loi doit pouvoir être assignée à toutes les volontés, par conséquent les mettre d'accord. Quelle est la condition d'un tel caractère ?

Supposez que nous donnions pour contenu à la loi la recherche du plaisir, la satisfaction de l'amour de soi : il sera impossible d'affirmer d'avance que la loi sera toujours et partout applicable sans contradiction. Les hommes, en tant qu'ils cherchent chacun leur plaisir, limitent la sphère d'action les uns des autres. Le plaisir se rapporte à la possession des choses matérielles, dont la quantité est finie. C'est en supposant des hommes appliqués à la seule recherche du plaisir que Hobbes a soutenu que leur état naturel est *bellum omnium contra omnes*.

Mais ne pouvait-on pas donner pour contenu à la loi, non pas la recherche du plaisir, mais la recherche du bien ?

Il faut distinguer deux sens du mot bien. Si l'on entend par bien le bien moral, on suppose connu et défini précisément l'élément moral qui est en ce moment en question. Et si l'on définit le bien sans faire appel à un principe moral spécial, on ne peut empêcher qu'il ne se ramène au plaisir. Cette thèse semble paradoxale ; elle l'est moins, quand on se place au point de vue de Kant. En effet, la *Critique de la Raison pure* ne laisse subsister d'autre réalité objective avec laquelle nous puissions entrer en rapport, que les choses sensibles ; un bien autre que le bien fondé sur la notion de devoir, et en même temps autre que le bien sensible, serait un objet intelligible et métaphysique. Mais un tel objet est pour nous transcendant et inaccessible. Le bien, tel qu'on l'entend ici, est un fantôme de la philosophie dogmatique. Toute réalité positive, selon la critique, est matérielle. Or, une réalité matérielle nous est extérieure : la loi de la matière, c'est l'impénétrabilité. On ne peut donc m'inviter à produire quelque chose de matériel, qu'en me faisant constater que la possession de cet objet aura un retentissement sur mon état ; et l'action d'une chose extérieure sur mon âme est le plaisir ou la douleur. Ainsi la poursuite d'une fin objective quelconque à réaliser se ramène pour moi à la recherche du plaisir, et tombe sous les critiques que nous venons d'adresser à la morale du plaisir.

En conséquence, une loi pratique ne peut, si elle doit être univer·selle, prescrire à l'homme la poursuite d'aucune fin objective et matérielle. Il reste que cette loi soit toute formelle, c'est-à-dire n'ait d'autre contenu, d'autre objet qu'elle-même.

Mais une telle loi pourra-t-elle être réalisée ?

Il faut, pour s'en assurer, mettre ce concept de la loi purement formelle en rapport avec celui de la volonté. Kant pose la question sous forme de problème dans les termes suivants : supposons qu'une volonté doive être soumise à une loi purement formelle, de quelle nature doit être cette volonté pour que sa condition puisse être conçue sans contra·diction ?

S'il s'agissait de se conformer à une loi de la nature, il suffirait que cette volonté fût purement passive ; le mécanisme des causes physiques n'admet pas d'intervention étrangère ; la volonté n'aurait donc qu'à consentir à l'impulsion du fatum et à s'y soumettre de bonne grâce : telle est l'attitude du stoïcien. Mais, s'il s'agit d'une loi dont la causalité physique est entièrement exclue, qui, par conséquent, est absolument irréalisable par les forces naturelles proprement dites, la volonté ne pourra se déterminer suivant cette loi, que si elle peut se la représenter et si, se la représentant, elle est capable de se déterminer d'après une idée pure. Mais se déterminer d'après une idée pure, c'est ce qu'on appelle la liberté. Donc une volonté capable de se conformer à une loi purement formelle est nécessairement une volonté libre.

La réciproque est également vraie : supposez une volonté libre qui se donne une loi ; elle se donnera une loi qui suppose sa liberté ; cette loi ne sera pas une loi relative aux choses sensibles (les seules que nous connaissions) et matérielles ; elle devra être purement formelle, et, par là, la volonté sera autonome.

Or, ces résultats ne sont pas simplement hypothétiques ; ils ont une certaine valeur théorique, comme on s'en rend compte en se reportant aux conclusions de la *Critique de la Raison pure.*

Nous sommes amenés à cette conséquence que, si nous possédions l'intuition de la liberté, nous pourrions donner une démonstration directe de la loi morale. Cette intuition nous manquant, la liberté n'étant, ni ne pouvant être pour nous un fait d'expérience, une telle démonstration nous est interdite, mais du moins nous savons deux choses :

1° Si la loi morale ne nous est pas donnée comme fait d'expérience, la valeur n'en est nullement infirmée. Toute loi donnée dans notre expérience est nécessairement étrangère à la morale. La conscience, et non l'intuition, de la loi morale, est le fruit d'une action de la liberté et a le caractère d'une sorte de fait de la raison, *gleichsam ein Factum der Vernunft*. Ce genre de réalité suffit pour la pratique.

2° Ce *factum* reçoit une certaine confirmation, au point de vue théorique même, de ce fait, que de la loi morale se déduit la nécessité de la liberté : par où se détermine un concept dont la *Critique de la Raison pure* avait établi sinon la légitimité, du moins la possibilité.

La preuve de la réalité de la raison pure pratique se tire, en définitive, de l'accord qui se révèle entre les conditions de la théorie et les conditions de la pratique : celles-ci apparaissent comme complémentaires de celles-là.

III

Selon une opinion répandue, il y aurait contradiction entre la doctrine de la *Critique de la Raison pratique* et celle de la *Critique de la Raison pure*. Tandis que celle-ci établissait que nous ne pourrons jamais prétendre à la moindre connaissance de la liberté, de Dieu, de l'immortalité, la raison pratique attribue une valeur objective à ces concepts de la raison pure, et viole les lois imposées naguère à notre connaissance.

Cette critique, si souvent répétée, a sa raison dans une difficulté réelle. Kant a étudié la théorie de la causalité exposée par Hume, et il a trouvé corrects les raisonnements de ce philosophe. Hume suppose, dit Kant, que les choses sur lesquelles porte notre connaissance sont des réalités en soi, et il juge injustifiable l'affirmation de relations nécessaires entre ces choses. En cela, il a raison, car il ne saurait être contradictoire de supposer abolie une relation quelconque entre des choses qui existent en soi en dehors les unes des autres. Chacune d'elles se suffit : leurs liaisons ne peuvent être qu'accidentelles. Mais l'impossibilité de démontrer la nécessité du nexus causal disparaît, si, au lieu de considérer les deux termes A et B comme des choses en soi, on les considère comme des phénomènes, de simples données de l'expérience. Car, alors, il peut y avoir contradiction à poser, d'une part, l'expérience comme moyen de connaître A et B, et, d'autre part, à soustraire A et B au genre de liaison qui seul peut rendre l'expérience possible. C'est de cette façon que Kant rétablit, contre Hume, le principe de causalité. Du même coup, il en restreint l'emploi légitime à la connaissance de la liaison des phénomènes. Or, dans le concept de raison pure pratique, lequel enveloppe, selon Kant, le concept de liberté, nous appliquons la catégorie de causalité à un objet suprasensible ; nous retombons, semble-t-il, dans le dogmatisme condamné.

Il ne faut pas se hâter d'accuser Kant de contradiction. Il a bien vu la difficulté, et voici comment il l'a résolue. Il fait remarquer que déjà la raison pure spéculative a attribué à la causalité un fondement qu'elle n'avait pas chez Hume ; en effet, elle est fondée sur l'entendement, comme sur une faculté supérieure à l'expérience. Elle s'applique donc, en droit, sinon en fait, non seulement à l'expérience, mais à tous les objets possibles. Cependant, nous ne pouvons l'appliquer aux choses en soi dont nous n'avons pas l'intuition : aussi ne le faisons-nous pas, car la raison pure, que nous concevons comme pratique et efficace, n'est pas une chose en soi ; et les objets qu'elle produit ne sont pas non plus des choses en soi, puisqu'ils ne sont qu'une certaine forme imprimée à la volonté. Ce n'est donc pas un usage transcendant du principe de causalité que fait Kant dans sa théorie de la raison pure pratique : il y a là un emploi du principe de causalité qui ne pouvait être prévu par la théorie de la connaissance proprement dite.

Mais cette sorte de superposition de la raison pure pratique à la raison pure théorique n'est-elle pas purement hypothétique, n'est-elle pas un pur possible, sans garantie de valeur réelle ?

On l'a soutenu plus d'une fois, et l'on s'est appuyé, notamment, à cet égard, sur une déclaration de Kant lui-même. Kant dit, en effet, au début de la *Critique de la Raison pratique*, qu'il ne fera pas la critique de la raison pure pratique, comme il a fait celle de la raison pure spéculative. N'est-ce pas avouer que sa doctrine pratique reste sans démonstration ?

Pour en juger à bon escient, il faut essayer de se placer exactement au point de vue de Kant. Il explique lui-même pourquoi il ne procède pas à la critique en question. Il y a, dit-il, une grande différence entre la condition de la raison pure théorique et celle de la raison pure pratique. La première se trouve en présence d'objets qui lui sont donnés du dehors ; elle élève la prétention de savoir *a priori*, avant toute expérience, que certaines lois sont réalisées dans ces objets. Or il est clair qu'une critique est indispensable, pour savoir si cette prétention, qu'affiche la raison de se prononcer *a priori* sur des objets qu'elle n'a pas créés, est légitime et recevable. Il n'en est pas de même, quand il s'agit de la raison pratique. Celle-ci tire d'elle-même son objet, lequel n'est autre chose qu'une certaine forme donnée à la volonté. Un tel mode, de détermination existe-t-il ? Ce n'est là qu'une question de fait ; finalement, une question de volonté. Il n'y a point ici besoin de critique ; il suffit d'appliquer l'adage : *ab actu ad posse.*

Bien plus, tandis que la critique de la raison pure spéculative se poursuit jusqu'au bout très logiquement, celle de la raison pure pratique ne se concevrait même pas. En effet, la critique de la raison pure consiste proprement dans le problème suivant : la raison proprement dite peut être conçue, soit comme opérant à elle seule ou avec le concours du seul entendement, soit comme collaborant avec l'entendement et la sensibilité. Or, ce que Kant appelle la critique de la raison pure n'est autre chose que le jugement que porte la raison en soi sur la raison unie à l'entendement et à la sensibilité. Nul examen analogue n'a de sens à propos de la raison pure pratique. Ici, en effet, la sensibilité est complètement éliminée. Dès lors, ce qu'on demande à la raison, c'est de faire porter sa critique sur elle-même, prise dans le même sens et sous le même rapport, ce qui constituerait un cercle vicieux.

Qu'on ne croie pas, du reste, que Kant pose les principes moraux sans examen et sans critique, comme des dogmes, ou comme des préjugés ; au contraire, il a tout fait pour les justifier. Il a pris pour point de départ les notions morales communes, et il a confronté avec ces notions toutes ses formules. Puis, reprenant le problème en sens inverse, au point de vue progressif, il a établi non seulement la logique interne, l'harmonie de tous les concepts moraux, mais encore la solidarité qui les unit au concept de la liberté, dont la *Critique de la Raison pure* a montré la possibilité.

Par là, il a donné autant de valeur objective qu'il lui a paru possible aux principes de la raison pratique ; il leur a conféré le maximum de certitude théorique qu'ils comportent.

CHAPITRE VIII

Le Bien moral

Nous avons abordé, dans la dernière leçon, la phase synthétique
et progressive de la doctrine morale de Kant, et nous avons étudié
l'établissement du principe, proprement dit, de la morale. Nous avons
vu que Kant prend pour point de départ l'idée de la raison pure, et
qu'il se demande si cette raison n'a légitimement qu'un usage théorique,
ou si elle peut être conçue comme pratique , c'est-à-dire comme susceptible de devenir le principe d'une réalité qui en soit l'expression fidèle,
d'une sorte de nature immédiatement rationnelle, et il nous a semblé
que la doctrine de Kant sur ce point pouvait se résumer ainsi : Kant
s'efforce d'établir que la raison pure peut se combiner avec la volonté,
que la volonté bonne veut cette combinaison, et qu'ainsi la raison pure
devient une loi pratique, et tend à se manifester. Cette loi n'est pas
objet de démonstration théorique.

Pour qu'elle soit, il faut qu'elle soit voulue par une volonté libre.
Et cependant ce n'est pas un acte de foi arbitraire, parce que la notion
de loi morale comme commandement, de vouloir selon la raison pure
s'accorde avec la notion de liberté, que la *Critique* a montrée concevable,
utile même jusque dans l'ordre théorique.

Le principe ainsi établi a pour formule propre l'autonomie de la
volonté : c'est là la caractéristique essentielle de la morale de Kant.
Pour qu'une loi morale mérite ce nom, il faut, d'une part, que, selon
cette loi, l'agent n'obéisse qu'à lui-même ; toute contrainte, même venant
de Dieu, est impuissante a produire l'acte moral. Mais, d'un autre côté,
ce à quoi l'individu doit obéir, c'est bien une loi, un impératif véritable,
c'est la raison commandant universellement. L'autonomie contient
bien véritablement deux termes, qui doivent, l'un et l'autre, être maintenus dans toute leur force.

I

Tel est le principe : une loi, non naturelle, mais morale, une loi
qui procède de liberté, et ne peut être réalisée que par un être libre,
une loi de liberté. Mais la question se présente tout de suite de savoir
quelle est la matière, l'objet de l'obligation exprimée par cette loi.

Plusieurs critiques veulent que Kant se soit appliqué seulement à montrer que nous sommes obligés, sans dire à quoi. Mais cela est inexact. Il suffit, pour s'en rendre compte, de remarquer que cette question fait l'objet de tout un chapitre de la *Critique de la Raison pratique*, intitulé : *Du concept d'un objet de la Raison pure pratique.*

Or, en ce qui concerne cette question de la matière de l'obligation, la doctrine classique, dit Kant, celle qui, en somme, fait le fond de tous les systèmes de morale, est ce que l'on peut appeler la doctrine du bien. Elle consiste à poser, avant tout, avant la notion même de la morale, l'objet qu'il s'agit de réaliser, et à en déduire la loi qui oblige à le réaliser. On dira, par exemple, que cet objet est le plus grand bonheur possible de l'humanité ; puis, de la valeur de cet objet, on conclura que nous devons, si nous sommes raisonnables, travailler à le réaliser.

Selon Kant, c'est toujours ainsi qu'on a procédé, soit dans l'antiquité, soit dans les temps modernes. Les anciens faisaient consister le problème essentiel de la morale dans la recherche du souverain bien, posant ainsi la matière avant la forme. Les modernes, tout en abandonnant ce terme, ont, en réalité, gardé le point de vue des anciens. C'est ainsi que, chez Wolff, il y a deux principes : un principe formel, l'obligation, et un principe matériel, la perfection ; mais celle-ci est posée la première : nous sommes obligés à telle ou telle action, en tant qu'elle est de nature à augmenter notre perfection.

Or Kant estime que, placer ainsi le bien avant la loi, l'objet de l'action morale avant le devoir et l'obligation, ce n'est rien de moins que ruiner la morale dans son fondement, la rendre logiquement impossible. Comment Kant démontre-t-il cette thèse, en apparence paradoxale ? On peut ramener à deux moments les parties de la réfutation que Kant dirige contre la morale du bien.

1°. Le bien, posé ainsi avant la loi, ne saurait être logiquement que le bien sensible, le plaisir, quoi qu'en aient pensé les philosophes qui ont prétendu entendre le bien dans un sens tout rationnel.

En effet, tant qu'on n'a pas posé une loi proprement morale, une loi de liberté, une volonté-loi, le bien que l'on considère est purement théorique, il est déterminé exclusivement par l'intelligence. Or, quelle est la nature des objets accessibles à notre intelligence ? Selon Kant (et il s'appuie ici, comme il est naturel, sur les résultats de la *Critique de la Raison pure*), notre intelligence ne peut connaître qu'unie à notre sensibilité, comme une forme à une matière ; et, comme celle-ci est hétérogène à la raison, elle ne peut connaître aucun objet rationnel, suprasensible. Dès lors, quand on parle d'un objet posé avant toute notion d'une loi de volonté, et ne renfermant aucun élément pratique, cet objet est nécessairement sensible, phénoménal, soumis aux conditions d'espace et de temps. Or, considérons, en ce sens, nos semblables, par exemple, au bonheur desquels certains systèmes de morale objective voudraient nous prescrire de travailler. Nos semblables, en tant qu'objets, pour nous, de connaissance théorique, sont situés dans l'espace, c'est-à-dire juxtaposés et extérieurs par rapport à nous. Mais comment une chose qui nous est extérieure, au sens propre du mot, peut-elle devenir pour nous un mobile d'action ? Cela n'est possible que si l'expérience nous a appris qu'elle est susceptible d'être pour nous une cause de plaisir. Dans une morale objectiviste, l'altruisme n'a de sens que s'il est fondé sur l'égoïsme et s'y ramène.

Ainsi, tout objet proposé à l'activité de l'homme antérieurement à la notion de loi morale et conçu comme fondement de cette loi, ne peut être qu'une forme du plaisir, et du plaisir sensible.

2° La recherche du plaisir ne peut fournir le fondement d'une loi morale. Cela, pour deux raisons.

En premier lieu, parce qu'une loi morale doit déterminer *a priori* les actions à accomplir.

Or, nous ne pouvons jamais savoir *a priori* avec certitude que telle action nous procurera du plaisir, ou que le plaisir qu'elle nous promet ne sera pas contrebalancé par une somme supérieure de peines.

En second lieu, la recherche du plaisir ne saurait être l'objet de la morale, parce qu'on ne peut universaliser cette recherche sans contradiction.

En effet, si tous les hommes ont pour règle unique de poursuivre le plaisir, ils se gêneront nécessairement les uns les autres. De là résulteront des conflits, des guerres, la lutte, c'est-à-dire la douleur, ou le contraire du plaisir.

Ainsi, toute morale objective, c'est-à-dire toute morale qui prend son point de départ dans l'objet à réaliser, aboutit à la négation même de la morale. Il est donc nécessaire de renverser les termes, c'est-à-dire de poser, non pas l'objet avant la loi, mais la loi avant l'objet. Le progrès de la doctrine que nous développons a donc sa condition nécessaire dans la marche même que nous avons suivie ; il était nécessaire de commencer par l'exposition du principe de la loi, et de ne passer qu'ensuite à l'étude du contenu, de l'objet ou matière de cette loi.

Mais après avoir posé la loi comme forme pure, nous est-il encore possible de trouver cet objet, ce contenu, dont il est clair que nous ne pouvons nous passer ? Si l'unique principe de la morale est le principe tout formel que nous avons établi, il nous sera impossible, semble-t-il, d'en déduire une matière quelconque.

Il faut, ici, faire une distinction. S'il s'agit d'une déduction analytique, il en est bien ainsi, en effet. Mais on sait que la logique de Kant admet en outre et fonde la déduction synthétique. Kant en va faire usage en cette circonstance.

En cela, il suivra une marche analogue à celle qu'il a suivie pour déduire le principe de la morale. Ce principe a été obtenu, comme nous l'avons vu, par la combinaison synthétique de la raison et de la volonté dans le concept de la liberté. Cette raison-volonté, ne pouvons-nous la mettre en rapport avec une faculté nouvelle, celle de l'objectivation ? Cette faculté n'étant autre que l'entendement, la méthode consiste à essayer de combiner la raison-volonté, c'est-à-dire la loi morale, avec l'entendement. C'est en enrichissant de cette façon le concept de la loi morale, qu'on pourra sans contradiction obtenir son objet.

Comme ce qui constitue l'entendement, c'est un système de catégories. Kant essaie d'appliquer au sujet moral, la liberté, chacune des douze catégories, en un tableau, à vrai dire, un peu artificiel. De cette opération, le point principal est le suivant. En appliquant les catégories de la relation, c'est-à-dire les concepts de substance, de cause et d'action réciproque, à l'idée universelle de liberté, on obtient les relations spéciales que comportent les rapports entre les personnes. De là résulte l'objet que nous cherchons : nous sommes obligés de travailler au bien et au développement de la personnalité. En cette fin consiste la matière de la loi morale.

Mais la réalisation de cette fin est-elle possible ?

Est-elle compatible avec ce que nous savons des conditions du monde réel, ou n'est-ce qu'un idéal dépourvu de tout rapport avec le monde accessible à notre connaissance ?

La *Critique de la Raison pure* nous a enseigné qu'il n'y a pour nous qu'une seule réalité saisissable, qu'un champ d'action effectif : le monde sensible. Or comment l'ordre moral pourrait-il s'y réaliser ? L'un est soumis à la nécessité mécanique, l'autre doit être l'expression de la liberté. Kant a traité cette question avec beaucoup de soin et d'ingéniosité. Il se reporte à sa théorie du *schématisme*, qui, dans l'ordre théorique, avait pour objet de trouver un intermédiaire entre les concepts et les intuitions. D'une manière analogue, il cherche un moyen terme entre l'ordre moral et l'ordre physique.

Comme, dans l'ordre théorique, nous rencontrons l'imagination, laquelle relie le concept à l'intuition par des schémas *a priori* ; ainsi, dans l'ordre pratique, le jugement pur pratique est la faculté de rapprocher les lois morales de la réalité sensible. Quelle est la notion commune qui permet ce rapprochement ? Celle de loi, de conformité à un ordre universel (*die Form der Gesetzmässigkeit*). La forme de l'universalité qui est dans la nature vient de la raison, comme la forme d'universalité que commande la loi morale. La nature sensible, peut donc, en tant qu'elle est soumise à cette forme, servir de type pour l'ordre moral. Et, s'il n'est pas possible que le monde sensible devienne lui-même la matière de la moralité, à cause du caractère irrémédiablement relatif de notre sensibilité, il peut du moins en être le théâtre. L'ordre moral et l'ordre physique, fondés l'un et l'autre sur la notion de loi, peuvent se superposer l'un à l'autre sans se contrarier. L'ordre moral doit être conçu comme une sorte de nature intelligible se développant sur la base de la nature sensible.

Quel est le sens de cette doctrine, qui, au premier abord, peut paraître très abstraite et quelque peu artificielle ?

Kant s'est représenté le monde physique comme caractérisé par la nécessité mécanique. Or, si nous supposons que la moralité consiste dans le développement de tendances individuelles, comme ce développement, s'il était libre, serait désordonné et incohérent, il serait entravé par la nécessité naturelle, laquelle, dès lors, serait pour l'homme une insupportable tyrannie.

Mais ce que la morale nous ordonne, c'est non pas d'exercer et de développer purement et simplement notre libre arbitre individuel, c'est de le conformer, de le ramener à une sorte de nécessité supérieure, résultant de la loi morale. La moralité n'est pas le règne de l'individualisme, mais de l'obéissance absolue des individus à une loi dont la nécessité mécanique est le symbole fidèle. L'*autonomie* de la volonté, c'est justement la substitution de cette nécessité morale au caprice de l'individu. La moralité, telle que la conçoit Kant, consiste donc, pour l'homme, à s'affranchir de son individualité pour donner à ses actions la forme de l'universalité.

II

Quel jugement porterons-nous sur cette doctrine ?

Remarquons d'abord la conséquence du système. Kant, après être parti de la considération d'une pure forme, atteint une matière, grâce à une distinction très fine de la matière proprement dite et du fondement. Tandis que, dans les systèmes de morale matérielle qu'il combat, l'objet joue en même temps le rôle de fondement, Kant, ayant placé le fondement de la morale dans le concept de loi morale, dénie soigneusement le rôle de fondement à l'objet qu'il déduit de ce concept.

La doctrine kantienne du bien moral s'accorde très bien avec l'esprit général du système qui, hostile à la fois à l'empirisme et au mysticisme, mais avec plus de sympathie pour ce dernier, cherche, sur le terrain même de la raison, une conciliation entre l'un et l'autre. Néanmoins, elle ne me paraît pas devoir être acceptée sans restriction. Elle repose sur l'hypothèse d'un rapport de contradiction entre le sensible et le rationnel. Cette idée domine toute la critique que fait Kant de la morale dite du bien. Constatant, dans le bien posé indépendamment de la loi morale, la présence nécessaire d'un élément sensible, il en conclut que tout autre élément rationnel en est, par cela même, exclu. Toute idée d'obligation serait ainsi absente du concept de bien naturel.

Mais, en fait, d'abord, il n'est pas exact que, chez les Anciens, la notion de devoir soit absente de l'idée du Bien. Elle peut être plus ou moins confuse et enveloppée, mais elle apparaît, quand on analyse les principes d'un Socrate, d'un Platon ou d'un Aristote, et principalement des Stoïciens.

Lorsque Socrate dit que les vertus sont, en réalité, des sciences, et se ramènent à la connaissance du bien, sa doctrine semble, au premier abord, entièrement intellectualiste. Mais comment pouvons-nous, selon lui, atteindre à cette science du bien, qui est la racine de toutes les vertus ? Nous ne le pouvons que si nous sommes exempts d'ἀκρασία, c'est-à-dire, si nous avons l'empire sur nous-mêmes. Mais cet empire, nous ne pouvons l'acquérir que par un acte de volonté. Socrate place donc l'effort volontaire à la base de la morale. Mais cet effort, conçu comme condition de la science, qui le déterminera, sinon un principe d'obligation, une loi de volonté, une loi morale, au sens kantien du mot ?

De même Platon et Aristote ne comptent pas sur la seule inclination naturelle, mais nous commandent un effort au nom d'une loi morale, lorsqu'ils nous prescrivent de vivre par la partie la plus haute et la plus noble de notre nature.

Pour ce qui est des Stoïciens, il suffit de rappeler que ce sont eux qui appellent précisément νόμος le principe de la morale. Et ils définissent la loi λόγος ὀρθὸς προστακτικὸς μὲν τῶν ποιητέων, ἀπαγορευτικὸς δὲ τῶν οὐ ποιητέων, c'est-à-dire : la droite raison, ordonnant ce qu'il faut faire, et défendant ce qu'il faut éviter.

Chez les philosophes grecs, il est constamment question de mission, de tâche, d'œuvre à accomplir, de poste à garder, donc de devoir, d'obligation, bien que ces concepts ne soient pas dégagés et mis en relief isolément. Nous trouvons là, en somme, un mélange de notions matérielles et de la notion formelle de l'obligation.

Dans le christianisme, la combinaison de ces deux idées est aussi nette que possible. La forme, c'est un commandement émanant de Dieu ; la matière, c'est l'amour. L'union indissoluble de ces deux termes constitue l'essence du christianisme.

Chez les modernes, plus au moins imprégnés, en général, de l'esprit chrétien, l'idée de devoir, de loi morale, se montre ou se trahit à chaque pas chez ceux qui paraissent le plus intellectualistes ou naturalistes.

Mais ne faut-il voir, dans ces diverses doctrines, qu'un mélange confus d'éléments disparates, comme le ferait Kant, si on lui montrait le devoir affirmé, en fait, dans la notion du bien ?

Kant a nettement distingué la forme et la matière, et, par ce travail, il a fait avancer la science de la morale ; mais il a peut-être eu tort de penser que de tels concepts sont la copie fidèle des éléments de la réalité.

En effet, quand on poursuit dans la recherche des concepts la plus grande perfection possible, on aboutit à des notions entièrement extérieures les unes aux autres ; mais, par ces notions on ne saisit pas nécessairement la réalité. En matière morale, de telles notions ne peuvent être conçues comme réalisées. Pratiquement, la forme sans la matière, de même que la matière sans forme, ne répond à rien. Un commandement moral, c'est à la fois, et indissolublement, un commandement et une chose commandée ; il est impossible d'isoler l'ordre, et quelque objet, matière de cet ordre.

Nous dirons donc qu'en morale, la forme et la matière sont distinctes, sans doute, mais inséparables. Dès lors, il n'est pas légitime d'éliminer complètement du principe premier de la morale tout ce qui est nature, sensibilité, inclination, amour. Ces objets ont, par eux-mêmes une signification morale. La nature physique elle-même ne doit pas être simplement le théâtre de la moralité, mais elle doit s'y incorporer, et en devenir l'instrument et l'auxiliaire.

Pour conclure, nous dirons que Kant a eu raison, d'une manière générale, d'aller de la loi à son objet, de la forme à la matière, car nous savons que nous avons ici-bas quelque chose à faire, une mission à remplir, une dette à payer, avant de savoir au juste en quoi consiste cette obligation. Et notre premier devoir est justement de chercher en quoi, pour nous, consiste le devoir. C'est donc, dans les recherches morales, la marche kantienne qu'il convient d'adopter.

Mais nous ne dirons pas, comme Kant, que le devoir en soi est une forme pure et nue. C'est là une abstraction artificielle, une notion imitée à tort des définitions mathématiques ; car, avant tout effort pour définir la matière de cette forme, nous avons déjà quelque pressentiment de son existence et de sa nature, et notre recherche ne consistera qu'à enrichir un concept qui a déjà un contenu, non à rapprocher, du dehors, une matière d'une forme vide.

L'objet de la vie morale n'est pas l'abolition pure et simple de l'individuel, au profit de l'universel, mais plutôt la pénétration de l'un par l'autre, l'exercice du libre arbitre et la satisfaction de l'inclination, en conformité avec la notion de l'universel et du nécessaire.

Est-il bien vrai, toutefois, que Kant ne fasse aucune place, dans les principes de la morale, aux éléments individuels de notre nature ? Nous l'avons vu éliminer le sentiment, et du principe, et de l'objet de la raison pure pratique. Il nous reste à voir s'il lui fait une place dans les mobiles de l'action morale.

CHAPITRE IX

Le Sentiment moral

Dans l'avant-dernière leçon, nous avons abordé la phase progressive et synthétique de la doctrine morale de Kant. Nous nous sommes occupé de ce qu'on peut appeler le système des idées morales, matière de l'*Analytique*, et nous avons exposé les deux premiers points de ce système, à savoir : l'établissement des principes de la raison pure pratique, et la nature de son objet. Le principe fondamental a été obtenu par une synthèse de la raison pure avec la volonté, synthèse qui est exprimée par l'idée d'autonomie de la volonté ou liberté. L'objet nous a été fourni par la synthèse de ce principe avec les concepts de l'entendement, synthèse exprimée par la notion de bien moral. Nous avons fait remarquer que, jusqu'ici, la morale de Kant se meut exclusivement dans le domaine de l'universel ; que l'individu, comme tel, est le théâtre de la moralité, mais ne saurait y prendre aucune part positive. Tel n'est pas, toutefois, le dernier mot de Kant. Son système ne s'achève pas sans faire une place, dans l'activité morale, aux éléments proprement individuels de notre nature. C'est ce que va nous montrer l'étude des *mobiles de la raison pure pratique*.

I

La doctrine commune sur ce point consiste à chercher les mobiles de l'action morale dans le sentiment, comme dans une donnée première et irréductible. On peut, du reste, concevoir de diverses façons ce rôle du sentiment. On dira, par exemple, que le sentiment, par lui-même, suffit à produire la moralité ; ou bien qu'il concourt, de telle ou telle manière, avec l'intelligence et la volonté, à rendre possible la vie morale. Ces diverses doctrines ont ceci de commun, qu'elles attribuent une valeur morale au sentiment, conçu indépendamment de la loi morale.

Selon Kant, le sentiment ainsi entendu, le sentiment proprement dit, tel qu'il existe chez l'homme, est foncièrement étranger à la morale, et, si on l'érige en mobile nécessaire de nos actions, la rend impossible. Pourquoi cette exclusion ? Parce que, selon Kant, si le sentiment est conçu indépendamment de la loi morale comme une pure inclination naturelle, il est nécessairement égoïste, et n'est autre chose, quelque forme qu'il prenne, que l'amour du plaisir. A ce point de vue, Kant est absolument de l'avis de La Rochefoucauld : notre nature, livrée à elle-même, n'est qu'amour de soi. Les sentiments désintéressés, que nous aimons à nous attribuer, sont une pure illusion. Le dévouement à autrui, l'altruisme, comme on dit aujourd'hui, n'est pas et ne peut être dans la nature de l'homme.

Pour quelles raisons Kant soutient-il cette doctrine, à l'encontre de Rousseau, pour qui il avait cependant une si vive admiration ? C'est que, selon lui, le sentiment suppose un objet, et que, pour l'homme, il n'y a pas d'autre objet que des choses sensibles, situées dans l'espace et dans le temps. Or, de tels êtres sont nécessairement des individus extérieurs les uns aux autres ; l'homme purement naturel est donc un individu en face d'individus, sans lien interne avec ce qui n'est pas lui. Il ne peut donc s'intéresser aux autres êtres que s'il en attend quelque avantage personnel. En réalité, il ne s'intéresse pas aux autres : il les considère comme des moyens, dont son propre intérêt est la fin.

Mais, si tout sentiment naturel se ramène ainsi à la recherche du plaisir, si notre conscience temporelle, fermée et impénétrable, est invinciblement égoïste, il est clair que le sentiment propre à cette conscience ne peut fonder la morale telle que l'entend Kant, puisque celle-ci consiste essentiellement à agir sous l'idée de loi universelle, et à ne pas traiter autrui comme moyen, mais comme fin.

Telle est la raison pour laquelle Kant estime que le sentiment, posé avant la loi morale, ne peut lui servir de fondement, et ne peut produire qu'une morale illusoire et mensongère. Il faut donc maintenir jusqu'au bout la primauté de la loi, et, comme on n'a posé qu'après elle l'objet du devoir ou ce qu'on nomme le bien, ainsi on ne peut faire une place au sentiment dans la vie morale que si on le détermine par les idées de loi morale et de bien moral.

Mais, dans la position adoptée par Kant, y a-t-il encore place pour un mobile moral ? Kant veut que, dans l'action morale, la loi soit seule le principe déterminant de la volonté. Si l'on maintient formellement ce principe, il semble que toute espèce de mobile tiré du sentiment soit désormais exclu ; car la loi morale, chez Kant, c'est précisément une idée entièrement pure de sentiment. Pour résoudre cette difficulté, ne pourrions-nous avoir recours à cette méthode synthétique qui déjà nous a fourni les concepts d'autonomie de la volonté et de bien moral ? Peut-être, après avoir fait la synthèse de la raison pure et de la volonté, de la liberté et de l'entendement, pourrions-nous essayer de faire la synthèse de la liberté et de la sensibilité.

Pour ne pas rendre, dès le début, toute solution impossible, il faut distinguer entre la recherche du *comment* et celle du *fait* pur et simple. Si, en effet, nous prétendions expliquer comment la loi morale peut produire un sentiment, nous serions condamnés d'avance à échouer, car le comment d'une telle opération est une notion transcendante qui nous est interdite. Mais, pour qu'une relation nous soit donnée comme certaine, il n'est pas indispensable que nous en connaissions le comment : il suffit que nous la connaissions comme nécessaire. Nous avons donc seulement à nous demander quelle influence la loi morale doit exercer sur l'individu, pour que le commandement qu'elle lui adresse soit intelligible.

Or, si nous mettons en présence la loi morale avec son universalité, et l'individu humain tel qu'il nous est donné, c'est-à-dire caractérisé par une sensibilité égoïste, la loi morale produit nécessairement sur l'individu un effet d'humiliation.

Et d'abord, elle nie la légitimité de l'amour de soi, et de tous les sentiments qui s'y appuient. Elle ne lui accorde une existence légitime que s'il peut se transformer et devenir rationnel, et dans la mesure seulement où il le devient.

Ce n'est pas tout : l'amour de soi tend, non seulement à subsister dans chaque individu, mais à devenir, pour chacun, le principe d'une législation universelle. Chacun prétend que l'univers se plie à la satisfaction de ses désirs. Ce n'est plus alors l'amour de soi pur et simple (*Selbstliebe*), c'est la présomption (*Eigendünkel*). Or, la présomption se trouve directement en antagonisme avec la loi morale, et est entièrement renversée par elle.

Tel est le premier effet de la loi morale sur la sensibilité : effet négatif d'abaissement et d'écrasement. Mais, à côté de cet effet négatif, la loi morale produit sur la sensibilité un effet positif : c'est ce qu'on appelle le *respect*, sentiment spécial qui est comme le signe de la présence des réalités morales au sein de la nature.

Le passage où Kant analyse ce sentiment est un des plus beaux de la *Critique de la Raison pure* ; il suffit de le lire pour être édifié sur la valeur de Kant comme moraliste, comme penseur, et même comme écrivain.

A quel point de vue se place-t-il pour faire cette analyse ? Ce n'est

pas une analyse psychologique, c'est-à-dire faite du dehors, comme sur
des phénomènes précisément donnés. Kant n'emploie pas ici la méthode
de l'empirique, qui décompose purement et simplement, sans idée directrice, un tout en ses éléments, mais plutôt une méthode analogue à celle
du savant qui, muni déjà de profondes connaissances théoriques, essaie
d'interpréter et de comprendre la nature au moyen de ces connaissances
mêmes. C'est à la lumière des principes précédemment acquis, que Kant
va expliquer et déterminer la nature du respect.

Quelle est la genèse de ce sentiment ? Il a une double origine : il
procède de la sensibilité, mais il n'a en elle que sa condition, non sa
cause véritable. Il la dépasse infiniment, car il a un caractère universel :
ce que nous respectons, nous le concevons comme respectable pour tous
les êtres raisonnables. La sensibilité, toute subjective, est enfermée en
elle-même. L'universalité propre au respect ne peut lui venir que d'un
principe universel. Ce principe est la loi morale. Et ainsi, si le respect
a, dans la sensibilité, sa condition, il a sa cause véritable dans la loi
morale.

Quel est l'objet du respect ? Nous respectons nos semblables. Mais,
dans nos semblables eux-mêmes, ce que nous respectons, ce n'est pas
l'individu comme tel, c'est proprement la personne morale. Ceci ne veut
pas dire nécessairement : la personne qui réalise en elle l'honnêteté,
la vertu ; nous respectons nos semblables, parce que la personnalité
subsiste toujours en eux. Cette nécessité de faire intervenir l'élément
moral pour expliquer le respect, le distingue nettement de l'admiration,
avec laquelle il semble avoir des rapports. Nous pouvons admirer sans
respecter. Kant applique cette remarque à Voltaire.

Quelle est la nature du sentiment de respect ? Ce n'est pas un sentiment de plaisir. En effet, il implique une certaine crainte, une impression
de subordination, de devoir d'obéissance, de contrainte et de sacrifice.
Ce que nous respectons, nous impose, nous avertit qu'il existe des lois
devant lesquelles nous devons silencieusement nous incliner.

D'un autre côté, le respect n'est pas un sentiment de douleur ; car,
dans le moment même où nous sommes saisis de cette crainte, nous nous
sentons grandis, exaltés, capables de nous élever au-dessus de nous-
mêmes, au-dessus de la nature tout entière : sentiment qui ne saurait
être une peine.

Ce n'est donc pas un sentiment ordinaire. C'est un sentiment, non
pathologique, ou de pure sensibilité, mais pratique, c'est-à-dire un

sentiment qui accompagne certaines actions et en est la suite nécessaire, de même que, dans l'ordre théologique, la conscience de l'inclination, chez l'individu, accompagne et suit l'action de la Grâce, qui seule est le vrai moteur.

Comment le respect devient-il mobile ? Tandis que l'individu est saisi de respect, ses passions se taisent, perdent leur force et laissent la place libre, en sorte que l'efficace de la loi morale est favorisée et se manifeste. C'est ainsi que, selon le mot de Pascal, en écartant les obstacles, qui sont nos passions, nous faisons place en nous à l'action divine, qui, d'elle-même, vient déterminer les mouvements de notre âme.

Le sentiment de respect, terme de la synthèse des éléments de la moralité, est, chez l'individu, le point de départ de la conscience des idées morales. En effet, il résulte de ce que l'individuel, entrant en contact avec l'universel, se sent soumis à la loi morale. Il est l'éveil de la conscience morale dans la partie individuelle de notre être. C'est donc en partant de ce sentiment et en réfléchissant sur ses conditions, que l'individu peut prendre une conscience de plus en plus profonde de la moralité, et remonter jusqu'à ses principes.

Le premier effet de cette réflexion est de nous avertir de la nature de la loi à laquelle notre volonté est soumise. C'est une loi de devoir, d'obligation, de contrainte. La loi prend pour nous ce caractère, parce qu'elle rencontre en nous une sensibilité rebelle, essentiellement égoïste et individuelle.

Que faut-il donc penser du précepte dans lequel l'Evangile résume la morale : le précepte d'aimer Dieu et son prochain ? Selon Kant, aimer par ordre est impossible : un commandement ne peut régir que des actes. Mais Kant va plus loin. Faire le bien par amour, par sentiment, ce serait, selon lui, sous prétexte de s'élever au-dessus de l'effort et de l'obéissance pénible, rester au-dessous de la véritable vie morale. La vertu dans la lutte, telle est notre destinée dans ce monde. Car notre sensibilité, repliée sur elle-même, ne peut jamais, d'elle-même, aller au bien. Nous y confier, c'est nécessairement nous préférer à la loi et violer la loi. Il faut la forcer, donc il faut agir sous l'idée de devoir.

Ce n'est pas, toutefois, que Kant élimine l'amour de la morale. Il lui fait une place, et même il voit en lui la perfection, non dans le cours, mais au terme idéal de notre vie morale. L'amour, en ce sens, ce serait l'accord parfait de la sensibilité et de la Raison pure. C'est de cet accord que nous nous approchons, comme naturellement, par le progrès de la moralité. Il est le fruit et la récompense de notre effort, mais à condition que notre effort même soit un acte de pure volonté. Et nous ne pouvons espérer que de nous en rapprocher indéfiniment, mais non d'arriver jamais à un état où tout effort serait inutile.

C'est ainsi que le respect révèle à la conscience individuelle la loi de devoir. Lui permet-il de pénétrer jusqu'à la raison et au fondement de ce devoir? Kant se demande, dans un passage célèbre, où peut se trouver la racine de la noble lignée des idées de devoir, idées qui répudient fière- ment toute parenté avec les inclinations. Or, poussant plus avant la réflexion où nous engage notre sentiment de respect, il trouve l'origine du devoir dans une dualité de la nature humaine. La contrainte morale vient d'une volonté, et non d'une simple loi abstraite. Il n'y a qu'une volonté qui puisse commander. Mais le devoir n'est pas une contrainte extérieure, c'est une contrainte intérieure et volontairement acceptée. C'est donc que, derrière notre volonté temporelle, dépendante de notre sensibilité, il y a en nous une volonté intemporelle, qui est nous-même, plus encore que notre sensibilité, et qui commande à notre volonté sen- sible. Cette volonté intemporelle, qui veut immédiatement l'accomplisse- ment de la loi, est le fondement de ce qu'on nomme notre personnalité. Le fondement du devoir est la condition de notre personnalité, à la fois intelligible et empirique.

Le devoir nous révèle la vraie nature de notre personnalité. Il nous fait comprendre, en même temps, en quel sens nous avons des droits. Il ne peut être question de droits naturels de l'homme, ainsi qu'il est dit d'une façon vague ou erronée dans les *Principes de 89*. La nature, tout égoïste, toute sensible, ne fonde aucun droit. Seule, la personne a des droits, est respectable, et la personne c'est l'être soumis à la loi morale et ayant pour mission de la réaliser. Le droit est la nature s'inclinant devant la sublimité de l'ordre moral.

II

Quelle est la valeur de cette doctrine ?

Ce qui la caractérise, c'est l'importance prépondérante attribuée à l'idée de devoir. Ce n'est pas assez, pour Kant, qu'une action soit con- forme au devoir : elle n'est morale que si elle est déterminée, exclusi- vement, par l'idée de devoir.

Or, on se demande souvent, aujourd'hui même, si cette idée de devoir n'est pas, en réalité, mystique et surannée.

Il paraît impossible, si l'on se place au point de vue pratique, de nier que l'idée de devoir ne soit indispensable à l'homme qui veut vivre selon la raison. L'homme, avec son ignorance, ses passions, son esprit sophistique, n'aura jamais qu'une morale de hasard, sans fixité et sans force, s'il ne s'appuie sur l'idée de devoir. Sans doute, il pourra concevoir à son gré des systèmes de vie fondés sur l'histoire, sur l'art, sur la science. Mais ces systèmes demeureront des constructions subjectives de l'esprit. La raison en est la suivante. Vous vous rappelez la boutade de Rousseau : « L'homme qui pense est un animal dépravé ». Sous le paradoxe se cache une vérité. L'homme n'est pas un animal comme les autres : il est doué de pensée, de réflexion. Grâce à cette faculté, il peut tout mettre en doute, et il ne s'en fait pas faute : c'est là le premier usage que les jeunes gens font de l'enseignement philosophique qu'on leur donne, ainsi que le remarquait Socrate avec sa bonne grâce piquante. Or il n'est pas douteux que, détachés de l'idée de devoir, tous les principes moraux que l'on proposera ne soient incapables de tenir devant la critique de la raison humaine. Pourquoi chercher le bien, travailler au bonheur des autres, tenir compte de la solidarité naturelle ou m'engager dans une solidarité artificielle, pourquoi me dominer, me contraindre, m'instruire, m'élever, vivre même ? à toutes ces questions, si je ne sais pas d'abord que j'ai un devoir, je ne puis trouver de réponse solide. Se bornera-t-on à prescrire à l'homme les moyens d'être heureux, sous prétexte que la nature elle-même se charge de le porter à rechercher son bonheur ? Horace lui-même répond :

> *Quid paris ? Ut salvus regnet vivatque beatus*
> *Cogi posse negat.*

On dira peut-être que celui qui néglige sciemment son bien ou qui ne se rend pas à nos raisons est un fou. Cet argument ne suffira pas pour le convaincre. En fait, la connaissance ne suffit pas, en matière pratique, pour engendrer l'action, non parce qu'elle n'est que connaissance, mais parce qu'en ces matières elle manque d'évidence. Et le sentiment, qui, sans doute, est fort, nous pousse au mal comme au bien, si on l'affranchit de la loi du devoir.

Sans doute, le devoir lui-même, dans sa matière, n'est pas connu par cela seul que l'on a l'idée du devoir. Mais c'est déjà beaucoup que de s'entendre sur cette idée. C'est un commencement d'accord qui rendra possible une entente plus large.

Ainsi la notion du devoir est pratiquement indispensable. Mais ce ne serait pas là une raison suffisante pour admettre que cette notion répond à une réalité. Nous ne saurions nous contenter de dire, à la manière de Voltaire, que, si le devoir n'existait pas, il faudrait l'inventer. Aussi faut-il louer grandement Kant d'avoir analysé scrupuleusement cette notion du devoir, d'avoir fait un effort obstiné pour en trouver et en assurer le fondement. Et, finalement, il semble bien lui avoir donné, si on s'en tient à l'idée générale de sa doctrine, le seul fondement intelligible qu'il puisse avoir : la volonté raisonnable et universelle, comme fonds et substance de notre volonté égoïste et capricieuse. Cette partie de la doctrine de Kant paraît inattaquable.

Mais est-ce à dire qu'il faille accorder à Kant toutes ses conclusions, et, en particulier, bannir de la détermination morale le sentiment et l'amour ? On en peut douter. Sans doute, Kant s'appuie sur ce principe, souvent tenu pour évident : nul ne peut aimer par ordre. Et, pourtant, que sera la morale, si elle ne commande que des actes, et si elle écarte le sentiment des sources de notre action ? Nos actes nous sont extérieurs; ils ne sont que les phénomènes de notre être ; ce qui nous constitue, ce qui est vraiment nous-mêmes, ce sont nos inclinations, nos sentiments, notre amour. Si donc la morale doit vraiment s'adresser à l'âme et non au corps, comme une consigne, il faut qu'elle ait pour objet la direction de nos sentiments, et non pas seulement de nos actes.

Or, est-il réellement impossible et absurde de soumettre le sentiment à l'obligation ? Peut-être est-ce l'erreur générale de la philosophie proprement dite, en tant qu'elle prend à tâche de s'opposer à la religion, de tenir pour un axiome cette proposition, qu'on ne peut aimer par ordre. On sait que le christianisme est, par essence, la négation de ce prétendu axiome. Et, si l'on considère les faits et non plus les concepts, on trouve que l'amour et le devoir ne sont pas, dans la vie, aussi radicalement opposés et séparés que le suppose Kant. Chez tous les héros de la vie morale et religieuse, le devoir est vivifié par l'amour, et l'amour est dirigé par le devoir. La conscience ne saurait marquer le point précis où s'évanouit la contrainte de l'obéissance et où naît la spontanéité de l'amour. Cette pénétration réciproque de l'amour et du devoir constitue une perfection dont nous ne pouvons démontrer clairement la possibilité, mais dont la vie nous offre des exemples.

La vraie tâche du philosophe n'est pas de chercher si cette union est possible, puisqu'elle est, mais de la voir et de la comprendre de plus en plus distinctement. Or elle n'est inconcevable que si l'on commence par poser le devoir et l'amour comme des concepts fermés et irréductibles. Mais cette façon de procéder, qui est, à vrai dire, celle de la science, mais qui, même dans la science, ne prétend qu'à poser des hypothèses toujours modifiables, est contraire au caractère de la réalité pratique, et surtout de la réalité morale, laquelle est toujours, et par essence même, conciliation, pénétration mutuelle, fusion d'éléments divers. Un acte quelconque est la solution, donnée par le fait, d'un problème de conciliation théoriquement insoluble. On doit donc, en morale, partir du fait. Or le fait, ici, c'est l'union parfois réalisée de l'amour et du devoir. S'ils s'unissent, c'est qu'il y a, entre eux, une parenté. Il appartient au philosophe de la chercher. Et, puisque Kant lui-même se voit obligé de reconnaître que l'idéal et le terme de la vie morale, c'est la pénétration du devoir et de l'amour, pourquoi ne pas admettre que de cette pénétration mutuelle il y a déjà, dans la vie présente, le principe et le germe ?

Nous partirons donc de l'idée de devoir, comme de celle qui est pour nous la plus claire, mais sans cesser un seul instant de nous rappeler que le devoir ne se présente jamais comme purement abstrait et formel ; qu'il émane, non seulement d'une volonté, comme l'a bien vu Kant, mais encore d'une volonté vivante, et où il entre déjà une part de nature, d'amour, de réalité concrète. La volonté suprême est amour, en même temps que commandement.

Nous avons examiné jusqu'ici la théorie des idées morales en elles-mêmes, sans nous demander expressément si elles sont réalisables. Mais la morale veut être pratiquée, réalisée, et non pas seulement conçue et expliquée. L'étude des conditions de cette réalisation, que Kant appelle les Postulats de la Raison pure pratique, fera l'objet de nos leçons finales.

CHAPITRE X

La Liberté

Les trois dernières leçons ont été consacrées à l'étude des principes, du concept et des mobiles de la Raison pure pratique, c'est-à-dire à la détermination de la loi morale, du bien moral et de la valeur du respect. L'ensemble de ces théories offre l'idée abstraite de la morale, sans préoccupation expresse des conditions de sa réalisation. Il nous reste maintenant à nous demander si cette idée est une vue purement théorique, un idéal, simple objet de conception, ou si l'on doit, au contraire, la considérer comme devant être réalisée, et par quels moyens elle peut l'être. Connexes au premier abord, ces deux questions sont en réalité très distinctes. Tandis que la première est plus proprement philosophique, la seconde est plutôt religieuse ; car la philosophie s'occupe, avant tout, de comprendre et de définir ; au contraire, la religion vise, en tout, à la pratique et à la réalisation, elle fournit les moyens d'obéir effectivement à la loi et de travailler à l'avènement du royaume de Dieu. C'est à ce second point de vue que va maintenant se placer Kant. Il lui importe essentiellement que la morale soit conçue comme réalisable, et il ne considère pas comme accessoires et secondaires, mais comme capitales, les notions qui sont indissolublement liées pour nous à l'idée de la réalisation de l'idéal moral.

La première des conditions requises pour que l'idéal moral puisse devenir une réalité, c'est la liberté. Elle fera l'objet de la présente leçon.

I

Selon beaucoup de philosophes, il est facile de s'assurer que l'homme est libre. Il suffit de rentrer en soi-même, de consulter sa conscience : un vif sentiment interne nous avertit que nous sommes libres. En ce sens, le problème de la liberté serait expressément du ressort de la psychologie.

Or, selon Kant, s'engager dans cette voie, c'est méconnaître le propre caractère du problème, et rendre impossible une démonstration véritable de la liberté. Quel est, en effet, le genre de connaissance que nous offre le sens intime ? Comme toute expérience, il ne peut nous faire connaître que des phénomènes, c'est-à-dire des réalités extérieures les unes aux autres, associées entre elles du dehors. Ce qui le caractérise, c'est qu'il nous offre des phénomènes qui se relient les uns aux autres dans le temps seul, à l'exclusion de l'espace. Or la liberté ne peut être assimilée à un phénomène d'aucune espèce. Elle est d'un tout autre ordre. Si elle existe, elle n'est pas telle ou telle chose finie, elle échappe nécessairement au sens intime.

Mais ne pourrait-on pas user ici d'un autre mode de connaissance ? N'y a-t-il pas en nous une faculté de percevoir des réalités et des causes suprasensibles ? L'intuition intellectuelle ne nous ouvre-t-elle pas un monde purement intelligible ?

C'est, on le sait, un point capital de la philosophie de Kant, que l'homme n'est pas capable d'une connaissance dépassant les limites de l'expérience. Toute la *Critique de la Raison pure* se meut autour de cette thèse, que nous ne pouvons atteindre que des objets situés dans le temps et dans l'espace ; en d'autres termes, que nous n'avons d'autre source de connaissance véritable que l'intuition sensible externe ou interne. Toute prétention à une intuition intellectuelle n'est que mysticisme, et Kant rejetait le mysticisme (*Schwärmerei*) presque aussi énergiquement que l'empirisme. Dans la prétendue connaissance mystique, il n'y a pas autre chose, selon lui, qu'une connaissance sensible, à laquelle notre imagination attribue un objet suprasensible. C'est à tort qu'on a prétendu que nous pouvons sortir de nous-mêmes par l'extase.

Ainsi, ce n'est ni par les voies de la psychologie, ni par celles de la métaphysique, que nous pouvons atteindre la liberté. Il est trop évident que ce n'est pas non plus par la physique, laquelle est fondée sur la notion d'une nécessité mécanique inviolable. Toutes les voies nous sont-elles donc fermées ?

Selon Kant, une voie reste possible, qui n'a pas encore été tentée méthodiquement et qu'il pense avoir ouverte : la voie critique. La méthode critique consiste à prendre pour matière de ses recherches non pas les choses, objets de notre connaissance ou de notre action, mais la raison comme forme de la connaissance ou de l'action. La critique cherche dans la raison elle-même, et non dans les choses, les principes premiers de la connaissance et de la vie pratique. Appliquant cette méthode au cas présent, c'est par l'analyse de la raison que Kant essaiera de déterminer la première condition de réalisation de la loi morale, la liberté.

Toute la démonstration se résume dans cette formule célèbre : « *Tu peux, car tu dois. — Du kannst, denn du sollst.* » Quelle est la portée de cet aphorisme ?

La raison nous ordonne l'obéissance à la loi morale. Or ce commandement serait contradictoire, si nous n'avions la possibilité de nous conformer à la loi. Ainsi, nous n'avons besoin que d'invoquer l'accord nécessaire de la raison avec elle-même, pour déduire, du devoir, la liberté.

Tel est le point de départ de la théorie. Pour connaître, maintenant, la nature et la possibilité de la liberté autant qu'il est en nous, il nous faut développer cet argument fondamental :

1° D'abord, que sera la liberté ainsi déduite ?

Le commandement moral s'exprime par le mot *Sollen*, et non par le mot *Müssen*, par : *Debes*, et non par : *Oportet.* C'est proprement une obligation, non une nécessité contraignante et mécanique. C'est donc un commandement auquel nous n'obéissons pas fatalement ; la loi morale ne produit pas mécaniquement des effets inévitables, comme font les lois physiques ; les actions qu'elle nous prescrit ne seront peut-être jamais réalisées.

Il suit de là que la liberté est une causalité indépendante de la nécessité physique. Est-ce donc une puissance arbitraire, soustraite à toute espèce de loi ? En aucune façon.

En effet, elle est conçue comme la possibilité d'accomplir ce que la loi prescrit, elle est donc une forme de la causalité. Or, dans l'idée de causalité est impliquée celle de loi : une causalité sans loi serait le hasard. La liberté doit donc avoir une loi, mais une loi appropriée à sa nature. Que sera cette loi ?

Pour la déterminer, Kant fait une application très intéressante d'une méthode qui avait été déjà employée, quoique moins clairement, par Descartes lui-même. En quel sens Descartes passe-t-il de *Cogito* à *Sum?* Par « Je suis », entend-il : je suis une substance qui possède divers attributs parmi lesquels la pensée ? Cette marche, qui est proprement la marche dogmatique, n'est pas la sienne, mais celle de Spinoza. L'être auquel aboutit Descartes, c'est expressément une substance dont toute l'essence n'est que de penser, c'est-à-dire que le terme de la conclusion est déterminé et limité par le terme même qui a servi de point de départ à la déduction. Il y a là l'indication de la *déduction critique*, opposée à la *déduction dogmatique.* C'est suivant cette méthode de critique que, plus rigoureusement que Descartes, Kant s'applique. à procéder. Or, le point de départ de sa déduction, c'est la loi morale. Par elle, et par elle seule, nous démontrons la liberté. La liberté n'existe donc pour nous que déterminée par la loi morale. Ce serait opérer une déduction dogmatique, et non une déduction critique, que de conclure à une liberté absolue et supérieure à toute loi. Nous ne sommes libres, à nos propres yeux, qu'en tant que nous sommes soumis à la loi morale. Si donc la liberté est, d'un côté, l'indépendance à l'égard des lois du monde physique ; de l'autre, elle est la dépendance à l'égard de la loi morale. Telle est la définition de la liberté.

2° Cette liberté, pouvons-nous la concevoir comme possible ? Ce qui nous en fait douter tout d'abord, c'est l'existence, dans la nature, d'une nécessité mécanique inviolable. Cette existence, selon Kant, a été établie définitivement par la *Critique de la Raison pure*. Elle est, en effet, condition de l'objectivité de nos jugements et de la possibilité de l'expérience. Kant, certes, ne saurait renoncer aux vérités morales. Mais, d'un autre côté, il ne songe pas à faire plier devant elles la connaissance scientifique. Pourrais-je encore croire à la raison, si les principes qu'elle donne comme base à la science étaient illusoires ? Or la science exige la nécessité absolue dans l'enchaînement des phénomènes; et nos actes, étant des phénomènes, doivent être soumis à cette nécessité. Mais alors, comment concilier la liberté, que la loi morale suppose, avec la nécessité mécanique qui s'impose à toutes nos actions ?

Dans la philosophie de Leibnitz, on trouve, remarque Kant, une théorie qui semble résoudre cette difficulté. C'est la théorie de la liberté comme *spontaneitas intelligentis*. D'après cette théorie, l'acte libre est déterminé, lui aussi ; mais, tandis que les phénomènes physiques sont déterminés par des phénomènes également physiques, nos actes libres sont déterminés par des représentations de l'entendement. Liberté et mécanisme ne diffèrent donc que par le mode de la détermination, et, comme il y a nécessité de détermination des deux côtés, on peut admettre un parallélisme exact entre la série des actions libres et celle des phénomènes du monde physique.

Selon Kant, cette solution est illusoire. En effet, la raison pour laquelle la liberté est impossible dans la nature se trouve, en dernière analyse, dans la nature du temps. C'est dans le temps que s'écoulent les phénomènes, et la détermination mécanique consiste, pour un phénomène, à être causé par un phénomène antérieur. Or un phénomène passé n'existe plus, et est irrévocable ; de sorte que le phénomène actuel est déterminé par quelque chose qu'il n'est au pouvoir de personne de modifier. Dépendre exclusivement du passé, c'est être absolument incapable de se déterminer librement. Or la théorie de Leibnitz, en écartant la condition de l'espace, laisse subsister celle du temps, car c'est dans le temps que se succèdent les représentations de l'entendement. La loi du temps s'applique donc à ces représentations aussi bien qu'aux mouvements, et ainsi il n'y a pas plus de liberté dans l'automate spirituel de Leibnitz que dans un corps mû par la pesanteur.

Le vice même de la théorie de Leibnitz suggère, selon Kant, la solution du problème. En effet, puisque c'est le rôle du temps dans la nature qui y rend la liberté impossible, le seul moyen de résoudre la difficulté, c'est de concevoir l'acte libre comme intemporel. Cette conception pourrait paraître absolument arbitraire, si la *Critique de la Raison pure* ne nous avait amenés à admettre la possibilité d'un monde intemporel. Selon les résultats de la *Critique*, nos actions peuvent être considérées à la fois comme nécessitées et libres, en tant qu'elles peuvent être envisagées à deux points de vue différents. Comme phénomène situé dans l'espace et dans le temps, une action quelconque est déterminée d'une façon absolue, par ses antécédents dans le temps, exactement comme les mouvements d'un corps brut. Mais la même action peut être conçue comme libre, en tant qu'elle procède d'un être appartenant à un monde intemporel. Et ainsi la contradiction est levée, parce que ce n'est pas au même point de vue et sous le même rapport que l'action est conçue à la fois comme libre et qu'elle est connue comme déterminée.

Mais cette solution, très abstraite, ne nous satisfait qu'imparfaitement. Nous voudrions nous rendre compte, de façon plus précise, de la possibilité de ce double aspect de nos actions. C'est pourquoi, après avoir établi que, si nous voulons concevoir le devoir comme réalisable, nous devons nécessairement nous considérer comme appartenant à deux mondes, l'un sensible, l'autre intelligible. Kant cherche à trouver entre eux quelque chose qui ressemble à un moyen terme. Ainsi les schèmes, dans la *Critique de la Raison pure*, rapprochent les concepts des intuitions. Voici l'explication qu'il propose.

Chacun de nous, vu du dehors, a un *caractère empirique* un et constant, c'est-à-dire que l'ensemble de ses actes, considéré quand sa vie est achevée, forme un système parfaitement lié. Cette doctrine compte, aujourd'hui encore, de nombreux partisans, puisque nous voyons, par exemple, des psychologues essayer, au point de vue empirique, d'établir une classification des caractères. Pour eux, évidemment, un caractère est un tout un et bien défini. Or, si l'on accepte cette théorie, l'ensemble des actions d'un individu apparaît comme l'expression d'un principe unique dominant tout ce système de manifestation. Dès lors, il sera légitime d'admettre que l'unité de notre caractère *empirique* a sa source dans un *caractère intelligible* et intemporel, produit immédiat de notre liberté. Chacun a donc, selon ces vues de Kant, déterminé son caractère une fois pour toutes, en dehors du temps, par un acte de volonté libre, et nos actions ne sont que les manifestations de cet acte de volonté. Mais l'existence, au sein de la nature, de ce système clos et un qu'est le caractère individuel se concilie, en fait, avec le mécanisme universel. Donc l'existence d'un caractère intelligible présidant à cette unité du caractère empirique ne contredit pas la loi générale de la causalité mécanique.

La conclusion de cette théorie, c'est que l'homme a une double nature, et que celle qui tombe sous les prises de notre expérience n'est que le phénomène de notre nature véritable ; celle-ci est en dehors du temps. Kant, poussant à bout cette idée, va jusqu'à dire de l'homme : « Comme homme, il n'est que le phénomène de lui-même. — *Als Mensch ist er nur die Erscheinung seiner selbst.* »

3° Quelle est, en dernier lieu, la valeur de cette connaissance ? Il suit, et de la *Critique de la Raison pure* et de la manière dont la liberté a été démontrée dans la *Critique de la Raison pratique*, que la liberté ne saurait être l'objet d'une connaissance théorique. Mais ce n'est pas non plus un objet de pur sentiment, une croyance toute subjective ; car nous l'avons démontrée par une déduction rigoureuse dont la raison même a fourni le principe. Il y a là un genre d'adhésion spécial, que Kant appelle « *croyance rationnelle pure pratique, reiner praktischer Vernunftglaube* ». Au point de vue pratique, une telle croyance est l'équivalent de la connaissance théorique. Car la connaissance théorique de la source et de la possibilité de la liberté ne nous serait pas plus utile au point de vue de l'action, que la connaissance toute pratique que nous avons de son existence ; dans l'ordre pratique, c'est uniquement la certitude qui importe ; et la certitude de la liberté est entière. Nous y croyons comme à la raison même ; et l'existence et l'originalité de la raison sont déjà établies par la critique de la connaissance théorique.

Telles sont les grandes lignes de la théorie kantienne de la liberté,

Cette théorie, quand on cherche à la préciser, présente plusieurs difficultés sérieuses.

1° Quel est au juste le rapport de cette liberté avec le libre arbitre et la nécessité ?

Cette liberté ne saurait se confondre avec ce qu'on appelle communément libre arbitre, car elle a pour fonction précise d'éliminer de notre être ce qui s'y trouve d'individuel, d'arbitraire et de contingent. En tant qu'elle est la soumission absolue à la loi morale, elle ne laisse aucune place à l'indétermination et à l'alternative.

Cette liberté est-elle donc la nécessité ? Bien que Kant l'ait définie parfois un *vouloir nécessaire*, *ein nothwendiges Wollen*, il serait inexact de l'identifier purement et simplement avec la nécessité, fût-ce avec une nécessité d'un ordre supérieur. Car alors on retomberait dans une conception de la liberté analogue à celle que Kant trouve chez Leibnitz, et qu'il rejette avec énergie. La liberté se conforme à la loi morale, elle ne s'y réduit pas. Et c'est bien par une déduction, c'est-à-dire en passant d'une idée à une autre, que l'on va de la loi à la liberté.

Pour se rendre un compte exact de la nature de la liberté chez Kant, et de ce qui la distingue et la rapproche, à la fois, et de la nécessité et du libre arbitre, il faut remarquer que la nécessité à laquelle est soumise la volonté libre a, selon l'ordre de l'existence, son fondement dans la volonté elle-même, en tant que cette volonté, dans sa forme parfaite, ne fait qu'un avec la raison. C'est le vouloir lui-même qui pose la nécessité de la loi ; et c'est ainsi que liberté et nécessité s'allient, sans que cependant il y ait rien dans la liberté qui rappelle la nécessité physique. Celle-ci, en effet, est la contrainte exercée sur une chose par une autre chose, extérieure à elle, tandis que la nécessité du vouloir moral est elle-même l'œuvre de la volonté libre.

2° Quel est le rapport de la liberté à l'individualité et à la personnalité ?

Kant est-il individualiste ? Nullement. La liberté, telle qu'il l'entend, a pour objet de nous affranchir de cette domination du corps et des choses sensibles qui fait proprement notre individualité; car l'individuel, c'est le phénomène, extérieur aux autres phénomènes, c'est l'existence empirique comme telle. Et l'on sait assez que tout le système de Kant tend à faire à l'empirisme sa part, afin de pouvoir s'en affranchir.

Or la liberté nous affranchit de l'individualisme en nous dotant de la personnalité, laquelle, par son rapport à l'universel, est l'opposé de l'individualité. Mais la personnalité n'est pas l'universel pur et simple,

C'est, peut-on dire, une synthèse de l'individuel et de l'universel. Les personnes sont distinctes, et cependant unies. Elles sont unies du dedans. Leur rapport n'est pas juxtaposition, mais communauté.

3° Quel est, au juste, le genre de certitude que Kant attribue à la croyance, à la liberté ? Dans certains textes, il appelle la liberté un *fait* ; ailleurs, un *postulat*. Tantôt, il nous la montre ne faisant qu'un avec l'autonomie de la volonté, qu'il déclare être en un sens une donnée de la raison, c'est-à-dire quelque chose d'immédiatement connu ; tantôt, au contraire, il la présente expressément comme le fruit d'une déduction.

Cette difficulté doit être résolue par la distinction du point de vue pratique et du point de vue théorique. Au point de vue pratique, la liberté, étant donnée en même temps que la loi morale, est un fait, non sans doute un fait empirique, mais une réalité posée *a priori* par la raison, un fait de raison pure. Mais, au point de vue théorique, l'analyse découvre que la notion de liberté contient un élément que ne contient pas la loi morale, à savoir, l'idée de cause. Or, une cause suprasensible est, au point de vue théorique, une pure idée dont l'objectivité est indé-montrable. En ce qui concerne sa réalité objective, la liberté ne peut être qu'un postulat.

II

Quel jugement porterons-nous sur cette doctrine ?

Ce qui la caractérise, c'est qu'elle se constitue en dehors et de la science, et de la métaphysique, et de la psychologie. Au lieu de chercher la liberté dans les choses et les objets donnés, soit dans le monde des sens ou de la conscience, soit dans un monde suprasensible, objet d'intuition intellectuelle, Kant la cherche dans le rapport de notre monde sensible avec un monde intelligible possible.

Par l'emploi de cette méthode, Kant assure en perfection l'autonomie respective de la science des phénomènes, de ce que, d'un mot, on appelle la science, et de la morale, ou science des lois de la volonté. Chacune d'elles peut se développer en liberté suivant des principes propres : jamais elles ne se gêneront l'une l'autre, parce que ces principes, quoique compatibles, sont hétérogènes. Elles sont, à la lettre, comme deux parallèles que l'on peut prolonger à l'infini sans qu'elles arrivent à se couper.

Il y a, dans cette doctrine, une idée générale qui paraît excellemment confirmée par l'histoire de l'esprit humain. C'est la conception d'un double point de vue offert à l'homme pour envisager la réalité. Sous les noms les plus divers, nous retrouvons partout, dans la vie et dans les œuvres de l'esprit, le sentiment de cette dualité. Elle est au fond de la distinction que l'on fait entre les lettres et les sciences, la vie et le mécanisme, le réel et l'abstrait, l'art et la géométrie, la morale et la physique, la pratique et la théorie. On peut aller, comme le savant, de ce qui est donné à ses conditions d'existence. Mais on peut aussi se donner par la pensée, un tout qui n'existe pas, et travailler à le réaliser. On peut aller de l'être au possible, ou du possible à l'être. Or, cette dualité de points de vue, Kant l'a proclamée, et il l'a ramenée, en dernière analyse, à la distinction du point de vue *théorique* et du point de vue *pratique*. La théorie explique ce qui est donné comme existant, elle va de l'intuition au concept, et du concept au principe : la pratique part de la loi pour aboutir, à travers le concept, à l'intuition et à la réalité. Elle pose des objets, alors que la théorie en suppose. Kant a nettement défini ces deux points de vue. Il n'a pas moins fortement établi qu'ils doivent finalement se concilier, se relier l'un à l'autre de quelque manière, et il a fait un admirable effort pour rendre concevable cette conciliation.

Néanmoins, sa théorie de la liberté soulève, sans nul doute, des difficultés. On la trouve généralement obscure et plus ou moins artificielle. On se demande si elle concilie véritablement, comme elle y prétend, la liberté et la nécessité mécanique, ou si elle ne se réduit pas à les juxtaposer, et si la liberté qu'elle nous accorde, dans cette région des noumènes où ne pénètrent ni notre conscience ni notre activité observable, est effective et conforme à la réalité.

Ces difficultés viennent, semble-t-il, de cette circonstance, que Kant a posé d'abord la liberté et la nécessité mécanique comme deux concepts parfaits, nettement définis et achevés. Quand, ensuite, il s'est proposé de les rapprocher, il les a trouvés hétérogènes, impénétrables l'un à l'autre, et il n'a guère pu faire autre chose que de les juxtaposer.

Mais composer des concepts, les bien définir, puis les disposer dans tel ou tel ordre de manière à imiter le mieux possible la réalité, c'est l'œuvre de la science proprement dite. La tâche du philosophe consiste à confronter ces concepts avec la réalité, et à chercher, tant à l'aide de la science qu'en considérant directement la réalité elle-même, à pressentir la nature vraie et intime des choses. Or, si nous mettons ainsi les choses elles-mêmes au-dessus des concepts que nous nous en formons, peut-

être trouverons-nous moins de difficulté à concilier la liberté et la nécessité naturelle que n'en rencontre Kant. D'une part, est-il certain que
la science suppose cette absolue nécessité mécanique, que Kant lui
donne comme fondement ? D'autre part, la liberté ne peut-elle mériter ce
nom que si elle est une autonomie absolue, entièrement exclusive de la
nécessité naturelle ? Il semble que, dans la réalité vivante, la liberté et
la nécessité soient choses distinctes, mais non opposées ; bien plus,
il semble qu'elles soient solidaires, et se pénètrent mutuellement. S'il en
était ainsi, le problème qui s'offrirait au philosophe ne serait pas de
savoir si la liberté et la nécessité naturelle sont compatibles et à quelles
conditions, mais bien de comprendre de mieux en mieux leur harmonie
originelle et leur double relation d'identité et de diversité.

CHAPITRE XI

Morale et Religion

Après avoir exposé, d'après Kant, l'idée abstraite de la morale, nous nous sommes demandé, avec lui, quelles étaient ses conditions de réalisation ;. nous avons commencé cet examen, dans la dernière leçon, par l'étude du problème de la liberté. La liberté, c'est la condition qui doit se trouver réalisée en nous, pour que soit possible l'accomplissement par nous de la loi morale ; c'est la détermination, peut-on dire, de ce qu'Epictète appelait τὰ ἐφ'ἡμῖν.

Mais Kant va-t-il se contenter, comme le Stoïcien, pour expliquer la possibilité de réalisation de la loi morale, du pouvoir qui réside en nous? Nous avons dit qu'en recherchant les conditions de cette réalisation, Kant aborde le problème proprement religieux. S'il jugeait suffisantes les puissances de notre nature, on pourrait se demander si son attitude vis-à-vis de la religion ne se borne pas à l'écarter, ou encore à présupposer une sorte de religion ✶panthéistique. Mais il dépasse ce point de vue, et en cela se distingue nettement des Stoïciens. Le sage, en effet, selon ces philosophes, a en lui-même tout ce qu'il faut pour être vertueux. Il dit, en parlant de Jupiter :

> Det vitam, det opes : virtutem mî ipse parabo

Cette attitude du Stoïcien, prétendant à atteindre la perfection par ses propres forces et sans le secours de la divinité, a pu paraître aux Jansénistes le comble de l'orgueil et de l'impiété. Sans souscrire à cette réprobation, en soutenant au contraire que la raison et la liberté sont les seuls principes de la morale, Kant n'en estime pas moins que, pour que la réalisation du commandement de la raison pratique soit conçue comme possible, il faut que soient posées, non seulement des conditions intérieures à notre nature, mais encore des conditions indépendantes de nous : οὐκ ἐφ'ἡμῖν, comme disait Epictète.

Quelles sont ces conditions ? D'une manière générale, ce sont les objets propres de la croyance religieuse : la *vie future* et l'*existence de Dieu*. Il s'agit d'examiner si l'on peut démontrer la légitimité de ces croyances, et en quel sens ; et quel est leur rapport à la morale proprement dite.

I

Les principes généraux de sa philosophie étant donnés, Kant ne peut admettre que l'on cherche à établir directement, par telle ou telle considération théorique, des vérités religieuses, c'est-à-dire suprasensibles. On sait quelle place considérable tient, dans la *Critique de la Raison pure*, la critique des preuves spéculatives de l'existence de Dieu. Selon Kant, les principes de l'entendement ne peuvent fournir de connaissances valables qu'appliqués à des phénomènes. Le principe de causalité n'a, pour nous, d'emploi théorique légitime que celui qui consiste à remonter indéfiniment de phénomène en phénomène ; de sorte que, si nous voulons nous en servir pour démontrer l'existence de Dieu, si nous prétendons, grâce à lui, aller du monde à Dieu, nous ne pourrons arriver qu'à un Dieu phénomène, matériel, fini, relatif, sans rapport avec ce que l'on entend communément par Dieu.

Essaierons-nous de nous adresser au sentiment ? Cette tentative est, selon Kant, aussi vaine que la précédente. Le sentiment, chez l'homme, est attaché aux choses sensibles, aux choses de la nature ; il n'a pour objet que des êtres situés dans le temps ; en sorte que, pour saisir Dieu par le sentiment, nous sommes obligés d'en faire une sorte d'être analogue à l'homme. C'est donc une illusion de prétendre atteindre Dieu par l'amour ; cette voie ne conduit qu'au mysticisme, c'est-à-dire à une croyance toute subjective (Schwärmerei).

Nous reporterons-nous simplement aux principes qui nous ont suffi jusqu'ici, c'est-à-dire aux éléments de la raison pure pratique, lesquels, organisés, nous ont fourni les principes de la morale ? Cette méthode serait vaine. Nous avons épuisé le contenu de la raison pratique en démontrant la liberté. Il est impossible d'en tirer la démonstration de l'immortalité de l'âme et de l'existence de Dieu.

Ainsi ni la raison théorique ni la raison pratique ne peuvent nous diriger sur le terrain que nous entreprenons d'explorer. S'ensuit-il que tout moyen d'investigation nous soit interdit ? Après avoir considéré la raison théorique et la raison pratique prises isolément, il reste possible de s'adresser à la raison en soi, à la raison une et suprême, dont la raison théorique et la raison pratique ne sont que les deux formes, les deux usages. La raison en soi peut envisager la raison pratique dans son rapport avec la raison théorique. C'est cette méthode que va suivre Kant.

L'essence de la raison, sa faculté propre, est de faire la synthèse la plus complète et la plus parfaite possible du multiple et du divers donnés. Le progrès de sa réflexion doit donc nécessairement l'amener à essayer la synthèse de la raison théorique et de la raison pratique.

Le concept que produit cette synthèse, où la raison réunit les principes de la vie sensible et ceux de la morale, c'est le concept de *souverain bien*. Si nous l'analysons, nous y trouvons deux éléments : 1° l'idée de *bien suprême*, *bonum supremum*. Ce bien est la vertu dans sa perfection, ce qu'on nomme la sainteté. 2° Dans le concept du souverain bien, n'est pas contenue seulement l'idée de sainteté ; la raison exige qu'il s'y joigne le bonheur parfait, la félicité ; c'est donc la réunion de la sainteté et de la félicité qui constitue le souverain bien, lequel est ainsi bien complet, bien achevé, *bonum consummatum*.

Or, quelles sont les conditions de réalisation de ce souverain bien, exigé par la raison ?

Si nous considérons les deux éléments dont il se compose, nous nous heurtons à une difficulté : comment concevoir l'union de la vertu parfaite et du bonheur parfait ? La manière la plus claire pour la raison et la plus simple consisterait à découvrir entre ces deux concepts un rapport analytique, une identité fondamentale. Mais cela est impossible; car la sainteté est entièrement étrangère à la nature, tandis que le bonheur est conditionné par les lois du monde physique. Par là se trouvent écartés les deux grands systèmes de morale de l'antiquité, l'épicurisme et le stoïcisme. Les Stoïciens disaient, en effet, que la vertu contient le bonheur, que l'homme vertueux est par là même parfaitement heureux ; et les Épicuriens, que le bonheur intelligemment conçu implique la vertu elle-même. Des deux côtés, quoique en sens inverse, on supposait une relation analytique entre la vertu et le bonheur.

Il reste que nous cherchions, entre la vertu et le bonheur, la possibilité d'un rapport synthétique, un rapport de cause à effet. Mais alors nous tombons dans une antinomie analogue à celle de la raison pure spéculative. En effet, d'une part, il ne peut y avoir relation causale du bonheur à la vertu, puisque, comme nous l'avons vu, l'acte moral ne doit avoir d'autre motif que l'idée même de loi morale à l'exclusion totale de la considération du bonheur. D'autre part, la vertu ne peut engendrer le bonheur ; car la vertu et le bonheur dépendent de deux lois tout à fait hétérogènes et étrangères l'une à l'autre ; la vertu dépend de la seule loi morale, de l'universel en soi ; et le bonheur, des lois particulières de la nature physique et sensible, laquelle est indifférente à la moralité et n'a nul égard, dans le sort qu'elle fait aux individus, au juste et à l'injuste.

Cette antinomie est-elle radicalement insoluble ? La première des deux propositions : le bonheur peut être cause de la vertu, est absolument inadmissible. Mais la deuxième : la vertu peut être cause du bonheur, n'est pas absolument et définitivement condamnée. En effet, elle est inadmissible s'il n'existe pas d'autre monde que notre monde sensible, si ses lois sont absolues et ne dépendent d'aucune loi supérieure. Mais, s'il y avait un autre monde immédiatement conforme aux conditions de la moralité, et si l'on pouvait admettre une influence de ce monde supérieur sur notre monde sensible, alors il serait possible de concevoir que la vertu, indirectement, fût cause du bonheur, grâce à cette relation du monde sensible à un monde supra sensible.

Cette solution, préparée par la théorie de la liberté, que nous avons exposée dans la dernière leçon, dépasse grandement cette théorie. A propos de la liberté, en effet, Kant n'admet, entre le sensible et l'intelligible, d'autre relation que celle qui consiste à voir, dans le premier le phénomène, l'expression du second. Ici, il admet une influence modificatrice, quelque chose comme un rapport de cause à effet entre le monde intelligible et le monde sensible.

Comment cette influence peut-elle être conçue ? Nous pouvons chercher entre les deux termes des intermédiaires, comme nous l'avons fait toutes les fois qu'il s'est agi de faire succéder la synthèse à l'analyse. C'est de cette façon que s'introduit la fameuse théorie des postulats.

Pour que puisse se réaliser le souverain bien, il faut d'abord que la vertu parfaite soit possible. Or, pour l'homme, composé de deux natures hétérogènes, la sainteté proprement dite est nécessairement inaccessible. La sainteté serait, chez l'homme, l'absolue réduction de la sensibilité à la raison, c'est-à-dire l'abolition complète de la sensibilité, puisque la sensibilité humaine est essentiellement égoïste, c'est-à-dire opposée à la moralité. Mais on peut concevoir que l'obstacle qui s'oppose chez l'homme à la réalisation de la vertu parfaite, la résistance de l'inclination diminue de plus en plus. En d'autres termes, si l'homme ne peut devenir absolument saint, du moins il peut être en progrès indéfini vers la sainteté.

Or, selon Kant, un progrès indéfini ne peut s'expliquer par lui-même. Pour qu'il soit possible, il faut un sujet qui demeure. Ce sujet sera notre personnalité, conçue, non seulement comme appartenant à un monde intemporel, mais encore comme participant à la durée, et possédant, en ce sens, une durée infinie. Ce que nous appelons l'immortalité de notre âme est ainsi la possibilité, pour notre personnalité, de se réaliser dans une série infinie d'existences sensibles, où elle se rapproche indéfiniment de la sainteté.

Mais, pour que le souverain bien se réalise, il ne suffit pas que la vertu puisse indéfiniment se rapprocher de la sainteté ; il faut encore qu'il s'établisse un accord de plus en plus exact entre la vertu et le bonheur. Ici encore, l'absolue réalisation du commandement de la raison est impossible ; mais on peut concevoir un progrès indéfini vers cette réalisation. Ce progrès, à son tour, n'est concevable que par l'action, sur le monde, d'un sujet en qui, dans l'éternité, l'union complète de la sainteté et de la félicité est réalisée (*ein höchstes ursprüngliches Gut*). Ce sujet est ce qu'on appelle Dieu.

Quel est le sens et la valeur des notions que nous venons d'introduire ? Elles ne peuvent être des connaissances, puisqu'elles supposent des objets suprasensibles ; mais elles sont des croyances légitimes. Elles se concilient avec les résultats de la *Critique de la Raison pure*. Et elles ne sont pas seulement compatibles avec ces résultats, mais même concordantes. Elles donnent un sens à des idées que, sans pouvoir les démontrer, la raison pure spéculative se trouvait amenée à concevoir.

De plus, bien que ce soient de simples croyances, ce ne sont pas des croyances purement individuelles et subjectives, car elles sont imposées par la raison elle-même. Telles qu'elles sont, ces croyances sont parfaitement appropriées à notre condition. Si, en effet, nous avions de Dieu et de l'immortalité une connaissance théorique et complète, il serait moralement impossible que de telles croyances n'exerçassent pas une véritable tyrannie sur notre volonté. Notre moralité alors ne serait que mécanisme ; nous ne serions que des marionnettes, dont la peur ou le désir feraient jouer les fils.

Ces croyances sont, au reste, supérieures en un sens aux connaissances de la raison théorique. En effet, elles présentent un intérêt supérieur, en tant qu'elles se rapportent à des objets d'une réalité absolue, tandis que les connaissances théoriques sont bornées aux réalités sensibles et phénoménales.

La conséquence de cette théorie, c'est que nos devoirs peuvent légitimement être conçus, non seulement comme dictés par la raison, mais encore comme des commandements émanés de Dieu ou de l'Etre suprême. Cette doctrine nous introduit donc dans la religion. Mais la religion est entendue ici d'une manière assez particulière, qu'il importe de bien préciser.

Il ne s'agit plus d'une religion posée avant la morale et la déterminant, mais au contraire d'une religion fondée, pour nous, sur la raison, puisqu'elle repose sur la morale, qui repose à son tour sur la raison. Cette interversion a une portée considérable. Si elle est admise, en effet, il ne peut plus être question de faire consister la religion dans la croyance à un symbole, c'est-à-dire à un formulaire théorique. Un tel symbole suppose des connaissances que nous ne pouvons posséder. De même, la religion ne peut consister dans des pratiques destinées à produire en nous la sainteté. Car les pratiques sont des choses sensibles, et, si nous avons été amenés à postuler une influence de l'intelligible sur le sensible, nous ne saurions, sans contredire la doctrine critique, admettre une causalité du sensible à l'égard du suprasensible.

C'est donc une religion toute d'action, et d'action purement intérieure et morale. Elle ne fournit à la volonté aucun mobile nouveau. Son rôle consiste à justifier en nous l'espérance de contribuer par nos actes, isolés en eux-mêmes, à la réalisation d'un ordre moral, consistant dans l'harmonie de la justice et du bonheur, à l'avènement de ce que le christianisme appelle le royaume de Dieu.

Il ne s'ensuit pas que les religions soient nécessairement sans valeur. Kant paraît avoir d'abord été tenté de les rejeter complètement. Mais, dans la seconde édition de son ouvrage sur *La Religion dans les limites de la pure Raison*, il spécifie qu'il ne s'agit pas de détruire complètement la foi ecclésiastique. En effet, dit-il, cette foi peut toujours être utile comme *véhicule de foi rationnelle*. A ce titre, on peut la maintenir, mais en ayant bien soin de la purifier de tout ce qui peut être contraire à ce rôle et la présenter comme ayant une valeur par elle-même. La morale, qui est le principe, est donc aussi, en définitive, le terme de l'action.

II

Quelle est la valeur de cette doctrine, soit au point de vue de la logique interne du système, soit au point de vue de la vérité absolue ?

Cette doctrine est-elle conséquente, soit avec la théorie morale que nous avons précédemment exposée, soit avec les résultats de la *Critique de la Raison pure* ?

Et d'abord, n'altère-t-elle pas profondément le caractère de la morale kantienne ? Cette morale reposait toute sur l'idée de loi, et écartait complètement la considération du bonheur. Or, voici le bonheur devenu partie intégrante du souverain bien, terme de l'activité morale. La philosophie du devoir s'est-elle donc changée en une philosophie du bonheur ?

Malgré certaines apparences, certains textes même, qui pourraient surprendre, il ne semble pas que le reproche d'inconséquence soit légitime. On a vu comment s'est introduite l'idée de bonheur, comment c'est la raison, prise dans son ensemble, considérée dans son besoin nécessaire de se ressaisir dans son unité après s'être distinguée en raison théorique et en raison pratique, qui a mis en présence la nature et la loi morale, et déterminé leurs rapports. Cette théorie peut différer de la précédente sans contradiction, parce qu'elle ne part pas du même principe, mais d'un principe plus large. Et il est naturel que la raison en soi rapproche et combine les deux raisons, qui, en réalité, n'en sont qu'une, la raison, faculté de rapprocher indéfiniment, comme identiques dans l'absolu, l'un et le multiple.

Mais ne voyons-nous pas se manifester ici avec éclat la contradiction, si souvent reprochée à Kant, entre la *Critique de la Raison pure* et la *Critique de la Raison pratique* ? Celle-ci ne prétend-elle pas, principalement dans les théories que nous venons d'exposer, nous faire atteindre les objets suprasensibles, que celle-là avait déclarés inconnaissables ?

Peut-être ce reproche ne peut-il être écarté absolument. Deux remarques, pourtant, doivent être faites. La première, c'est que Kant a luimême fort bien vu la difficulté ; il a fait tous ses efforts pour la résoudre; il s'est appliqué à montrer, non seulement que les deux doctrines sont compatibles, mais même que la seconde a ses points d'attache dans la première. La conciliation a lieu par la distinction du *fait* pur et simple, et du *comment* : du *quid* et du *quomodo*. Je puis, en effet, considérer tout objet à deux points de vue : soit en lui-même, sans me demander comment il est possible, soit dans sa cause et génération. La raison théorique explique, en un sens empirique, il est vrai, la production, la causation des phénomènes. La raison pratique sait seulement que telle chose est, sans pouvoir, en aucune façon, pénétrer l'action de la cause qui la fait être. Or la raison théorique ne saurait nous interdire de tels concepts, pourvu qu'ils ne soient pas en contradiction avec les réalités empiriques ; et ainsi elle n'a rien à objecter aux croyances de la raison pratique. Bien plus, elle reconnaît dans ces croyances l'affirmation de l'objectivité des idées qu'elle-même avait été conduite à poser comme des principes régulateurs.

On peut remarquer, en second lieu, que Kant a eu le mérite de poser avec netteté et profondeur un problème considérable, qui est dans la nature des choses. L'esprit n'a-t-il, en réalité, qu'une manière de se comporter en face de l'être, ou en a-t-il plusieurs, et quelles sont-elles ? Selon Kant, l'esprit a, sur les choses, deux points de vue irréductibles, et ces points de vue sont, en dernière analyse, la raison théorique et la raison pratique. L'opposition qu'a signalée Kant se retrouve, sous différents noms, dans la plupart des systèmes postérieurs. Elle n'est pas absente même de la philosophie d'Auguste Comte, qui, tour à tour, explique le supérieur par l'inférieur, à un point de vue théorique, et l'inférieur par le supérieur, à un point de vue pratique.

Que faut-il enfin penser, abstraction faite du système, de l'attitude de Kant à l'égard de la religion ? Il veut que l'on fonde la religion sur la morale, et non la morale sur la religion comme dogme. A travers les siècles, il rejoint Socrate qui, déjà, déclarait que le devoir n'est pas moins évident et inviolable, soit qu'après cette vie il y en ait une autre, soit qu'il n'y en ait pas. La religion est une source d'espérance pour le juste, elle n'entre pas dans les motifs de son obéissance à la loi.

Cette attitude paraît très conforme à l'esprit général de la philosophie moderne, lequel consiste à admettre qu'il y a pour nous dans le relatif lui-même, dans ce qui n'est pas premier en soi, mais premier pour nos moyens de connaître, les éléments d'une connaissance véritablement solide et certaine. Sur cette idée, reposent notre science et notre morale. Bacon a ouvert les temps modernes en disant que l'expérience doit fournir non seulement la matière, mais les principes mêmes de la science. Descartes part du *Cogito, ergo sum*, vérité en elle-même relative, comme d'une vérité inébranlable avant même que l'homme ait atteint l'absolu. Cette tendance, qui s'est développée de plus en plus après Bacon et Descartes, est l'âme de la philosophie de Kant. Elle donne un caractère très moderne à sa théorie de la morale, posée comme certaine avant l'établissement de la religion, et se retrouvant dans les enseignements de cette dernière. Ajoutons qu'il est très sage et très pratique de faire ressortir, autant que possible, l'élément moral des religions. Là se trouve, pour la raison même, la garantie de leur autorité.

Mais professerons-nous, avec Kant, que la morale, en elle-même, est entièrement vide de tout contenu proprement religieux, qu'elle nous conduit à la religion, comme à quelque chose d'entièrement hétérogène, d'entièrement nouveau pour la raison ? En cela, le système de Kant pèche peut-être par un excès d'abstraction. Si l'on considère la vie morale telle qu'elle est donnée, sentiment, amour, joie, en même temps qu'effort volontaire, on s'aperçoit que le principe moral, si pur de tout alliage qu'on le suppose, est déjà gros de la vie religieuse.

Qu'est-ce, en définitive, que la religion ? C'est, suivant la profonde définition de Schleiermacher, le sentiment de notre dépendance à l'égard de l'infini et de l'éternel ; c'est la croyance à un être supérieur, qui ne peut être exhibé par notre expérience, et dont l'idée doit guider notre action. Toute religion invite ainsi l'homme à se donner, et à se donner au principe de l'être, de l'unité, de l'harmonie en toutes choses. Tout le christianisme est résumé en ces termes par saint Jean : « Si nous nous aimons les uns les autres, Dieu demeure en nous, et son amour est accompli en nous. »

Ainsi, pour qu'une action ait un caractère religieux, il faut et il suffit qu'elle exprime la soumission de l'individu à un être idéal qui le dépasse, la volonté de l'individu de vivre comme membre du tout auquel il appartient idéalement. Vivre pour le tout, c'est être animé de l'esprit religieux, parce qu'au point de vue de la connaissance proprement dite, le tout est sans réalité et sans valeur véritable. A plus forte raison est-il sans causalité et sans efficace.

Or la morale est essentiellement, et cela de l'aveu de Kant lui-même, la subordination de l'individu à l'universel, et la croyance que l'obéissance à l'universel est la liberté et la puissance suprême. La morale contient donc, dès son point de départ, un élément religieux.

CHAPITRE XII

XII. — La Morale de Kant et le Temps présent

Je voudrais, dans cette leçon de conclusion, résumer les points principaux de la morale de Kant, et chercher quel intérêt peut présenter cette doctrine à l'heure actuelle, dans quelle mesure elle peut répondre à nos préoccupations et nous fournir des renseignements utiles.

I

Quels sont les points principaux de la doctrine, prise dans son ensemble ?

Il faut remarquer, en premier lieu, le point de vue et la méthode. Kant écarte systématiquement plusieurs méthodes communément employées pour établir la morale. Il n'admet pas qu'on la fasse reposer sur la théologie, même rationnelle, et que l'on pose les devoirs comme les commandements d'un être tout puissant ; car, l'existence de Dieu étant en elle-même, avant la considération de la morale, absolument indémontrable, une telle morale ne serait pas fondée au point de vue philosophique. D'une manière générale, il n'admet pas que l'on fasse reposer la morale sur la métaphysique. En effet, les principes métaphysiques qui nous seraient nécessaires pour fournir les fondements cherchés, par exemple la notion d'un souverain bien intelligible, ne sont pas accessibles à notre raison, comme la métaphysique dogmatique se l'est imaginé. Enfin, on ne saurait non plus, avec les Anglais, fonder la morale sur les données de l'observation psychologique. Celle-ci ne peut nous fournir que des sentiments, des inclinations, des faits subjectifs, sans nous donner aucune raison légitime d'ériger ces faits en lois pour la volonté.

Ainsi, aucune des trois méthodes employées communément pour établir la morale n'est légitime ou efficace. Mais ces trois méthodes ne sont-elles pas les seules que l'on puisse concevoir ?

Selon Kant, en dehors de ces trois méthodes, une voie reste possible, qui n'a pas encore été expressément tentée : la voie critique. Elle consiste à prendre pour point de départ, non les données imaginaires d'une prétendue intuition intellectuelle, ou les données variables de l'expérience, mais le fait même de l'expérience, prise en général, et à en rechercher les conditions, pour voir si elles ne supposeraient pas des éléments qui la dépassent et qui peuvent servir à la justifier en tel ou tel sens. L'emploi de cette méthode dégage, de l'expérience même, la raison, comme une réalité originale et féconde. C'est sur cette raison que Kant va chercher à fonder la morale. Il se demandera si, de même que la raison pure a un usage théorique, elle ne pourrait pas avoir aussi un usage pratique, si l'on ne pourrait pas concevoir que la raison pure, par elle-même, sans le secours du mécanisme de la nature, pût être motif et principe de détermination pour la volonté. Une telle efficace de la raison justifierait la croyance commune des hommes à la réalité de la morale.

Quels sont maintenant les traits essentiels de la doctrine issue de cette méthode ?

Si on la considère, non à tel ou tel moment de son développement, mais à son point d'aboutissement, c'est, en somme, une certaine théorie du souverain bien. Elle diffère des théories antiques en ce que celles-ci étaient essentiellement analytiques, tandis que Kant suit une marche synthétique. Kant construit l'idée du souverain bien en posant d'abord l'idée de vertu et en y reliant ensuite l'idée de bonheur. La vertu est posée comme l'observation de la loi morale ; or la loi morale est une loi proportionnée à une volonté libre, donc une relation où se concilient l'universalité et la liberté, donc le commandement d'agir d'après une maxime susceptible d'être érigée en loi universelle pour les volontés libres.

Le second élément du souverain bien est le bonheur. Il est conçu par Kant comme entièrement hétérogène à la vertu. Tandis que celle-ci dépend exclusivement de la volonté et de la raison pure, le bonheur ne dépend que de la sensibilité ; et celle-ci, chez l'homme, est entièrement engagée dans le mécanisme naturel, en d'autres termes, toute physique et individuelle.

Entre la vertu et le bonheur, Kant établit la relation synthétique de cause à effet. La vertu, selon l'exigence de la raison, doit produire le bonheur comme une suite qu'elle n'a pas recherchée. La vertu rend digne du bonheur, mais ne le contient pas. L'union parfaite de la vertu comme cause et du bonheur comme effet, tel serait le souverain bien réalisé. La morale nous enseigne que nous devons travailler à sa réalisation, et à quelles conditions notre action peut être efficace.

Quelle est la place de cette doctrine, dans l'ensemble de la vie spirituelle de l'homme ?

La morale, ainsi conçue, se distingue radicalement de la science ;
elle représente, vis-à-vis d'elle, un ordre de choses parallèle et irréductible. Tandis que la science consiste dans des connaissances que nous
pouvons construire en partant de leurs éléments, la morale est un
pur objet de croyance. Nous ne pouvons saisir, par notre sens intérieur,
les éléments des vérités morales. De ces vérités nous savons qu'elles
sont, sans pouvoir dire pourquoi elles sont. L'intuition nécessaire à la
connaissance théorique nous fait ici défaut. Car cette intuition ne serait
rien moins que l'intuition de la liberté, laquelle dépasse invinciblement
notre faculté intuitive.

Néanmoins, la morale n'est pas l'objet d'une croyance du genre de
celles que supposent les religions positives. Celles-ci, en effet, imposent
la croyance au nom de l'autorité, et ainsi elles font appel au sentiment
tout seul, et non à la raison. Chez Kant, au contraire, il s'agit expressément d'une croyance de raison, d'une conviction qui nous est dictée
par notre raison même, par la même raison qui justifie notre science
des choses naturelles, bien loin qu'elle nous soit imposée du dehors et
soit un acte d'obéissance passive.

Mais, bien qu'elle soit irréductible tant à la science qu'à la religion,
la morale soutient un rapport avec l'une comme avec l'autre.

1° Elle ne contredit pas la science ; elle est compatible avec elle.
Ce n'est pas tout, et à ce rapport tout négatif s'en joint un positif. La
science, en effet, nous conduit à concevoir, à titre de principes régulateurs, des idées qui ne sont pas données et ne peuvent être données dans
l'expérience. Ces principes sont ceux qui nous interdisent de nous
contenter jamais des explications prochaines, qui sont les seules que
nous puissions trouver et qui nous obligent à remonter indéfiniment, de
cause en cause, vers un premier principe inaccessible. Or cette idée
de l'inconditionné, que l'expérience suppose, et ne peut exhiber, fait
justement le fond de la réalité morale, et reçoit de la raison pratique
une nouvelle confirmation. Loin donc d'ébranler l'édifice scientifique, la
croyance morale le soutient et l'achève en affirmant la réalité des idées
qui en sont le couronnement.

2° Si la morale se fonde sur la raison et non sur tel dogme religieux,
il reste vrai, du moins, qu'elle conduit logiquement l'esprit à la religion,
comme à son achèvement. En effet, entre la vertu et le bonheur, il n'y

a pas, pour nous, de relation causale démontrable. Nous ne pouvons concevoir comment la nature, pur mécanisme aveugle, pourrait réaliser l'union intelligente de la vertu et du bonheur. Nous sommes donc conduits à admettre l'existence d'un Dieu sage et tout-puissant, qui adaptera de plus en plus les lois physiques aux lois morales.

En résumé, l'on peut dire que la morale de Kant se compose des trois principes essentiels de la vie chrétienne, mais entendus différemment : *foi, espérance, charité*. Kant pose comme point de départ la croyance, mais une croyance toute rationnelle, en définitive, la croyance en la raison. Après la foi et comme conséquence de la réflexion sur son objet, vient l'espérance. Car la religion, pour Kant, c'est l'espérance que nos efforts tendant à l'établissement d'un règne de justice et de bonheur ne seront pas vains. Enfin, la charité, l'amour divin, joue, lui aussi, un rôle dans cette doctrine : la pénétration de la volonté et du sentiment, la fusion de l'effort et de l'inclination dans l'amour rationnel est, pour Kant, le terme idéale de la vie morale.

II

Cette morale présente-t-elle quelque intérêt pour la société contemporaine ?

Pour pouvoir répondre à cette question, il convient, semble-t-il, de nous demander d'abord quels sont les traits principaux de ce qu'on appelle l'esprit moderne. Est-il bien vrai que nous devions nous poser cette question ? La morale ne concerne-t-elle pas l'homme en général, la nature humaine permanente, et non l'homme considéré sous ses dehors changeants, relatifs aux différentes époques ?

C'est, tout le proclame, la gloire et l'orgueil de notre époque, d'avoir apporté un certain nombre de principes nouveaux, tout au moins d'avoir développé certains principes jadis effacés, dans des proportions telles, que, vraisemblablement l'avenir ne ressemblera pas au passé. Nous tendons à abandonner cette doctrine, longtemps reçue, que l'humanité va et vient, oscille suivant un rythme de *corsi e ricorsi*, comme dit Vico, plutôt qu'elle ne change véritablement. Il est donc intéressant de se demander si certains traits, caractérisant notre époque, ne seraient pas de nature à amener des changements dans les principes de la morale, même.

Le premier de ces traits est le progrès incroyable de la science, d'une science assurée et conquérante, qui n'est pas seulement contemplative, comme les beaux systèmes des anciens, mais qui pénètre assez profondément dans les entrailles de la réalité, dans ses causes productrices, pour permettre de prévoir les phénomènes, et même de les modifier dans le sens de nos désirs.

Le second trait caractéristique de notre époque, c'est le progrès de la démocratie, de l'idée de l'égalité de droits chez tous les hommes d'où résulte la participation croissante de tous aux affaires publiques. et, logiquement, la tendance à l'établissement de l'égalité des conditions.

Le troisième caractère, c'est la généralisation et le progrès extraordinaire de l'instruction et du bien-être. Et ce troisième caractère est, semble-t-il, une conséquence nécessaire des deux premiers.

Ces trois facteurs ne sont pas sans influence sur les idées morales. Parfois l'on se demande s'ils ne les ont pas bouleversées. En suivre l'action en détail serait une tâche infinie. Voici, notamment, trois courants d'idées qui paraissent en dériver.

1° On aspire à la constitution d'une morale réellement scientifique. Le progrès des sciences a précisé et rendu courante l'idée de science, de sorte que nous ne nous contentons pas d'une vaine apparence, mais ne faisons de cas que de ce qui est solidement prouvé par les faits, comme les vérités de la physique ou des sciences naturelles. Ce caractère, on s'efforce, de diverses manières, de le donner à la morale ; on veut, ou qu'elle se fonde sur les sciences établies, ou qu'elle se constitue à l'imitation de celles-là.

2° On ne s'en tient pas à ces généralités. Parmi les idées qui sont, actuellement, le plus répandues, se trouve une conception suivant laquelle la morale doit être considérée comme une dépendance de la science des conditions des sociétés humaines. On entend souvent dire que la morale elle-même est un fait social. S'il en est ainsi, elle n'a pas son principe en elle-même : elle n'est autre chose que la recherche des conséquences qui dérivent pour l'individu de ses rapports avec les différents groupes d'hommes dont il fait partie. La conscience, la raison n'ont de valeur que rapportées à ces relations, qui en sont la source.

3° On peut signaler en outre une autre idée, très répandue et très puissante : cette idée que la morale, en somme, se confond avec la civilisation, que le peuple le plus civilisé est aussi celui qui a le plus de droits, que le progrès moral dans le monde consiste dans la domination croissante des peuples dont la culture est le plus avancée. Peu importe, en ce sens, qu'un peuple possède toutes les vertus que jadis on appelait morales : piété, honnêteté, force d'âme, humanité, sentiment de la justice et du devoir ; s'il a moins d'universités, moins de commerce et d'industrie, s'il n'est pas encore dévoré de la passion du luxe et du bien-être, si ses mœurs sont simples et antiques, s'il a moins de canons et d'engins de guerre, et qu'il ne rêve pas la destruction des faibles et la conquête des terres productives, il est moral qu'il soit anéanti par un peuple plus avancé et plus fort, et nous devons assister satisfaits à son écrasement.

Ces diverses conceptions laissent-elles une place à une morale encore très classique et peu soucieuse des circonstances contingentes de la vie humaine, comme celle de Kant ? Avons-nous encore affaire, nous qui sommes persuadés qu'avant tout il faut être de son temps, d'une morale qui avait la prétention de se constituer en dehors du temps et de l'espace ?

<h2 style="text-align:center">III</h2>

A. — Le point de vue de Kant, qui, dans sa pensée, ne doit être ni théorique ni métaphysique, répond, semble-t-il, au moins par son côté négatif, à l'orientation de nos esprits. Mais la ressemblance va-t-elle plus loin ?

Kant rejette toute explication empirique de la morale, et cherche un point de vue qui, sans être métaphysique, soit néanmoins suprasensible. Il semble que, par là, il s'oppose invinciblement à l'esprit moderne.

On peut remarquer d'abord qu'une morale purement empirique est en contradiction avec ce que les hommes appellent la *morale*, puisque dans celle-ci est essentiellement impliquée l'idée de quelque chose qui doit être, et qui peut-être ne sera jamais. Si les notions empiriques ont seules une valeur, l'humanité, dans ses croyances morales, est, purement et simplement, dupe d'une illusion.

Mais ne convient-il pas d'admettre, en effet, cette conséquence, plutôt que de suivre Kant dans sa recherche d'un principe suprasensible ?

Il en serait ainsi, si Kant nous parlait d'un absolu sans attache avec l'expérience. Mais nous savons, au contraire, qu'il s'agit pour lui d'un principe placé dans les conditions mêmes de l'expérience, et cette analyse critique de l'expérience, nous ne pouvons, sans renoncer à l'investigation philosophique, nous dispenser de la faire. Nous

aurons beau assembler des faits : nous n'en comprendrons pas
la signification philosophique, nous ne pourrons pas en déterminer
la valeur pratique et l'autorité, si nous ne cherchons pas dans quelle
mesure ils impliquent un élément stable, universel et nécessaire. Or la
raison, telle que l'entend Kant, n'est pas autre chose que cet élément.

Reste-t-il possible, toutefois, d'admettre, avec lui, une raison pure
pratique, distincte de la raison théorique ? La distinction si tranchée que
fait Kant entre le théorique et le pratique paraît à plusieurs artificielle.
Elle reste, cependant, l'un des points de vue maintenus par la philosophie
contemporaine. Et, si l'on objecte que cette distinction ne se manifeste
clairement que pour qui étudie nos facultés dans leur état adulte et non
dans leur genèse, il y a lieu de répondre que l'acte peut renseigner sur
la puissance, comme le macrocosme aide à reconnaître le microcosme.

B. — Telle est la valeur actuelle au point de vue de la méthode de
Kant. Que devons-nous penser de sa doctrine proprement dite ?

Le point qui nous frappe tout d'abord, c'est qu'elle débute par poser
le devoir. Qu'est-ce que ce devoir ainsi mis en tête de la doctrine ?
N'est-ce pas nécessairement une consigne arbitraire, l'oppression de la
volonté par une volonté ? Qu'avons-nous affaire d'un concept aussi
contraire aux idées modernes ?

Il semble que l'état actuel de l'esprit humain, loin de rendre la notion
du devoir inutile, la rende, au contraire, plus nécessaire que jamais.

Nous nous trouvons en présence d'une foule d'idées diverses, que
l'on nous propose comme règles de conduite. Chacune d'elles, sans
doute, se présente escortée de faits et de raisonnements qui doivent en
démontrer l'évidence. Mais c'est une erreur de croire qu'aucune de ces
démonstrations tienne devant une critique tant soit peu sérieuse. Il
manque à tous ces raisonnements la partie essentielle, à savoir de
démontrer que nous en devions tenir compte dans la pratique. En réalité,
les idées que l'on propose aux hommes comme principes de morale n'ont
une telle valeur que si on y a introduit par avance, qu'on s'en rende
compte ou non, cette notion même de devoir dont on voudrait se passer.
Considérons, par exemple, la notion de solidarité, où plusieurs cherchent une donnée morale.

Etant donné la constatation d'une solidarité, quelle conduite est-il
raisonnable de tenir ? Si j'observe, dans mon organisme, la présence
d'un centre d'infection, susceptible de contaminer mon être entier, je
demande que l'on retranche de mon organisme la partie malade, tout

au moins qu'on isole cette dernière des parties voisines. C'est l'analogue
qu'il est sensé de faire par rapport à ceux de nos semblables qui risquent de nous contaminer par leur infection physique ou morale. Pourtant l'on tire de la solidarité une conclusion diamétralement opposée.
C'est, comme dit Nietzsche, qu'on a introduit subrepticement dans le
concept de solidarité l'idée de la charité chrétienne et l'idée du devoir.

Il en est de même de nos idées de droit, en particulier des droits
proclamés en 1789. Si des partis opposés prétendent également, et avec
raison, s'appuyer sur cette déclaration, c'est qu'en elle-même elle est
vague, et reçoit des sens divers selon le contenu moral qu'on lui
assigne. Si l'on tient le droit pour respectable, c'est que, consciem-
ment ou non, on le détermine par la notion du devoir.

Les idées modernes ne peuvent donc rendre inutile la morale kantienne : peut-être la rendent-elles plus nécessaire. C'est qu'en effet,
plus l'homme a de puissance, plus il est indispensable que l'usage de
cette puissance soit soumis à une règle.

Sentit enim vim quisque suam quoad possit abuti,

a dit Lucrèce. Or, il n'est pas douteux que les forces de l'homme n'aient
été centuplées par la science. Les collectivités, surtout, disposent et
disposeront d'une puissance écrasante. Si l'on estime que néanmoins
elles n'ont pas le droit de dire : « Sic volo, sic jubeo », c'est que l'on
suppose, chez les individus et les collectivités, comme contre-poids
à la toute-puissance, l'idée du devoir.

De même, à mesure que le droit s'étend et est plus efficacement
garanti, il dispose l'homme à exiger purement et simplement des autres
la satisfaction de ses besoins, sans se soumettre lui-même à aucun
labeur, si la notion du devoir n'est pas chez lui d'autant plus forte
et plus impérieuse.

Or, cette notion de devoir, qui reste utile et nécessaire, demeure,
en même temps, possible pour les intelligences, du moment où l'affirmation du devoir est conçue comme un acte de la volonté libre, poursuivant, sous l'inspiration de la raison, la réalisation de la raison
elle-même. Il y a, disaient les Stoïciens, des choses sans lesquelles
nous ne pouvons vivre ; il y en a sans lesquelles nous ne voulons pas
vivre : qui peut m'interdire de poursuivre ces dernières ?

La croyance au devoir est donc bien, pour nous comme pour Kant, le commencement de la morale. Mais elle n'en est que le commencement. Il reste à savoir ce qu'est le devoir. Avec Kant, nous irons du devoir, fait premier et évident, au bien moral, notion complexe et obscure. Pourra-t-il nous guider dans le passage de l'un à l'autre ?

C. — Pour assigner un contenu à la notion du devoir, Kant nous offre le critère de l'*universalité*. Est morale, dit-il, toute action dont la maxime déterminante peut être érigée en loi universelle. Cette idée, qui différencie la morale kantienne de la morale antique, a une grande importance. Les anciens, mettant la condition de la sagesse dans la science, dans une âme noble, souvent même dans le mépris du vulgaire, en faisaient un privilège réservé à quelques élus. Pour Kant, la moralité n'est telle que si elle est également accessible à tous.

Ayant posé ce principe, Kant croit devoir limiter ensuite notre devoir à notre pouvoir. Et il écarte le devoir d'aimer, parce que, dit-il, nul ne peut aimer selon sa volonté.

Il semble qu'ici Kant confonde la possibilité morale dépendant de la liberté avec la possibilité physique immédiatement donnée par la nature. Or, tandis que, dans l'ordre physique, la puissance peut se mesurer et est fixe, il n'en est pas de même de la force morale. On ne sait pas d'avance, en matière de devoir, de quoi on est capable. Kant a dit : « Si tu dois, c'est que tu peux ; tu dois en tant que tu peux ». Plutôt faut-il dire : « Etre bien persuadé que l'on doit, c'est déjà pouvoir, c'est déjà faire ». L'idée même de devoir, embrassée par l'âme entière, crée la possibilité et la puissance. Les hommes les plus forts sont ceux qui ont cru que Dieu agissait par eux.

La maxime de Kant : « Tu ne dois que ce que tu peux », c'est le contenu initial du commandement moral, mais le contenu initial seulement. Tout d'abord, la loi ne vise que l'intuition, seule forme de notre activité qui soit immédiatement disponible. Mais, ensuite, la loi morale nous prescrit, non seulement l'intention, mais le sentiment, et enfin, non seulement le sentiment, mais l'action. Et, sous l'influence même de l'idée du devoir, nous devenons de plus en plus maîtres de notre nature tout entière.

Le principe de l'universalité doit donc être maintenu, mais formulé hardiment : « Est devoir, non seulement ce qui *peut*, mais ce qui *doit* être proposé comme objet à l'activité de tout être raisonnable. »

D. — Même ainsi élargi, le critère de la valeur universelle est-il suffisant ? Le particulier n'a-t-il réellement, ainsi que le soutient Kant, aucune place dans l'objet de la morale ?

Il serait exagéré de dire que Kant élimine entièrement le particulier. L'action morale, selon Kant, a la nature pour théâtre, et c'est un point capital de son système, qu'à la moralité doit s'associer le bonheur. Néanmoins la moralité proprement dite reste, chez lui, à côté de la nature ; celle-ci lui offre un milieu, et est mise, par Dieu, en harmonie avec elle. Mais l'homme, pour réaliser la loi morale, en tant qu'il accomplit l'acte strictement moral, se dégage purement et simplement des liens de la nature, et se réfugie dans un autre monde. Là il cherche à réaliser comme une nature surnaturelle, à savoir le règne des fins, la république des personnes morales. Qu'est-ce au juste que cette personnalité ? Kant la définit l'abolition des barrières qui séparent les uns des autres les individus dans l'ordre physique, et la possession de soi fondée sur la participation à une communauté intelligible.

Mais, si l'on rompt complètement avec la nature, on ne voit pas bien quelle personnalité distincte peut encore subsister. Il semble, en définitive, que cette morale nous achemine vers un effacement des personnes, qui les rapprocherait de l'homogénéité indistincte de la nature inorganique. Or une telle doctrine satisfait-elle notre conscience ? Il n'est pas douteux que, sous mainte et mainte forme, le particulier, le spécifique, l'individuel ne revendique, parmi nous, le droit moral à l'existence. Ce qui fait la supériorité, estime-t-on, des êtres organisés sur la nature inorganique, c'est la différenciation qu'ils présentent, et pour laquelle ils luttent.

Ce besoin de diversité, d'individualité, en même temps que d'universalité et de similitude, est-il légitime ? Il faut remarquer que la raison pour laquelle la doctrine de Kant tend ainsi à abolir l'individuel au profit de l'universel, c'est qu'elle repose exclusivement sur la raison pure, et que, dans la raison pure, il n'y a pas d'élément de différenciation pour les individus. Mais est-il juste de faire ainsi reposer la morale sur la raison toute nue ? La raison, dans la réalité, est associée à la nature et en est inséparable, même logiquement. La morale ne doit et ne peut consister qu'à mettre de plus en plus en harmonie la nature avec la raison, et non à s'en séparer.

Il convient donc de revenir, en un sens, au précepte des anciens : *naturam sequere*, et de le concilier avec la doctrine de Kant. Si l'on adopte ce point de vue, on trouvera que l'homme, d'une manière générale, a pour devoir de pratiquer, suivant l'expression d'Aristote, son οἰκεῖον ἔργον, et de réaliser, en ce sens, la plus belle œuvre possible. Or l'humanité n'est pas seulement une espèce composée d'êtres semblables. Elle est aussi une collection de formes, de types, de particularités dont chacun a son prix et sa capacité. Chaque forme humaine normale dans ses traits essentiels peut et doit être développée en conservant son individualité.

Dès lors la morale ne prescrit pas seulement d'agir sous l'idée de l'universel ; elle veut aussi que nous cherchions la perfection du particulier, de l'individuel, comme tel. Ces deux lois doivent coexister. Comment est-ce possible ? Le problème est immense ; mais la logique de la morale a pour tâche de concilier, et non d'éliminer. Un problème de morale, c'est toujours, en réalité, une conciliation à chercher. On quitte le domaine pratique pour celui de la théorie, lorsque l'on s'attache à formuler les réalités vivantes, de telle sorte qu'elles s'excluent les unes les autres en vertu du principe de contradiction. Ainsi, le problème n'est pas de détruire l'individualité de chaque être, de chaque groupe, de chaque communauté, de chaque forme distincte de la nature humaine, mais bien de la faire contribuer, selon ses aptitudes, à l'harmonie de l'ensemble. La vraie grandeur pour tous les hommes, celle qui réalise leur égalité, c'est de travailler, chacun selon son individualité, à la création et au développement de l'œuvre commune : l'humanité, une et multiple, puissante et bonne, synthèse, aussi parfaite que nous la puissions rêver, de la raison et de la nature.

Ce n'est pas, a dit Spinoza, par la haine qu'il faut combattre la haine; elle ne peut être surmontée que par l'amour et par la générosité: « *Odium amore seu generositate vicendum, non autem odio compensandum* ».

TABLE DES MATIÈRES

PREMIÈRE PARTIE

L'Esthétique et l'Analytique transcendentales

DEUXIÈME PARTIE

La Dialectique transcendentale

TROISIÈME PARTIE

La Morale de Kant

IMPRIMERIE CAENNAISE, 16, rue Froide, Caen. — Tél. 0.30

www.ingramcontent.com/pod-product-compliance
Lightning Source LLC
LaVergne TN
LVHW010734060726
842527LV00002B/275